大崎事件と私

アヤ子と祐美の40年

鴨志田祐美

LABO

本書を、亡父隅谷住太郎、母祐子、
夫鴨志田安博、息子玲緒とパートナーのあさひちゃん、
そして長谷川智代氏に捧ぐ。

はしがき ～この本を読んでくださる皆さまへ～

この本は、現在も原口アヤ子さんが再審（裁判のやりなおし）を求めて闘っている、大崎事件という事件の弁護人を務めている「私」が、この事件と出会い、かかわる中で起こったさまざまな出来事を書き綴ったノンフィクションです。

弁護士が自ら手がけている事件について書いたものなんて、きっと専門性の高い難解なものだろう、と思われるかもしれません。でも、どうか「食わず嫌い」にならずに読み始めてみてください。ここに書かれているのはすべて実話ですが、「ドラマ」とか「映画」とか「お芝居」と同じように楽しんでいただきたいと思います（手前味噌ですが、そのぐらい面白いエピソードが満載です）。もちろん、これから刑事弁護や再審を手がけたいと思ってくださる同業者の読者のニーズにもお応えできるよう、ちょっと難しい法律の話とかも出てきます。「難しい」と思ったら、そこでやめるのではなく、遠慮なく読み飛ばして下さい。そして、さいごまで読み終えたときに、再審がなぜこんなに労力と時間がかかるのか、なぜアヤ子さんがいまなお救われずにいるのか、その理不尽さ、やりきれなさを、より多くの方々に共感いただけるとうれしいです。

また、「実話」と書きましたが、これは「私」という人間のフィルターをとおした事実なので、同じ場面を経験しても、人によって異なる印象や記憶、受け止めがあるように、ここに書かれていることも客観的な事実とは少しズレているかもしれません。そのことを予めご理解くださいますようお願いいたします。

それから、現在進行中の事件について書くことに、とくに司法に携わる方々のなかに「まだ結論が出ていない段階で回顧録を書くのはいかがなものか」と批判される向きもあるかもしれません。

実は、この本はアヤ子さんが再審無罪を勝ち取ったときに、それまでの闘いの歴史をふりかえる、という企画になるはずでした。しかし、ゴール目前でまさかの敗北を味わい、公私ともに地の底を這うような経験をしたことで、私はいっそうこの本を書かなければ、との思いを強くしました。ここにいたったプロセスをありのままに活字にして、残すことこそが、アヤ子さんの命あるうちに再審無罪をかちとるという究極のゴールはもとより、この国のダメダメな再審制度を、そして刑事司法全体を変えていくための土台となるのだ、と信じています。

さいごに、執筆するなかで、私はどれほど多くの人たちに支えられ、力づけられ、寄り添われ、助けられているかを、体じゅうが痛くなるほど実感しました。

よく、「完全ボランティアでお金にもならず、頑張っても頑張ってもなかなかゴールに辿り着けないのに、どうしてそこまで再審にのめり込んでいられるのか」と尋ねられるのですが、おそらくその答えは、この本を読んでいただけるとおわかりになると思います。

この本が、艱難辛苦の苦闘の記録ではなく、愛と友情とヒューマニズムにあふれる物語になったのも、私を支えてくれた、多くの方々のおかげです。

私に繋がってくださったすべての方々への感謝をこめて、いま、この本を世に送り出します。

鴨志田　祐美

2020年の暮れに

◈目　次◈

「大崎事件」とは～事件の概要～

※アヤ子さん以外の人物は仮名

◆のどかな農村で事件発生

1979年10月15日午後1時55分、鹿児島県曽於郡大崎町で、中村四郎（当時42歳）が、自宅横牛小屋の堆肥の中から遺体となって発見された。

のどかな田園風景が広がる農村は、たちまち騒然となった。

◆中村一族と「3日前の出来事」

四郎は、中村家の末の弟で、長男の一郎や二男の二郎とともに農業を営み、一郎・二郎・四郎の家は同じ敷地内に建っていた。

原口アヤ子さん（当時は「中村アヤ子」。52歳）は、一郎の妻で、「長男の嫁」として一族を切り盛りする立場にあった。

四郎の遺体が発見される3日前の10月12日、中村家では親族の結婚式があり、一族はみな結婚式に参列していたが、日頃から酒癖の悪い四郎は朝から酔い潰れていたため、一郎たちは四

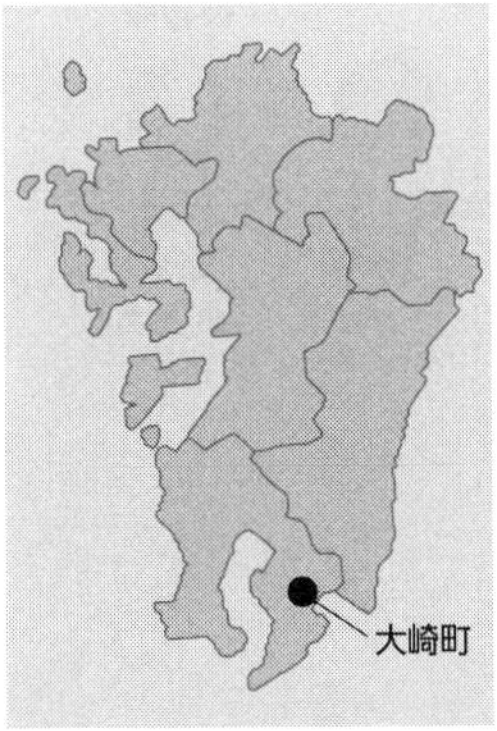

郎を結婚式に連れて行かなかった。

　四郎は一人で近隣のあちこちに車や自転車で出かけているところを付近の住民に目撃され、夕方5時半ころ、雑貨店で焼酎の2合瓶や玉ねぎなどを買い、自転車に乗って去って行くところを酒屋の店主が見送った。

　その後、四郎は自転車ごと道路脇の側溝に転落していたところを近隣の者に引き上げられ、午後6時ころから2時間半以上、上半身ずぶ濡れ・下半身裸の状態で道路に横たわっていたが、午後9時ごろ、四郎の近所に住む色葉茂と高杉晋三が、道路付近の住民からの通報を受け、軽トラックで四郎を迎えに行き、荷台に四郎を載せて自宅に搬送した。

　色葉と高杉は、四郎を迎えに行く前に、そのことをアヤ子さんに連絡したため、アヤ子さんはお礼とお詫びを言うために色葉の家に行って待っていたと

人物関係図（確定判決の認定による）

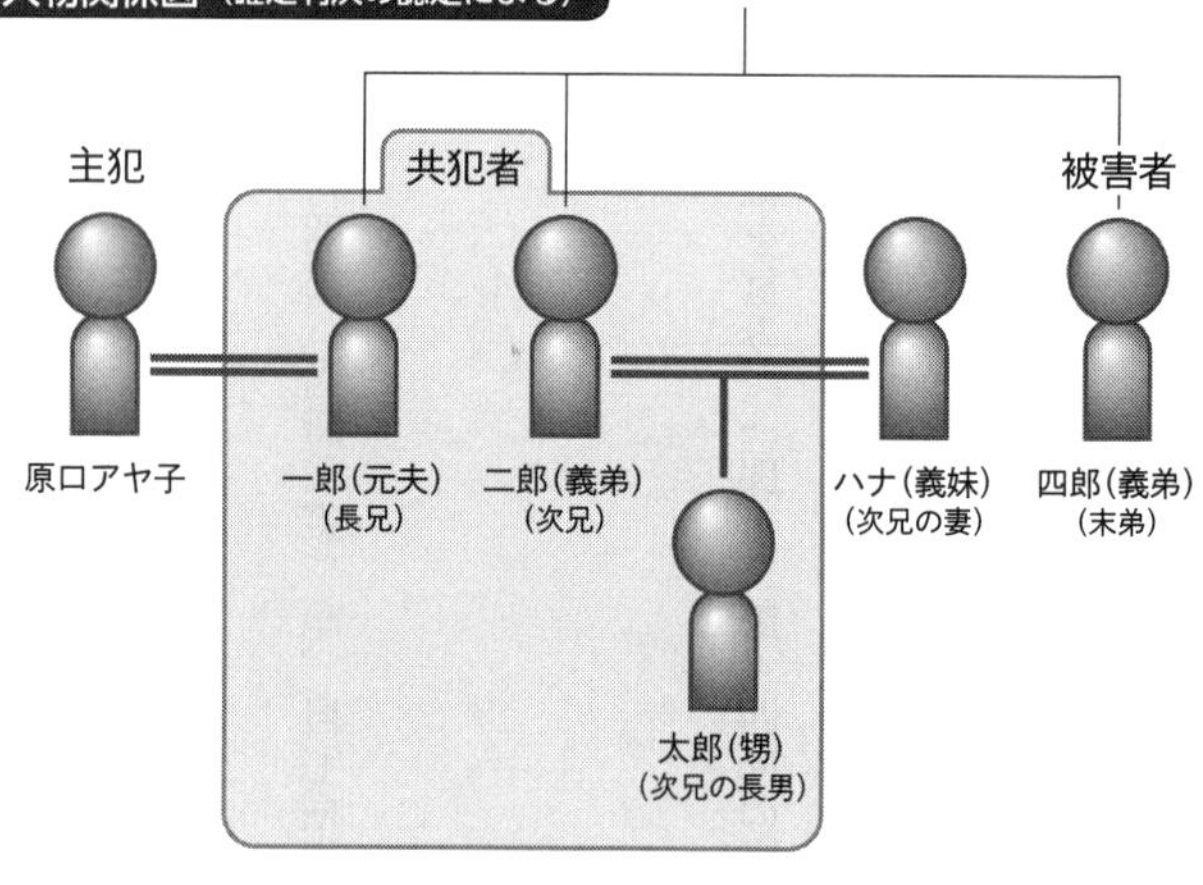

ころ、そこに色葉と高杉が帰ってきて「四郎を自宅の土間に置いてきた」と話した。

色葉の家から高杉と一緒に帰宅する途中、四郎のことが気になったアヤ子さんは、「ちょっと見にいこう」と高杉を誘ったが、高杉は四郎の家の手前にある柿の木のところに立ち止まり、それ以上進もうとしなかった。アヤ子さんは一人四郎の家の玄関に入ったが、四郎は土間からいなくなっており、奥の6畳間の布団が盛り上がって見えたので、四郎は布団に入って寝たのだと思い、柿の木のところで待っていた高杉に「もう寝ちょっど（もう寝ている）」と伝え、2人はそれぞれの家に帰宅した。

その翌日から、四郎の姿が見えなくなり、親族や近隣住民が四郎を探し、警察にも捜索願を出していたところ、15日に四郎は遺体となって発見された。

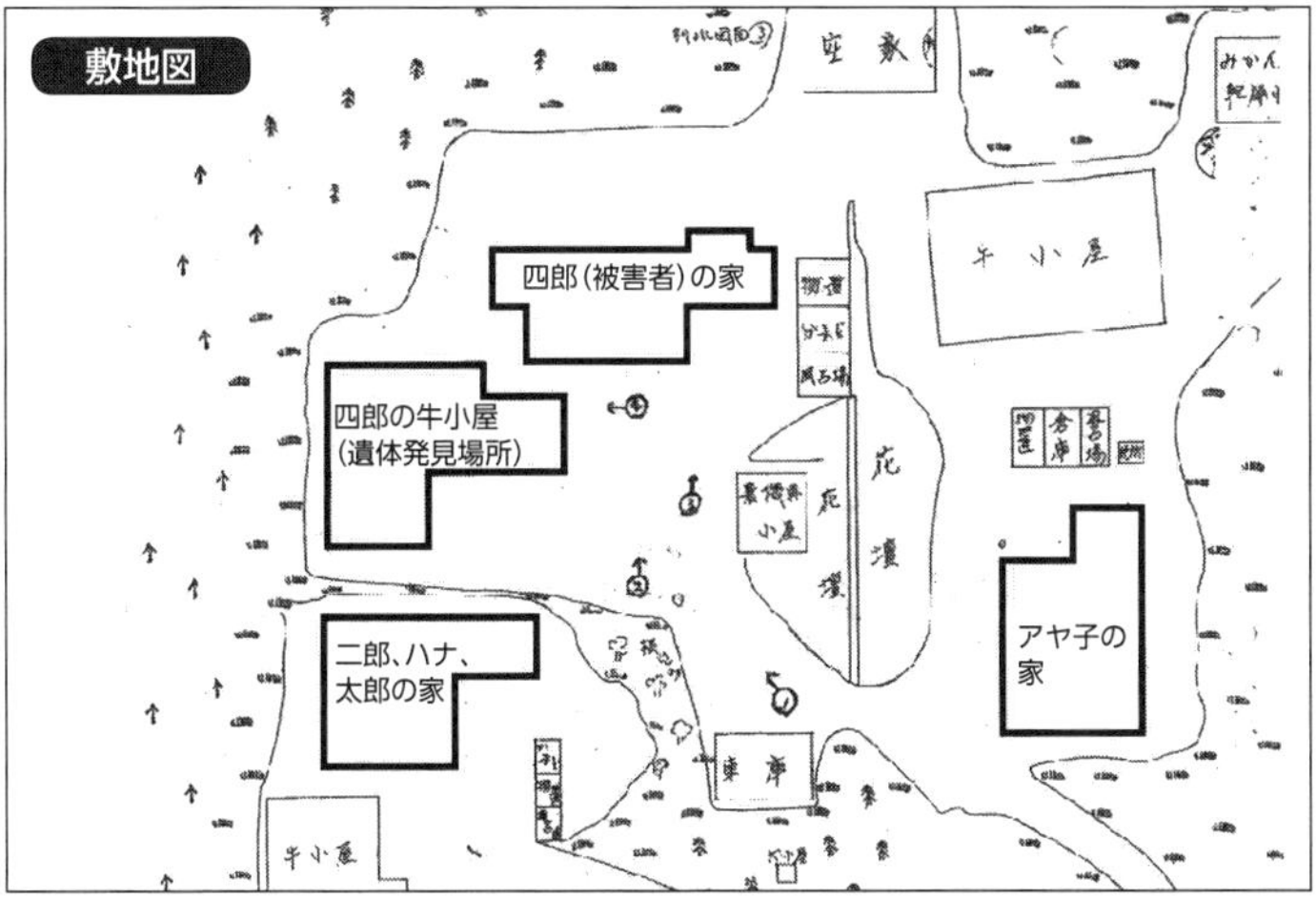

◇捜査機関の思い込みと、薄い証拠

捜査機関は、遺体発見直後から「殺人・死体遺棄事件」と断定して捜査を開始した。ほどなく一郎と二郎が四郎殺害及び死体遺棄を「自白」し、次いで二郎の息子の太郎も死体遺棄に関与したことを認めたことから、3人を被疑者として逮捕した。そして、捜査機関はアヤ子さんが一族に生命保険を掛けていた事実を把握し、3人の「共犯者」らから「首謀者はアヤ子」との自白を得て、アヤ子さんも逮捕したが、アヤ子さんは身に覚えがないと一貫して犯行を否認した。

この事件では、「共犯者」とされた3名の自白以外にはほとんど客観証拠が存在しない（一郎と二郎は「一郎がアヤ子から手渡されたタオルで四郎の首を力いっぱい締め、アヤ子と二郎は四郎の身体を押さえつけた」と自白したが、そのタオルすら特定されていない）。

かろうじて自白を支えているのは、二郎の妻であり、太郎の母でもあるハナの目撃供述（「アヤ子が二郎に四郎殺害をもちかけるのを見た」、「しばらくすると二郎が帰宅して『うっ殺してきた』というのを聞いた」、「さらに太郎が帰宅して『加勢してきた。黙っちょらんや（黙っておけ）』というのを聞いた」という内容）と、遺体発見当日に四郎の遺体を解剖した解剖医が、「頚椎（首の骨）の前面に出血がある」一方で「他に著しい所見がない」ことから、死因は頚部に外力が加わったことによる窒息死と「推定」したという内容の鑑定書ぐらいのものだった。

◆確定判決

このような薄い証拠をもとに、アヤ子さん、一郎・二郎・太郎の全員が起訴され、鹿児島地裁で裁判が開かれた。

一郎・二郎・太郎は公判でも犯行を認めて争わず、1980年3月31日、全員が有罪判決を受け、いずれも控訴せずにただちに服役した。

アヤ子さんは法廷でも否認を貫いたが、「共犯者」たちに判決が言い渡されたのと同じ日に、懲役10年の有罪判決が言い渡された。確定判決は、「四郎は土間にはいなかった」というアヤ子さんの供述を信用せず、泥酔して土間に坐り込んでいる四郎を目撃したアヤ子さんが、このとき日頃の恨みが募って四郎殺害を決意した、と認定した。一方、検察官が主張した「保険金目的」が殺害の動機であることについては

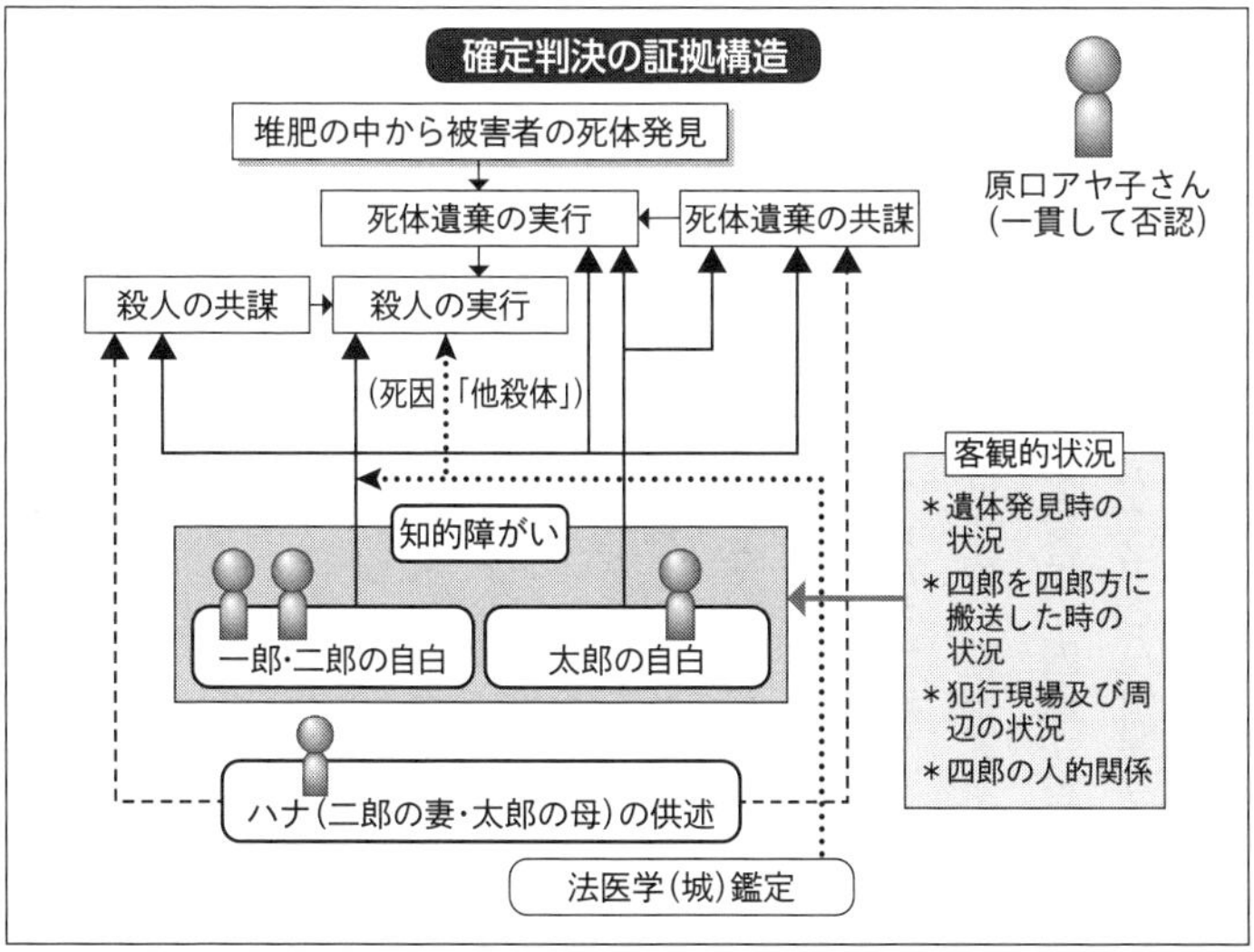

否定した。

アヤ子さんは判決を不服として控訴・上告したが、いずれも棄却され、佐賀県鳥栖市の麓刑務所に10年満期服役した。

◇冤罪の構図

「共犯者」とされた一郎・二郎・太郎はいずれも知的、精神的な障がいを抱えていた。しかし昭和50年代には、警察・検察の取調べでも、裁判の法廷でも、彼らのもつ障がいに配慮がされることはなかった。

また、捜査機関が遺体発見当初から「殺人・死体遺棄事件」と決めつけて捜査を開始したため、四郎の転落事故とその後の経過の詳細については、ほとんど捜査の対象にされていなかった。

さらに、確定判決当時のアヤ子さんの弁護人は「アヤ子さんだけが白、共犯者たちは黒」という見立てで弁護活動を展開していた。しかし、10月12日の夜、一郎・二郎・太郎は親族の結婚式から酔っ払って帰宅し、それぞれの自宅で眠りについていたのに対し、色葉から連絡を受け、四郎が自宅に搬送されてきたことを知っていたのはアヤ子さんだけだったのであるから、アヤ子さんの関与なしに「共犯者」たちだけが犯行を行ったとするストーリーは成り立たない（眠りに就いていた男たちが夜中に突然むっくり起き上がって「殺しに行こう！」という話になってしまう）。

弁護人の誤った見立てのために、「共犯者」たちの自白が信用できるか、さらには四郎の遺体を解剖した医師の鑑定書と、自白による犯行態様との間に矛盾がないかといった点が、確定判決当時には審理の対象とならなかったのである。

◆再審、そして現在

アヤ子さんは満期出所後の1995年4月、第1次再審を申し立て、2002年3月に鹿児島地裁が再審開始決定をしたが、検察官の即時抗告により、福岡高裁宮崎支部が再審開始決定を取り消した。

また、2015年7月に申し立てた第3次再審では、2017年6月に鹿児島地裁が再審開始を決定し、さらに翌年3月に福岡高裁宮崎支部も再審開始を認めたが、2019年6月25日、最高裁第一小法廷（裁判長：小池裕、裁判官：池上政幸、木澤克之、山口厚、深山卓也）が、地裁、高裁の再審開始決定をいずれも取り消したうえ、自ら再審請求を棄却した。

大崎事件は、同じ事件で再審開始決定が3回も出されたわが国で唯一の事件でありながら、三たび「ふりだし」に引き戻されたのである。

この本に出てくる刑事裁判と再審に関する手続・用語の基礎知識

この本では大崎事件という刑事事件の再審をめぐる話が展開します。一般の読者の方々にもお読みいただけるよう、なるべく分かりやすい文章を心がけましたが、どうしても、刑事裁判や再審の世界で使われる、一般にはなじみの薄い「業界用語」がちょくちょく登場してしまいます。

そこで、刑事裁判と再審に関する手続と、業界用語のいくつかについて、前もって少しだけ解説することにしました（「業界」の方はもちろん読み飛ばしていただいて結構です）。

本文をお読みいただく途中で「あれ、これってどういう意味だったっけ?」と思った場合にはここに戻って来て確認してみて下さい。栞を挟み込むのもよし、付箋を付けるもよし、折り目を付けるもよし、です。

1 刑事裁判と再審の手続に関する基礎知識

通常審と三審制

刑事裁判は、犯罪の疑いをかけられ、検察官によって起訴された被告人に対し、被告人が犯人であるかどうか、犯人である場合にはどのぐらいの刑罰を科すべきかを審理し、被告人が有罪か無罪か、さらに有罪の場合には刑罰の重さについて**「判決」**という形で結論を出す手続です。

通常の刑事裁判の審理は公開の法廷（**「公判廷」**）で行われます。法廷で行われる裁判の手続を**「公判」**と呼びます。

起訴された事件はまず地方裁判所（事件によっては

簡易裁判所）で審理され、これを**「第1審」**といいます。一定の重大事件について裁判員裁判（市民である裁判員がプロの裁判官とともに有罪無罪や刑の重さを決める裁判）が行われるのは、この第1審（地裁）のみです。

第1審で出された判決に不服があれば、被告人側、検察官側のどちらからも**「控訴」**することができ、高等裁判所でもう一度審理されます。これを**「控訴審」**といいます。

控訴審の判決にも不服があれば、（一定の条件がありますが）さらに被告人・検察官は最高裁判所に**「上告」**することができます。そして最高裁が上告審として行った判決が、その事件での最終的な判断になります（なお、無罪判決に対して検察官が控訴や上告ができることについては、憲法39条で保障された**「二重の危険禁止」**《ひとたび刑事裁判にかけられ、有罪となって処罰される危険に晒された人は、同じ事件では二度と刑事手続にかけられることはないという原則》との関係で大いに問題があるのですが、わが国の実務の現状では、検察官による控訴・上告が認められています）。

このように、一つの事件で3つの裁判所に判断を求めるチャンスがある、というしくみを**「三審制」**といいます。はじめに地裁（簡裁）が下した判決に控訴しなかった場合、控訴審である高裁の判決に上告をしなかった場合、また上告審である最高裁で判決が出た場合には、その事件について有罪・無罪の判決が**「確定」**し、その判断を覆すことができなくなる、というのが原則です。

控訴審や上告審で、もとの裁判所（**「原審」**といいます）のした判断に誤りがあると認められた場合、例えば1審の地裁が下した有罪判決について、被告人を犯人とするには合理的な疑いがある、と控訴審の高裁が判断した場合は、審理を地裁にやりなおさせる場合

通常の裁判の流れ【三審制】

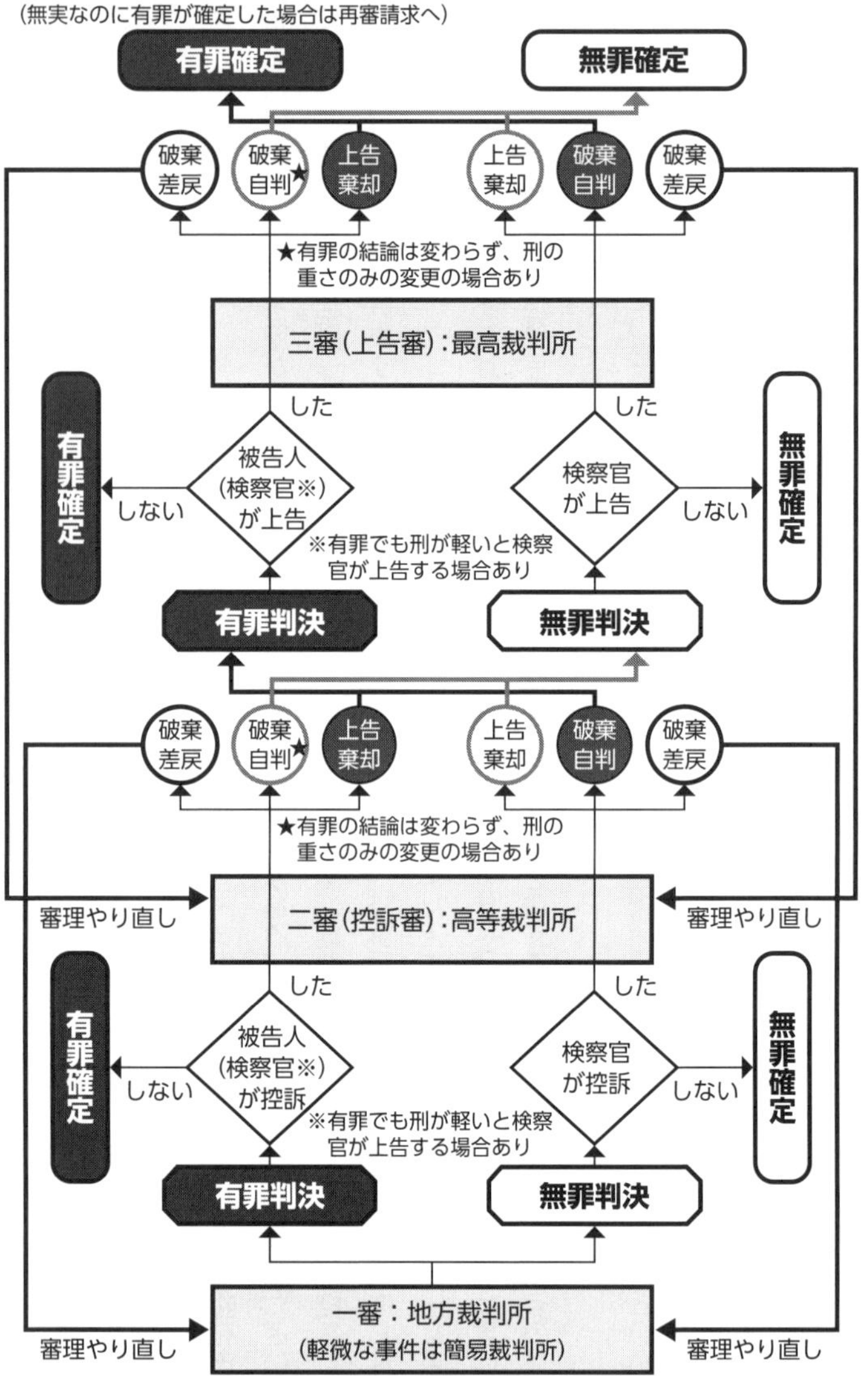

と、自らもとの判決を取り消して無罪判決を出す場合があります。前者を**「破棄差戻し」**、後者を**「破棄自判」**といいます。逆に、原審の判決が、控訴審や上告審でそのまま認められる場合には**「控訴棄却」**、**「上告棄却」**となります。

判決が確定した場合、確定した判決の判断をした裁判所を**「確定審」**とか**「確定審裁判所」**といいます。例えば、1審で有罪、控訴も上告も棄却された場合は地裁が「確定審裁判所」になります。一方、1審で無罪だったのに、控訴審で逆転有罪となり、上告が棄却された場合には、高裁の判断が確定することになるため、高裁が「確定審裁判所」になります。

再審～無実の人を救うための究極の人権救済制度～

では、ひとたび三審制で有罪判決が確定したら、その被告人が本当は無実だった場合でも裁判の誤りを正すことができず、その人は刑務所に入れられたり、場合によっては死刑になったりしてしまってよいのでしょうか。よいはずがありませんよね。

私たちの憲法は**「すべて国民は個人として尊重される」**（日本国憲法13条。これを**「個人の尊厳」**と呼ぶこともあります）と定めています。憲法は個人の人権を最大限尊重する、という究極の価値観を根本においているのですから、無実なのに処罰されてもいい、という人は一人もいてはならないのです。冤罪は究極の人権侵害であり、しかもその加害者は国家権力です。これを放置することは重大な憲法違反になります。

そこで、無実の人が間違って有罪判決を受けた場合、無罪判決を求めるために裁判のやり直しを求める**「再審」**という制度が存在するのです（刑事訴訟法第4編）。

ところで、「間違った裁判のやり直し」には二通りのものが考えられます。上述のように、無実なのに間違って有罪にされてしまった人が無罪を求める、とい

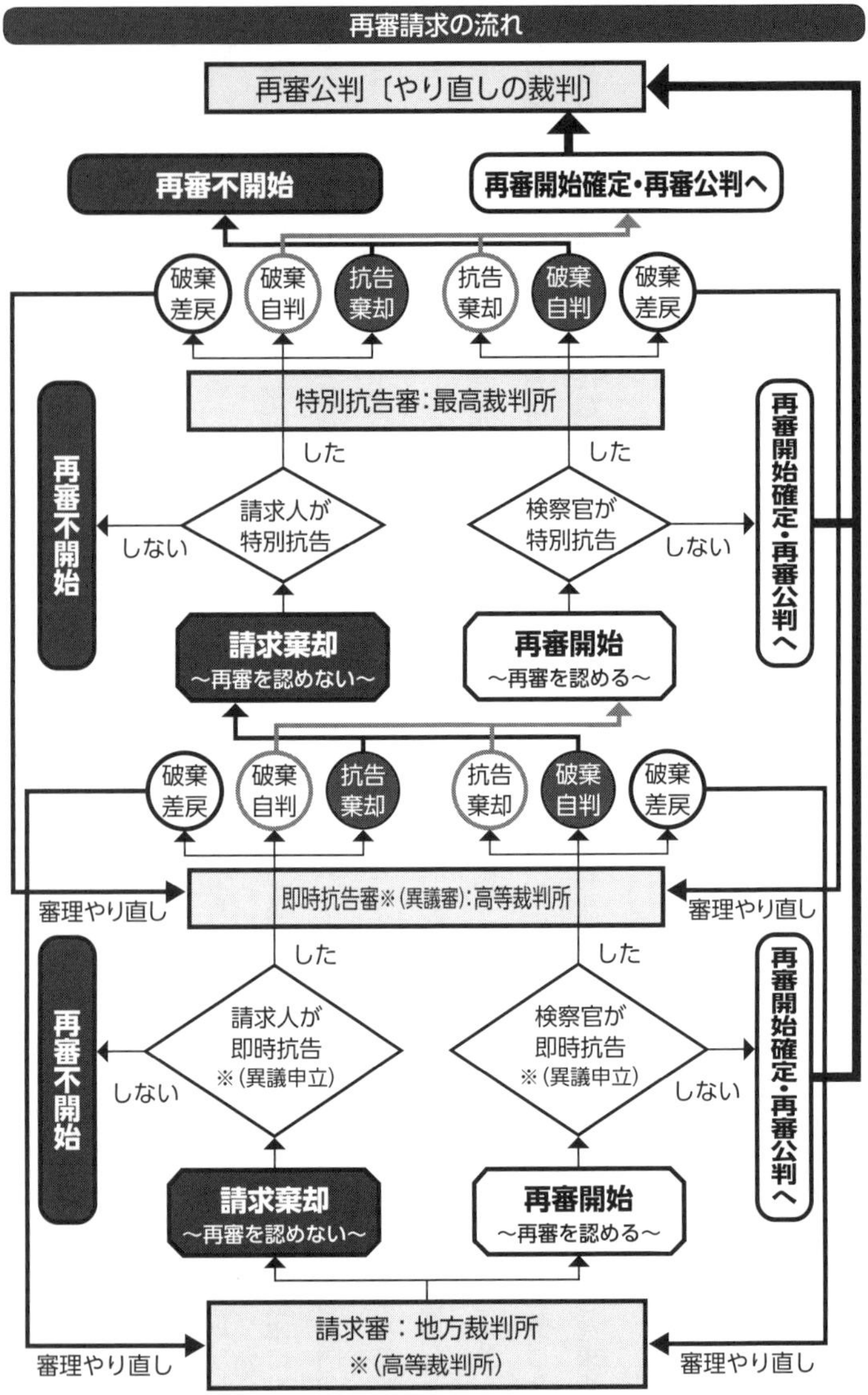

※カッコ内は、控訴審判決が確定判決の場合

うものと、もう一つ、実は真犯人なのに間違って無罪判決を受けた人を有罪にする、というものも考えられます。後者を**「不利益再審」**といい、戦前の日本ではこの不利益再審も認められていました。

しかし、第2次世界戦後に制定された日本国憲法が前述の「二重の危険禁止」を保障したことから、戦後改正された刑事訴訟法で不利益再審は廃止されました。

つまり、現在の日本の再審は「無実の人を救済するためだけの制度になった」ということです。再審は「無実の人が有罪になった場合に、これを救済する最後にして唯一の手段」なのです。

再審請求と再審公判

再審の手続は、まず、裁判のやり直しをする（再審開始）かどうかを決める**「再審請求」**という手続と、再審請求により再審開始が確定した場合に行われるやり直しの裁判、すなわち**「再審公判」**という2段階のシステムを取っています。

再審請求は、確定審裁判所に対して申立てをするところから始まります。

つまり、地裁で有罪判決がされ、それが確定した事件の場合はその地裁に対して、地裁では無罪だったが高裁で逆転有罪となり、それが確定した事件の場合には逆転有罪判決をした高裁に対して、再審請求を行うことになります。再審請求を受けた裁判所が審理する段階を**「再審請求審」**といいます。

再審が開始される場合を定めた条文と「白鳥・財田川決定」

では、どのような場合に再審請求ができるのでしょうか。刑事訴訟法は再審請求ができる場合を435条の1号から7号まで、つまり7とおり定めていますが、実際に行われている再審請求は、ほとんどが435条6号によるものです。

その435条6号で再審が認められる場合とは、

「無罪を言い渡すべき明らかな証拠をあらたに発見したとき」というものです。

この「明らかな」というところは**「明白性」**の要件、「あらたな」というところは**「新規性」**の要件と呼ばれています。このうち新規性とは、裁判所の目に触れたことのない証拠（未判断資料）という意味です。

問題は何といっても「明白性」です。

読者の皆さんは、「無罪を言い渡すべき明らかな証拠」と聞いてどのようなものを想像するでしょうか？

例えば「真犯人が出現して、『実は私が犯人でした』と告白した」とか、「最新のＤＮＡ鑑定の結果、犯人は別人であることが明らかになった」という場合などは、再審請求を認めるべき、と誰もが思うでしょう。しかし、逆に言うと、それは奇跡に等しい状況なわけで、「明らかな証拠」が「真犯人の出現」や「ＤＮＡ鑑定で別人と判明」というレベルに限定されるとしたら、再審はほとんど認められないことになってしまいます。実際、１９７５年までのわが国の再審はそれに近い状況でした。そのような中で、この「明白性」の判断をめぐって画期的な判断基準を示したのが、**「白鳥事件」**の再審請求について１９７５年に出された最高裁決定でした（白鳥決定。最高裁第一小法廷昭和50年5月20日決定）。

この決定は新証拠の明白性について次のような基準を示したのです。

「（刑事訴訟法）四三五条六号にいう『無罪を言い渡すべき明らかな証拠』とは、確定判決における事実認定につき合理的な疑いをいだかせ、その認定を覆すに足りる蓋然性のある証拠をいうものと解すべきであるが、右の明らかな証拠であるかどうかは、もし当の証拠が確定判決を下した裁判所の審理中に提出されていたとするならば、はたしてその確定判決においてなされたような事実認定に到達したであろうかどうかという観点から、当の証拠と他の全証拠と総合的に評価して判断すべきであり、この判断に際しても、再審開始のためには確定判決における事実認定につき合理的な疑いを生ぜしめれば足りるという意味において、『**疑わしいときは被告人の利益に**』という刑事裁判における鉄則が適用されるものと解すべきである。」

つまり、「明白な新証拠」と言えるかについて、新証拠それ自体で有罪判決を覆せるような強力なものでなくても、「他の全証拠」(確定判決当時の証拠＝「旧証拠」に加え、再審段階で出された証拠や、捜査段階で収集されていたが確定判決当時は裁判所に提出されていなかった証拠＝「未開示証拠」も含む)との「総合評価」、つまり新旧の全証拠をいわばガラポン状態にして吟味しなおすことにより、確定判決の有罪認定が揺らいだとすれば、ここに投入した新証拠を「明らかな証拠」と認めてよい、という決定なのです。

さらに白鳥決定は、この明白性の判断の際にも「疑わしいときは被告人の利益に」という刑事裁判の鉄則が適用される、と宣言したことも画期的でした。それまでの再審請求では、あたかも請求人の側に無罪であることを証明せよ、という高いハードルが突きつけられてきたのですが、白鳥決定は、再審請求をする側が無罪を立証することまでは必要でなく、有罪と判断した確定判決に合理的な疑いを抱かせるというレベルでよい、とハードルを下げたわけです。

ただ、この白鳥決定は、実は再審請求自体の結論は棄却でした。しかし、その翌年、この白鳥決定の基準を用いて、死刑事件である財田川事件で最高裁は再審を認めなかった原決定を地裁に差し戻し(後に再審開始が確定)、1970年代後半から1980年代にかけて財田川事件を含む4事件で死刑囚が再審無罪となったのでした。

ところが、その後再審は「冬の時代」に逆戻りしてしまいました。再審開始される事件が激減し、1990年代には再審無罪に至った事件が1件しかありませんでした（榎井村事件）。しかし21世紀に入り、再審をめぐる動きが再び活発化してきています。再審開始決定が出ることも多くなってきましたが、再審開始が認められても、検察官の不服申立てにより、上級審で再審開始が取り消される事件もあり、現代の再審は「せめぎ合いの21世紀」という様相を呈しています。

再審請求の審理の流れ

再審請求に対してされる判断は「判決」ではなく**「決定」**といいます。地裁スタートの再審請求審の場合、再審を認めない決定（請求棄却決定）をしても、再審請求をした人は、その決定に対して**「即時抗告」**をすることができます。その場合は高裁で審理が行われます（これを**「即時抗告審」**といいます）。一方、高裁がスタートの再審請求審で再審請求が棄却された場合には、**「異議申立」**をすることができます。この場合には同じ高裁の別の部が**「異議審」**として審理を行います。

即時抗告審、異議審で高裁がした決定に対しては、憲法違反・判例（後述）違反がある場合に限り、最高裁に**「特別抗告」**を行うことができます（**「特別抗告審」**）。特別抗告審での決定が最終の判断になります。

では、地裁や高裁で再審開始決定が出た場合、検察官は不服申立て（「即時抗告」、「異議申立」、「特別抗告」）を行うことができるのでしょうか。

再審は、無実の人を救済する最後の手段です。とはいえ、一度確定した裁判で、裁判所はそう簡単には裁判のやり直しを認めてくれません。そんな中で裁判所がGOサインを出したのですから、もう再審公判に進んでいいのではないでしょうか。そもそも「再審請求」手続は、裁判のやり直しをするかしないかを決める「前裁き」の場に過ぎません。もし、裁判所が再審を開始したことについて検察官に不服があっても、検察官はやり直しの裁判である「再審公判」で有罪の主張をすることができるのですから、「前裁き」に過ぎない再審請求手続の中で検察官が不服申立てを繰り返す必要性は乏しいはずです。

しかし、再審開始決定に対して、検察官は不服申立てができる、というのが日本の現状です。このことが、どれほど深刻な問題を引き起こすか、ぜひ本文をお読みいただきたいと思います。

通常審と再審のちがい

第2次世界大戦後、日本国憲法のもとで刑事訴訟法が改正され、不利益再審が廃止されたことは前述のとおりですが、実は再審に関してはそれ以外、ほとんど戦前の旧刑事訴訟法の条文が改正されずにそのまま残っています。

戦前の旧刑事訴訟法はドイツ法をルーツにもち、裁判所主導で刑事裁判が進められる「**職権主義**」の手続となっていました。よく、戦後になって英米法の影響で、検察官と被告人が対等な「当事者」として主体的に訴訟を進める「**当事者主義**」の刑事訴訟法になった、と言われますが、それは通常審の1審の手続まで、あとは改正が間に合わなかったのです。

刑事訴訟法のなかで通常審の手続を定めた条文については、裁判員裁判の導入やそれに伴う公判前整理手続の整備、とくに検察官の手持ち証拠を開示させることを可能にする規定などが充実し、また一部事件に限られましたが取調べの録音録画が義務づけられるなど、度々大きな改正が加えられました。しかし、500以上の条文がある現行刑事訴訟法のうち、わずか19しかない「第4編　再審」の条文は、戦後70年以上が経過した現在まで、ただの1度も改正されていません。

通常審と異なり、審理の手続をこと細かに定めた条文がないため、再審請求の審理の進め方は、その事件を担当する個々の裁判体の職権による裁量、すなわち

司法制度改革から取り残された再審
1949年1月1日　現行刑訴法施行
《通常審》
職権主義→当事者主義
被疑者・被告人の権利保障
《再　審》
現行刑訴法「第4編 再審」
……旧刑訴法からほとんど
変わらず（不利益再審の廃止のみ）
……審理手続に関する規定は
445条「事実の取調」のみ
司法制度改革推進法成立 2001
公判前整理手続の導入（通常審における証拠開示） 2005
被疑者国選弁護制度の導入 2006
被害者参加制度の導入 2008
裁判員裁判スタート 2009
証拠の一覧表交付制度
被疑者国選弁護対象事件の拡大
取調べ全過程の録音・録画
2016〜2019
70年以上にわたり
一度も改正されず
今日に至る

「さじ加減」に委ねられており、再審を認めるか否かという、請求人の人生を左右する問題の帰趨が裁判官のやる気次第で大きく異なるという現状を生んでいるのです。

2　刑事裁判に登場する人や、その地位・役割を示す用語

裁判所と裁判官

「裁判所」という言葉はとても多義的に使われています。

日本国憲法は「すべて司法権は、最高裁判所及び法律の定めるところにより設置する下級裁判所に属する。」と定めています（憲法76条1項）。つまり憲法は最終的な判断をする最上級の裁判所としての**「最高裁判所」**とそれ以外の**「下級裁判所」**という分け方をしているだけです。「下級裁判所」にどのような裁判所

があるのかについては、裁判所法という法律が、高等裁判所、地方裁判所、家庭裁判所、簡易裁判所という4種類を定めています。

私たちが「裁判所」というときには、これらの裁判所の場所や建物そのものを指すときもありますし、裁判を行うための組織の総体を指して「裁判所」と呼ぶこともあります。

また、刑事や民事の裁判で判決をする、つまり法的な判断をする主体のことも「裁判所」と呼ばれます。もちろん、裁判所という建物はもとより、一つひとつの事件を、組織の総体としての裁判所が判断をするわけでもないので、ここでいう「裁判所」とは、個々の事件を担当する「裁判官たち」または「裁判官」のことになります。

「裁判官たち」または「裁判官」と書いたのは、個々の事件について判断をする場合、複数の裁判官が担当する**「合議事件」**と、一人の裁判官が判断をする**「単独事件」**があるからです。刑事事件や行政事件などでは合議事件としなければならない事件の種類が定められています（単独事件にすることもできるけど、困難な事件ではあえて合議事件とする、というようなこともあります）。

合議事件では複数の裁判官が協議して一つの判断をするため、このときの裁判所を**「合議体」**といいます。また、この合議体を裁判長の名前をつけて「○○コート」と呼んだりもします。「コート」というのは「法廷」という意味で、「○○裁判長の審理する法廷」という意味合いが込められています。

この本では各章のサブタイトルに「中牟田コート」、「原田コート」、「冨田コート」、といった表現が出てきますが、これは、数次にわたって再審請求を行い続けている大崎事件再審請求で、そのときどきの審理を行ったそれぞれの合議体を区別するために、このように表記しました。

合議体の人数は、15人（最高裁大法廷）、3～5人（最高裁小法廷）、9人（地裁の裁判員裁判。3名の職業裁判官と6名の裁判員から成る）などさまざまありますが、この本に出てくる「再審請求事件」の審理は、地裁、高裁では3人の合議体で行われます。

「裁判官」という言葉も多義的に使われます。もちろん、裁判官とは「裁判をする人」、という意味なのですが、「地位」や「官職」の総体を指して言う場合もあれば、個々の刑事裁判の中での役割を示す場合もあります。そして、個々の裁判官に対して、**「判事」「判事補」**という職名を付けて呼ぶこともあります。

「検察官」と「検事」、「弁護人」と「弁護士」

刑事事件の手続の中で、警察とともに捜査を行い、被疑者を起訴し、法廷で被告人が有罪であることを立証する役目を負っているのが**「検察官」**です。検察官の職務を行う人は**「検事」**と呼ばれています。

私たち弁護士は、法廷では**「弁護人」**と呼ばれます。これも、刑事裁判のなかで「被告人を弁護する」という役割を負っている者、という意味で使われています。

被疑者、被告人、再審請求人

刑事事件が発生すると警察が捜査を開始し、関係する証拠から犯人と疑われる者を特定します。犯罪の疑い（嫌疑）をかけられた人のことを**「被疑者」**と呼びます（マスコミ用語では**「容疑者」**と呼ばれています）。

被疑者を刑事裁判にかける（これを**「起訴」**といいます）かどうかを決めるのは前述のとおり検察官ですが、起訴された段階で「被疑者」は**「被告人」**と呼ばれるようになります（マスコミ用語では**「被告」**と呼ばれています）。

被告人に対する有罪が確定した後に、「本当は無実なのだから無罪にしてくれ」と裁判所のやり直しを求めるのが再審請求です。ですから、再審請求は、有罪の判決が確定した「元被告人」が再審を請求する＝「再審請求人」となる場合が多いです。

しかし、元被告人の法定代理人や保佐人、さらに元被告人が死亡した場合や心神喪失（精神障害や認知症などによって自らの意思表示が困難になること）になった場合は一定の親族が再審請求人となることもできます。また、検察官も再審請求人となることができます。

実は、検察官は刑事訴訟法の条文では再審請求権者の筆頭に挙げられています（439条1項1号）。これは、戦前に不利益再審（前述）が認められていた時代の名残といわれていますが、検察官が「公益の代表者」（検察庁法4条）である以上、無実の人を誤って有罪にした場合には、進んで再審請求を行うべきだ、と積極的な意味を見いだすべきではないでしょうか。しかし実際には、身代わり犯人だったことが判明した場合や、のちに真犯人が明らかになった場合以外、検察官が再審請求を行うことはごく稀です。

3　その他の用語

検察と警察

検察官は法務省の特別の機関である検察庁の職員（国家公務員）であり、警察官は警察庁の職員を除き、都道府県ごとに設置された都道府県警察の職員（地方公務員）です。しかし、どちらも犯罪の捜査を行い、国家権力による強制力をバックに強大な権限をもっているという点は共通であり、検察・警察をともに**「捜査機関」**と呼ぶこともあります。

もっとも、第一次的に捜査を行い、被疑者（犯人、容疑者）を逮捕したり、証拠を収集したり、取調べ等を行うのは警察です。検察官は、警察から送致された事件について、自ら被疑者・参考人の取調べを行ったり、証拠の不十分な点について、警察を指揮して補充捜査を行わせたりしますが、直接現場で捜査を行うことは、一部の事件（汚職や企業犯罪などを対象とする、いわゆる**「特捜事件」**）を除いてはめったにありません。

検察官は捜査の方針や補充捜査について警察官を指揮することはありますが、検察組織と警察組織との間に上下関係があるわけではなく、建前上は協力・協働関係にあります。

供述調書（員面調書、検面調書、公判調書）

被疑者・被告人、被害者、目撃者などが話した内容を記録した書面を**「供述調書」**といいます。このうち、警察官（**「司法警察員」**という、捜査の権限をもっている警察官）が録取（聞取りを行い、その内容を記録すること）したものは「司法警察員の面前で供述した」という意味で**「員面調書」**と呼ばれています。また、検察官の録取したものは**「検面調書」**と呼ばれています。

供述調書は、取調べの場で警察官や検察官（**「取調官」**と呼ばれます）が被疑者、被害者、目撃者などに質問し、その質問に答えた言葉を文字として記録した書面です。しかし、質問と答えがそのまま記載されているのではなく、次のような独特の文体で記されています。

「私は言いたくないことは言わなくていい権利があることは分かっています。私は○○市××町にある居酒屋『飲んだくれ』の店長として勤務していた時に、店舗の売上金を管理する立場にありながら、売上金の一部である現金１００万円を横領した罪で、本年◆月◇日に逮捕されました。本日は、私が『飲んだくれ』で勤務していた当時の私の立場や仕事の内容について話します。」

このような、質問に答えるのではなく、ひとりで物語を語っているかのような供述調書独特の文体は「**独白体**」と呼ばれています。独白とは「ひとりごと」という意味です。長々とひとりごとを言っているような供述調書を一般の人々が読むと、それだけで相当な違和感があると思います。供述調書は「取調官の作文」である、と批判される所以です。

他方、法廷において裁判官の面前で、被告人や証人が弁護人や検察官から尋問を受けた（裁判官が補充的に尋問をすることもあります）やりとりの内容は、裁判所速記官による速記、または録音データをもとに、逐語的（話した内容を一言一句そのまま）に文字化され、公判での手続を記載した「**公判調書**」として訴訟記録に綴られます。裁判官の面前で供述したものなので「**裁面調書**」と呼ばれることもあります。

大崎事件は鹿児島県で発生した事件なので、証言台に立った被告人や証人たちは、当然「かごんま弁」と呼ばれる地域の方言で証言しています。鹿児島の方言は、かれこれ30年近く鹿児島に在住している私ですら、すべての意味を把握できないほど独特のものですが、裁判所速記官たちは、これを耳で聞こえる音声そのままに記録し、その直後にカッコ書きでその言葉の意味を標準語で記載する、という素晴らしいスキルをもっています。

「判例」と「裁判例」

非常に大雑把に言うと、裁判とは、証拠に基づいて認められる事実に、法律を当てはめて評価し、結論（判決）を出す、という作用です。しかし、法律の条文それだけで結論が出せることはむしろ稀です。例えば詐欺罪は「人を欺いて財物を交付させた者は、10年以下の懲役に処する」（刑法246条1項）と規定されていますが、具体的にどのような行為が「欺いて」にあたるのか、「財物」とはどのようなモノをさすのか、というようなところは条文の解釈に委ねられています。そして、条文の解釈にあたっては、多くの場合、過去の裁判でされた判断、つまり**「裁判例」**を参考に検討していきます。

さて、私たちの業界ではそういうときに「過去の判例に照らし～」、とか、「判例解釈では～」などと言ったりします。実はこの**「判例」**にはいくつかの意味があります。

まず、もっとも広い意味では「判例」を「裁判例」と同じ意味で使います。それから、権威のある裁判例に限定するという意味で、最高裁判所と高等裁判所の裁判例のみを「判例」ということもあります。もっとも狭い意味の「判例」は、「最高裁判所が裁判の理由の中で示した法律的判断のうち、先例として事実上の拘束力を持つもの」のみを指し、前述の「白鳥決定」を紹介した部分などが、まさにこの最狭義の「判例」にあたります。また、再審請求手続の説明のところで、「即時抗告審、異議審で高裁がした決定に対しては、憲法違反・判例（後述）違反がある場合に限り、最高裁に『特別抗告』を行うことができます（「特別抗告審」）」と書きましたが、ここでいう「判例違反」の「判例」も最狭義での意味で使われています。

証拠裁判主義と自由心証主義

1つ前の項目に「証拠に基づいて認められる事実」と書きましたが、「事実を証拠によって認定する」ことは近代裁判の鉄則であり、刑事訴訟法にもそのことが明記されています。（刑事訴訟法317条。証拠裁判主義）。ただ、その「証拠」の種類や質については、わが国の裁判ではそれほど厳格に制限せず、刑事訴訟法318条は、「証拠の証明力は、裁判官の自由な判断に委ねる。」と、裁判官の裁量を広く認めています（自由心証主義）。

そのなかで、日本国憲法が唯一、証拠の内容にかかわりなく、一定の場合に「そもそも証拠として使ってはダメ」という制限をかけているのが、「自白」に関するルールで、刑事訴訟法により詳しく定められています。

また、証拠とすることに法律で制限が設けられているのが**「伝聞法則」**と呼ばれているものです。次の項目で説明しましょう。

証拠法則(自白法則、補強法則、伝聞法則)

刑事訴訟法では、内容のいかんを問わず「証拠とすることができない」と定めているものがあります。

1つは自白に関するものです。

自白とは「私がやりました」と犯行を認める供述のことですが、自白は有罪の動かぬ決め手として「証拠の女王」などと呼ばれ、捜査側が犯人と目星をつけた者から容赦なく拷問を行ったり、暴行や脅迫を加えたりして自白を搾り取る、という暗黒の歴史がありました。

そこでまず、法は「強制、拷問又は脅迫による自白、不当に長く抑留又は拘禁された後の自白その他任意にされたものでない疑（い）のある自白」は証拠とすることができない、と定めました。これを**「自白法則」**といいます。「任意にされたものでない」というのは「自らすすんで（自発的に）したものでない」という意味ですが、拷問や脅迫、長すぎる身体拘束などによって獲得された自白は、仮に内容が真実であったとしても証拠から排除されなければなりません。

加えて、自白については「その自白が自己に不利益な唯一の証拠である場合には、有罪とされない」とも定められています。自白だけで有罪にしてはならない、有罪とするためにはその自白を補強する別の証拠が必要ということなので、これを**「補強法則」**といいます。

もう1つ、法により「証拠とすることができない」

と定められているのが、法廷で直接裁判官が見たり聞いたりしたもの以外の、たとえば供述が録取された**「伝聞証拠」**です（供述調書はまさにこれです）。つまり**「伝え聞き」**の書面などは証拠とすることができないのが原則です（**「伝聞法則」**）。

しかし実際には、当事者が証拠とすることに同意した場合のほか、幅広い例外が認められており、伝聞法則は形骸化しています。特に前述の「検面調書」（検察官の面前で録取された供述調書）の内容が、その者が法廷でした証言と異なる場合に、簡単に証拠として採用される傾向があります。大崎事件の確定審でも、アヤ子さんの裁判の際、「共犯者」たちは法廷でまともに語れなかったにもかかわらず、捜査段階で彼らがすらすらと犯行を語っているように記載された検面調書が、有罪の証拠として採用されてしまいました。

科学的証拠・鑑定と自由心証主義

証拠の評価が裁判官の自由な心証に委ねられていることとの関係でしばしば問題となるのが**「科学的証拠」**です。裁判官は法律の専門家ではありますが、医学、建築、物理学、心理学、といった多様な科学のすべてに精通しているわけではありません。自由心証主義は裁判官に「フリーハンド」を許すものではなく、裁判官は専門家による科学的な観点からの知見を尊重しながら最終的な判断をすべきです。その意味で、専門家による科学的知見は**「自由心証」**の外縁を画するもの、ということができます。

ところが、中には「ジャンク・サイエンス（**似非科学**）」と呼ばれる、科学の名をまとった「マユツバ」ものの鑑定が証拠として提出されることもあります。われわれ弁護士も含め、法曹（法律実務家）は、例外もありますが文系出身が多いので、ともすると医学鑑定やDNA鑑定といった「理系証拠」については、その科学性を十分に吟味せず、盲信してしまう傾向があります。

一方で、心理学のような、一見文系の思考と共通性のある科学（「ソフト・サイエンス」）については「俺たちの自由心証に土足で踏み込んでくるな！」とアレルギー反応を示し、証拠として認めないかのような不遜な態度を取ることも少なくありません。

さらに、科学的証拠を、有罪を立証する方向に用いるときは比較的緩やかに証拠価値を受け入れていた裁判所が、再審請求の際に提出する「新証拠」、つまり無罪方向の証拠として提出した科学鑑定には、「100パーセントの無罪を立証せよ」とでもいうような、高いハードルを突き付ける傾向もあります。

刑事裁判において、科学的証拠を適切に理解して正しい判断を導くことの難しさが浮き彫りとなる場面はとても多く、とりわけ、「無実の人を進歩した科学によって救済する」ことを目指す数多くの再審請求事件で、この問題は切実です。

本書の中にも、そのことを痛感する場面が何度も登場するのです。

「大崎事件と鴨志田祐美の40年」年表 ❷

	大崎事件	鴨志田祐美
2004. 1. 4	ハナの死亡により太郎の再審事件終了	
2004.10. 2		弁護士登録(鹿児島県弁護士会)
2004.12. 9	福岡高裁宮崎支部（岡村稔裁判長）、再審開始取消し、再審請求棄却（弁護側が特別抗告）	
2006. 1.30	最高裁第三小法廷（藤田宙靖裁判長）、特別抗告棄却	
2010. 1. 4		独立、弁護士法人えがりて法律事務所設立
2010. 8.30	アヤ子さん、鹿児島地裁に第2次再審請求	
2011. 8.30	一郎につき、娘の京子さんが再審請求	
2013. 3. 6	鹿児島地裁（中牟田博章裁判長）、アヤ子さん及び一郎の再審請求をいずれも棄却（弁護側が即時抗告）	
2014. 7.15	福岡高裁宮崎支部（原田保孝裁判長）、即時抗告棄却（弁護側が特別抗告）	
2015. 2. 2	最高裁第一小法廷（金築誠志裁判長）、特別抗告棄却	
2015. 7. 8	アヤ子さん、鹿児島地裁に第3次再審請求（一郎についても娘の京子さんが再審請求）	
2017. 6.28	鹿児島地裁（冨田敦史裁判長）、アヤ子さん及び一郎について再審開始決定（検察官が即時抗告）	
2018. 3.12	福岡高裁宮崎支部（根本渉裁判長）、即時抗告棄却、再審開始維持（検察官が特別抗告）	
2019. 6.25	最高裁第一小法廷（小池裕裁判長）、再審開始取消し、再審請求棄却	
2019. 7.16		母、大腿骨骨折で救急搬送、2回の手術。退院後老健施設へ
2019. 9.15		息子・玲緒結婚
2019. 9.25		夫にステージ4の大腸癌がみつかる。手術後療養生活に
2020. 3.30	アヤ子さん及び一郎について、娘の京子さんが鹿児島地裁に第4次再審請求	
2020.12.31		弁護士法人えがりて法律事務所閉所。2021年4月から京都で活動予定

「大崎事件と鴨志田祐美の 40 年」年表 ❶

	大崎事件	鴨志田祐美
1927. 6.15	原口アヤ子さん、鹿児島県曽於郡大崎村（現在の曽於郡大崎町）で生まれる（7人きょうだいの長子）	
1942. 3	アヤ子さん、大崎町立国民学校を卒業	
1951. 1.30	アヤ子さん、中村一郎と結婚。一男二女をもうける	
1962. 9. 7		鹿児島市で生まれる。神奈川県横浜市、鎌倉市で育つ
1979. 9ころ		神奈川県立鎌倉高校の文化祭に「モグリ」で出演
1979.10.15	事件発覚（被害者・中村四郎の遺体発見）	
1980. 3.31	鹿児島地裁、原口アヤ子さんと「共犯者」（一郎・二郎・太郎）に有罪判決（「共犯者」らは全員控訴せず確定）	
1980. 5.16		父・隅谷住太郎死去
1980.10.14	福岡高裁宮崎支部、アヤ子さんの控訴棄却	
1981. 1.30	最高裁第一小法廷、アヤ子さんの上告棄却	
1981. 2.17	最高裁第一小法廷、アヤ子さんの異議申立棄却、有罪確定	
1981. 4. 1		早稲田大学法学部入学
1985. 3.25		大学卒業。卒業後 3 年間、司法試験受験生として過ごす
1988. 8		東京の会社に就職
1989. 4.25	二郎自死	
1990. 4.30		鴨志田安博と結婚
1990. 7.17	アヤ子さん、佐賀・麓刑務所を満期出所	
1990. 7.25	アヤ子さん、一郎と離婚	
1990.12		会社を退職
1991. 7. 3		鹿児島に移住
1991.10.15		息子・玲緒を出産
1993.10. 2	一郎死去	
1995. 1		鹿児島で公務員試験予備校の法律科目講師として採用される
1995. 4.19	アヤ子さん、鹿児島地裁に第 1 次再審請求	
1997. 9.19	太郎、鹿児島地裁に再審請求	
2001. 5.27	太郎自死	
2001. 8.24	母ハナが太郎について再審請求	
2002. 3.26	鹿児島地裁（笹野明義裁判長）、アヤ子さん及び太郎について再審開始決定（検察官が即時抗告）	
2002.11.13		司法試験合格

大崎事件と私

～アヤ子と祐美の40年

プロローグ

ここに、1枚の写真がある。

鎌倉駅と藤沢駅を結ぶ観光電車「江ノ電」の「鎌倉高校前駅」の風景だ。

短いホームに、ホームと同じぐらいの長さの4両編成の江ノ電が停まり、客の乗降を終え電車が発車すると、それまで電車に遮られていた視界いっぱいに、青く拡がる太平洋が目に飛び込んでくる。実は江ノ電の駅のなかで、ホームから直接海が見えるのは、この鎌倉高校前駅だけである。

無人駅のホームの先には踏切があり、踏切を渡ると、海岸線に沿って走る国道134号線に出る。

さらに横断歩道を渡ってコンクリート塀の切れ目から階段を降りると、そこはもう砂浜である。

この踏切は、アニメ『スラムダンク』のオープニングシーンに登場し、日本のみならず台湾の観光客もが「スラムダンクの聖地」として訪れる場所である。鎌倉で10代のほぼすべてを過ごした私にとって、ストーリーの背景に描かれる鎌倉の風景が素肌感覚のように感じられる『海街 Diary』(吉田秋生、小学館フラワーズコミックス 全9巻)の第1巻の表紙にも、この写真の場所が描かれている。

もっとも、私が在籍していた高校は鎌倉市の隣の藤沢市内にあり、私は江ノ電で藤沢駅まで行き、そこから小田急線に乗り換えて高校に通っていたから、この「鎌倉高校前駅」は単なる通過駅のひとつだった。

ただ、私には、鎌倉高校前駅で頻繁に乗降していた時期が、2回だけある。

1979年の秋ごろのこと。私はミュージシャンを夢見て音大受験を目指す高校2年生だった。クラシック一筋というわけではなく、中学時代の仲間とバンドを組んでライブコンサートをやったりもしていた。部活は演劇部。放課後の主な棲息場所は、体育館の舞台の上か、バンド練習に通う安い貸しスタジオだった。

高校生バンドの晴れ舞台は、なんといっても高校の文化祭である。ところが、中学時代のバンド仲間は高校がバラバラになったため、私は自分の高校の文化祭には出演できなかった。そこで、バンドメンバーの一人が通っていた鎌倉高校の文化祭に「もぐり」で出演したのである。練習から本番まで、自分の在籍する学校ではない校舎に潜り込んで演奏するのは、ちょっと後ろめたくて、ちょっとワクワクする出来事だった。

藤沢から江ノ電に乗って鎌倉高校前駅で降り、海を背にして「日坂」と呼ばれる坂道を登って鎌倉高校に潜り込み、音楽室で音合わせをやった後、今度はその坂道を下って鎌倉高校前駅に戻り、再び江ノ電に乗って帰宅する。帰りの下り坂では太平洋と向き合いながら坂道を下った。自分の目の高さに合わせて水平線が移動し、きらめくさざ波が、夢中で音楽のことを語り合う私たちの視界を彩った。

次にこの駅に毎日乗り降りすることになったのは翌１９８０年の3月から5月にかけての時期だった。

2月28日、春休みに予定されていたコンサートの練習で貸しスタジオに出かけるべく、家を出ようとした矢先に一本の電話が入った。

父が早朝、腹部から背中にかけての痛みに耐えかね、東京のある病院の救急外来に自ら駆け込み、そのまま緊急入院となったという、病院からの連絡だった。

私の父は、アメリカ映画の配給会社で働く傍ら、シナリオライターを目指して、平日は会社近くの仮住まいで夜遅くまで執筆し、土日だけ鎌倉の自宅に帰ってくる生活をしていた。執筆の友は缶ピースとスコッチウィスキー。肝臓をひどくやられていた。

鎌倉から東京の病院に駆け付けた母と私に、医師は、「長い入院となるかもしれないから自宅に近いほうが良いだろう」と言い、鎌倉高校前駅から歩いて5分ほどの病院に紹介状を書いてくれた。父はその日のうちに転院となり、母と私は父を搬送する寝台車に付き添った。

バンドの練習は、当然であるがドタキャンとなった。

それから2か月半、高校からの帰りに、藤沢から江ノ電に乗り、鎌倉高校前駅で途中下車し、父を見舞ってから由比ヶ浜の自宅に帰る毎日が続いた。

父の入院中、母は病院に泊まり込み、父が亡くなるまで一度も自宅の布団では寝なかった。

病院から鎌倉高校前駅に戻る道は、半年前にバンド仲間と語り合いながら下った同じ坂道だった。しかし、日はとっぷりと暮れて水平線は見えず、暗がりのなかをどこまでも落ちていくような錯覚にとらわれた。

病院に泊まり込んでいる母の代わりに、岡山や鹿児島から親戚が代わる代わる鎌倉に来てくれて、私と弟のために家事や食事の世話をしてくれた。とてもありがたいことなのに、私の気持ちは荒んでいた。家の食器棚の中で、食器の配列がどんどん変わっていくのが悲しかった。親戚たちは、私に聞こえないように、ひそひそ声で、父がもう長くないだろうというようなことをささやき合っていた。

病院で弱っていく父の姿を見るのは辛く、さりとて家にも帰りたくない私は、坂を下りたところで右に曲がって駅に向かうところを、そのまままっすぐ踏切を超え、国道134号線を渡って海岸に降り、父との別れが近いことを予感しながら、砂浜をあてどなく歩き回っていた。

1980年5月16日、父は逝った。私は17歳、父は48歳だった。

私は経済的な理由から音楽を断念し、「現役合格でなければ就職」という瀬戸際の状況のなかで私立文系に絞って大学受験に臨み、法学部に進学した。母は知的障がいをもつ弟を連れて、故郷の鹿児島に帰り、私は一人東京で暮らすことになった。

1979年から1980年にかけて、私の人生は父の死によって大きな転機を迎えたのだった。

そして。

私が鎌倉高校の文化祭に出るために鎌倉高校前駅で乗り降りしていた、ちょうどその頃の1979年10月15日、鹿児島県のある農村で、一人の男性が自宅横牛小屋の堆肥の中から遺体で見つかった。

父を見舞うため、鎌倉高校前駅に途中下車していた時期である1980年3月31日、その男性を殺害し、死体を遺棄したとして、男性の義姉に懲役10年の判決が言い渡されていた。

この事件がのちに「大崎事件」と呼ばれるようになることを、このときの私は、まだ知らない。

第1章　大崎事件との出会い

1　紆余曲折の20代

●かくも不純な大学受験●

１９８１年４月、私は早稲田大学法学部に入学した。と言っても、最初から弁護士を目指そうという高い志のもとで法学部の門をくぐったわけではなかった。

もともと音楽、演劇を志向し、父の死によって経済的理由からその道を断念した私だったが、実はかなり往生際が悪く、大学受験のときに一計を案じた。母は大学受験のことを何も知らず、娘が「早稲田」や「慶応」に簡単に受かると思っていた。が、実際は、高校３年の11月に行われた某予備校の早稲田模試での合格判定は「E」（志望校変更）だった。

一方、父の死後に申し込んだ日本育英会（現在の独立行政法人日本学生支援機構）の「予約奨学生」という制度は、現役で大学に合格しなければ受給資格を失うことになっていた。浪人は許されなかったのである。

　そのような状況で、私は「早稲田」の法学部と第一文学部、「慶応」の文学部に願書を提出し、（娘が早慶に受かると誤信している母に）「一つだけ滑り止めに「日大」を受けさせてほしい」と懇願し、許しを得た。母には「日大」とだけ伝えたが、早慶には絶対受からないと思っていた私は、ひそかに「日大芸術学部」に願書を出した。これで、早慶は全部不合格が確実だから、日大芸術学部に合格すれば音楽や演劇の道を続けられる、と目論んだのである。

　ところが、親を欺いたバチが当たったのか、日大芸術学部の入試の日、私は胃けいれんを起こして家から一歩も出られなくなってしまった。残るは早稲田と慶応しかない。もしどこかに引っかからなければ就職先を探さなければならない。

　ここまで追い詰められても、私は性懲りもなく「もし早稲田の第一文学部に受かれば、演劇科があるから演劇を続けられるかも」と考えていた。

　はたして、入試の結果は、その早稲田の第一文学部だけが不合格で、あとの二つに合格したのである。

　早稲田の法学部か、慶応の文学部か……。私には、テニスのラケットを小脇に抱え、当時全盛だった「ハマトラ」系のファッションに身を包んで慶応大学の三田キャンパスを歩く自分の姿を想像することができなかった。やはりバンカラな早稲田に行くしかない。

私の法学部入学は、かくも不純な動機と偶然が重なった結果だった。

●苦学生から司法試験受験生へ●

大学時代は、母親からの仕送りは望めず、酒場のピアノ弾きから学習塾の講師に至るバラエティに富んだアルバイトと奨学金のみで生活する苦学生だった。

私が大学3年のとき（1983年）、司法試験合格者数ランキングで、東大を抜いて早稲田が1位になったらしく、学内は大騒ぎになっていたが、私は日々の生活に手一杯で、とても司法試験受験などという余裕はなく、そんなニュースは完全に他人事だった。

しかし、大学3年の後半ごろから私の前途に暗雲が立ちこめ始めた。当時は女子大学生の就職は「氷河期」と言われていて、片親でアパート暮らしの私は、採用どころか面接すらしてもらえない状況だった。

自分の実力がなくて就職できないのであれば諦めもつくが、母子家庭とか自宅外とかいうような理由で就職ができないなんて、そんな理不尽は耐えがたい、と思った私は、大学卒業後一転、実力勝負の世界である司法試験を目指すことにした。さすがに働きながらの受験は無理だと判断した私は、故郷の鹿児島に戻って塾講師として生計を立てていた母に「司法試験の受験のために3年間だけ居候させて下さい。3年で受からなければ東京に戻って就職します」とまたしても懇願し、鹿児島市内にある母の家（私自身は住んだことがない家だったので「実家」ではない）に3年間限定で居候することになった。神奈川で20年、その後も首都圏で生活していた私が、友人たちとも、当時付き合っていた恋人とも離れ、遠い鹿児島で母の家に引きこもって受験勉強に専念したのである。

●東京で就職。鹿児島にIターン、そして出産●

しかし約束の3年目に最終合格に届かず、また、友人や恋人と3年間隔絶された生活の中で、私は次第に精神的に追い詰められていた。そして、自室の白い壁に渦巻きが浮かび上がるのが見えたとき、これは限界だと判断し、司法試験を諦めて再び東京に戻る決意をした。

3年ぶりに戻った東京で、まずは生活のために手っ取り早く就職することだけを考え、私はそれまで通信講座でお世話になっていた司法試験予備校を経営する会社の入社試験を受けた。幸いすぐに採用され、入社が決まった。

当時その会社は、バブル末期の日本経済全体が熱に浮かされたような空気の中で、大企業として認知されるべく企業イメージの向上を目指していた。その波に乗せられた私は、入社後1年で、女性初、最年少の課長に抜擢された。

その後私は、会社からアメリカのロースクールを調査してくるように命ぜられ、職場結婚したばかりの夫を東京に残し、単身アメリカに留学した。

が、そのタイミングでバブル景気が一気に崩壊したのだった。


帰国すると会社のムードは一変しており、社内に私の居場所はなくなっていた。そうした状況のもと、私は夫ともども会社を退職し、再び司法試験を目指そうかと考えていた矢先に妊娠が判明した。夫と話し合い、せっかく大事な命を授かったのだから、まずは子育てを先行させよう、そして都会では子育てをしたくない、田舎でのびのびと成長させたい、と夫婦で意見が一致したことと、いずれは鹿児島に住む私の母と、知的障がいをもっている弟を見なければならなくなるだろう、との理由から、1991年7月、妊娠7か月の私は、夫とともに、母の住む鹿児島に「Iターン」した。

その3か月後の10月15日、私は息子を出産した。

12年前の同じ日、同じ鹿児島の「大崎町」というところで、牛小屋の堆肥の中から男性の遺体が発見され、のどかな農村が大騒ぎになっていたことなどつゆ知らず、私は行きつ戻りつしながらの、挫折だらけの20代を終えようとしていた。

2 40歳で足を踏み入れた司法への道

●受験再開～3年目の合格～●

息子を出産後、私は1年間専業主婦として家事育児にいそしんでいたが、脳が錆び付かないように、と赤子が眠っている時間を利用して宅地建物取引主任者（現在は、宅地建物取引士）試験の受験勉強をして、息子が1歳になるころ、この試験に合格した。そのころ母から「私が家のことをするから、あなたは外に出て働きなさい」と言われ、就職を試みたが、鹿児島では「大卒・30歳・子持ちの主婦」を採用してくれる会社はなかなか見つからず、さしあたり1年間の期限付きで鹿児島県庁の臨時職員のアルバイトをすることになった。勤務中でも手空きの時間は読書など自由にやってよいということだったので、空き時間を利用して、今度は社会保険労務士試験の受験書を読んで独学し、1994年に合格、さらにその翌年に行政書士試験にも合格した。

行政書士試験に合格したタイミングで、全国展開の公務員試験予備校の鹿児島校が開校することになり、法律科目の講師を募集していたことから、運良く講師として採用された。

公務員をめざす若者たちにこそ、立憲主義の根本的な考え方や、日本国憲法99条の「憲法尊重擁護義務」が「国民」ではなく「公務員」に課せられている理由を理解してほしい、という思いから、私は「熱血予備校講師」として、この予備校に8年あまり勤務した。

法律科目を受講していた生徒たちの中には、現役の大学生もいれば、大学を卒業し、いったんは民間企業に就職した後、退職して公務員を目指す受講生もいて、年齢も経歴も多様だったが、皆、自らの夢を叶えるために必死で努力を重ね、ライバルでありながら互いを励まし合っていた。そのような彼ら彼女らの姿に私は深い感動を覚えた。

教え子たちの姿に触発された私は、「自分はこのままで良いのか」、「まだ自己実現のためにできることはあるのではないか」と自問するようになった。

そして、息子が小学校3年生になり、「子育てがちょっと一息ついたかな」と感じた瞬間、私は12年のブランクを経て司法試験に再挑戦することを決意した。この無謀な挑戦に対し、家族は応援もしなければ止めもしない、というスタンスだった。夫は私のことを「あなたはサメと同じだから。サメは浮き袋がないから、泳いでないと死んじゃうんだよね。それとおんなじで、あなたも何かやっていないと死んでしまうんだよ」と評するのが常であった。家族は、私の司法試験を容認していたが、合格することは想定していなかったと言っていい。それは私自身もそうだったかもしれない。

ところが受験再開から3年目の2002年11月、私は司法試験に合格した。ときに40歳である。

2002年――。この年の3月26日、鹿児島地方裁判所（笹野明義裁判長）は、当時74歳の原口アヤ子さんに対し、再審開始決定を出していた。

鹿児島市近郊

40歳で司法試験合格

3年前勉強再開、志貫く

鹿児島市　鴨志田さん

子育て・仕事と両立

十三日発表があった本年度の司法試験で、鹿児島市の四十歳の女性が合格した。司法試験予備校のない鹿児島で、子育てと仕事をこなしながら、志を貫いた。「将来は鹿児島で弁護士を」と意欲に燃えている。

「夢をあきらめてはいけないと子供にも話しています」と話す鴨志田さん

「弁護士になって地域に貢献したい」

南日本新聞 2002年11月30日。
「40歳で司法試験合格」

●司法修習の最初に高隈事件と出会う●

２００３年、私は司法修習生（司法試験合格後、裁判官・検察官・弁護士になる前の「研修生」のような立場）となった。当時、修習の最初の３か月は埼玉県和光市にある司法研修所で前期修習が行われており、私たちはそこで、民事裁判、刑事裁判、検察、民事弁護、刑事弁護、の5科目について、講義、演習、そして書面の作成（起案）など実務に必要な知識とスキルを学んだ。

このうちの「刑事弁護」で最初に出された課題が「鹿児島夫婦殺し事件（高隈事件）」の一件記録を読んでレポートを書くというものだった。鹿児島県鹿屋市で発生した殺人事件で、一審・控訴審は有罪だった被告人について、最高裁が、有罪認定には合理的疑いがあるとして福岡高裁に破棄差戻しした後、福岡高裁で無罪判決が確定した事件である。「鹿児島の事件なのだから、鹿児島から研修所に入る者として、これは気合いを入れて取りかからねば」と考えた私は、県立図書館に2日間籠もって、事件発生（１９６９年1月）から、無罪確定後に元被告人が提訴した国家賠償請求の勝訴確定（１９９７年3月）までの、この事件を報じた地元紙・南日本新聞のすべての記事を、マイクロフィルムからプリントアウトしてバインダーに綴じ込んだ。ファイルの厚さは３～４センチほどにもなった。

また、同紙の記者だった宮下正昭さん（現・鹿児島大学准教授）が高隈事件を取材したルポルタージュ『予断――えん罪高隈事件』（筑摩書房、1988）を同じ図書館から借り出し、すでに絶版だったため全ページをコピーしたファイルも作った。私は課題レポートとともにこれらの資料も司法研修所に持参した（このとき持参したファイルは後に司法研修所の正式な教材資料として採用された）。

長期間の身体拘束と過酷な取調べによって無実の者が自白してしまうこと、そして、取調官が、被疑者とのやりとりをあたかも被疑者が一人で喋っているかのような文体で「作文」した「供述調書」というものが安易に有罪の証拠とされている現実を知ったのは、この高隈事件の記録に接したときが初めてだった。

高隈事件の資料を収集する中で私は、最高裁から差し戻された控訴審の福岡高裁で、当時登録1年目の二人の新人弁護士がめざましい活躍をして無罪判決獲得の原動力となったという新聞記事に目を奪われた。前述した宮下正昭さんの『予断』でも、この二人が司法修習生時代に、裁判官に引率されて見学に行った某大企業で、引率した裁判官と司法修習生に豪華な昼食が振る舞われた際、そのような馴れ合いを嫌い、退出したというエピソードが紹介されている。私はその二人――幸田雅弘弁護士と八尋光秀弁護士――に強い憧れを抱いた。

●検察官・弁護人・裁判所の立場からみた志布志事件●

3か月の前期修習を終了すると、1年間（当時）の実務修習が始まる。司法修習生は全国50箇所の地裁所在地に散らばって、当地の裁判所、検察庁、法律事務所に数か月ずつ配属されて「実地研修」を行う。私には当時小学6年生の息子がいたため、当然のように自宅から通える鹿児島修習になった。

そして私は、あの「志布志事件」（鹿児島県志布志市の小さな集落の住民13名が公職選挙法違反の疑いで逮捕・起訴され、後に途中で死去した一人を除く12名全員に対する無罪判決が確定した事件。取調べの録音録画の立法化を加速させる契機となった事件のひとつ）の捜査まっただ中の鹿児島地方検察庁で実務修習をスタートさせた。当時の指導担当検事は、私たち修習生に「やってもいない人が自白するわけがない」と自信満々に語っていた。

その後私は、この事件の弁護人の一人を務めた弁護士が所属する法律事務所、ついでこの事件の公判が始まっていた鹿児島地裁刑事部で修習を進めた。警察が事件そのものをでっち上げるという世紀の冤罪事件を、司法修習生時代に検察、弁護、裁判のすべての立場で見ることができたことは、私の弁護士としての立ち位置に決定的な影響を与えた。

私の実務修習は、「やってもいない人が自白するわけがない」との教えから始まり、「やってもいない人でも簡単に自白に追い込まれてしまう」ことを体得して終わったのである。

●ついに、大崎事件と出会う●

そして、弁護修習で私が配属された法律事務所の所長で、私の指導担当だったのが、大崎事件第1次再審で弁護団長を務めていた亀田徳一郎弁護士だった。ある日、亀田弁護士が緑色の表紙の分厚い冊子を手渡し、「いま、うちの事務所で再審事件をやっています。鹿児島地裁では再審開始決定が出たのですが、検察官が即時抗告したため、今は福岡高裁宮崎支部に抗告審が係属していま す。こんど高裁宮崎支部で進行協議期日があるので一緒に行きませんか」とおっしゃった。その冊子こそ、大崎事件第1次再審請求の申立書だった。

申立書、さらには一件記録を読み進めた私は、自白した3人の「共犯者」たちが、いずれも知的障がいを抱えていた、という記載に衝撃を受けた。私には3歳年下の、知的障がいを持っている弟がいるので、子どものころから弟はもとより、弟の通っていた幼稚園や小中学校、そして今お世話になっている施設で生活している、たくさんの知的障がいを持つ人たちと接してきた。ひとくちに知的障がいといっても、その特性や程度はさまざまである。ただ、一様に言えるのは、争いごとやもめごとが苦手で、強い口調で責められると固まってしまい、抗うことなど全くできなくなる、ということだ。

知的障がいを抱えた者が、密室での取調べで、取調官から繰り返し「お前がやっただろう」と責められたら、その緊張状態から逃れたい一心で、相手に合わせて「はい」と言ってしまうであろうことは手に取るように想像できた。自発的にすらすらと語られたように「作文」された「共犯者」たちの供述調書がある一方で、アヤ子さんの刑事裁判の法廷で「証人」として証言した彼らの公判調書（法廷でのやりとりを速記官が逐語的に記録したもの）を読むと、弁護人、検察官、そして裁判官からの質問に、彼らは満足に答えられず、「・・・・・」（沈黙している状況）と記録されている箇所がそこかしこにあった。彼らは「法廷でも自白を維持した」と言われているが、健常者でも緊張する、法廷という非日常的な場所で、相手の質問の意味を理解して的確に答えることなどできなかったに違いない。

記録を読めば読むほど、過酷な取調べにも屈せずに否認を貫いたアヤ子さんを、客観証拠もないのに、この知的ハンデを抱えた3人の「共犯者」たちから自白を搾り取って有罪にする捜査と裁判に心の底から怒りがわき上がってきた。

●進行協議の傍聴●

かくして、大崎事件の記録をむさぼるように読み進めていた私は、ほどなく亀田弁護士の運転する車で福岡高等裁判所宮崎支部に同行させていただき、第1次再審の即時抗告審の進行協議期日を傍聴する機会に恵まれた。

地裁で出された再審開始決定を高裁で取り消させようとする検察官が、新たな立証をしようと、アヤ子さんや「共犯者」たちを取り調べた警察官の尋問を請求したのに対し、裁判長は「即時抗告審はそういう場所じゃないですから」とたしなめるような口調で制止していた。修習生の目から見ても、これは再審開始決定が維持されるに違いないと感じた。

進行協議期日が終わり、宮崎から鹿児島に戻る高速道路を走行する車のハンドルを握りながら、亀田弁護士は助手席の私に「二回試験（司法修習の修了試験）に合格して弁護士になったら、再審公判の弁護人になって下さいね」と微笑んだ。私は「はい。分かりました」と笑顔を返した。

3　大崎事件弁護団の新米弁護人

●長い闘いの日々の始まり●

それから半年あまりが経過し、２００４年10月、無事に二回試験に合格して修習を終えた私は、鹿児島で弁護士としての一歩を踏み出した。

ところが――。その直後の12月９日、福岡高裁宮崎支部（岡村稔裁判長）は、大崎事件の再審開始決定を取り消し、再審請求を棄却した。一度開いた再審の扉が閉ざされた衝撃の中で、弁護団は最高裁に特別抗告を申し立てた。意気消沈する弁護団に、右も左も分からない新米弁護士の私が飛び込んだのは、このタイミングだった。

こうして、再審公判ではなく、最高裁での特別抗告審の弁護人選任届にサインしたときから、私の長い闘いの日々が始まった。

私が大崎事件弁護団の一員となって初めての弁護団会議は、福岡の幸田雅弘弁護士の事務所で開催された。そこでは、司法修習の最初の課題で集めた高隈事件の資料の中で活躍していた幸田・八尋の両弁護士が会議を主導していた。憧れの弁護士二人と同じ弁護団会議に出席している……私はさながらイチローのいるマリナーズのベンチに紛れ込んだ草野球の少年のような気分だった。

会議終了後、弁護団は中洲（九州一の繁華街）の割烹「川田」に移動した。中洲でも有名な老舗の割烹で、いかにも常連らしく女将と博多弁で軽口を叩き合いながら古めかしい階段をギシギシと登っていく八尋弁護士の後をついていき、二階の座敷に通された。

座敷に座ると、男性弁護士たちは靴下を脱ぎ、おしぼりで素足を拭くと、お店が用意した新しい靴下に履き替えた。これが川田独特のサービスらしい。女性はストッキングを脱ぐわけにはいかないので、代わりに携帯用のウエットティッシュをプレゼントされた。

美味しいフグ料理と日本酒に舌鼓を打ちながら、私は「この弁護団に入ると、毎回フグとか日本酒を堪能できるのか。いいなぁ、大崎事件弁護団」とにんまりした（その後弁護団に加入した私が、この「毎回フグ」が大いなる勘違いだと気づくのにさほど時間はかからなかった。その後の16年の弁護団生活の中で、「川田」のフグを食したのはほんの数回である)。

●供述弱者から搾り取られた自白●

もとより、私が大崎事件弁護団に志願して入りたいと思ったのは、先輩弁護士への憧れやフグの誘惑だけではない。弁護士になって間もない私が、この弁護団に入ることを決意した最大の要因は、何と言っても、自白した「共犯者」とされた男性三人のいずれもが知的障がいを抱える「供述弱者」だった、という点である。彼らは後に、自分たちもやっていないが、刑事の取調べが厳しく、「やってない」と言っても全く聞く耳を持ってもらえなかったので、苦し紛れに「自分もやったし、アヤ子もやった」と言ってしまったと告白している。

現在では、彼らのような「供述弱者」は取調官からの誘導や暗示を受けやすく、取調官に迎合して、実際には体験していないことであっても、相手の思いどおりの内容の供述をしてしまうことが広く知られている(2020年3月31日に再審無罪判決が言い渡され、4月2日に確定した「湖東記念病院事件」(本書337頁参照)の西山美香さんが、担当刑事に恋心を抱いたことを捜査機関に利用され、やってもいない殺人の自白を取られたのは、彼女が軽度の知的障がい、発達障害をもつ「供述弱者」だったことが大きな要因となっていたことが再審の過程で判明し、「供述弱者」という言葉がよく知られるようになった)。このため、「供述弱者」の自白の信用性（その自白が本当のことを言っているかどうか）や任意性（自発的に語っているかどうか）については、特に注意を払うべきとされており、現在では彼らの供述の特性や取調べに問題がなかったかを後に検証できるように、その取調べ状況は録音・録画されることになっている。

しかし、大崎事件の発生した1979年当時、取調べ段階でも、裁判の法廷でも、「供述弱者」に対する配慮は全くされていなかった。子どものころから、弟をはじめ、知的障がいを持つ人たちに接してきた私は、何としても、「共犯者」とされた男性3人が「やってもいないのに自白させられた」ことを裁判所に理解させて、ここから再審開始への突破口を開きたいと思った。

●新米弁護士の苦悩●

ところが、私が弁護団に加入したのは最高裁の特別抗告審段階である。特別抗告が認められるのは、高裁のした決定に憲法違反・判例違反がある場合に限られる。つまり高裁が再審開始を取り消した理屈——法の解釈や法的な論理構成——の部分を叩かなければならないのだ。そのため、当時の弁護団会議での議論は、「共犯者」たちの自白が信用できるか、といった事実認定の問題ではなく、高裁決定の判断手法が、それまでの最高裁判例による法解釈に反していることをどう理論づけるかに終始していた。

そのような状況のもとで、最高裁に提出する意見書を準備するにあたり、私は憧れの幸田・八尋両弁護士から「○○事件、△△事件、××事件の確定審段階の判決、再審段階の決定を調べて」といった宿題を矢継ぎ早に出された。新米の弁護士だからといって手加減は一切なかった。私は、それまで名前を聞いたこともなかった事件の判例を検索し、コピーを取って弁護団会議の資料を作った。しかし、それでは許されなかった。会議の席上、両弁護士から「今配った事件の概要と判例の趣旨を説明して」と言い渡されたのである。今考えれば当然のことだが、「調べて」というのは単に判例を検索してコピーすることではない。その判例を熟読して、事件の内容や決定の論理を理解した上で議論の俎上に乗せなければ意味がないのである。

さらに、私が弁護団に入ってほどない2005年3月31日、日本弁護士連合会（日弁連）で開催された「第24回全国再審弁護団会議」のテーマに、袴田事件（当時は第1次再審）と大崎事件が選ばれ、東京・霞が関の弁護士会館（地方の弁護士は、この建物を「総本山」と呼んでいる）で、弁護団は報告を行わなければならないことになった。この会議には日弁連の支援を受けている名張事件、袴田事件、布川事件、足利事件といった名だたる再審事件の弁護団と、学界の最先端をいく刑事法研究者たちが一堂に会していた。

私は、大崎事件のことをよく知らない人が見てもすぐ分かるように、高裁決定のポイントと問題点をＡ３用紙1枚に収まるようビジュアルにまとめたレジュメを作った。すると、報告者の八尋弁護士が「つい最近弁護団に入った若い弁護士――あ、『期の若い弁護士』です――が、こういう分かりやすいのを作ってくれました」と紹介してくれた。私が40歳で司法試験に合格したため、年齢ではなく「司法修習した時期（実務法曹は、司法研修所の何期か、ということをよく話題にする傾向がある）」が最近だという意味で「若い弁護士」をわざわざ「期の若い弁護士」と言い換えたのは余計だと思ったが、私の作ったレジュメを評価してもらえたのは率直に言って嬉しかった。

●神々の論争●

しかし、フロアでの議論はすぐにヒートアップし、苛烈を極めた。私はこの会議で初めて知ったのだが、再審開始が認められる要件を定めた刑事訴訟法435条6号の「無罪を言い渡すべき明らかな証拠を新たに発見したとき」の「明らかな」といえるかどうか（明白性の基準）について、最高裁がどのような判断手法を採っているかと解釈すべきかをめぐっては、現在に至るまで、かれこれ20年以上にも及ぶ激しい学説上の対立がある。「全面再評価説」と呼ばれる学説を唱える刑事法研究者たちと「二段階再評価説」こそが判例の考え方だと主張する佐藤博史弁護士との議論の応酬は、私にはさながら「神々の論争」のようだった。

そして、「これは大変な世界に足を踏み入れてしまった」と怯える私に追い打ちをかけるように、佐藤博史弁護士は私たちのほうに向き直り、「大崎事件弁護団の認識は、私が教えているロースクールの学生より劣る」と宣告したのである。私はもはや会場から逃げ出したい気持ちだった。

再審弁護団で活動するということについて、私は「無実を叫ぶひとに寄り添い、その声に耳を傾け、救い出すために体を張って闘う」という現場感覚的なものをイメージしていた。しかし、実際に弁護団に加入して経験する現実は、そのイメージとはだいぶ違っているように思えた。弁護団ルーキーの私はそのギャップに戸惑っていた。

●最高裁調査官の発言●

また、同じ頃、弁護団は特別抗告審の係属している最高裁判所第三小法廷の担当調査官に面談を申し入れていた。最高裁調査官とは、最高裁の裁判官が事件を審理するのに先立ち、その事件の記録を精査して、どのように判断すべきかの意見を付けて最高裁判事たちに具申する「黒子のエリート裁判官」である。

はたして、申し入れていた面談は実現し（なお、最高裁の担当調査官が弁護人と面談していたのは2008年頃までで、現在では一律に面会に応じない扱いになっているようである）、亀田弁護団長、幸田・八尋両弁護士らとともに、私は生まれて初めて最高裁の建物の中に入った。「人権を守る最後の砦」と表現される最高裁だが、要塞のような外観はむしろ、一般市民が気安く近づくことを拒絶するかのような、威厳というよりは威圧という言葉を感じさせた。

入り口で厳格な人定チェックを受けると、今度は窓のない迷路のような廊下を延々と案内され、取調室のような小部屋に通された。しかし、そこに現れた担当調査官は、極めて短時間、まさに「木で鼻をくくる」ような態度で私たちに接した。そして、八尋弁護士が「検察官に対して意見書の提出期限を示したのですか」と尋ねたところ、調査官は「いや、そういうことはしていません。重大事件ならともかく」と答えたのである。

高裁で取り消されたとはいえ、地裁では再審開始決定の出た事件である。それを「重大事件ならともかく」と軽くあしらうように言われたときの屈辱感は、今でも鮮明に蘇ってくる。再審で勝つためには、まずもって裁判所に「重大事件」だと思わせることが大前提であるということを思い知らされた。そして、このときの経験が、後の私の再審弁護活動に大きな影響を与えることになった。

●「伝説の刑事裁判官」の名前●

最高裁からの帰りのタクシーの中で、私たちは堰を切ったように担当調査官の対応のひどさを口々に批判したが、そのとき幸田弁護士が「高隈事件の担当調査官はキタニアキラさんだった。とても丁寧に弁護人の話に耳を傾けて、そして（有罪判決の）破棄差戻しの意見を書いてくれたんだ」と目を細めた。

キタニアキラ＝「木谷明」、その名前の漢字がすぐに頭に思い浮かんだ。私が司法修習生として司法研修所で学んでいるときに、『刑事裁判の心――事実認定適正化の方策』（法律文化社、2004）という書籍が刊行され、研修所内の書店に平積みされたこの本が飛ぶように売れていた。私もつられて買ったのだが、そうだ、その本の表紙に書かれていた著者が「木谷明」だった。

現役裁判官時代、30を越える無罪判決を出し、それが上級審で一度も逆転有罪となったことがない「伝説の刑事裁判官」。なんと、高隈事件の担当調査官は木谷明さんだったのか、と私は膝を打った。

高隈事件逆転無罪の道筋を作ったこの「伝説の刑事裁判官」と、その後一緒にお酒を飲むような間柄になるとは、このときの私は夢にも思っていなかった。

●「闘う女」との出会い●

担当調査官との面談で、ほぼ勝ち目はないと直感したとおり、2006年1月30日、最高裁は弁護人の特別抗告を棄却し、第1次再審は終焉を迎えた。

アヤ子さんはすぐに第2次再審を闘うとの意向を示したため、第1次再審終結からほどなく、第

2次再審請求に向けた弁護団会議が開催された。

私が弁護団に加入してから1年と少しが経過していたが、アヤ子さんと直接会ったのはこのときが初めてだった。このとき、アヤ子さんは79歳。会議に出席している弁護人一人ひとりにとても気を遣い、幾度も頭を下げながら蜜柑やお饅頭を配っていた。私は「この、にこやかな普通のおばあちゃんが『鉄の女』と呼ばれたアヤ子さんなのか？」と訝った。

しかし、会議が始まり、アヤ子さんに発言を求めると、彼女の表情は一変した。「私がこれだけやってない、やってない、と言っているのに、どうして裁判官も検察も分かってくれないのか」と堰を切ったように無実を訴えた。その口から炎がほとばしり出るのを見たような気がした。

そうだ。このひとは普通のおばあちゃんなんかじゃない。人生を賭けて自らの無実を晴らそうとする「闘う女」なのだ。ここに至るまで、どれほどの悔しさ、哀しさ、やるせなさ、憤りに身をよじるような思いをしてきたことだろう。

アヤ子さんを目の前にして、声を聞き、その怒りに触れ、彼女は疑いようもない冤罪被害者なのだと確信したとき、あの神々の論争のような議論の中で覚えた違和感が、すっと消えていくのを実感した。それもこれも、この人に「被告人は無罪」という判決宣告と、その後の心穏やかな人生をもたらすための営みの一つなのだ。ありとあらゆる手立てを尽くして再審無罪を勝ち取る、どんなに遠く険しい道のりでも、目標はそこしかない。

かくして、アヤ子さんの冤罪を晴らすまで、私も「闘う女」になることを誓ったのだった。

4　どん底の弁護団の「事務局長」

●再審請求のハードルを上げる「新証拠」●

私自身の覚悟は決まったが、この当時は弁護団の歴史の中でも最も低迷した時期だった。無理もない。一度は「再審開始」の歓喜を味わったのに、勝利の喜びから一転、絶望のどん底に突き落とされたのだから、そう簡単には立ち直れない。しかも、数次にわたり再審請求を行うには、それぞれの申立てに際して、改めて「無罪を言い渡すべき明らかな証拠」を「あらたに」出し直さなければならないのだ。つまり、これまで出したものとは異なる「明白な新証拠」を裁判所に示さなければならない。第1次再審で使ったカードを第2次再審の切り札とすることはできないのだ。

しかも、この新証拠というのは、確定判決の有罪判断を支えている証拠＝「旧証拠」を弾劾（証拠としての価値を落とすこと）するものでなければならない。例えば名張事件（本書97頁参照）の確定判決では毒殺に使われたのは「ニッカリンT」という農薬だとされているから、毒殺に使われた薬が「ニッカリンT」ではないことを示す新証拠が提出できれば再審が開始されることになる。袴田事件の確定判決では、袴田さんが自らの犯行であることを隠蔽するために、殺害行為のときに着ていた衣類を味噌樽に埋めて隠したとされているが（本書375頁参照）、これが袴田さんの着衣でないことを示す新証拠が提出され、さらに新旧全証拠の総合評価により、確定判決の有罪認定に「合理的疑い」が生じれば、その新証拠には「明白性」がある、ということになる。

ところが大崎事件には客観証拠がほとんどない。確定判決では、被害者はタオルで首を絞められて殺害されたと認定されているが、犯行に使われたタオルすら特定されていないのだ。有罪の根拠となった証拠は「共犯者」とされた男性3人の自白と、それを支える親族の目撃供述、そして遺体が発見された日にその遺体を解剖した法医学者の鑑定しかない。これほど脆弱な証拠だけで有罪とされている事件も珍しいが、このことは逆に新証拠が弾劾するターゲットとなる旧証拠が乏しいことを意味する。的を射ようにも、その的がぼんやりしたものであるがゆえに、的をピンポイントで射貫く有効な新証拠を作りにくいのである。

●「事務局長」の誕生●

アヤ子さんは一刻も早く第2次再審を申し立てたい、と切望していたが、新証拠がなければ申立てはできない。弁護団には閉塞感が漂い始めた。新証拠のアイディアがなかなか浮かばない中、言い争いになって弁護団を辞めていく先輩弁護士もいた。鹿児島で弁護団会議を開いても、人が集まらず流会、という事態にまでなった。

やむなく私は1、2か月に一度のペースで、一人で福岡に行き、弁護団の主力メンバーだった幸田・八尋両弁護士をはじめとする福岡の弁護士たちと「事務局会議」と称する打合せの場をもった。このころから私はいつの間にか「弁護団事務局長」という肩書きを背負っていた。もともとは弁護団の一番新米だったので「事務作業とか何でもやります！」と弁護団のメーリングリスト（当時はまだ「全員に返信」する形のメールグループだった）に送信したところ、すぐに八尋弁護士が、「事務局（長）宜しくお願いします」と返信してきた。そもそも弁護団全員でも数名なのに、「長」も何もあったもんじゃない、と内心思いながら、議事録作成とか、資料のコピーやレジュメの準備といった事務的な仕事をやるようになったのがきっかけである。

●福岡での事務局会議――「飲んだくれ」の時代●

話をもとに戻そう。福岡での事務局会議は、毎回「新証拠どうしようか」と言いながら話が進まず、そのまま中洲の飲み屋や櫛田神社あたりの屋台で飲んだくれて酔い潰れ、翌朝ゾンビのような姿で博多から「リレーつばめ」に乗り込み（当時、九州新幹線「つばめ」は新八代・鹿児島中央間のみの部分開業で、博多から新八代までは在来特急の「リレーつばめ」が運行している時代で、博多から鹿児島までは、約2時間半ほどかかっていた）、新八代駅で新幹線「つばめ」に乗り換える頃、ようやく酔いが醒めて飲んだくれから「人間」に戻り、鹿児島地裁午前10時の裁判にぎりぎり間に合うタイミングで鹿児島に帰る、というパターンの繰り返しが続いた。

●アヤ子さんの直感●

なかなか申立てに進まない弁護団に、アヤ子さんは「いったい何をやっているんだ」と痺れを切らしていたに違いない。はやる気持ちを抑え、でも確認せずにはいられない、という葛藤を経たであろうアヤ子さんからの電話を受けるのは、正直辛いものがあった。

「鴨志田先生ですか？　私の事件は難しい事件ですからなぁ」

アヤ子さんからの電話は、いつもこのように切り出すところから始まった。でも、どうして弁護団で一番新米の私のところに電話を掛けてくるんだろう。と不思議に思っている私に、あるとき八尋弁護士が「答え」を教えてくれた。

「アヤ子さんはね、いまはどの人が一番力を入れて大崎事件に取り組んでる弁護士が誰か、直感でわかるっちゃけん。だから今は鴨ちゃんに電話してくるんだよ」

そうか。アヤ子さんから電話がかかってくることは、光栄なことなんだ、と私はちょっと嬉しくなった。しかし、喜んでいる場合ではないのだ。この閉塞状況を何とかしなければ。

●弁護団メンバーの刷新●

思い余った私は、第1次再審の終結から第2次再審の申立てまでに9年かかったものの、第2次再審で見事再審無罪を勝ち取った布川事件の弁護団に教えを請いに行こうと考え、銀座の貸会議室で布川事件弁護団とミーティングをさせていただいた。例えば弁護団の議論を活性化させるために重鎮、若手を問わずお互いを「さん」づけで呼び合うなど、いくつかの実践的なアイディアを伝授いただいたが、一番心に残ったのは、半世紀近く布川事件の弁護人を務めた柴田五郎弁護団長（故人）の「我々は再審弁護という終身刑に処せられているようなものだ」という言葉だった。この時点で大崎事件弁護団に入ってまだ4、5年だった私は、その言葉に、「この程度で音を上げてたらダメだ」と反省した。

布川事件弁護団が退席したあと、八尋弁護士は私の心中を見透かしたように言った。

「鴨ちゃん、大崎事件は鹿児島の事件なんだから、鹿児島でやらないとダメだよ。今のままでは鴨ちゃんはずっと孤独なままだよ」。

私はこれを機に弁護団を刷新することを決意した。若手弁護士を弁護団に呼び込むために、修習生時代からお世話になっていた亀田弁護団長に、あえてお引きいただくという不義理なお願いをした上で、若手弁護士を弁護団に呼び込むために、数々の集団訴訟で弁護団長を務めてきた森雅美弁護士に第2次再審の弁護団長に就任していただいた。そして目論見どおり、森新弁護団長が若手弁護士に声をかけ、新しいメンバーを弁護団に引き入れてくれたことで、弁護団はようやく息を吹き返した。

第２章　第2次再審請求審 —— 鹿児島地裁・中牟田コート

1　第2次再審請求の「新証拠」

●供述心理鑑定との出会い●

第1次再審で弁護団が提出した新証拠の中心は、確定判決が被害者の死因を「タオルによる絞殺」と認定したことに対し、死因は首を締めたことによる窒息死ではなく、事故死の可能性があるとする、二つの法医学鑑定だった（このうちの一つは、確定判決が証拠とした、被害者の遺体発見当日にこの遺体を解剖した城哲男医師が、当時「頚部に外力が加わったことによる窒息死と推定する」とした鑑定結果を自ら訂正したものである）。第2次再審を申し立てるにあたって、弁護団は第1次のときとは異なる法医学者に鑑定を依頼していたが、これだけでは再審開始を取り消された第1次を超えることはできないと考えた。

私は、「共犯者」とされた男性3人が知的障がいを持っていたことがずっと気になっていた。確定判決が有罪の決め手とした彼らの自白の危うさを、もっと専門的に緻密に分析できないものだろうか。私は、志布志事件をテーマに「取調べの全面可視化」を訴えるシンポジウムで、「供述心理分析」の先駆者として有名な浜田寿美男・奈良女子大学教授（当時）が、「供述弱者」という言葉や虚偽自白のメカニズムについて解説されていたことを思い出した。

そこで浜田教授に大崎事件の「共犯者」たちの自白について供述心理鑑定を依頼しようとしたところ、すでに多数の供述心理鑑定依頼を抱えており、お引き受けできない旨の回答だった。

途方に暮れていた私に、鹿児島大学の助教授・教授時代にゼミの学生とともに大崎事件の現場を見に行くなど、第１次再審当時から大崎事件弁護団と深いかかわりのあった指宿信・成城大学教授が、東京にも供述心理分析を行っているグループがあると教えて下さった。ＤＮＡ再鑑定で再審無罪が確定した「足利事件」の元被告人・菅家利和氏の自白を分析した大橋靖史・淑徳大学教授、高木光太郎・青山学院大学教授が、このグループのメンバーだった。

大橋・高木両教授は足利事件の確定控訴審の段階で、菅家氏の自白を、彼らが編み出した「スキーマ・アプローチ」という方法で分析し、菅家氏の自白には体験していないことを語っている徴候がある――つまりウソの自白をしている――と鑑定していた。ＤＮＡ再鑑定によって菅家氏が

「完全に潔白」であることが証明されるより13年も前のことである。

●スキーマ・アプローチによる分析手法●

スキーマ・アプローチとは、供述の「内容」ではなく「形式」、つまり「語り口」——その人のもつ「語り」の特徴——を分析する手法である。例えば、菅家さんの場合、実際に体験したこと（刑事が自宅に踏み込んできた時の様子）を語るときは、「私が○○をしました。すると刑事さんは××と言いました。そして私が□□と言うと、刑事さんは△△をしました」と、主語が「自分、相手、自分、相手……」というように交互に出てくるのだが、実際には体験していない犯行シーンを語るときは、「私は～～。私は～～～。」と、「私」が主語である文が連続するという顕著な違いが見られた。しかも、そこには被害女児の言動を描写した発言はほとんど出てこないのである。このため、菅家さんが犯行を自白している部分は、実際には体験していないことが述べられている兆候がある（非体験性兆候）と分析された。

●誇り高い裁判官への挑戦●

実は当時、供述心理鑑定が裁判で証拠として正面から認められたケースはまだなかった。それどころか、袴田事件の第1次再審の即時抗告審（東京高裁）決定では、浜田寿美男教授が行った袴田巖さんの自白は虚偽だとする供述心理鑑定が「本来、裁判官の自由な判断に委ねられるべき領域に正面から立ち入るものであって」「そもそもその『証拠』性にも疑問がある」と酷評されている。誇り高い裁判官たちが「俺たちの『自由心証』という聖域に土足で踏み込んでくるな！」と拒絶反応を起こしているさまが透けて見える表現ぶりである。

しかし、大橋・高木鑑定は、あくまで「供述の品質確認」であり、高木先生の例えによれば「私たちは食材の品質をチェックして、『このお肉はちょっと腐っているかもしれない』とシェフに伝えるのが仕事であって、料理を作るのはシェフの仕事です」というスタンスで、「自白の信用性判断は、裁判官にお任せします」というものだったから、この手法であれば、裁判所がアレルギー反応を起こさずに受け入れてくれるのではないかと考えた。そこで弁護団は、大橋・高木両教授に大崎事件の「共犯者」とされた3人の自白について供述心理鑑定を依頼しよう、と決めた。そのとき、私を両教授に繋いでくれたのは、足利事件の弁護人であり、あの全国再審弁護団会議で我々を酷評した佐藤博史弁護士その人だった。

かくして、私たちは新たな法医学鑑定（上野鑑定）とともに、供述心理鑑定（大橋・高木旧鑑定）を第2次再審の新証拠の柱に据えたのである。

●『転落自白』の出版●

第2次再審の新証拠として「供述心理鑑定」を提出することになった私たちは、第2次再審の申立てと並行して、刑事法学者４名・心理学者４名・弁護士３名（大崎事件弁護団の八尋光秀、泉武臣、そして私）のコラボによる書籍の刊行をめざすことにした。

これには、「そもそもその『証拠』性にも問題がある」とあからさまな拒絶反応を示している裁判所に対して、供述心理鑑定は「科学的知見」に基づく分析であり、「法廷科学」として活用すべきものであることを理解させたい、という切実な意図があったことは言うまでもない。しかし、われわれは何よりもこの本をとおして、

「どうしてやっていない人がウソの自白（＝虚偽自白）をしてしまうのか」

という、一般市民が抱くであろう素朴な問いに、「虚偽自白」はここ最近始まった問題ではなく、わが国の刑事司法制度が作られた歴史的背景に由来する「システムエラー」が原因なのだ、という答えを示したかった。

たとえば、取調室で取調官と被疑者がやりとりしている内容を記録した書面なのに、なぜか被疑者が独り言のように語っている文体（独白体）で書かれている「供述調書」は、明治時代に警察官や検察官が作成した「聴取書」をルーツにもつ。当時は「予審」といって、有罪無罪を決する公判の前に、裁判官が密室で直接被告人を取調べる制度があり、この予審を担当する予審判事が被告人を尋問して作成した「訊問調書」（一問一答形式で書かれている）は裁判の証拠とすることができたが、独白体で書かれた「聴取書」は裁判の証拠とすることはできなかった。ところが、第2次世界大戦中の戦時体制のもと、治安維持を目的として捜査機関の権限が強化され、捜査段階の自白調書、つまり「独白体」で書かれた調書を有罪の証拠とすることができるようになったのである。

そして、第2次世界大戦後、日本国憲法のもとで制定された現行刑事訴訟法では、裁判官の前で直接供述したものではない「伝聞供述」（取調べ段階の供述調書はその典型例）は原則として証拠とすることができない旨定められたにもかかわらず、多くの例外が認められ、特に検察官が作成した自白調書は容易に証拠とされるようになった。

検察官は戦後の混乱期の秩序維持のため引き続き強大な捜査権限を与えられ、さらに現行刑事訴訟法が被疑者を起訴するかどうかの判断を検察官に独占させたことにより、刑事裁判は検察官の見立てを裁判所がそのまま追認するような運用になってしまった（有罪率99・9パーセント）。

つまり、捜査段階で自白さえ取れれば、検察官はこれを証拠として起訴し、裁判所も自白調書を証拠として簡単に有罪判決を出すというシステムが、自白獲得目的の取調べを助長し、これが虚偽自白の温床となって「日本型冤罪」を次々と生み出しているのである。

２００８年に企画を立ち上げ、ようやく２０１２年７月に完成した、**『転落自白——「日本型えん罪」は、なぜうまれるのか』**（日本評論社、２０１２）と題するこの書籍では、被疑者・被告人が自らの犯行を自白したにもかかわらず、ＤＮＡ再鑑定や真犯人の出現などによって、のちにえん罪であることが誰の目にも明らかとなった４事件について、浜田寿美男、大橋靖史、高木光太郎、という供述心理分析の第一人者たちが、無実のひとが「ウソの自白」に「転落」していくメカニズムを分析し、その背後にある、上述のわが国の刑事司法制度をめぐる「暗黒の歴史」を刑事法研究者が論じ、刑事裁判の現場で活動するわれわれ弁護士が刑事裁判の歪んだ現状を報告し、これらを踏まえて裁判員裁判の時代にあるべき刑事司法システムを提言した。

豪華執筆陣のなかで、圧倒的に専門知識が不足していることを自覚していた私は、この本を一般の人に読みやすくするための「編集者」的な立ち位置で、図表、年表、用語集、イラスト、コラムなどの作成・執筆を買って出たところ、内田博文・神戸学院大学教授（当時）、八尋光秀弁護士とともに「編著者」として名前を載せていただいた。私にとって、これが書籍の表紙に自分の名前が記された初めての経験となった。

そして、捜査機関が「存在しない犯罪」を作り上げて起訴した13人のうち、公判中に死去した一名を除く全員が無罪となった、あの「志布志事件」（私が司法修習中に、検察・弁護・裁判すべての立場から見続けた事件である。本書18～9頁参照）で、無罪となった元被告人たちが原告となって国と県を訴えた国家賠償請求で、原告勝訴の判決を書いた鹿児島地裁民事第2部の吉村真幸裁判長を含む裁判官3名が、志布志事件の元被告人たちの「虚偽自白」を分析するための参考にと、この『転落自白』を購入し、読んでくれていたことを、私はあとになって知った。

2 「えがりて号」の船出と第2次再審申立て

●「弁護士法人えがりて法律事務所」設立●

第2次再審がスタートした年である2010年の年頭、私は勤務弁護士として5年間在籍していた事務所から独立して「弁護士法人えがりて法律事務所」を設立した。「えがりて」とは「平等」を意味するフランス語“égalité”から取った。「自由・平等・博愛」のシンボルである三色旗を掲げた、ドラクロワの「民衆を導く自由の女神」のように、弱っているひと、傷ついたひとを光さす未来に導くような弁護士として活動できたら、という思いだった。

しかし、現実は厳しいものだった。それまで勤務先の事務所からお給料をいただいて安定した収入を得ていた身から、売上げを上げなければ生活が成り立たない「経営者」となったのである。

私の事務所独立にあたり、それまでテレビ番組の制作会社で総務部長として勤めていた夫に、会社を退職してもらい、私の事務所の事務長になってもらった。つまり、夫

ドラクロワの「民衆を導く自由の女神」（左）。
事務所のプレート（下）

婦それぞれが別のところから収入を得ていたのが、一家の生活が成り立つか否かは、すべて事務所の売上げ次第、という状況になったのだった。

●息子の受験顛末記●

しかも、私が司法試験に合格したときには小学校5年生だった息子が、私の事務所独立の直後に大学受験シーズンを迎えるというタイミングだった。

私は弁護士になってから、息子の教育、という面に関してはほとんど放任状態となってしまった。息子が中学3年生のころ、毎日あまりにも勉強している様子がないので、「そろそろ期末テストが近いんじゃないの？」と尋ねたところ、「あ、今日で終わったよ」という返事に脱力したことがあったが、逆に言えば、我が子の定期テストがいつなのかさえ把握していない親だったわけである。

息子が高校に進学してからも、年に1回の三者面談に学校を訪れる程度であったため、正直息子の成績も把握していなかった。ただ、息子が「もの書きになりたい」という将来の夢のために選んだ志望大学は、奇遇にも私の母校早稲田大学ではあったが、志望先は2007年に新設された「文化構想学部」という聞いたこともない学部であり、その学部の「文芸・ジャーナリズム論系」というのが息子の志望先だった。ただ、母親である私が早稲田大学を受験したときと同様、当時の息子の成績から見るとかなりハードルが高いことだけは察していた。

事務所設立の2か月ほど前のある土曜日、息子は「友達と県立図書館に勉強しに行ってくる」と出かけた。私はその少し後に、普段通っている鹿児島中央駅に隣接するビル内のフィットネスクラブに向かい、1階からエレベーターに乗ろうとしたところ、なんとそこに息子とその友達がいるではないか。同じビルにはシネマコンプレックスが入っており、こやつらは映画を見に行く約束をしていたのだ。

私は息子の耳元で「帰ってきたら、話があるからね」と囁いて、そのままフィットネスクラブに行った。

帰宅した息子に、私はこのような話をした。

「これから私は自分の事務所を立ち上げる。父ちゃんも同じ事務所で働くことになる。この事務所の経営が成り立たなければ、キミの学費を出したり仕送りをしたりすることもできなくなるかもしれない。そう思って、これまでに８００万円貯めた。もちろんこれでも４年間の大学生活には足らないだろう。浪人して予備校、ということはもはや考えられない。申し訳ないが、親としてできるのはここまでだ。あとは自分で自分の道を考えてくれ」

約1か月後、最後の三者面談のために息子の高校に行ったところ、担任の先生からこう尋ねられた。

「この時期は追い込みなので、さすがに皆、目の色を変えて勉強します。なので総じて模擬試験などの点数は上がるんですが、玲緒君はその中でも偏差値が右肩上がりに突出してアップしている。お母さん、何か心当たりはありますか？」

もちろん、心当たりはあった。

そのような経緯を経て、息子は無事に第一志望の大学に進学してくれたが、息子を東京に送り出したのとほぼ時期を同じくして、今度は第2次再審の準備に忙殺されることになった。

●早くも沈没の危機に●

8月30日と決まっていた申立日直前はほとんど他の案件を受けることができず、なんと8月の売上げは17万円だった。これでは事務職員一人分の給与にも満たないではないか。

日本では、再審請求事件に国選弁護制度は適用されない。だから、ほとんどの再審事件で、弁護団は手弁当で活動している。大崎事件も第2次再審の申立段階ではまだ日弁連の支援事件にもなっていなかった（その後、第2次再審の即時抗告審段階で日弁連の支援事件となった）ため、寄付金などをプールした細々とした弁護団会計から、鑑定人への薄謝を出すのが精一杯で、弁護活動はボランティアどころか交通費などの実費でさえ手出しだった。再審事件に没頭することは、とりもなおさず赤字経営まっしぐらを意味するのである。

多くの方々に祝福され、前途洋々で港を出たはずの「えがりて号」は出航から半年あまりで早くも沈没の危機に瀕してしまった。

ともあれ、私の事務所設立と、大崎事件第2次再審のスタートが同じ年になったのも、やはり運命なのだろう。

●博多ライブと事務所ピアノ●

第2次再審申立て前年の2009年の夏、博多は親不幸通りにあるミュージックバー

「B.B.Kenchan（通称ケンチャンズバー）」で、弁護団の八尋光秀弁護士とその息子たちで構成されたファミリーバンド「丸山美津三郎とぶどう畑シンガーズ」の初ライブが行われ、私は観客として鹿児島から花束を携えて駆けつけた。自らの中学・高校時代のバンド活動を思い出し、私は客席からステージ上の丸山美津三郎こと八尋弁護士を羨望の眼差しで眺めていた。

それを見透かされたのか、翌年の年明け、事務所を立ち上げたばかりの私に、ちょうどそのころ鹿児島を訪れた八尋弁護士がにやにやしながら博多弁でこう言った。

「鴨ちゃん。こんどケンチャンズバーにピアノが入ったけん、雄高（八尋弁護士の二男でバンドメンバー）が、『これで鴨ちゃんも一緒にできるね』って言うとるっちゃけん」

この「悪魔のささやき」に負け、一も二もなくバンド入りを決めたのだが、弁護士登録してからただの一度も鍵盤に触ったことのなかった私の指は、ぎしぎしに錆び付いていた。

現役復帰には相当なリハビリが必要である。しかし、夜遅くまで事務所で仕事をしているため、帰宅後に家でピアノの練習をするのは、近隣への影響を考えると難しかった。そこで、夜になればテナントもほとんどいなくなる事務所ビルでピアノの練習をすることを思いついた私は、事務所にハイブリッドピアノ（ヤマハが世界に誇るコンサートグランドピアノなどからサンプリングした電子音源を、アコースティックピアノと同じメカニズムで、ハンマーで打弦して音を出すため、電子ピアノでありながら、打鍵感覚はかなりアコースティックに近いという触れ込みだった）を購入、設置してほしいと「金庫番」である事務長（夫）に懇願した。

はたして、ピアノは事務所の経費で落ちる「備品」とは認められなかったが、事務所が購入費用を立て替え、毎月私の給与から「天引き」される形で補填する、という経理処理を経て、2010年3月、ついに「えがりて」にピアノがやってきた!!

このピアノのおかげで、困難な事件の書面作成で行き詰まったりしたときや、当事者の対立が激しい案件でメンタルを削られたときなどに、夜遅くひとりピアノに向かうことでストレス発散や気持ちの切り替えができたので、事務所ピアノは少なくとも私にとってはなくてはならない「備品」、否、「相棒」となった。

そして、2011年の夏から、「観客」だった私は晴れてバンドメンバーとしてステージに上がり、「下克上」（?）を果たした。リーダーの丸山美津三郎が、私につけてくれた芸名は「かもん弓」

事務所のピアノ

だった。

このバンドには弁護団から泉武臣弁護士もフルートで参加し（芸名は「ビブラート泉」）、博多ライブには布川事件の櫻井昌司さん（芸名は「オーバーカム翔」）、漫画「家栽の人」の原作者で今は亡き毛利甚八さん（芸名は「モーリー国東」）などもゲスト参加して、1年に一夜限りのステージを楽しんだ。

この「事務所ピアノ」が、２０２０年の暮れに、さらなるサプライズをもたらしてくれることになるのだが……。それはこの本の最後の「お楽しみ」にとっておこう。

博多ライブ。(上)中央は丸山美津三郎こと八尋光秀弁護士。(右下)ビブラート泉こと泉武臣弁護士

●第2次再審申立て●

２０１０年8月30日、弁護団は鹿児島地裁に第2次再審の申立てを行った。

第1次再審を申し立てた1995年4月当時のニュース映像には、68歳の原口アヤ子さんが申立書の入った風呂敷包みを手に携え、しっかりした足取りで歩いて裁判所に入っていく姿が収められていた。

そのアヤ子さんが、第2次再審の申立時には83歳となり、支援者の押す車椅子に座ったまま膝の上に風呂敷包みを乗せて裁判所に入っていく姿に、時の流れの残酷さを感じずにはいられなかった。

アヤ子さんが鹿児島地裁で懲役10年の有罪判決を受けてから、30年の歳月が流れていた。

●一郎さんの再審請求もスタート●

アヤ子さんの第2次再審申立てからちょうど1年後の2011年8月30日、アヤ子さんの元夫で「共犯者」の一人とされた、亡き一郎さんのために、アヤ子さんと一郎さんの娘である京子さんが死後再審の申立てを行った。

大崎事件は、アヤ子さんだけでなく「供述弱者」であるがゆえに自白に追い込まれた「共犯者」たち3人の男性も、全員が冤罪である。しかし、第1次再審の途中で太郎さんが自死したことで、「共犯者」とされた全員がすでにこの世を去ってしまった。

このような場合、法律上は、一定の範囲の遺族だけが、亡くなった元被告人のために再審請求を行うことができる。このような再審は「死後再審」と呼ばれ、2018年7月に再審開始決定が出た日野町事件第2次再審（本書379頁参照）、そして第9次再審の途中で再審請求人の奥西勝さんが無念の死を遂げた後、現在第10次再審請求が行われている名張事件などが、この死後再審にあたる。

ただ、現実には事件と関係していることを知られたくないという思いを抱えているなど、さまざまな事情によって再審請求を行うことができない遺族も少なくない。しかし、京子さんは、「母が生きているうちに、両親の汚名を晴らしたい」と立ち上がってくれたのだった。

3　条文のない手続とやる気のない裁判所

●証拠開示請求への挑戦●

私たちが鹿児島地裁に第2次再審を申立てた2010年の少し前から、「開かずの扉」と言われていた再審の審理に新しい風が吹き始めていた。ひとつはDNA鑑定によって、確定判決で有罪とされた被告人の「完全無実」が明らかになるケースで、足利事件や東京電力女性社員殺害事件（東電OL事件）がそれである。また、布川事件、福井女子中学生殺人事件、袴田事件、そして上記の東京電力女性社員殺害事件などでは、確定審段階では提出されず、捜査機関の手の内に隠されていた無罪方向の証拠が、再審段階で初めて開示され、これが原動力となって再審開始を勝ち取る事件が続いていた（このうち布川事件と東京電力女性社員殺害事件では再審無罪が確定している）。

大崎事件でも、弁護団は第2次再審の申立てとほぼ同時に、検察官に対しては、確定審段階で提出されなかった未開示証拠の開示を、裁判所に対しては、捜査機関に対し証拠開示を促す訴訟指揮を求めた。

通常の刑事裁判では、裁判員裁判などで使われる「公判前整理手続」という制度があり、その条文の中に証拠開示についての具体的手続を定めた条文がある（刑事訴訟法316条の14以下）。しかし、再審請求については証拠開示に関する手続規定が存在しない。条文のない中で、各再審弁護団は長い年月をかけて、文字どおり血のにじむような創意工夫を重ねて、証拠開示を実現させてきた。我々大崎事件弁護団は、布川事件弁護団や福井女子中学生殺人事件弁護団から、証拠開示に関する書面やノウハウを提供いただき、英米法系の証拠開示制度に造詣の深い指宿信・成城大学教授による意見書も添えて、証拠開示を強力に求めたのだった。

●裁判長が交代すると手のひらを返す検察官●

大崎事件の第2次再審請求段階（2010年8月）時点の裁判長だった平島正道判事（「谷山老夫婦殺し事件」と呼ばれた殺人事件で、裁判員裁判史上初の死刑求刑に対する無罪判決をした裁判長である）は、証拠開示に積極的な姿勢を見せ、検察官にも「あるものは出すように」と促し、検察官も「検討します」と回答していた。

ところが、翌2011年4月、平島裁判長は異動になり、代わって中牟田博章判事が大崎事件第2次再審請求審の裁判長となった。彼は富山県で起きた冤罪事件である「氷見事件」で、勾留質問の時には自らの目の前で否認していた柳原浩氏が、法廷では自白に転じていたのに、「勾留質問のときは否認していましたね」と確認する補充質問もせず、そのまま有罪判決を言い渡した裁判官である。この事件で柳原氏は有罪判決に控訴せず服役したが、服役を終えた後に別の真犯人が明らかとなり、完全な誤判であったことが判明した。このような経験をした中牟田裁判長に対し、私たちは「少しは反省して慎重に審理をするのではないか」と期待していた。しかし、その期待はすぐに裏切られた。

平島裁判長から証拠開示を促され、一度は協力するかのような姿勢を見せた検察官が、中牟田裁判長に交代した途端、まるで手のひらを返したように、「再審においては検察官が弁護人からの要請に応えて証拠開示に応じる義務などない」という内容の意見書を提出してきた。そこで、弁護団は、他の事件での証拠開示とそれによって再審開始に結びついた実例等を挙げながら、さらに開示の必要性を力説する意見書を提出し、証拠開示を迫った。

●にこやかに。しかし、何もしない中牟田コート●

その意見書の提出後に開かれた、裁判所、検察官、弁護団の三者による進行協議の場で、検察官は「そもそも第1次再審段階で開示した証拠を超えては存在しない」と回答し、検察官からの照会を受けた鹿児島県警も「存在しない。あったとしてもすべて検察官に送致している」と回答する書面を提出してきた。すると、中牟田裁判長は、表情だけはにこやかに、「警察も検察も『ない』と言っていますから、裁判所としてはこれ以上の勧告は考えていません」と我々の請求を切り捨てた。

また、中牟田裁判長は、新証拠として提出した法医学鑑定、供述心理鑑定を行った上野正彦医師、大橋靖史・高木光太郎両教授への証人尋問を請求しても、「必要なし」として取り合わなかった。

あまりに何もしない裁判所。再審全体が活性化しているなかで、どうして大崎事件だけが取り残されるのか……。

当時85歳、一人暮らしのアヤ子さんは、お元気とはいえ、年齢相応の心身の衰えが目立ち始めていた。以前のように、頻繁に私に電話をかけて、「今再審はどうなってますか」と繰り返し尋ねることもなくなってきた。「こんなに審理の停滞が続いているうちに、アヤ子さんにもしものことがあったら」と考えると、私は眠れない夜を過ごす日が増えてきた。

そんなとき、「私が自殺してマスコミが騒げば、少しは状況が変わるかも」という考えが頭をよぎったこともあった。ちょっと冷静に考えれば、そんなことしても何も変わるはずなどないほど馬鹿げた発想なのに、そんな突拍子もないことを本気で考えてしまうほど、当時の状況は絶望的だった。

4 「再審格差」とマスコミ戦略

●戦略の切替え〜「再審格差」を全国へ〜●

２０１２年10月12日に行われた進行協議期日で、中牟田裁判長は「これで進行協議を打ち切り、年内、遅くとも年度内に決定を出します」と言い放ち、「まだ鑑定人尋問も証拠開示も実現していない」と抵抗する弁護団に背を向け、そそくさと席を立って退席してしまった。この忌まわしい光景は、私の脳裏に今でもはっきりと映像として残っている。

このままでは再審請求を認めない決定が出てしまう。聞く耳をもたない裁判所に直接訴えてもダメだ、と思った私は、このひどい状況をマスコミに知ってもらい、全国に発信してもらうという戦略に切り替えた。

そうは言っても、ことは簡単ではない。当時、大崎事件は、再審事件の中でもまだ無名だった。足利事件、袴田事件、東京電力女性社員殺害事件をよく知っている首都圏の同業者でさえ、私が「大崎事件」と言うと「山手線の大崎ですか？」と真顔で聞いてくるほどだった。

在京メディアに大崎事件だけを取り上げてもらうのではハードルが高い。そう考えた私は一計を案じた。証拠開示によって再審開始が実現した著名事件の陰で、やる気のない裁判官に当たってしまった事件ではまったく証拠開示がされないまま再審請求が棄却されているという現状を表すために「再審格差」という言葉を生み出し、他の著名事件を伝える記事の中で大崎事件のことに言及してもらおうと考えたのだ。

●ゴビンダさんとアヤ子さんの「再審格差」●

ちょうどそのころ、東京電力女性社員殺害事件でゴビンダさんの再審無罪が確定し、朝日新聞が同事件を検証する上・中・下3回の連載記事を社会面に掲載した。その中で、この事件では、再審段階で開示された生体証拠（被害者の膣内容物）のＤＮＡ鑑定でゴビンダさんの無実が明らかになっただけでなく、そもそも捜査段階で被害者の胸にゴビンダさんの血液型とは異なる血液型の唾液が付着していたことを示す証拠があったのに、これが隠されていたことが明らかとなった。まさに証拠開示がゴビンダさんの冤罪を晴らしたわけだが、このことを論じた記事の中で、「一方、大崎事件のように証拠開示が進まない事件もある」という趣旨の内容を盛り込んでもらった。この記事が口火を切る形となり、以後全国メディアが次々と大崎事件を取り上げ始めた。

●アヤ子さんのロングインタビューが全国紙に！●

2013年2月3日には、朝日新聞編集委員の大久保真紀さんによるアヤ子さんの単独インタビューが朝日新聞朝刊社会面に掲載された。大久保真紀さんは、朝日新聞鹿児島総局のデスクだった時代に、総局員たちを指揮して志布志事件の冤罪性をいち早く発信したジャーナリストである。無罪判決が出る前に無罪方向の記事を書くのは、読者から「社の方針として無罪」と取られてしまうため、なかなか「上」が許してくれない、という話は複数の記者さんたちがよく口にするが、彼女は「上」（本社）からの圧力をものともせず、志布志事件の冤罪性を報じ続けたのだった。

大久保さんは東京に転勤

「無実の罪晴らしてから死にたい」

訴え34年、2度の再審請求

鹿児島・大崎事件　原口さん

「きちんと調べて、早く無実と認めてほしいです」と話す原口アヤ子さん＝鹿児島県大崎町、上田幸一撮影

「やっていないものは、やっていない」。1979年に鹿児島県大崎町で男性の変死体が見つかった「大崎事件」＝キー。殺人と死体遺棄の主犯とされ、懲役10年の刑に服した原口アヤ子さん(85)は、裁判のやり直しを求めて、2度目の再審請求中だ。取り調べ段階から一貫して否認を貫く。「無実の罪を晴らしてから死にたい」。無実を訴え続け、34年を迎えた。

原口さんが同じ町内の農家の長男と結婚したのは22歳のとき。子どもにも恵まれた。だが、52歳のとき、人生が暗転する。

79年10月。夫の3番目の弟宅の牛小屋の堆肥の中から、その弟の変死体が見つかった。夫と、夫のすぐ下の弟とその長男が次々と逮捕された。そして原口さんも逮捕される。夫ら3人が原口さんが主犯だと「自白」したという。

身に覚えはない、と言っても、警察は聞いてくれなかった。判決は懲役10年。

刑務所では、刑務官から仮釈放を勧められたが、そのためには罪を認め、反省を示さなくてはならない。「やっていないことを認めるわけにはいかない」。3度の勧めをすべて断り、判決通り服役した。

その間に心の支えだった母は亡くなった。

夫は「警察に『アヤ子がやったと言え』と言われた」と謝った。再審を持ちかけると、「俺もやっていないが、もう忘れたい」。離婚を決めた。

出所後は町内でひとり暮らす。世間の刺すような目。「警察のやることに間違いない」とつばを吐かれたこともある。

共犯とされた3人は1～8年の刑を受けたが、義弟は87年に自殺、元夫は93年に病死。おいも01年に首をつって亡くなった。

いまは月約5万円の年金と娘たちからの援助で、何とか暮らす。ここ1年、衰えは激しい。物忘れも多く、足腰も弱る。食事は福祉サービスの1日1回の弁当が頼りだ。

原口さんは「みんなに迷惑かけるから、死んだ方がましかも」と弱気を見せる。だが、「やっぱりこのままでは死ねない」と言い直す。長い年月が重くのしかかっている。

（編集委員・大久保真紀）

キー　大崎事件と再審請求

大崎事件は、絞殺の凶器とされたタオルは特定されず、物証もない。原口さん以外の3人の「自白」が証拠とされた。3人は控訴せず一審の刑が確定したが、後に、警察の厳しい取り調べで自白させられたと弁護士に告白。夫は交通事故の後遺症で知的能力が低く、ほかの2人には知的障害があった。

原口さんは最高裁まで争ったが、81年に刑が確定した。95年に再審を請求、鹿児島地裁は02年、開始決定を出したが、検察側が即時抗告。福岡高裁宮崎支部は04年に決定を取り消し、06年に特別抗告が棄却された。

第2次再審請求は10年8月。タオルで首を絞めた跡が遺体には見当たらないとする法医学者の鑑定などを新証拠として提出した。

原口さんの第2次再審請求には40人近い弁護士が弁護団を組み、鹿児島県弁護士会が請求を支援する議決をしている。

原口さんの支援者は「老いとの闘いになっている」と話す。弁護団事務局長の鴨志田祐美弁護士は「もう時間がない。司法の責任が問われている」と訴える。

朝日新聞 2013年2月3日。朝日新聞編集委員の大久保真紀さんによるアヤ子さんの単独インタビューが朝刊社会面に掲載されたになった後も、度々鹿児島を訪れて志布志事件関連の取材を続けていたため、私は志布志事件関係の集会の懇親会で大久保さんとご一緒した際に、鹿児島のもう一つの冤罪事件である大崎事件についても、アヤ子さんの無実の訴えを全国に発信してほしいとお願いしたところ、2012年の暮れも押し迫った12月28日、大久保さんは東京からわざわざアヤ子さんの自宅を訪ね、ロングインタビューを敢行したのだった。

●東京新聞・中日新聞「こちら特報部」●

大久保真紀さんによるアヤ子さんのインタビュー記事が掲載された4日後である2月7日、私自身が朝日新聞のオピニオン欄「私の視点」に「再審請求　証拠開示の手続定めよ」を発表した。その後、大崎事件第2次再審で鹿児島地裁が証拠開示を行わないまま決定に向かうことを問題視する共同通信の記事が日経新聞の社会面に大きく掲載されると、鹿児島では一部も配布されていない東京新聞の出田阿生《いでたあお》記者から取材依頼があり、2月17日付東京新聞・中日新聞の見開き2面7段抜きの「こちら特報部」で大々的に大崎事件が取り上げられ、証拠開示に消極的な鹿児島地裁の姿勢を批判した（記事の中の囲みで、中牟田裁判長が、かつて氷見事件の有罪判決をした裁判長であることにまで言及されていた）。

私の視点

弁護士

鴨志田《かもしだ》　祐美《ゆみ》

再審請求　証拠開示の手続き定めよ

針の穴にラクダを通すより難しいといわれた再審の世界に、変化の兆しが見えている。2010年の足利事件を皮切りに、11年には布川事件、昨年11月は東電女性社員殺害事件で再審無罪が確定。福井女子中学生事件、東住吉事件など、再審開始決定もここ2年ほど、相次いで出された。

再審は無罪を言い渡すべき「明らかな証拠をあらたに発見したとき」に請求できる。この「新証拠」は従来、無実の罪を晴らそうとする再審請求人側が発見、準備するものと考えられてきた。だが事件から長い年月を経て新証拠を発見するのは容易ではない。真犯人が現れるとか、新たなDNA鑑定で犯人が別人だと証明されるなどのケースは奇跡に近い。

しかし今や、「新証拠」の意味が変わりつつある。再審請求人を有罪とした元々の裁判（確定審）のときに、警察や検察が隠していた無罪方向の証拠が再審段階で初めて姿を現し、再審開始の決め手になるケースが増えているのだ。

布川事件では、事件現場に落ちていた毛髪が被害者のものでも元被告たちのものでもないとする鑑定書や、被害者宅の玄関先で元被告らと身体的特徴が異なる人物を目撃したとする供述調書などが、再審段階で初めて明らかになった。東電女性社員殺害事件でも、再審請求審で裁判所の勧告により証拠開示が進む中、被害女性の遺体の胸に付いていた唾液の血液型鑑定が事件当時に実施され、元被告とは異なる血液型が検出されていたことが明らかになり、再審開始へのステップとなった。

実はこれらの「新」証拠は、裁判官の目に触れていなかっただけで、事件当時から捜査機関に握られていた「古い」証拠である。

古くからある新証拠は、再審を審理する裁判所が捜査機関に開示を働きかけて初めて、日の目を見る。ところが現在の法律には、再審での証拠開示手続きを定める条文がなく、証拠開示を積極的に促すか否かは裁判所の裁量に委ねられている。証拠開示によって再審開始、無罪へと進む事件がある一方、裁判所の消極的姿勢で真相究明が進まない事件もある。

こうした裁判所のさじ加減による「再審の格差」を生じさせないためには、「再審手続法」を制定し、確定審段階で捜査機関が収集したすべての証拠を開示させる詳細な手続きを定めるしかない。

再審は司法の過ちで生じた冤罪《えんざい》を司法の手で正す最後の機会だ。冤罪《えんざい》を求める者の権利として、すべての証拠へのアクセスを可能にする規定の必要性は高い。検察側が被告人に有利な証拠を隠す事例が続発した今だからこそ、だ。

朝日新聞 2013 年2月7日。オピニオン欄「私の視点」。鴨志田執筆「再審請求　証拠開示の手続定めよ」

東京新聞・中日新聞 2013 年2月 17 日。「こちら特報部」。

大崎事件がついに在京メディアの注目を浴びることになったこの流れは、後の第3次再審の闘いで大きな推進力として結実することになる。

●鹿児島ローカルから全国ネットへ●

そしてついに、テレビ局が動いた。後述する、中牟田コートによる再審請求棄却決定の直後である2013年4月8日、日本テレビ系列のドキュメンタリー番組「NNNドキュメント」で大崎事件が特集された。そのタイトルはずばり、「あたいはやっちょらん～鹿児島大崎事件『再審格差』～」だった。

日本テレビ系列のローカル局各社が企画を持ち込み、厳しい審査を勝ち抜いたものだけが「NNNドキュメント」の枠で全国放送されるという仕組みになっているそうで、地元局KYT（鹿児島読売テレビ）は、その厳しい競争を見事勝ち抜いて、「あたいはやっちょらん」というアヤ子さんの叫びを全国のお茶の間に届けてくれたのである。

この番組でプロデューサーを務めた蛭川雄二さんは、第1次再審から大崎事件を追い続けたジャーナリストの一人で、まだ駆け出しの記者だったころから、鹿児島県内でさえ無名だった大崎事件を追い続けていた。時は流れ、蛭川さんは記者からアナウンサー、ニュースキャスター、デスク、報道部長と昇進し、現場を離れてからも、今度は次々と部下たちを育て、その歴代の記者たちも切れ目のない取材を重ねた。夕方のローカルニュースでもっとも長い期間、そして頻繁に大崎事件を報じたのは、間違いなくKYTだろう。「NNNドキュメント」はその結晶ともいうべき「作品」だった。

蛭川さんの長きにわたる取材と大崎への思いが結実したドキュメンタリーは、証拠開示がされぬまま鹿児島地裁で再審請求が棄却され、どこまで続くか分からない闘いに、足腰の衰えを見せながらも立ち向かっていくアヤ子さんの姿を、過剰演出を避けて淡々と描いており、それがかえって胸に迫る佳作だった。抑揚を抑えた女性のナレーションは、ラストの、

「アヤ子さんは言います。『裁判官も自分の

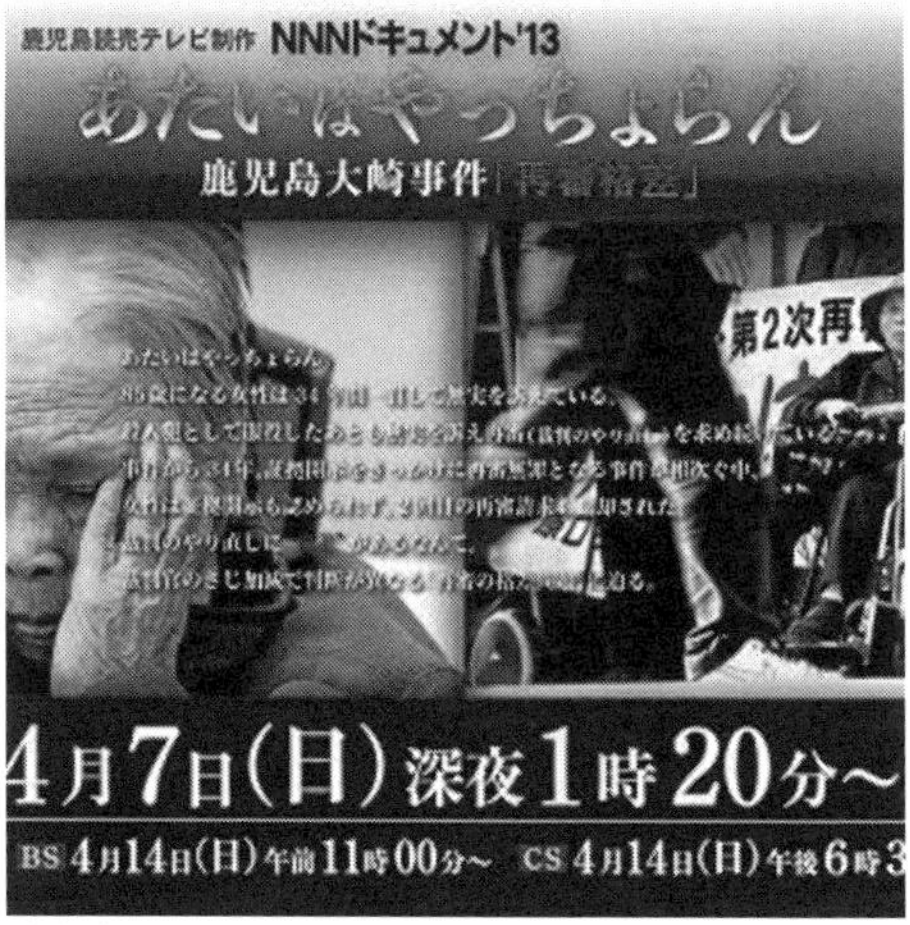

番宣ポスター。2013年4月8日、日本テレビ系列ドキュメンタリー番組「NNNドキュメント」。「あたいはやっちょらん～鹿児島大崎事件『再審格差』～」

ことのように考えてくれたらなぁ』と。
求めているのはささやかな日常です。生きているうちに子や孫と笑って会える日が来てほしい」

というところだけ、かすかに声が震えているようだった。

これ以降、「再審格差」という言葉はマスコミのみならず学界にも定着し、刑事訴訟法の教科書の索引にまで掲載されるようになった（中川孝博『刑事訴訟法の基本』（法律文化社、2018年））。

5 「最強のふたり」弁護団に加入

●大崎事件への「特別な思い」●

2012年の暮れ、中牟田裁判長が「店じまい宣言」をした直後から翌2013年の年明けにかけて、私は困難な少年事件の国選弁護人・付添人として活動していた（余談だが、その活動については岡田行雄編著『非行少年のためにつながろう！――少年事件における連携を考える』（現代人文社、2017）、阿部恭子編著『少年事件加害者家族支援の理論と実践――家族の回復と少年の更生に向けて』（現代人文社、2020）に収録されている）。その事件でともに弁護人をやっていた伊藤俊介弁護士が法政大学法科大学院の出身で、木谷明弁護士の教え子であったことが契機となり、このころ私は木谷弁護士と時々メールのやりとりをしており、大崎事件の現状を憂う内容も伝えていた。

当時、木谷弁護士は法政大学法科大学院の教授を退任され、あの、私たちに「大崎事件弁護団の認識は、私が教えている東大ローの学生より劣る」と宣告した佐藤博史弁護士の事務所に所属されていた（佐藤弁護士は木谷弁護士を自らの事務所に誘うにあたり「私と一緒に冤罪駆込寺を作りましょう」と口説き落としたという）。実は佐藤弁護士は、厳しい言葉とは裏腹に、なかなか日弁連の支援が承認されない大崎事件のことを気に掛けてくれて、陰に日向に応援してくれていた。

そこには、彼の大崎事件に対する特別な思いがあった。

佐藤弁護士が控訴審から弁護人となり、ＤＮＡ再鑑定で劇的な再審無罪を勝ち取った足利事件は、元被告人の菅家利和さんが法廷でも途中まで自白を維持していた。当時、取調べ段階のみならず法廷でも自白した者が無罪になることはごく稀だったのだ。佐藤弁護士が足利事件で苦闘していた２００２年、大崎事件第１次再審で再審開始決定が出たのだが、その決定はアヤ子さんだけではなく、法廷でも自白し、控訴もせず服役した「共犯者」たち全員が無実である、という内容だった。佐藤弁護士はこのことに大変励まされ、足利事件を再審無罪まで導くことができたという。

ところが、裁判長として大崎事件第1次再審請求の再審開始を取り消したのは、何と足利事件の確定控訴審（高木俊夫裁判長）の右陪席裁判官だった岡村稔判事だった。東京高裁の「高木コート」は、刑事弁護人にはよく知られた悪名高い裁判体だったが、そのメンバーのひとりが、福岡高裁宮崎支部に異動してきて大崎の再審開始を潰したのだ。佐藤弁護士は、そのことを自らの責任であるかのように気にされていたのである。

●「冗談から駒」●

話をもとに戻そう。メールのやりとりで私が木谷弁護士に伝えた大崎事件の窮状は、木谷弁護士から佐藤弁護士に伝えられたようで、ほどなく佐藤弁護士から私にメールが届いた。そこにはこのように書かれていた。

「大崎事件のことが心配です。木谷先生と『大崎事件弁護団に入ろうか』と話していますが、鹿児島は遠いので、未だ冗談の域に留まっています」。

私は、「この機を逃がしてはならない」と直感した。何をやっても動かない中牟田コートを動かすために「東京から著名な弁護人が加入した」というニュースは大きなインパクトになると考えたのだ。一方で、すでに長年活動している地元弁護団に、途中から著名弁護人が加入することで不協和音が生じる、という事態を招くことも聞き及んでいた。現に、この動向を知り、私に直接電話をかけてきて慎重に検討するよう助言した他の再審事件の弁護人もいたほどである。そこで私は八尋弁護士に電話をかけ「佐藤博史先生と木谷明先生が大崎事件弁護団に入りたい、とおっしゃっていますが、どうしましょうか」と相談した。八尋弁護士は即答だった。「いいんじゃない？　面白いよ」。

さっそく私は佐藤弁護士に「幽霊部員もとい幽霊弁護人でも、名ばかり弁護人でもいいので、大崎事件弁護団に入ってください。私たちに必要なのは現状打破です」とメールで返信した。はたして1週間後、木谷明、佐藤博史の両弁護士が正式に弁護団加入を表明した。

二人の名前が書かれた弁護人選任届の写し（原本はもちろん裁判所に提出）は、このときの感激を忘れないために、今も私の机の引き出しの中に大切に保管している。

●対照的なふたり●

2013年2月22日、両弁護士が弁護団加入を表明してから最初の弁護団会議に出席するため、二人は揃って東京からはるばる鹿児島にやって来た。鹿児島空港に降り立つ二人を出迎えるため、空港に向かう私の車には地元テレビ局のクルーが同乗し、私が二人を出迎えた瞬間を撮影して夕方のニュースで伝えた。

空港から弁護団会議の行われる鹿児島県弁護士会館までは、私の車に二人を同乗させて、約40分の道のりを走ったが、これほど安全運転を意識したことはなかったというぐらい緊張した。なにしろ、助手席には、あの「伝説の元刑事裁判官」木谷明弁護士が座っているのである。早朝便で羽田を発ったこともあり、木谷弁護士は助手席で少しうとうとしていた時間帯もあったが、不謹慎ながら私は、「木谷先生の寝顔を至近距離で見られるなんて、こんな幸せなことがあるだろうか」と感激しつつ、さらにマイルドな運転を心がけた（もちろん脇見運転にならない限度で寝顔を確認していたことは言うまでもない）。

一方、後部座席では、どんな隙間時間も無駄にしない「仕事の鬼」のような佐藤博史弁護士がパソコンを打ち続けていた（佐藤弁護士は当時、「パソコン遠隔操作事件」と呼ばれる事件で、冤罪を訴えていた被告人の弁護に心血を注いでいた。のちにこの被告人が真犯人であったことが判明したが、それでも佐藤弁護士は、自らの渾身の弁護活動を「裏切った」被告人に「私は君を見捨てない」と言い切り、彼の弁護を続けたのだった）。

そのうち、木谷弁護士が目を覚まし、私は車の中で展開される二人の会話を聞きながら運転することになったが、その内容がまたすごかった。さながら「日本の刑事裁判史ダイジェスト」というラジオ番組をカーステレオで聴いているが如く、古今東西の再審事件のエピソードが矢継ぎ早に繰り出されるのだが、この重鎮のお二人が、どうしてここまで個々の事件の裁判官、弁護人、検察官、さらには鑑定を行った法医学者の名前までデータベースのように覚えていられるのか、とただただ驚嘆するしかなかった。

弁護団会議の翌日、鹿児島県弁護士会館で、車椅子に乗ったアヤ子さんと木谷・佐藤両弁護士との面会が実現し、アヤ子さんの手を握って励ます木谷弁護士、年齢の近い自らの亡母の姿と重ね合わせて思わず涙ぐむ佐藤弁護士の姿は、前述の「ＮＮＮドキュメント」の中で感動的なシーンとして映し出された。

●「原口アヤ子弁護人　木谷明」の上申書●

この弁護団会議に先立ち、木谷弁護士は2月20日付で「私は、このたび、大崎事件の弁護団から『裁判所が証拠開示の勧告もしないまま、早期幕引きを図ろうとしている』という知らせを受けて、矢も楯もたまらず、また75歳という自分の年齢をも忘れて、弁護団に加入しました」と「原口アヤ子弁護人　木谷明」名で書き下ろした上申書を裁判所に提出していた。刑事裁判官の大先輩として、後輩である中牟田裁判長に対し、刑事裁判官がもっとも畏れるべきは冤罪であること、証拠開示や鑑定人尋問を行わないまま判断を下す裁判所が、人生を賭して闘っている請求人にどのように映るか、よくよく考えるように、という内容を、噛んで含めるように切々と書き綴った内容だった。その書面の最後は次のように結ばれている。

「再審請求人は既に85歳の高齢に達しています。今回の再審請求は、請求人にとってこれが最後になる可能性が高いと考えるべきです。裁判所がここで審理を打ち切ることは、このような請求人に対し、『事実上何も調べないで再審の門をかたくなに閉ざす』ということを意味します。そ

のような裁判所の態度に請求人がどういう感情を抱くか、同じ人間として十分にお考えくださることを希望します」

このくだりは、「ＮＮＮドキュメント」でも紹介された。読み上げたナレーターは、アナウンサーでもあり、この番組でプロデューサーを務めた蛭川雄二さんだった。

「簡にして要を得た」を体現したような、それでいて読む者の心にストレートに響く10ページの上申書。それは、法律家として日常的に文書に接している私がこれまで目にしてきた、裁判をめぐってやりとりされるさまざまな書面の中で、最も感動した文章だった。これを読んだら、いくら中牟田裁判長でも、審理の在り方について再考せざるを得ないだろうと、私は確信した。

しかし、上申書の提出からわずか5日後、木谷・佐藤両弁護士が初めて出席した弁護団会議の翌週月曜日にあたる2月25日に、私は裁判所書記官から電話で決定日の告知を受けた。

●「言い訳」に終始した中牟田決定●

２０１３年３月６日、鹿児島地裁は、アヤ子さんの申し立てた再審請求と、アヤ子さんの長女が亡父（アヤ子さんの元夫）のためにした死後再審請求について、いずれも請求を棄却した。

全部で30頁にも満たない薄っぺらな決定書の中で、裁判所が証拠開示に向けた積極的な訴訟指揮をしなかったことや、鑑定人の尋問を行わなかったことについては、「弁護人は、本件再審請求において、存在するはずであるのに未だ開示されていない証拠が多数あるなどとして、いくつか例示した証拠の開示を求めたが、これらはいずれも検察庁や関係警察機関（鹿児島県警本部、志布志警察署）に保管されていないとの回答があった（この回答に疑わしい点は特に見当たらない）」、「鑑定書等についての証拠価値は（中略）、更に証人尋問を実施したからといって異なる判断が導かれるとは考え難く、事実の取調べ（刑事訴訟法43条3項、４４５条）として証人尋問を実施する必要性は認められない」など、合計3頁も割いて「言い訳」が述べられていた。

この「中牟田決定」について、後に指宿信教授は、岩波書店の雑誌「世界」（２０１３年5月号）で、

「実質的な審理をほとんどおこなっていない今回の棄却決定には、見るべきところはほとんどない」

と一刀両断に切り捨て、証拠開示の訴訟指揮をしなかった言い訳部分については、

「まさに真実を解明しようという姿勢の欠如であろう」

と痛烈に批判した。

鹿児島地裁の書記官室の受付カウンターで、亡父の再審請求人として、一郎さんの再審請求（当然こちらも棄却である）の決定書を受け取った京子さんは、——亡き父親の冤罪が晴らせなかった無念より、生涯の全てをかけて冤罪と闘い続ける老いた母親の姿が真っ先に脳裏に浮かんだのだろう——「お母さんがかわいそう」と泣き崩れ、声を震わせながら「なぜ裁判官は出てこないんですか。直接説明しないんですか」と声を振り絞った。しかし、書記官室の奥にある裁判官室からは、誰も出てこなかった。

第3章　第2次再審即時抗告審
——福岡高裁宮崎支部・原田コート

1　闘いの舞台は宮崎へ

●即時抗告と「両巨頭の教え」●

中牟田裁判長のやる気のない態度を目の当たりにしていた弁護団は、決定の出る前から「負け」を予測して、裁判所から決定日の告知を受けたその日から、福岡高裁宮崎支部に即時抗告を行う準備を始めていた。地裁の棄却決定に対して、高裁に即時抗告を行う期限は、法律上決定日の翌日から3日以内とされており、しかも抗告申立書には、抗告理由を具体的に記載しなければならないことになっている。通常の刑事裁判の判決の場合は、控訴期限は判決言渡しの翌日から14日以内であり、しかもその期限内に「控訴申立書」という形式的な書面さえ出しておけば、控訴理由を記載した「控訴趣意書」はあとから提出してよいことになっており、通常の控訴に比べて即時抗告がいかにハードスケジュールかがおわかりいただけると思う。このことも、再審制度に関する法の不備の一つと言えるのだ。

しかし、経験豊富な木谷・佐藤両弁護士は、初めて出席した弁護団会議で、私たちに「知恵」を授けてくれた。

「裁判所に対して、決定日を水曜日とするよう、申入れをしておくように」

というのである。決定日が水曜日だった場合、翌日から数えて3日目は土曜日になり、その場合には土日を挟んで翌月曜日まで抗告期限が事実上延長になるのである。つまり、月曜や火曜に決定がされてしまうと、抗告申立てには文字どおり3日間しか使えないが、水曜日に決定がされると実質的に5日間使えることになる。この差は非常に大きい。

この話を聞いたときには、まさか翌週の週明けに裁判所から決定日の告知があるとは思っていなかったが、実際にこの「知恵」を活かすときがすぐに訪れたのである。当初書記官が伝えてきた決定日は「3月4日」で、この日は月曜日だった。私は「やばい！　これは何としても決定日を水曜日にしなければ」と心の中で叫びつつ、電話口で「いや、その日はどうしても都合が悪い。私もだが弁護団長の森も終日差支え（業界用語で「都合が悪い」の意味）である。決定日を3月6日にしていただきたい」と書記官に訴えて必死で抵抗を試みた。その結果、決定日は3月6日正午、ということになったのである。私はほっと胸をなでおろすとともに、改めて二人の「巨頭」が弁護団に加わった意味の大きさをひしひしと感じていた。

●福岡高裁宮崎支部に係属した即時抗告審●

　このような経緯を経て、私たちは地裁決定の5日後である2013年3月11日、福岡高裁宮崎支部に即時抗告を申し立てた。即時抗告審の裁判長は原田保孝裁判官だった。原田裁判長は、前任地が静岡地裁で、あの袴田事件の第2次再審で審理を担当し、検察官に対して証拠開示勧告を出した実績があった（ちなみに、原田裁判長の後任となったのが、再審開始決定を出した村山浩昭裁判長である）。そして、原田裁判長は、翌2014年の7月末日に、この福岡高裁宮崎支部で定年を迎えることになっていた。我々は、定年前で、もはや出世等を気にして最高裁に忖度することもないであろう原田裁判長が適切な判断を行い、逆転再審開始決定をすることを期待した。

　6日後の3月17日、即時抗告の申立てを報告するために、即時抗告申立書を携えて、私は久しぶりにアヤ子さんの自宅を尋ねた。前述した「NNNドキュメント」を撮影中のKYT（鹿児島読売テレビ）のスタッフと、アヤ子さんのもとを頻繁に訪れ、励ましながら日常生活の補助も行ってくれている支援者の武田佐俊さんも一緒だった。

アヤ子さんはニコニコと上機嫌で私を迎えてくれた。年齢相応の認知症状もあり、大崎第2次再審請求審の閉塞的状況をどこまで理解していたかは分からないが、私が「これから高等裁判所で裁判が続いて行くので、今日はその報告です。まだ死ねないよ、もっともっと長生きしないと」と言うと、アヤ子さんは「頑張らんといかんからな」と言って、しっかり頷いた。私が「私たちも頑張るから」とアヤ子さんの肩に手を置くと、「あなたたちにも頑張ってもらわんと。私ひとりじゃダメですわ」と言いながら、朗らかに笑った。

ふと顔を上げると、居室の鴨居の部分にアヤ子さん自筆の色紙が飾られていることに気づいた。武田さんによれば、この日、私たちの到着前にアヤ子さんが自分で書いたものだという。

私は、無実です。死ぬまで頑張ります。

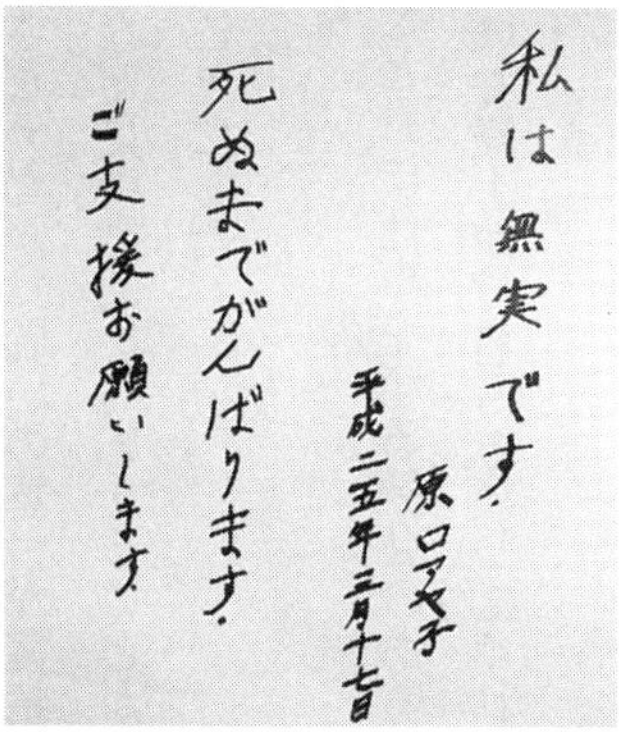

アヤ子さん自筆の「決意表明」

●機敏に動く「宮崎弁護団」●

即時抗告申立て段階の弁護団は総勢34名だった。この人数でも、わが国の再審事件の弁護団の人数としてはトップクラスの多さだったが、闘いの舞台が宮崎に移ったことで、宮崎の裁判所とのやりとりや現地のマスコミ対応などに機動的に対応することができるよう、大崎事件弁護団に加入してくれる宮崎の弁護士を募ることにした。

森雅美弁護団長や泉武臣弁護士など、集団訴訟で宮崎の弁護士とともに仕事をする機会のある弁護士の呼びかけで、ベテランから新人まで、宮崎県弁護士会所属の弁護士が17名も志願してくれた。

私たちは新たに弁護団メンバーとなってくれた「宮崎弁護団」に事件の概要とこれまでの再審の経緯をレクするため、宮崎県弁護士会を訪れた。その後の懇親会では、これまで大崎事件のことをほとんど知らなかった宮崎のマスコミの記者さんたちも交えて大いに飲み、語り合った。

この後、即時抗告審で初めて実現した鑑定人尋問のリハーサルや、進行協議期日直前の打合せ、決定当日の現地での記者会見の会場確保、裁判所から開示された大量の証拠の受取り（宮崎で受け取った書類を一番早く鹿児島に届ける方法が、宮崎・鹿児島間を運行する高速バスの配送サービスを利用することであると、このとき宮崎の弁護士に教わって初めて知った）など、宮崎弁護団メンバーの機敏な動きには本当に助けられた。

2 証拠開示の実現

●光明が見えた証拠開示勧告●

第1回の進行協議期日は即時抗告から約2か月後の5月27日と指定されたため、弁護団はこの日に「証拠開示命令申立書」を提出し、裁判所に対し、証拠開示に向けた積極的な対応を求めた。原田裁判長は「次回の進行協議期日を7月11日とする。その日までに検察官の意見書を提出されたい。それを見た上で、裁判所としては早期に（証拠開示に関する）判断をしたい」と明言した。また、アヤ子さんに意見を聞く機会を設け

平成２５年(く)第５号

勧　　　　告

申立人　原　口　ア　ヤ　子

上記の者にかかる再審請求棄却決定に対する即時抗告申立事件について，当裁判所は，福岡高等検察庁宮崎支部検察官に対し，次のとおり勧告する。

1　申立人弁護人に対し，申立人の第一次再審請求事件にかかる検察庁保管の書類の標目を開示されたい。

2　別紙１及び別紙２記載の各書類について，その有無を調査し，検察庁及び鹿児島県警察に現存する書類（開示済みのものを除く。）の標目を作成し，申立人弁護人に対し，その標目を開示されたい。

平成２５年７月１８日

福岡高等裁判所宮崎支部

裁判長裁判官　原　田　保　孝

これは謄本である。

平成25年7月18日

福岡高等裁判所宮崎支部

裁判所書記官　東條博喜

証拠開示勧告書

てほしい、との要請にも「次回期日に実施する」と即断だった。鹿児島地裁・中牟田裁判長の「打てども響かない」対応に辟易していた我々はその対応の違いに驚いた。そして、7月11日の第2回進行協議期日で、予想どおり検察官が、ごく一部の未開示証拠を任意に開示しただけで「弁護人の求める証拠開示に応じる必要はない」との意見を表明した1週間後、裁判所は何と、弁護人が求めたのとほぼ同じ内容の証拠開示勧告を書面で行ったのである。

弁護団の「証拠開示班」班長として証拠開示に精力的に取組み、しかしその努力が報われずに辛い思いをしてきた泉武臣弁護士は、「初めて裁判所が俺たちの言うことを聞いてくれた！」と右手で拳をつくってガッツポーズした。その「証拠開示勧告書」には、「（アヤ子さんの）第1次再審請求事件について検察庁が保管している書類の標目を開示されたい」「（弁護人が存否について照会を求めていた証拠について）その有無を調査し、標目を作成し、弁護人に開示せよ」と書かれていた。

通常の刑事裁判では「公判前整理手続」の規定の中に証拠開示に関する条文が定められていることはすでに述べた。

さらに、2016年の刑事訴訟法改正により、通常の裁判で公判前整理手続が行われる事件については、捜査機関が収集、作成した証拠について、弁護人の求めに応じて「証拠の一覧表」を交付しなければならない、という制度が導入された（刑事訴訟法316条の14第2項）。

【刑事訴訟法316条の14】

検察官は、前条第2項の規定により取調べを請求した証拠（以下「検察官請求証拠」という。）については、速やかに、被告人又は弁護人に対し、次の各号に掲げる証拠の区分に応じ、当該各号に定める方法による開示をしなければならない。

（1号2号省略）

2 検察官は、前項の規定による証拠の開示をした後、被告人又は弁護人から請求があったときは、速やかに、被告人又は弁護人に対し、検察官が保管する証拠の一覧表の交付をしなければならない。

この条文ができる前は、捜査機関の手の内にある証拠の全容が分からないまま、言わば「当てずっぽう」で証拠開示請求をせざるを得なかったのである。

原田裁判長の「標目を作成して弁護人に開示せよ」という「標目」とは、まさにこの「証拠の一覧表」のことである。

原田裁判長の証拠開示勧告が行われた当時（そして2020年の現在も）、再審については、証拠の一覧表はおろか、証拠そのものの開示の手続すらまったく条文が存在しないままである。にもかかわらず、原田裁判長は、通常の裁判においてすら、未だ「証拠の一覧表の交付」制度が導入されていなかった2013年7月に、このような証拠開示勧告を行ったのであるから、これがいかに画期的な勧告であるかがおわかりいただけると思う。

●存在しないはずの証拠が出てきた●

ところが、である。

検察官は裁判所の勧告に従わなかった。

そのかわりに、「検察官が独自に検討し、開示しても弊害がないと判断した個別の証拠を、裁判所に開示する」と言って五月雨式に数回に分けて合計で212点もの個別証拠が開示された。鹿島地裁で「第1次再審で開示したものを超えては存在しない」と回答していた検察庁からも、「あるとしてもすべて検察庁に送致した」と回答していた志布志警察署からも、次々と未開示証拠が開示されたのである。

その中には殺人事件の「共犯者」とされた一郎と二郎が、確定判決では「一郎が被害者の首にタオルを1回巻いて、その両端を力一杯締めて殺した」と認定されている殺害態様について、最も初期段階の自白では「二郎が手で被害者の首を絞めて殺した」、次いで「一郎と二郎がタオルの両端をそれぞれ引っ張って絞め殺した」と、大きく変遷していたことを示す捜査官の「関係人供述要旨抜萃」と題するノートや、知的能力にハンデをもつ「共犯者」らに対し、技官が「理解力、記憶力ともに劣る」と認識していながら不適切な方法でポリグラフ（うそ発見機）をかけていたことを示す資料もあった。

●ネガフィルム46本と500枚の写真●

２１２点の中には開示証拠一覧のタイトルに「ネガフィルム46本」と記されただけで、現物が示されないものもあった。検察官の説明によれば「経年変化によってフィルムケースの中で腐食し、印画（写真としてプリントすること）ができないものもあった」ということだった。当時、原田裁判長の対応が良かったことから、私たちは裁判長が定年になって交代してしまう前に急いで決定を出してほしいと考えていた。そこで私たちは「そちらでプリントできる分だけでよいので、写真にして提出してほしい」と申し入れたところ、プリントが可能だった分として、５００枚余りの写真が開示された（このときの検察官の回答を、読者のみなさんにはぜひ覚えておいていただきたい）。

●証拠リストをめぐる攻防●

一方、検察官は標目（証拠の一覧表）開示には頑として応じなかった。「すでに個別にすべて開示しているから、今更リストを作る必要がない」というのである。しかし、開示勧告の一つである「第1次再審事件にかかる検察庁保管の書類の標目」については、鹿児島地裁での攻防時に、担当検事が電話で私に「エクセルでリストを作っている」と「自白」していたので、すでに標目が存在していることがわかっていた。そこで、弁護団は、刑事訴訟法316条の27第2項に定められている「証拠の一覧表の提示」という規定を準用して裁判所にだけそのリストを見せるよう求めた。このように、どのような証拠があるか、またその内容を「裁判所限りで」チェックする手続を「インカメラ手続」というのだが、検察庁はこれに応じて第1次再審段階で検察官が収集した証拠のリストを裁判所に提示した。そして裁判所がチェックした結果、そのリストに記載されていた1点の証拠について、新たに開示勧告がされた。

結局、即時抗告審において開示された証拠は全部で213点にも上ったのである。

●アヤ子さんの意見陳述～無罪で生き返る～●

即時抗告審の2回目の期日である2013年7月11日、アヤ子さんは福岡高裁宮崎支部の法廷にいた。本人が裁判官の前で意見を述べる「意見陳述」を行うためである。再審請求手続は非公開のため、意見陳述や証人尋問を行うときは法廷を使用するが、一般の傍聴人は入ることができない（再審請求手続が非公開で進められていることについては、今後の法改正で必ず見直しがされるべきだと思っている）。

この日は、せめて「枯れ木も山のにぎわい」とすべく、法廷と傍聴席に合計25名の弁護人が陣取ってアヤ子さんの意見陳述が始まった。

このときすでにアヤ子さんは86歳。年齢相応に心身の衰えが進んでいるアヤ子さんに、これまでの意見陳述の際に行っていた、一問一答形式で弁護人の質問にアヤ子さんが答える、という形での陳述は難しい状況だった。そこで、アヤ子さんの言いたいことを弁護団がまとめた「陳述書」を作って、それをアヤ子さんに証言台で読み上げてもらった。目にも衰えが来ているアヤ子さんは、つっかえつっかえ、行きつ戻りつしながらようやく陳述書を読み終えた。私たちはその姿をはらはらしながら見守っていた。

陳述書を読み終えたアヤ子さんに、原田裁判長が問いかけた。

「中立人は何か言っておきたいことがありますか」

するると、それまで陳述書に目を落としていたアヤ子さんが顔を上げ、法壇に座っている裁判長をまっすぐに見てこう言ったのである。

「私は無実です。私を無罪にするようにしてください。無罪にしてもらったらうれしい気持ちになります。今は死んでいるような気持ちですが、無罪で生き返ることができます」

私はアヤ子さんがそれまでに「無罪になるまでは死んでも死にきれない」と言うのを何度も耳にしてきた。しかしこのときは違った。冤罪を背負ったアヤ子さんの「現在」は「死んでいるような気持ち」なのだ。そして無罪になれば、残りの人生を「生き返る」ことができると思っているのだ。台本も何もない、アヤ子さんの心の奥深くから湧き上がった「魂の叫び」に、私を含め25名の弁護人たちは雷に打たれた思いだった。

「無罪で生き返ることができます」——この言葉は、その後、弁護団が主催したシンポジウムや支援者主催の集会で何度も紹介され、闘い続けるアヤ子さんのスローガンとなった。

3　高裁で初めて行われた鑑定人尋問

●鑑定人尋問の準備●

福岡高裁宮崎支部で即時抗告審を審理する「原田コート」の積極姿勢は、証拠開示だけではなかった。鹿児島地裁での審理の際、私たち弁護団は「中牟田コート」に対し、法医学鑑定、供述心理鑑定を行った専門家に証人として尋問するよう再三にわたり請求したが、前述のとおり中牟田裁判長はこれを完全に無視した。専門的な知見が記載されている鑑定書について、その専門家に直接話を聞かなければその内容を正確に理解できるはずがない。中牟田裁判長は鑑定内容をまったく理解しないまま再審請求を棄却するという暴挙に出たのである。このため、弁護団は即時抗告申立ての理由として「審理不尽」（審理をちゃんと行っていないこと）を挙げて、改めて鑑定人に尋問を行うよう求めたところ、原田コートは法医学、心理学の鑑定人全員に証人尋問することを決定してくれた。

２０１３年10月3日に行われることが決まった法医学鑑定人の上野正彦氏への尋問を準備したのは、弁護士になって間もない増山洋平・前原友紀子弁護士のコンビだった。実はこの二人は夫婦である（大崎事件には夫婦そろって弁護団に加入している夫婦が3組もいるのだ）。二人は、頸部部分の人体模型や、それをもとにしたイラストを準備して、概して「理系に弱い」裁判官たちに、鑑定人の説明をビジュアルに理解させるためのツールをせっせと作ってくれた。

●心理学者、証言台へ●

そして、第2次再審から「新証拠」として提出した心理学鑑定について、裁判所が心理学者に証人尋問を行ったのは、この大崎事件第2次再審即時抗告審が初めてだった。

「我が国の再審史上初」となる心理学者への尋問を組み立てるため、弁護団は尋問前日の2013年12月4日から宮崎市内の温泉旅館に泊まり込んで「合宿」し、尋問当日は「宮崎弁護団」の一員である成見正毅弁護士の事務所（宮崎中央法律事務所）でリハーサルを行った。主尋問を担当する私は、柄にもなく緊張でガチガチになっていた。

なにしろ「我が国の再審史上初」である。

●佐藤・木谷・八尋弁護士の思いやり●

ところで、このころの私は、ここぞという尋問などのときは、長めの髪をカチューシャで止めて気合いを入れて法廷に立つことが多かった。この日の尋問でも、リハーサル段階からカチューシャを付けて臨んだところ、佐藤博史弁護士が「勝負カチューシャ」と命名してくれた。ところが、そこで「伝説の元刑事裁判官」木谷明弁護士が、あの少しトーンの高い軽やかな声で「鴨志田先生、法廷では『鉢巻き』は禁止されているんじゃないの？」とツッコミを入れてきた。「木谷先生、何をおっしゃいます！　これは『鉢巻き』じゃありません。『カチューシャ』ですってば！」と私が口をとがらせると、周りにいた弁護団メンバーは一同大爆笑となった。

リハーサルを終えて裁判所に移動し、法廷の柵の中に入ると、再び心臓の鼓動が高鳴ってきた。そこに、「バンド仲間」でもある八尋光秀弁護士が突然手帳を拡げながら私のところにやってきて、「鴨ちゃん！　来年の夏の博多ライブ、いつにする？」と訊いてきた。「え、今まだ12月なんだけど……しかも、なぜに法廷の中で」と絶句しながら、私にはわかっていた。佐藤弁護士も、木谷弁護士も、八尋弁護士も、私の緊張をほぐそうとしてくれているのだ、と。

勝負カチューシャ。木谷明弁護士（右）・佐藤博史弁護士（左）。

先輩弁護士たちのあたたかな配慮のお陰で、「史上初」の心理学者への尋問は成功のうちに終わった。ひとたび法廷で尋問が始まると「元演劇部員」の血が蘇り、「尋問者」を演じる舞台女優のような気分になっていたことだけは、私の胸にそっとしまっておいた。

4　再審にかかわる人々との繋がり

●九州再審弁護団連絡会、「シュバイツァー寺」にて結成！●

福岡高裁宮崎支部で供述心理鑑定人尋問が行われる1か月ほど前の2013年11月9日、熊本県玉名市にある「生命山シュバイツァー寺」に九州各地の再審事件の弁護団に所属する弁護士たちが集まっていた。全国各地から研究者、冤罪被害者本人、支援者、そしてジャーナリストやマスコミ関係者も多数参集した。そのなかには足利事件の菅家利和さん、布川事件の櫻井昌司さん、志布志踏み字事件の川畑幸夫さんの姿もあった。

九州には大崎事件だけでなく、福岡事件、マルヨ無線事件、飯塚事件（本書549頁参照）、松橋事件（本書362頁参照）、菊地事件といったいくつもの再審事件が存在し、それぞれの弁護団が活動を展開している。大崎事件と松橋事件以外は死刑事件であり、さらに福岡事件、菊地事件、飯塚事件は「死刑執行後の再審」という、再審のなかでもとりわけハードルが高いとされるタイプの事件がひしめいている。

そこで、これらの事件が抱えている特徴や、現在の法制度のもとではクリアできない問題点を共有し、そこから再審に関する法制度の改革につなげていくために、弁護団相互、そして学者や支援も巻き込んだ連携を構築しようと、八尋光秀弁護士、内田博文教授らの呼びかけで、この日「九州再審弁護団連絡会」の第1回交流集会が開催されたのである。

生命山シュバイツァー寺。この聞き慣れない名前の寺は、福岡事件の二人の死刑囚の教誨師としてかかわるうちに、この事件が冤罪であることを確信した故・古川泰龍師が、二人を死刑台から救出するまで「わたしはわらじを脱

九州再審弁護団連絡会第一回交流集会

がれない」と、人生を賭けた壮絶な雪冤運動を展開するなかで、アルベルト・シュバイツァー医師の遺髪を預かり、これを本尊として建立した、いわば「冤罪支援活動の聖地」である。

2人の死刑囚のうち、一人は恩赦によって無期懲役に減刑されたが、もう一人の西武雄は無実を叫びながら1975年6月17日、死刑を執行された。寺の庭には彼の辞世の句

「叫びたし　寒満月の　割れるほど」

の句碑が突き刺さるような冷たささをたたえて佇んでいる。

叫びたし　寒満月の　割れるほど

無実なのに死刑台に連行される、そのときの気持ちを考えただけで、句碑の前で立ちすくんでしまう。

故・泰龍師の遺志を引き継いだ息子と娘が僧侶となって守り続けているこの寺の清冽な空気は、他所では得られない不思議な力を持っていて、この空間に身を置いているだけで心が洗われ、新たに闘う力がみなぎってくるような気がした。

2日目の朝、西武雄が祀られている2階の本堂で朝のお勤めを終え、視線を上げると、西武雄によって描かれた仏画の間にある丸窓の向こうに、色づいた紅葉が頷くように揺れていた。

九州再審弁護団連絡会は、その後『緊急提言　刑事再審法改正と国会の責任』（日本評論社、2017）を上梓し、国会議員に直接法改正を働きかけるローラー作戦や院内集会を何度も行い、のちに産声を上げる「冤罪犠牲者の会」や「再審法改正をめざす市民の会」、そして日弁連が再審法改正に向けた活動を活発化させていく「呼び水」の役割を果たした。

●宮崎での支援集会●

宮崎では弁護団だけでなく、支援者の方々も大変熱心に活動して下さっていた。

2014年3月、即時抗告審での逆転再審開始を後押ししようと、宮崎の支援者さんたちが中心となって、宮崎市内で「映画『約束』の上映会と大崎事件支援集会」が開催される運びとなった。

映画『約束』は、著名再審事件である「名張事件」のセミドキュメンタリー映画である。

この事件は、1961年、三重県名張市の公民館で、何者かが農薬を混入させたぶどう酒を飲んだ女性5名が死亡したという殺人事件である。被疑者として逮捕・起訴された奥西勝さんは、厳しい取調べによりいったんは自白したが、その後否認に転じ、裁判では一貫して無罪を主張した。一審では無罪判決を受けたが、控訴審の名古屋高裁で逆転有罪、しかも死刑判決が言い渡され、確定した。死刑囚となった奥西さんは獄中でも冤罪を叫び続け、第7次再審で再審開始決定が出たにもかかわらず、異議審で開始決定が取り消され、その後の第9次再審請求中に八王子医療刑務所で、死刑囚のまま無念のうちに亡くなった。享年89歳だった。

映画では奥西さんの役を仲代達矢さん、彼の無実を信じて拘置所に面会に通い続け、息子を思いながら死んでいく母親役を、今は亡き樹木希林さんが演じていた。奥西さんとアヤ子さんは、片や死刑囚、片や満期服役を終えた元受刑者という違いはあるが、年齢が近く（奥西さんがアヤ子さんより2歳年上）、奥西さん亡きあとはアヤ子さんが、わが国で存命している最高齢の再審請求人となった。

冤罪被害が本人だけでなく、その家族の人生までも破壊する究極の「人生被害」であること、そして、そのような被害を作りだしておきながら自らは救済の手を差し伸べない刑事司法の理不尽さを浮き彫りにする『約束』は、観客の心を激しく揺さぶる作品だった。特に母親役の樹木希林さんの熱演に、私の涙腺ダムは何度も決壊させられた。

映画の上映後、大崎を支援するために全国から集まった人々が、車椅子で壇上に登場したアヤ子さんを囲み、口々にエールを送った。そこには自身が冤罪被害者である櫻井昌司さん（布川事件で再審無罪）、菅家利和さん（足利事件で再審無罪）、柳原浩さん（氷見事件で再審無罪）、そして名張事件の支援者で、晩年の奥西さんを八王子医療刑務所に「特別面会人」として見舞った稲生昌三さんの姿もあった。

宮崎集会の集合写真。アヤ子さんを囲む

●「アヤ子」と「ひで子」の出会い●

2014年6月、私たちは宮崎の支援者たちとともに、原田裁判長の定年退官前に再審開始決定を出してほしいと、福岡高裁宮崎支部に要請に赴いた。

そしてこのとき、アヤ子さんは、冤罪と闘う女性の「同志」と運命的な出会いを果たした。前述の名張事件と同じ、死刑再審事件である袴田事件の死刑囚・袴田巖さんのために再審請求を行っている姉のひで子さんである。
福岡高裁宮崎支部の1階ロビーで初対面を果たした二人には、多くの言葉は必要なく、一瞬にしてお互いが「同志」であることを悟ったようだった。

●アヤ子さんと一郎さんの「離別」●

アヤ子さんは、出所後、母親のカメゲサさんが「アヤ子が出所したら、一緒に住もう」と建ててくれた小さな家に住むようになった。しかし母親のカメゲサさんも父親の政吉さんもアヤ子さんの出所を待たずに亡くなってしまったため、アヤ子さんは一人この家で暮らすことになったのである。

実は、アヤ子さんは刑務所を出所してほどなく、自らの殺人・死体遺棄を「自白」しただけでなく「アヤ子の指示でやった」と供述した夫の一郎さん（アヤ子さんより先に出所し、もとの自宅に住んでいた）を訪れ、なぜそのような供述をしたのかと問い質した。すると一郎さんは「アヤ子もやっちょらんし、おいもやっちょらん（俺もやっていない）。じゃっどん（でも）刑事に『したろが、したろが』と繰り返し言われて、やったと言ってしまった。すまんかった」と謝ったという。それを聞いたアヤ子さんは一郎さんに「それなら私と一緒に再審をやりましょう」と持ちかけた。しかし、一郎さんは首を横に振った。

「おい（俺）はもう裁判はしたくない」

無理もない。厳しい取調べとそれに続く裁判、またあの過酷な日々に戻ることを、知的ハンデを抱えた一郎さんは、耐えられない、もうそっとしておいてほしいと思ったのだろう。

しかし、アヤ子さんは、無実なのに殺人犯の汚名を着せられ、それを晴らさなければ、死んだ両親にも、子や孫たちにも申し訳が立たない、という強い意志をもっていた。そんなアヤ子さんは、再審をともに闘うことを拒絶した夫を許すことができず、二人は離婚した。

農家の長男の嫁として嫁いできて、飲んだくれのだらしない夫ではあったが、ともにせっせと働き、３人の子をもうけたアヤ子さんは、事件にさえ巻き込まれていなければ、離婚することなどなかっただろう。

●ひで子さんの「覚悟」●

袴田ひで子さんは、弟の巖さんが、当時の勤め先だった味噌製造会社の専務の家族４人を殺した後、専務の家を放火したという疑いを掛けられ、逮捕され、警察の厳しい取調べによって犯行を自白するに至り、その後死刑判決が確定しても、一度も弟が犯人だと疑うことはなかった。被害者一家が殺害されたとされたその日、普通に家に帰ってきてふだんと変わりなく過ごしていた姿に、何の不自然さもなかったからだという。

巖さんの両親も息子の無実を信じて疑わなかったが、死刑判決を言い渡された息子のことを案じ、「巖はだめかいのう……」と言いながら亡くなっていった。その両親の姿を目の当たりにしたひで子さんは、「自分が弟を守らなければ」と覚悟を決めた。

巖さんは拘禁反応（身体を長期間拘束され続けることで、心身に変調を来すこと）により、次第に精神を蝕まれていき、ひで子さんとの面会にも応じなくなっていったが、それでもひで子さんは拘置所に通い続けた。その姿は映画『約束』で樹木希林さんが演じた奥西さんの母親が、来る日も来る日も拘置所に通いつめたシーンの姿と重なる。

ひで子さんは、一時はアルコールに溺れそうになった時期もあったが、それを自覚して酒を断ち、結婚して自らの家庭をもつこともせず、一人で働いて得た給料をコツコツと貯めて、浜松の駅前にビルを建てた。「巖が出てきたときに、すぐ生活に困るだろうと思って。でも家賃収入があれば何とかなる」という理由からだった。

●「闘う女」のツーショット●

自らが受けた冤罪被害によって夫婦の絆を断ち切られたアヤ子さんと、冤罪被害者となった弟を救うことを、自らが幸せな家庭を築くことより優先したひで子さん。

二人の「闘う女」のツーショット写真は、いまも私の事務所の机の横に飾ってある。

ひで子さん（右）とアヤ子さん。「闘う女」のツーショット

5　期待と失望

●原田決定に膨らむ期待●

地裁とは対照的に証拠開示勧告も鑑定人尋問も積極的に行った原田裁判長に、私たちは逆転再審開始決定の期待を抱いていた。そして2014年7月に入ってまもなく、原田裁判長が月末で定年

退官する2週間前にあたる7月15日に決定が出されるとの告知を高裁から受けた。当日の裁判所前での支援者集会、宮崎での記者会見、そして鹿児島に戻っての記者会見、と当日の段取りの詳細を打ち合せながら、弁護団は勝利の期待に胸を膨らませた。当日のスケジュール一覧の最後には「祝勝会」の文字があった。

高裁宮崎支部にアヤ子さんを連れて行くかどうかは最後まで迷った。7月の炎天下である。裁判所の玄関前で、大勢の支援者とマスコミにもみくちゃにされることで、アヤ子さんが体調を崩したら大変なことになる。私は、アヤ子さんをあえて宮崎には来させず、鹿児島県弁護士会館で待機してもらい、私たちが鹿児島市内に戻ってから行う記者会見でアヤ子さんに合流してもらう決断をした。宮崎の支援者たちからは猛抗議を受けたが、最終的には理解してもらえた。

そして迎えた2014年7月15日――。

●決定はどっちですか？●

法廷で言い渡される判決と異なり、再審請求に関する決定の内容は、裁判所の書記官室に出向いて受付カウンターで決定書の謄本の交付を受け取る、というあまり絵にならない形で知らされる。しかも、福岡高裁宮崎支部の刑事書記官室は裁判所の建物の5階にあるため、そこで決定書をもらって内容を確認したらすぐ、「伝令役」の弁護士が手分けして、1階に待機している「旗出し」担当弁護士や、鹿児島で待機している森団長、そのほか関係先に携帯電話で「勝ち」「負け」の結論を伝えなければならない。ところが、5階の廊下はすでにマスコミ関係者でラッシュアワーの満員電車のような状態になっていた。

騒然とした状態のなかで、私は決められた時間に書記官室に入り、カウンターで封筒に入った決定書を受け取り、外の廊下で封筒から決定書を取り出した。そこには、

本件抗告を棄却する。

との文字があった。

「原決定を取り消す。本件について再審を開始する」という2行を確信していた私は、日本語の分からない外国人のように、突然そこにある文字の意味を飲み込めなくなった。しかし、私の肩越しに、マスコミ関係者が折り重なるようにのしかかりながら「決定はどっちですか?」と口々に尋

ねられた。私は「棄却です」「棄却です」と2回くり返したことを覚えている。

法医学鑑定人尋問で奮闘した増山洋平弁護士は、このとき私の真横でこの光景を見ていたこと、それを見て「こんな理不尽は許せない」との思いから弁護団に全力を捧げる決意をした、とあとになって教えてくれた。

裁判所前では支援者たちの怒号が飛び交っていた。鹿児島地裁の請求審では誰もが「負け」を予想していたが、弁護団のみならず、支援者たちも、高裁では充実した審理がされていると知っていたから、「今度こそ」と、皆が逆転再審開始を期待していただけに、落胆は大きかった。

●不可解な芝居のような幕引き●

宮崎県弁護士会館の会議室を借りて、私たちは決定書の内容を急ぎ読み込んだ。

高裁の決定は、私たちが提出した新証拠のうち、法医学鑑定の証明力は否定したが、供述心理鑑定や、知的障がいに関する新証拠によって「共犯者」のうち殺害行為を実行した一郎と二郎の自白について、「信用性は、必ずしも（一郎）／決して（二郎）高くない」と判断していた。殺害の自白が信用できないのなら、客観証拠の乏しい本件では、すでに有罪認定に合理的な疑いが生じていることになり、ここまでを読むと、これは再審開始になる、という書きぶりだった。

ところが、決定書はここから急転直下の展開を見せていた。二郎の妻で太郎の母であるハナの目撃供述（①アヤ子さんが二郎に四郎殺害を持ちかけるのを見た、②しばらくして二郎が帰ってきて「うっ殺してきた」と独り言のように言うのを聞いた、③さらに時が経って太郎が帰宅して「加勢してきた。黙っちょらんや（黙っておけ）」というのを聞いた、という内容）が信用できるから、ハナの供述と付合している一郎・二郎の自白の信用性もリカバーされる、だから、全体として有罪判決は揺らがない、というのである。

この事件にとって「主役級」の一郎・二郎の自白が信用できないと言っておきながら、脇役だったハナを突如舞台の中央に連れ出してスポットライトを当てて、「有罪」と書かれた幕を急いで下ろすという、不可解な芝居を見せられたような決定の内容だった。

●アヤ子さん不在の記者会見●

宮崎での記者会見では、決定内容の概略と、弁護団はただちに最高裁に特別抗告を行う意向である旨を簡潔に伝え、すぐに車で2時間かけて鹿児島に戻り、夕方、鹿児島市内で改めて本格的な記者会見を行った。その間、宮崎から帰る私たちのグループと、鹿児島で準備にあたるグループとの間で、アヤ子さん本人を記者会見に出させるか、また、弁護団としてどのようなメッセージを発するか、電話でのやりとりが続いた。結局、アヤ子さんは、体調にも不安があり、あまりにも精神的に過酷な状況に置くことになる、と判断し、マスコミに知られないように、待機場所からそっと車を出して帰宅してもらった。

アヤ子さんの席が空のまま始まった鹿児島での記者会見では、おそらくマスコミは弁護団の怒りや落胆をカメラに収め、記事にするつもりだっただろう。弁護団事務局長として、いつも記者会見の司会を担当している私も、どのように会見を進めるか、ぎりぎりまで思案にくれていた。私自身が動揺していたのである。

しかし、決定の内容を伝えた後、八尋弁護士が、

「再審開始ぎりぎりのところまで追い込んだ、ということです。弁護団は、すぐに最高裁に特別抗告します」

と力強い声できっぱりと宣明したことで、記者会見の空気が変わった。ここで負けても、終わりではない。ハナの供述という、弁護団が提出した供述心理鑑定の対象外だったものを持ち出してなんとか開始決定を回避したという、いかにも苦し紛れの決定なのだから、ここを補充して最高裁に審理の差戻しをさせればいい。

●特別抗告に向けて始動する弁護団●

記者会見が終わると、弁護団はすぐに森弁護団長の事務所に移動し、最高裁への特別抗告申立ての戦略、申立てまでの手続的な段取り、申立書の執筆分担を矢継ぎ早に決めていった。特別抗告の申立て期限は、7月22日だった。地裁のときは、負けを予測していたから、決定日よりも前から抗告の準備を進めていたが、今回は、本当にこの日からが抗告申立てのスタートだった。しかし、誰も文句や愚痴を言うものはいなかった。

この弁護団会議をオブザーバーとして見守ってくださり、さらに当日は地元大学の刑事法研究者として遅くまで取材対応いただいた鹿児島大学の中島宏教授は、翌日の御自身のFacebookで次のように述懐されていた。

「昨夕から今朝にかけての弁護団の動きや議論の中身を見聞きしながら、日頃教室で語られる『判例法理』とか『実務』とはいったい何なのだろうかと頭の中で堂々巡りが続いています。法科大学院の教壇で我々が引用したり、実務家教員が語るところの『実務』が、法曹や裁判所の平時におけるそれであることは当然です。しかし、請求人が生きた時間のすべてを背負いながら、制度が与えている限られた枠組みの中で、運用の現実がいつしか設けた堰を崩すべく、自らの知的資源のすべてを注ぎ込みながら毅然と立ち上がろうとする今このときの弁護団の姿にこそ、次代の法曹が知るべき『実務』の本質があるような気がしてなりません。彼・彼女らの今の姿こそ、法曹を目指す学生たちに見せてあげたい。私はただ無性にそう思います。」

●宮崎弁護団の温かな心遣い●

7月22日、前夜はほぼ徹夜して、さらに提出期限の夕方までかかってようやくできあがった特別抗告申立書を、福岡高等裁判所宮崎支部の夜間窓口に提出した。寝ていない私が運転するのは危険だから、と夫が運転手役を買って出てくれた。宮崎に到着したのは午後8時を回っていたが、「宮崎弁護団」の弁護士が6名も私の到着を待っていてくれた。人気のない真っ暗な裁判所の当直窓口に、特別抗告申立書をこっそり提出しにいく自分の姿を予想していた私は、宮崎弁護団の心遣いが本当に嬉しかった。

大崎事件

弁護側が特別抗告

再審棄却は「憲法違反」

1979（昭和54）年に大崎町で男性の変死体が見つかった「大崎事件」で、殺人と死体遺棄の罪に問われ、有罪が確定、服役後も無実を訴えている原口アヤ子さん（87）＝同町永吉＝と元夫（故人）の弁護団は22日、第2次再審請求即時抗告審で、再審を認めないとした福岡高裁宮崎支部（原田保孝裁判長）の決定に対し、「判例と憲法に違反する」として最高裁に特別抗告した。

高裁宮崎支部決定は、殺害に関与した共犯者2人の供述を「信用性が必ずしも高いとはいえない」などとしながら、「別の共犯者と犯行に関わっていない親族の供述と整合し、「十分信用できる」と結論付けた。

弁護団は申立書で、殺害に関与した2人の自白が確定判決の立証の中心であるにもかかわらず、犯行に関わっていない親族の証言などを強力な証拠であるように認め、矛盾しないから信用できるとする判断は、事実認定の手法としてさまざまな判例に違反すると指摘。「2人の自白を根拠とした確定判決とは違う新たな証拠で有罪認定しているのと同じ」と適正な手続きを保障した憲法に違反すると主張している。

弁護団は22日午後9時半すぎ、高裁宮崎支部に申立書を提出。弁護団事務局長の鴨志田祐美弁護士は「原口さんの年齢や心身の状態を考えると待たせていられない状態。日本では最高裁が高裁の決定を破棄し、再審を認めた例はないが、最初の事例になるよう、手綱を緩めず取り組んでいきたい」と語った。

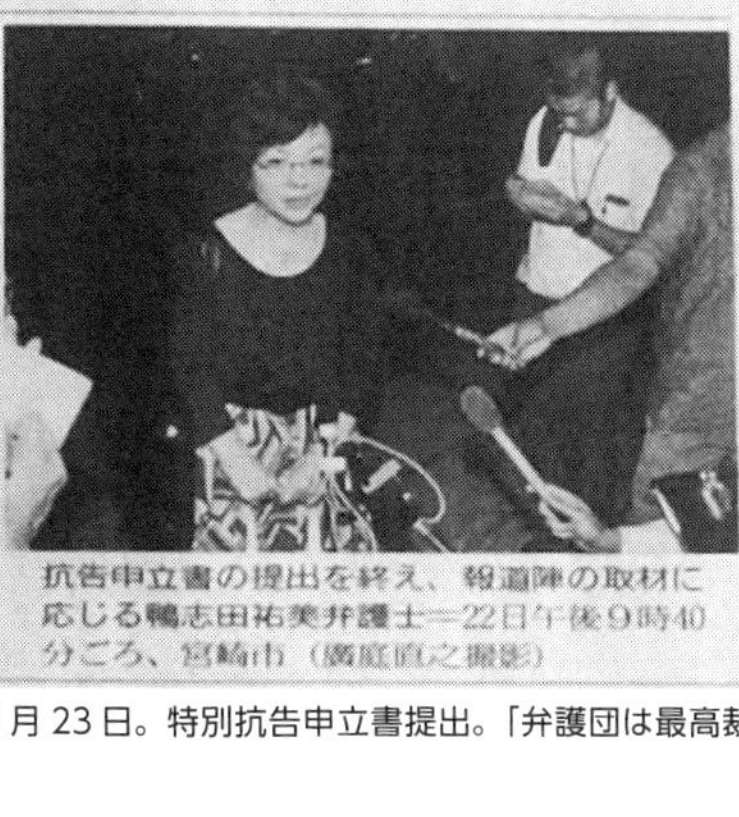

抗告申立書の提出を終え、報道陣の取材に応じる鴨志田祐美弁護士＝22日午後9時40分ごろ、宮崎市（廣庭直之撮影）

南日本新聞 2014年7月23日。特別抗告申立書提出。「弁護団は最高裁でも闘い続ける」

しかし、まっ暗な裁判所の敷地に入ろうとした瞬間、別の意味で予想外の出来事があった。特別抗告申立書の提出を待ち構えていたマスコミ各社が一斉にフラッシュを焚き、テレビカメラを回し始めたのだ。目くらまし状態になった私は「不倫が発覚して『熱愛報道』される芸能人ってこんな感じなのかな」と一瞬余計なことを考えたが、彼らを制し、中立書の提出を終えてからぶら下がり取材に応じ、「弁護団は最高裁でも闘い続ける」ときっぱり宣言した。

このようにして、なんとか抗告期限内の提出というミッションを終え、夫とともに宮崎の「リンガーハット」で長崎ちゃんぽんを啜るという遅い夕食をとり、鹿児島の自宅に戻ったときには、日付が変わろうとしていた。

第4章　第2次再審から第3次再審へ
――「終わり」が「始まり」

1 特別抗告審の戦略と再審をとりまく動き

●ハナの目撃供述●

高裁決定（原田決定）は、我々が新証拠として提出した供述心理鑑定の対象であった「共犯者」たちの自白の信用性をある程度崩すことに成功したのに、両教授の鑑定の対象になっていなかった「ハナの目撃供述」で確定判決の有罪認定を追認するなどという「不意打ち」的判断であるうえ、ただでさえ、その信用性は慎重に検討されるべきとされている目撃供述を、あたかも動かしがたい客観証拠のように論じており、これまで最高裁が築き上げてきた供述の信用性評価をめぐる判例にも違反しているものだった。

そこで弁護団は、最高裁に特別抗告審が係属した直後に、大橋靖史・高木光太郎両教授に、「ハナの目撃供述」についての供述心理鑑定を依頼した。

ハナの供述それ自体が有罪を支えるような証拠たり得ないことを、専門的見地から分析してもらうためだった。

●袴田事件再審開始決定が起爆剤に●

2014年は、3月に静岡地裁で袴田事件（第2次）の再審開始決定が出て、「いよいよ再審新時代の到来」との明るいムードで始まった年だった。袴田事件は、まさに捜査機関の手の内に隠されていた「古い新証拠」が再審開始の決め手となったことから、日弁連は4月に3年ぶりの開催となった全国再審弁護団会議で、「各弁護団が勝ち取った証拠開示のノウハウを、日弁連が調査、分析、共有することで『再審格差』や『検察官の組織的抵抗』に打ち勝たなければならない」との認識を共有し、この年の11月に「再審における証拠開示に関する特別部会」の設置を決めた。

●九弁連大会「伝説のシンポジウム」●

また、7月の原田決定の3か月後、九州各県の弁護士会で構成される九州弁護士会連合会の定期大会が当地鹿児島で開催された。1年以上前からテーマを決め、鹿児島県弁護士会を挙げて準備した大会シンポジウムのテーマは「全面的可視化と全面的証拠開示をめざして――えん罪を生まないガラス張りの刑事司法を！――」だった。取調べの可視化を加速させた志布志事件と、証拠開示の実現が担当裁判官ごとのやる気に左右される「再審格差」を浮き彫りにした大崎事件、という、鹿児島の生んだ2大冤罪事件（不名誉極まりない話ではあるが）を素材にして、刑事司法の抱える病理を当地から発信するのが狙いだった。

パネリストには、「ミスター可視化」の異名をもつ大阪の小坂井久弁護士、可視化と証拠開示の双方を専門分野とし、志布志事件、大崎事件にも深く関わってきた指宿信・成城大学教授、布川事件で再審無罪を獲得し、私がアヤ子さんと出会うより前から彼女と交流があった櫻井昌司さん、そして、『Shall we ダンス？』や、痴漢冤罪事件の裁判を描いた『それでもボクはやってない』で知られる映画監督で、当時、法制審議会「新時代の刑事司法制度特別部会」の有識者委員を務めていた周防正行さん、という超豪華キャストを集めた（実は、「伝説の元刑事裁判官」で大崎事件の弁護人でもある木

九弁連大会シンポジウム後の懇親会で。豪華パネリストたちと

谷明弁護士もパネリストとなる予定だったが、大会直前にされた不慮の怪我のために急遽欠席された。しかし、木谷弁護士は、事前に発言内容を書面にまとめていて下さったため、それを代読する形でシンポジウムに「参加」いただけた）。

この豪華パネリストたちが、刑事司法の暗部をさまざまな角度から浮き彫りにし、しかも意見の言いっ放しではなく、それぞれの発言が有機的に組み上がって、取調べの全面可視化と証拠の全面開示が刑事手続にとっていかに必要かということを立体的メッセージに昇華させたシンポジウムは、まさに圧巻だった。時にはジョークやウィットを効かせた各パネリストの話術に、会場はぐいぐいと引き込まれていった。後に「伝説のシンポジウム」と呼ばれた所以である。

周防正行監督とは、2014年の夏、東京で行った、このシンポの事前打合わせのときが初対面だった。周防監督との出会いが、大崎事件再審を広く大きく世に知らしめることになり、さらに後に、周防監督自身が「大崎応援団」の旗頭のような存在になってくださることを、このときの私は、もちろんまだ知らない。

周防正行監督と

成功裏に終わった九弁連大会シンポだったが、私の心中は複雑だった。このテーマを選んだ時点での私の目論見は、大崎第2次即時抗告審で再審開始決定を得て、このシンポを迎えることだったからである。私にとっては「傷心のなかで最後の仕上げを行い、何とか成功にこぎつけた」というのが偽らざる実感だった。

●「せめぎ合い」の2014年●

気がつけば、2014年が終わろうとしていた。

袴田事件の再審開始で華々しい再審新時代の到来か、と思えたが、その後の再審事件の状況は惨憺たるものだった。飯塚、北陵クリニック、恵庭（第1次請求審）、大崎（第2次即時抗告審）と多くの事件で再審請求棄却が続いた。これらの中には、裁判所による積極的訴訟指揮により証拠開示が実現したのに、それらの証拠が結論に活かされていない、という状況が生じている事件もあった。

しかし、2020年のいま、6年前を振り返ると、個々の再審事件を越え、再審に関する法や制度の不備に、実務家、研究者、そしてマスコミの目が向き始めたのは、この2014年からだったように思える。

私の人生に占める「再審と関わる時間の長さ」も、この頃から徐々に増してきたのだった。

●激痛とともに始まった2015年●

２０１５年の年明け早々、私の身体に異変が起こった。激しい頭痛が毎日続き、目覚めた瞬間に「もう死にたい」と思うほどの痛みでベッドから起き上がれない状態だった。鼻の奥あたりの深いところから、粟粒のような痛みがあとからあとから沸いて出るような、異様な痛みだった。

いくつかの病院を受診したが原因が分からず、最後にたどり着いた脳神経内科で、２時間を超える問診のあと、医師が耳慣れない診断を下した。

「薬物濫用頭痛ですね」

私はもともと偏頭痛持ちで、常にロキソニンを持ち歩いていた。２０１４年の10月ころからは、当地鹿児島での九弁連大会シンポジウムの開催もあり、準備、パネリストとの打ち合わせ、シンポ前日の木谷弁護士の転倒事故などのアクシデントへの対応など、通常業務に加えて緊急に対応すべき事項が激増したせいか、頭痛の頻度が上がり、ロキソニンを常用するような状態になっていたが、これが「薬物濫用頭痛」の原因なのだった。

要するに、ロキソニンの濫用のせいで、少しの刺激でも、まるで拡声器で増幅されたように、激しい頭痛に見舞われてしまうという症状であり、改善するためには、ロキソニンは控えて、過敏になっている脳神経を落ち着かせなければならない、ということだった。そこで、微量の抗うつ剤と抗てんかん薬を毎日服用するという治療を1年半にわたり継続することとなったが、1月中はなかなか頭痛が改善せず、元気なときは事務所から裁判所まで徒歩10分足らずの道のりを、すり足でノロノロ歩いて30分かかってようやくたどり着く、という有様だった。

それでも1月15日、日弁連に新たに設置された「再審における証拠開示に関する特別部会」の記念すべき第1回の会合には、文字どおり這うようにして上京し、頭を温めていないと頭痛に耐えられないため、裏側に小さな使い捨てカイロを貼り付けた状態の毛糸の帽子をかぶった姿で会議に出席し、こともあろうに部会長に就任したのだった。

2 「終わり」が「始まり」

●突然の終焉●

ようやく自分で「あ、痛みのピークは越えたな。あとは回復に向かうだろう」と自覚したのは2月に入ったときだったが、運命の皮肉か、ちょうどそのタイミングで、1通の「普通郵便」が最高裁から弁護団長の森雅美弁護士の事務所に届いた。普通郵便なので緊張感もなく封筒にハサミを入れた事務職員からA４用紙1枚の紙切れを渡された森弁護士は驚愕し、すぐに私の事務所に電話をかけてきた。

「本件特別抗告を棄却する。って書いてあるんだけど」

「え、大崎事件のことですか？　間違いないですか？」

というようなやりとりのあと、私は受話器を握りしめたまま、まず弁護士会館を予約し記者会見の会場を確保し、マスコミ各社に記者会見の連絡をし、日弁連、支援者ほか関係先に電話をかけ続けた。

特別抗告申立てからわずか7か月での棄却。心の準備も何もなかった。

しかし、一方で、私は、ある最高裁調査官経験者から言われていた言葉を思い出していた。

「特別抗告審で頑張るより、いま作っている鑑定書は温存して、早く第3次再審を申し立てたほうがいい」

そうだ。大橋・高木両教授にお願いしていた「ハナの目撃供述」の供述心理鑑定を、すぐ第3次再審の新証拠に使える――。

急遽開いた記者会見で怒りの表情を作りながらも、私の心はすでに第3次再審に向かっていた。

●到達点がスタートライン●

第2次再審は地裁、高裁、最高裁と、いわば「全敗」だった。その意味では、地裁では再審開始決定を勝ち取った第1次再審より後退したと言えなくもない。

しかし、弁護団の認識は全然違っていた。何もしなかった地裁決定は取るに足らないものだったが、高裁では画期的な書面による証拠開示勧告によって結果的に213点もの証拠開示を実現させ、法医学者と心理学者の尋問が実施され、特に供述心理鑑定が「証拠」として評価された結果、殺害の実行に関与したとされる一郎と二郎の自白の信用性を削ぐことに成功した。つまり、負けはしたけれど、今や確定判決の有罪認定を「ハナの目撃供述」だけが支えているという、文字どおり首の皮1枚まで追い込んだという到達感があった。

次なる闘いの目標は、この「ハナの目撃供述」の証明力を否定すること、そして、これまでより確度の高い法医学鑑定によって四郎の死因を明らかにすることの二つに絞られた。

ターゲットが明確に定まった弁護団は、「88歳のアヤ子さんにとってこれが存命中に再審無罪を勝ち取る最後の機会」との覚悟を胸に秘め、疾風怒濤の勢いで申し立ての準備を進めた。

そして2015年7月8日、私たちは鹿児島地裁に第3次再審を申し立てた。

第1次再審が終結してから第2次再審の申立てまでには4年半の歳月を要したが、第2次再審の終結から第3次の申立てまでは、5か月しかかからなかった。

弁護団もつくづく「打たれ強くなった」ものである。

第5章　第3次再審請求審
——鹿児島地裁・冨田コート

1　第3次再審請求の「新証拠」

●新たな再審請求に時間がかかる理由●

「第2次再審の終結から第3次再審の申立てまで半年かからなかった」という話をすると、再審弁護に携わっている弁護人からは、ほぼ例外なく「なぜ、そんなに早く次の申立てができたのか」と驚きを隠せない様子で尋ねられる。

おさらいになるが、再審請求をするためには、請求する側（請求人や弁護人）が「無罪を言い渡すべき明らかな証拠をあらたに発見」して裁判所に提出しなければならない。この「あらた」すなわち「新証拠」にあたるかどうかについては、簡単に言うと「裁判所の目に触れ、判断の対象とされたことがない資料といえるか」である。なので、何次にもわたって再審請求を行っている事件で、過去に提出したことのある証拠は、次の再審請求では「新証拠」とすることはできない（一方、事件当時捜査機関が集めていた証拠であっても、裁判所に提出されずに捜査機関の手の内に握られていた「古い証拠」は、再審では「新証拠」とすることができる。これが前述の「古い新証拠」である)。

ひとたび再審請求が負けで終わって、次の再審請求を申し立てようとするとき、この「新証拠」を一から準備しなおさなければならない、ということが、とてつもなく大きな壁となるのだ。

大崎事件をはじめ、事件から何十年も経った事件で、「真犯人がみつかった」とか「DNA再鑑定で真犯人とは別人だと判明する」などして無実が晴れるなどということは、もはや奇跡といっていいレベルであり、多くの事件では、確定判決当時から存在した証拠や資料を「素材」として、これを新しい科学の知見で鑑定したり、当時の検証の記録をもとに再現実験を行ったりして、その結果、有罪判決の認定と矛盾する結果が得られた場合に、これを「明白な新証拠」として提出することが多い。

再審請求が数次にわたってくると、今までにない切り口や視点で新証拠をどうやって「発見」「発明」するかというハードルが、だんだん上がってくる。だから、ひとたび再審請求が終わったあと、次の請求までにどうしても時間がかかってしまうのだ。

ではなぜ、大崎事件では、第2次の終結から第3次の申し立てまでに5か月しかかからなかったのか。実はその理由は二つあった。

●「ハナの目撃供述」の不可解さを浮き彫りにする供述心理鑑定●

第1の理由は、先に述べたとおり、第2次再審の特別抗告審のときに、大橋・高木両教授に「ハナの目撃供述」について鑑定を依頼し、ほぼ出来上がっていたところ、これを最高裁に提出する前に特別抗告を棄却されたため、「裁判官の目に触れずに」温存できたことで、重要な新証拠が一つ、すでに完成していたことである。今振り返ると、これは幸運と言ってよかった。

この「ハナの目撃供述」というのは、先に述べたとおり、①10月12日の夜、アヤ子さんが二郎に四郎殺害を持ちかけるのを見た、②しばらくして二郎が帰ってきて「うっ殺してきた」と独り言のように言うのを聞いた、③さらに時が経って太郎が帰宅して「加勢してきた。黙っちょらんや（黙っておけ）」というのを聞いた、という3つの内容からなる。もっとも、ハナは最初からこの3つの内容を供述していたわけではない。ハナは四郎の遺体が発見された10月15日の直後から警察の事情聴取を受けていたが、当初これらの「目撃供述」は一切されていなかった。そうこうするうちに夫の二郎が逮捕され、さらに息子の太郎が逮捕された直後である10月29日になって初めて「目撃供述」を始めたのだった。しかも、①は、アヤ子が二郎とともに自宅の外に出て行ったのち、小便に行きたくなったハナが外に出た（農家であるハナの家はトイレが母屋の外にあった）ところ、偶然①の場面を目撃したことになっているのだが、自分の夫に義理の姉が殺人の共謀を持ちかけているというのに、その後ハナはそのまま小便をして家に戻り寝た、という供述になっている。

また、②と③はともに深夜の出来事で、かつ②と③には数時間のタイムラグがあるのに、それまで寝ていたハナがちょうど小便に行きたくなって目覚めたところ、偶然にも夫が「うっ殺してきた」と言うのを聞いてしまったり、息子が「加勢してきた。黙っちょらんや」というのを聞いたと供述している。まるで、「家政婦は見た」のようなタイミングで目が覚めて、重大な場面を目撃しているのである（もっとも、犯行現場を目撃したというレベルではなく、夫や息子の言葉を「聞いた」だけなのだが）。

しかも、①→②→③と重なるごとに、夫や息子はアヤ子とともに何か大変なことをやっているのではないか、と不安になるのが自然の情というものであろうに、ハナは夫や息子に「あんた、何やってきたの?」などと問いただすことはまったくせずに「小便を済ませて寝た」というのである。

もはや心理学者にお願いしなくても十分に変な供述ではないか、と思うのだが、これを大橋・高木両教授は、あるべきやりとりが存在していない「コミュニケーション不全」と評価し、これは「非体験性兆候」（体験していないことを語っているときに見られる特徴）にあたるとして、ハナの供述の信用性判断には十分注意すべき、と鑑定した。

●第2次再審までの法医学鑑定●

第３次再審のスピーディーな申立てを可能としたもう一つの理由は、弁護団にも予想できないほどの早さで、新たな法医学鑑定を獲得したことである。

大崎事件では、第1次再審でも第2次再審でも、法医学鑑定を新証拠として提出してきた。遺体発見直後に四郎の遺体を解剖した城哲男医師の鑑定書に添付されている写真をもとに、四郎の死因や、「タオルで力一杯首を締めて殺した」とする「共犯者」たちの自白との整合性が鑑定の対象となった。

第1次再審では、四郎の遺体が発見されたときに、その遺体を解剖した城哲男医師が、四郎の頚部（頚椎体前面《けいついたい》）に認めた出血から「頚部に外力が加わったことによる窒息死と推定する。他殺と想像する」とした自らの鑑定結果を「誤りだった」と認めた「城新鑑定」が新証拠となった。城医師は、「四郎が遺体発見の3日前に自転車ごと側溝に転落したことは、当時知らされていなかった」、さらに、「頚椎体前面の組織間出血は絞殺によるものではない」と証言して、四郎の事故死の可能性に言及したのである。法医学者が、自分の出した鑑定の結論を、後の再審で公式に誤りだと認めたことは、後にも先にも大崎事件が唯一のケースだろう。

この「城新鑑定」を含め、第2次再審までの法医学鑑定の鑑定人たちの関心は、「共犯者」たちの自白による犯行態様が「タオルによる絞殺」だったこともあり、四郎の首まわりの写真から得られる所見の評価に集中していた。弁護人、検察官の攻防も、さらには裁判所の判断もそこにフォーカスしたものだった。

●吉田謙一教授に繋がった！●

新たに再審を申し立てるたび、次は誰に鑑定をお願いするかも、常に悩ましい問題となる。

豊富な科学的知見をもち、あくまでも科学者としての中立の立場を堅持し、裁判所に「この鑑定人の言うことは信用できる」と信頼される鑑定人を探すことは至難の業である。特に、法医学者はそもそも全国で約１４０名しかいないとされている。そのなかで、弁護側の鑑定人となって協力してくれる法医学者はさらに限られるのがわが国の現状である。

そんなとき、再び弁護団に幸運の女神が微笑んだ。弁護団の木谷明弁護士を介して吉田謙一・東京医科大学教授と繋がったのである。木谷弁護士は北海道の再審事件である恵庭事件の弁護人も務めており、吉田教授はこの恵庭事件について意見書を作成していた。

吉田教授は長く東京大学医学部法医学教室の教授を務められ、定年退官後に東京医科大学教授に就任されていたが、特に東大在職中は検察側の鑑定を多数行っており、その科学的中立性を堅持する姿勢は裁判所からも高く評価されていた。

●「白っぽい遺体」が意味するもの●

私たちは早速、城医師が四郎を解剖した当時の鑑定書に添付されていた写真を吉田教授に送り、面談をお願いした。

吉田教授が最初に発した言葉に、私達は驚いた。

「白っぽいご遺体ですね」

四郎は3日間牛小屋の堆肥の中に埋まった状態で発見されたため、その遺体はかなり腐敗が進んでいた。顔面は緑色に腫れ上がり、手足の皮膚の一部は剥がれていた。しかし、きれいに洗った上で解剖台に置かれた四郎の遺体は、素人目に見ても全体的に蒼白っぽかった。

この全身の状態を見て、吉田教授は即座に「タオルによる絞殺、いや、そもそも窒息死はありえない」と断言した。「白っぽい」という表現は、専門的な言葉では「死斑や血液就下《しゅうか》がない」という意味だった。

人は死ぬと、心臓が止まり、それまで体内で循環していた血液の流れが止まる。そうなると重力に従って、血液は死体の低いほうに集まってくる。仰向けの死体であれば背中に、うつ伏せの死体であれば顔や胸、腹に集まる。これが皮膚から透けて赤く見えるのが「死斑」であり、同じ現象が内臓の中などで起こっているのが「血液就下」である。絞殺のような窒息死の場合は出血がなく体内にたくさん血が残っているので、死斑や血液就下は強く出る。一方、刺殺などのように、失血状態で亡くなった場合には、死斑や血液就下は出ないか、ごく軽い。

●吉田教授の推論●

「え？　でも四郎さんには目立った外傷はありませんよね？」

とわれわれが尋ねると吉田教授はこう答えた。

「体内で大量出血する場合があるのです。骨盤や大腿骨を骨折した場合、体内で出血を起こしているのに外表から分からないことがあります。救急車で運ばれてきた交通事故の被害者がそのような状態になっているのに気づかずに家に帰して、その後容態が急変して死亡してしまうケースがあるのですが、これは体内での大量出血による出血性ショックを起こして死に至っているのです。このような場合も体内の特定の場所に出血しているため、死斑や血液就下は出ないか、弱くなります」

このように、吉田教授は遺体の首回り以外の全身の写真も含めた分析により、四郎の死因を「出血性ショック死」と結論づけた。自転車ごと側溝に転落した事故の際に、骨盤や大腿骨等を骨折したことが原因だと、科学的に推論したのである。

もう一つ、吉田教授は遺体の頚部にあった出血（頚椎体前面の組織間出血）は、頚部の過伸展（むち打ち症のように、無理な力が加わって首が後方に倒れること）によって起こるものであり、絞殺の所見ではない、と鑑定し、四郎は事故による出血性ショック死であり、「タオルで首を締めて殺した」

という「共犯者」たちの自白とは矛盾すると結論づけた。

●佐藤博史弁護士も舌を巻く吉田教授のスピード●

吉田教授がこれまでとは異なる角度から、確定判決が認定した「絞殺による窒息死」を否定したことに、私たちは新たな闘いへの光明を見出した思いだったが、何より驚いたのは、吉田教授の仕事ぶりの早さだった。

鑑定書は、通常、まず鑑定人から第1稿が弁護団に送られてきて、これを弁護団が検討し（もちろん、その専門分野については素人である弁護士が、専門的知見にかかわる部分について口出しすることはできないが、表現の方法や構成などについてブラッシュアップするための議論をする）、鑑定人にお返しし、さらに鑑定人に検討いただいた後に第2稿が送られてくる、というようなやりとりの末に完成するのだが、吉田教授の場合、我々が第1稿の検討を始めたか始めないかのうちに、間髪を入れず、と思えるほどのタイミングで「内容を見直しました」と第2稿が送られてくるという状況だった。もはやどれが最新版か分からないほどの早さで次々と修正稿が送られてくるのである。吉田教授の、自らが請け負った仕事に対する熱意と集中力、そして完成までの驚異的なスピードは、大崎事件弁護団の中で、書面の質はもとより筆の速さでも群を抜いている佐藤博史弁護士でさえ舌を巻くレベルだった。

このように、大橋・高木新鑑定が「ハナの目撃供述」は真実の体験を語ったものではないことを指摘し、吉田鑑定が四郎の死因は「絞殺ではなく出血性ショックによる事故死」だとしたことで、アヤ子さんと「共犯者」たちが殺人・死体遺棄の犯人だとした確定判決が示した証拠には、もはや有罪を支える力は完全に失われた。

あとは、一刻も早く第3次再審の申立てをしなければならない。弁護団は「再審請求書」の準備に取りかかった。

2　怒濤の「申立て前夜」

●7月8日で間違いありませんね？●

第1次、第2次再審までは、マスコミの注目もさほどではなかったが、第2次再審の鹿児島地裁（中牟田コート）決定前後の「再審格差」報道により、大崎事件もようやくマスコミに注目されるようになり、マスコミのほうから「第3次再審はいつ申立てるのか」と質問されるようになった。

そこで、弁護団は正式に申立日を2015年7月8日と決め、公表した。

裁判所からも、「庁舎管理」の一環として、大型の中継車が何台駐車場に入るかとか、支援者さんたちがいつどこで門前集会を開くかといったことに備え、申立日の対応を検討する必要があることから、「報道によれば7月8日ということのようですけど、間違いありませんね」と念押しの電話が来ていた。

さらには、申立直後に報告集会を開催する場所も確保し、前年の九弁連（九州弁護士会連合会）大会シンポジウムのパネリストになっていただいたご縁で、申立日に周防正行監督を再度鹿児島にお招きして、鹿児島地裁への申立てから報告集会までお付き合いいただくことにした。「大崎応援団」研究者の筆頭である指宿信教授、そして「冤罪オールスターズ」である布川事件の櫻井昌司さん、足利事件の菅家利和さん、そして、大崎事件のアヤ子さんや「共犯者」たちに過酷な取調べを行った、同じ志布志警察署で、平成の時代になってもなお続いていた過酷な取調べによってひどい目に遭った、志布志事件の藤山忠さんや川畑幸夫さん、そして全国から多くの支援者たちが7月8日の申立てに駆けつけてくださることも決まっていた。

アヤ子さん本人は、このころ自宅での生活が難しくなり、介護施設に入所していたが、申立日には、何とか裁判所の門前で車椅子に座った状態で、ひとことだけ挨拶してもらうよう、支援者さんに段取りをお願いした。

●メーリングリストは炎上していた●

ところが、弁護団が申立て当日に提出する再審請求書の内容をめぐっては、申立て直前まで弁護団メーリングリストで激しい議論が続いていたのである。

まず議論になったのは、再審請求書のボリューム（頁数）だった。

大崎事件では、これまでの再審請求の際はかなり分厚い再審請求書を提出してきた。第1次は640頁（B5版縦書）、第2次は340頁（A4版横書）というボリュームだったところ、佐藤博史弁護士が、「今回の再審請求書は30頁以内にすべき」と主張し、弁護団メンバーを仰天させた。

しかし、申立て段階で88歳のアヤ子さんの年齢を考えたとき、何

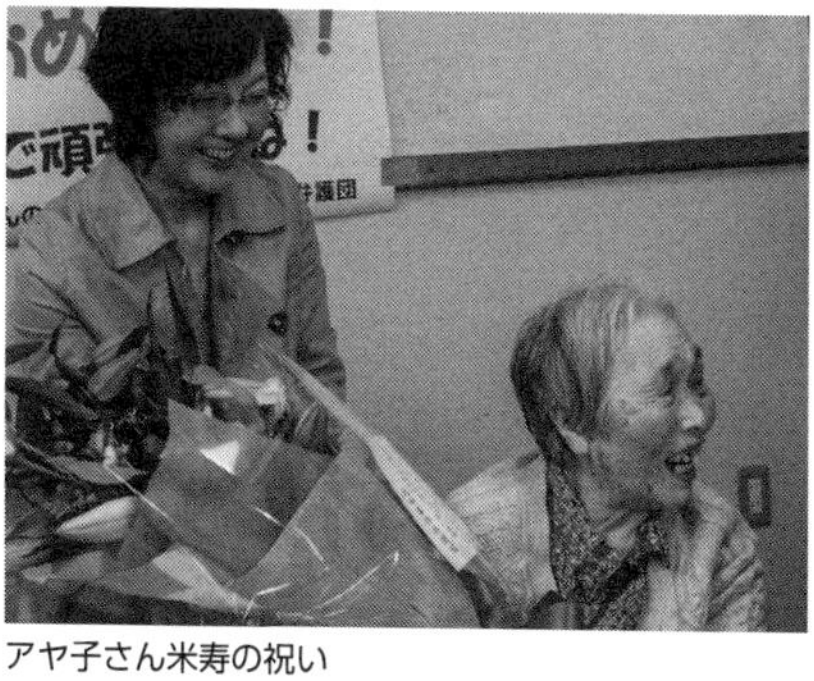

アヤ子さん米寿の祝い

よりも裁判所に迅速審理をさせることが極めて重要であることは間違いない。幸い、弁護団は、以前から大崎事件の確定判決、そして第1次・第2次再審のすべての決定書について別途コンパクトに持ち歩ける冊子を作成していた。そこで、確定判決の内容や累次の再審の経緯はその冊子を資料として再審請求書に添付することにして、結局再審請求書本体は本文29頁に収まった。

しかし、吉田鑑定の内容を再審請求書にどのように盛り込むかについては、最後の最後まで議論が紛糾した。「事故による死」だと積極的に言い切るところまで主張すべきか、いや、あくまで「絞殺」と矛盾する、というレベルにとどめるべきか。これからの戦略にかかわる重要な表現だけに、なかなか合意点に行き着かない。メーリングリストは「炎上」レベルに達していた。

これでは収拾がつかなくなる、と判断した私は、弁護団事務局長として、メールでの議論を沈静化させるために、弁護団メンバーのそれぞれに早朝や深夜も含めて個別に電話を掛けるなどして水面下で調整を図った。若手弁護人たちはそれまで1日数十通ペースで飛び交っていたメールがぴたりと止んだことで、

「いったい何が起こっているのだろう」

と不安になっていたという。無理もない。申立日2日前である。

●水面下でのしかかるプレッシャー●

では、水面下では結局どうなっていたか。

なんと、

「鴨志田にアンカーを一任し、鴨志田の起案を再審請求書の最終版とする」

という線で収束させることになってしまった。

このまま申立書が完成できなかったら、マスコミに、裁判所に、報告集会の会場に、どうやって説明するのか。いや、何より、報告集会に登壇をお願いしている方々や支援者さん、そしてアヤ子さん申し訳が立たない。

そのときのプレッシャーは、どのような言葉をもってしても表現できるようなレベルではなかった。しかも申立て前日には、私の事務所で第3次申立ての内容について記者レクを行い、申立てとその後の報告集会に登壇するため、東京から前日入りした周防正行監督と櫻井昌司さんへのせめてもの御礼として、このお二人と私の行きつけのイタリアンで夕食をご一緒することにもなっていた

（このレストランでの会食の際にワインを飲まなかったのは、あとにも先にもこの日だけである）。会食後、ゲストをそれぞれのホテルに送り届けたのち、私は自宅に戻り、脳みそをフル回転させて再審請求書を完成させたのは、申立て当日の午前3時過ぎだった。

弁護団のメーリングリストに添付ファイルでポストし、次の日の記者会見や報告集会の途中で力尽きないように、わずかでも睡眠を取ろうとベッドに入ったが、脳みそエンジンをスロットル全開でぶん回したため、なかなかクールダウンしてくれず、結局、私は明け方まで寝付けなかった。

周防正行監督（左）と櫻井昌司さんとのイタリアン。鴨志田はワイン飲まず

●ゴールではない。スタートなのだ●

ようやくまどろんだかどうかというときに、無情にも朝7時を告げるスマホの目覚ましアラームが鳴った。

私は飛び起きてパソコンを開いた。大崎事件弁護団のメーリングリストは、深夜に投稿する人もいれば早朝にチェックする人もいて、ほぼ、「24時間年中無休」状態である。私が午前3時過ぎに投稿した再審請求書の最終案は、午前7時の時点で間違いなくすでに何人かのメンバーに読まれているはずである。

「『鴨志田に一任する』とは言ったが、やはり出来が悪くて使い物にならない」というような『ダメ出し』のメールが、弁護団の誰かから弁護団メーリングリストに送られていたらどうしよう。もうそうなったら今日の申立てには間に合わない。

パソコンは開いたものの、弁護団メーリングリストの受信トレイをクリックしようとするとマウスを持つ右手が震えて、なかなか人差し指に力を入れることができない。

しかし時間がない。深呼吸をひとつして受信トレイをクリックした。

すると、私の起案内容を評価し、「いい申立書に仕上がった」という趣旨のメールが目に飛び込んできた。私は安堵のあまり全身の力が抜けたが、そこで脱力しているわけにはいかなかった。すぐに事務所に出勤し、印刷や当日の段取りの確認をしなければならなかったからである。

そう、再審請求書の完成は、当然のことながら「ゴール」ではなく「スタート」なのである。

3 動き出した冨田コート

●鹿児島地裁への申入れ●

さて、申立書の準備に追われる一方、私には重大なミッションがもうひとつあった。

申立日が近づいたある日の朝、私は鹿児島地裁刑事部に電話をかけ、電話口で対応した書記官に対し、

「アヤ子さんの年齢のこともあり、私たちは裁判所に迅速かつ充実した審理をお願いしたいと考えている。ついては、7月8日の申立当日に、進行について裁判所にその旨直接要望したいので、裁判体（裁判官3人）との面談をお願いしたい。もし、裁判官との面談が実現しない場合には、せめて担当書記官とお話をさせてほしい」

と申し入れた。書記官は「わかりました。裁判体にお伝えします」と応じていったん電話を切った。

するとその日の午後にくだんの書記官から電話があった。今まで、裁判所に裏切られ続けてきた「暗い過去」から、正直なところ、あまりいい返事は期待していなかった。身構えて受話器を取った私に、書記官は、こともなげに「裁判体が、面談に応じるとのことです」と明るい声で伝えてきた。私は努めて平静を装いながら、

「ありがとうございます。では面談に伺う弁護人の人選など、追ってまたご連絡差し上げます」

と一息に言って電話を切ってから、思わず「やった～～！」とその場で小躍りし、すぐに弁護団メーリングリストにこの朗報をポストした。「第2次のときと違って、裁判所はやる気になってくれている」、そんな期待が膨らんだ。

●「重戦車」と裁判官との面談●

約束どおり、中立当日、裁判長だけでなく、審理を担当する裁判官3名全員が弁護団との面談に応じた。私自身は、中立て直後の報告集会の会場で集会の開催準備の陣頭指揮を執らなければならなかったため、裁判官との面談に出席できなかった。その代わり、裁判体との面談のほうには、森雅美弁護団長、木谷明弁護士、佐藤博史弁護士、八尋光秀弁護士、という「重戦車級」の4人を

送り込んだのである。なので、以下は、この4人から伝え聞いた面談の内容である。

まず、冨田敦史裁判長が、「伝説の元刑事裁判官」木谷弁護士に向かって「私は先生の教え子なんですよ。司法研修所で行われた裁判官の研修でお世話になりました」とにこやかに口火を切ったという。続けて冨田裁判長が「第2次再審では、即時抗告審で鑑定人尋問と証拠開示が行われましたよね。それは地裁の恥だと思います」と言い切ったことに、4人の「重戦車」も驚いたという(なお、この発言が弁護団の記者会見によって伝えられたことで、後に冨田裁判長は鹿児島地裁の所長から注意を受けたという話を風の噂に聞いている。冨田裁判長には申し訳ない気持ちだが、一審を担当する裁判長の気概としては当然であり、むしろ責められるべきは何もしなかった第2次再審の中牟田コートなのであるから、所長の注意は筋違いも甚だしいと思っている)。

面談が行われたのは裁判員裁判の評議が行われる評議室だった。その部屋に設置されている大型モニターに、裁判員裁判が行われる開廷表を表示し、「鑑定人尋問を入れるとすれば、ここと、ここと、このあたりしか入らない」と具体的な日程を示し、「正式に尋問を採用するかどうかは、検察官の意見も聞いてから進行協議期日で決める」と断りを入れながらも、弁護人が早めに鑑定人とスケジュール調整するよう事実上促した。

再審請求の当日に裁判官が、しかも審理する3名全員が弁護団との面談に応じた、ということについて、半世紀にわたって刑事司法の世界で活躍してきた木谷弁護士も、多くの再審事件弁護団で活動してきた佐藤弁護士も「こんな例は体験したことも聞いたこともない」と裁判所の積極姿勢を驚くとともに評価した。

●「ロケットスタート」に期待膨らむ報告集会●

「ロケットスタート」と言ってもいいほど幸先の良い第3次再審の始まりに、申立て後の報告集会も盛り上がった。アヤ子さんのために駆けつけた「冤罪オールスターズ」（自らも冤罪被害者で、無罪を勝ち取った後に、全国の冤罪被害者を支援するために活動して下さっている、布川事件の櫻井昌司さん、足利事件の菅家利和さんなど）のリレートーク、そして、九弁連大会シンポジウムから1年足らずで再び鹿児島に駆けつけてくださった周防正行監督と、「大崎応援団筆頭研究者」ともいうべき指宿信

報告集会。（左）指宿信教授・（右）周防正行監督対談

教授とのミニ対談などで、南国鹿児島の夏をさらに熱くするエールが送られた。会場の参加者たちも「今回は再審開始、いや、再審無罪まで行けるかも」と頷きながら登壇者たちの話に聞き入っていた。

●裁判長、写真屋さんに現る！●

申立日に事実上の鑑定人尋問の日程調整まで行った冨田コートの積極的訴訟指揮は、その後もいかんなく発揮された。

鑑定人尋問の先陣を切る形で、法医学鑑定を行った吉田教授の尋問が申立てから4か月後の11月24日と決まったが、弁護団はそれに先立ち、遺体解剖時の城旧鑑定書に添付されていた11枚を含む合計12枚の解剖写真のネガ原本を開示するよう求めた。

これまでの大崎事件の法医学鑑定は、第1次再審当時、検察官から弁護人に提供された、いわば「ネガのコピー」からプリントした写真だった。ところが、改めてこの「ネガのコピー」をよく調べてみると、全く同じ写真のネガが2枚だぶって写り込んでいたり、逆に写真はあるのに、それに相当するネガがないものがあることに気づき、私たちはネガのコピーが原本とは異なる疑いすらある、と指摘した。

裁判所は私たちの要請を受けて、検察官にネガの原本開示を勧告した。そして、何と事件から35年目にして、検察庁が保管していた解剖写真の「ネガ原本」が開示された。

問題は、このネガを、どうやって「写真」にするかである。原本とはいえ、経年変化によって古いネガからプリントした写真はどうしても退色する。これまでも、我々が提出してきた法医学鑑定について、検察官からも、また再審請求を棄却した裁判所からも、さんざん「写真による鑑定には、その色調の再現性に問題があるから、鑑定の正確性に限界がある」と批判されてきたところである。今回も、弁護団が開示されたネガを独自にプリントしたら、色調が違う、というレベルで検察官から争われる可能性は十分にあった。

そうしたところ、冨田裁判長は、弁護団が選定した業者（偶然、裁判所もよく利用している写真店だった）がネガから写真をプリントする作業を行う現場に、裁判長・主任裁判官（決定の文案を主として作成する役割の裁判官。左陪席（法廷では裁判長の向かって右側に座っている）が担当することが多い）、担当検事、弁護人が立ち会うことを提案したのである。業者がプロとして、撮影された際の実際の色に近づけるために色調補正を行う際、立ち会った関係者がその色調でプリントすることにその現場で合意した、というプロセスを介在させることで、後日の争いを回避するのがその目的だった。

●鮮明な画像を使って実現した吉田尋問●

かくして、街中《まちなか》の小さな写真店に半日店を閉めてもらい（なにしろ人体の解剖写真である。途中で一般のお客さんが何も知らずに来店して写真を目にしたら失神してしまうかもしれない）、客の代わりに裁判長を含む裁判官2名、検事1名、弁護人5名ほどがひしめくようにうろうろしている状態のなかで、店主が粛々とネガから写真をプリントし、我々がその色調を見て（例えば解剖室に置いてあるポリバケツの色や、解剖台のステンレスの色など、誰もがどのような色か分かっているものを基準にして色調を補正していく）GOサインを出す、という、摩訶不思議な儀式のようなプロセスを経て、ネガ原本から12枚の写真がプリントされ、デジタルデータとしても記録された。

その色調は、これまでの法医学鑑定書に添付していた写真を見慣れていた我々弁護人さえも息を呑むほど鮮明な色だった。吉田教授はこの鮮明な写真を見て「自分の出した結論の正確性がより確かなものになった」と自信を見せた。

吉田教授への尋問は、四郎の遺体に死斑や血液就下がないこと、仮にそれがあれば、腐敗したとしてもこの遺体のような色調には絶対にならないこと、絞殺や窒息死の所見が見られないことを、吉田教授が自ら解剖した豊富な実例をプロジェクターに写し出し、これと今回開示されたネガ原本からプリントした四郎の解剖写真とを比較する形で実施した。

格段に鮮明さを増した四郎の解剖写真を法廷のプロジェクターで投影して行った吉田教授の説明に、いやが上にも説得力が増したことは言うまでもない。

●語り口に着目するスキーマ・アプローチ●

冨田コートの積極的訴訟指揮は、ハナの目撃供述について供述心理分析鑑定を行った大橋・高木両教授に対する尋問の場でも発揮された。

すでに第2次再審の新証拠のところで説明したとおり（本書41頁参照）、大橋・高木両教授の供述心理鑑定で用いられている「スキーマ・アプローチ」という方法は、供述の「内容」ではなく「形式」に着目した分析手法である。

つまり、「その人がどのようなことを話したか」ではなく「どのような話し方（語り口）で話したか」に注目し、その人が、「実際に体験した事実」について話をしているときの語り口と比較して、特定の場面のことを話しているところではその語り口が大きく異なっているとき、あるいは、複数の人々がいたら、当然会話のやりとりがされるであろう場面なのに、独り言のような語りが続くような場合、そのような場面についての供述は「非体験性兆候」、すなわち「体験していないことを語っている可能性がある」と分析される。

このように、スキーマ・アプローチは「語り口」に着目した分析手法であるから、この方法による鑑定を行うためには、その「語り口」がそのまま記録されている資料が存在することが不可欠であるとされていた。

●「作文調書」に対応する、進化したスキーマ・アプローチ●

ところが、「調書裁判」と揶揄される日本の刑事裁判で、警察や検察の取調べの際に被疑者が供述した内容が記録された「供述調書」は、残念ながら、被疑者が語ったとおりそのままが書かれているわけではない。それどころか、実際の取調べでは取調官の質問に被疑者が答えるという「問答」のはずなのに、調書のほとんどの部分は被疑者が一人で語り続けているような文章で書かれていることはすでに述べた（独り言を言っているみたいなので、この文体を「独白体」という。本書44頁参照）。

これに対して、法廷で被告人が話した内容は（すべての事件ではないが）、速記官という専門職が、被告人が話したそのままの言葉を速記し（速記官は方言もそのままの言葉で表記し、その「翻訳」を括弧書きで入れるという素晴らしい技術を持っている）、その公判廷速記録をもとに「公判調書」として記録されるため、大橋・高木両教授は、足利事件や大崎事件第2次再審の「共犯者」たちの自白の分析には、この、法廷で彼らが語ったままを記録した公判調書を主な資料として用いていた。

ところが、第3次再審のハナの目撃供述の分析については、ハナが被疑者・被告人でなかったために、法廷で証言した公判調書の内容は薄いものであり、彼女の供述がもっとも豊富に記録されていたのは検察官によるハナの取調べの内容が記録された「検面調書」だった。

そこで、大橋・高木両教授は、員面調書や検面調書に記録された、いわば「鮮度の低い」供述記録を資料とした場合でも、さまざまな要素を検討することで供述分析を可能とする手法を編み出し、スキーマ・アプローチを進化させた上で、ハナの目撃供述については検面調書を分析の中心となる資料とした。

●大橋・高木両教授、再び証言台へ●

２０１５年12月8日に行われた大橋・高木両教授の尋問では、まず、大橋教授がパワーポイントを使ったプレゼンテーションを行い、ハナの３つの目撃供述のうち、とくに最後の「太郎が帰宅して『加勢してきた。黙っちょらんや（黙っておけ）』と言ったのを聞いた」という供述について、それまでの経過からみても、太郎のこの発言についてハナが「あんた、何を加勢してきたの？」とか「あんたたち、どこ行ってきたの？」とか「さっきお父さん『うっ殺してきた』って言ってたけど、ホントなの？」といったような反応を一切していないのは「コミュニケーション不全」という、体験を語っていない供述にみられる傾向であると説明した。このプレゼンテーションを補足する形で、さらに私が尋問を行った。

心理学鑑定人の尋問について主尋問を担当したのは、第2次再審即時抗告審のときに次いで2度目だったが、今回は「口から心臓が飛び出す」ほどの緊張はせず、テンポよく簡潔な尋問を行うことができた。それは、３人の裁判官が、身を乗り出すようにして、ときに頷きながらしっかりと尋問を聞いている様子を感じ取ることができたからにほかならなかった。

●検察官に反対尋問をしてやりたい●

検察官の反対尋問には、おもに高木教授が応答した。検察官は「○○という部分もコミュニケーション不全ではないのか」とか「自分たちの結論にとって都合のよい供述のみを切り取って分析しているだけではないか」と言った疑問が呈されたが、高木教授はこれらの疑問に一つひとつ丁寧に答えていた。

しかし、何より私が驚いたのは、検察官が「供述調書は取調官の力量によっても出来不出来が異なるので、出来の悪い調書を分析しても正確な分析はできないのではないか」という趣旨の質問をしたことである。「あなたがたは、その『出来の悪い』、つまり真実をきちんと記録できていない調書をいつも有罪立証の証拠として使っているではないか」と検察官に反対尋問してやりたかった。

●冨田裁判長の鋭い質問●

最後に冨田裁判長が、いつもの穏やかな口ぶりで、次のように質問した。

「ハナが、あるべき反応や応答をしなかったことを『コミュニケーション不全』と判断した、とのことですが、検面調書は、供述のすべてを記録するのではなく、有罪の立証に必要な供述のみを記載するので、調書に記載がないことが、そのまま『供述がなかった』ことにはならないんじゃないか、と思ったのですが」

……こ、これはなかなか鋭い質問である。

尋問終了後、弁護団と大橋・高木両教授はただちに弁護士会館に集合して、この裁判長の「問いかけ」にどう答えるか、検討した。

我々が出した答えは、「ハナのすべての供述を大橋・高木両教授に分析してもらうこと」だった。そもそも弁護団が大橋・高木両教授に「ハナの目撃供述」（①アヤ子さんが四郎殺害を夫の二郎にもちかけるのを見た、②二郎が帰宅して「うっ殺してきた」と言うのを聞いた、③太郎が帰宅して「加勢してきた。黙っちょらんや」と言うのを聞いた）に絞って鑑定をお願いしたのは、第2次再審即時抗告審（原田コート）が、殺人の「共犯者」とされた二人の自白は信用できないと言っておきながら、まさにハナのこの3つの供述でもって再審請求を棄却したからであった。

しかし、裁判長の疑問に答えるためには、ハナがくだんの目撃供述以外の部分、例えばまだ四郎の遺体が発見される前の段階や、逆に目撃供述後である10月13日以降にどのような供述をしていたのかについて、員面調書、検面調書、法廷での証言（公判調書）のすべてを鑑定資料として、ハナの供述特性をつぶさに分析するしかない。大橋・高木両教授は弁護団の意図を即座に理解し、この膨大な資料をもとにしてハナの「補充鑑定」に着手してくれた。

●補充鑑定で浮かび上がってきたもの●

補充鑑定の結果、ハナは、ほかの箇所では相手の言動に応答したり、不快な感情をもったり、さまざまな感想を述懐するという「リアクション」についてちゃんと述べており、かつ、それが調書にも録取されているのに、くだんの「ハナの目撃供述」とその直前部分、及び、事件発覚後にアヤ子さんがハナの家を10月12日の夜に訪問したことを黙っておくように、とハナに「口止め」をしたという供述など、アヤ子さんが犯行に関与したことを窺わせる方向の供述の部分にだけ、無反応になってしまう「コミュニケーション不全」の兆候がみられることが明確になった。

●「裁判所からお尋ねしたいこと」が事前に示される●

この補充鑑定書を裁判所に提出した後に行われた進行協議で、裁判所は、大橋・高木両教授に再度尋問を行うことを決定した。私たちはこれを受けて、2度目の尋問期日の前に大橋・高木両教授と打ち合わせを行うために上京する段取りを整えていたところ、裁判所から「打ち合わせはいつやるんですか」と尋ねる電話があった。なぜ、我々の打合せ日まで問い合わせてくるのだろうと訝ったが、その答えはすぐにわかった。

なんと、私たちが上京する数日前に裁判所から、

「大橋先生、高木先生の尋問に際して、両先生に裁判所からお尋ねしたいことの概要」

と題するA4用紙1枚の書面が弁護人に届けられたのである。私は一瞬、事前に試験問題をこっそり教えてもらった受験生のような気持ちになったが、いや、そうではない、裁判所はこの供述心理鑑定を「無罪を言い渡すべき明らかな新証拠」といえるか、真剣に吟味しようとしているのだ、と直感した。これは前回以上に気合いを入れて尋問に臨まなければならない、と気を引き締めながら上京した私は、大橋・高木両教授はじめ弁護団メンバーと、この書面に書かれた裁判所の「お尋ねしたいこと」の真意を探りながら打ち合わせを行い、（質問事項は裁判所から指定されているので）、これにどう答えるかを練りに練った。

そして迎えた2度目の尋問で、私たちは「裁判所がお尋ねしたいこと」の一つひとつについて、

大橋・高木両鑑定人から説得力のある回答（証言）を引き出した。法壇の上に座っている３人の裁判官たちは、ときにメモを取りながら、真剣に二人の鑑定人の話に耳を傾けていた。弁護人、検察官双方の尋問が終わったあと、主任の福田裁判官と冨田裁判長も、大橋・高木教授のそれぞれに確認のための質問をいくつも行っていた。

２度の尋問を通じて、裁判所は供述心理鑑定を、再審を開始すべき「明白な新証拠」とすることができるかについて、本気で吟味していると、我々は確信した。

4 検察側証人・近藤稔和教授との対決

●「検察側の証人」への反対尋問の準備●

供述心理鑑定人への２度目の尋問の前に行われたのが、吉田鑑定に対抗する検察側の「反対鑑定」を作成した和歌山県立医科大学の近藤稔和教授への尋問だった。

近藤教授への尋問期日が、２０１６年の年明け早々、１月８日に指定されたため、我々は年末年始も返上してメーリングリスト上で議論し、当然のことながら当方の新証拠である法医学鑑定を作成した吉田謙一医師にも頻繁に意見を伺った。

「検察側の証人」である近藤教授の鑑定を切り崩すためには弁護人からの効果的な反対尋問が不可欠であり、内容面のみならず、尋問を聞いている裁判官たちに「これは勝負あった」と思わせる強烈なパフォーマンスも必要である。

では、この反対尋問を誰が行うか。いつもならこの人選を弁護団会議という民主的なプロセスを経て決めるところだが、このときばかりは、私は弁護団会議に諮らず「佐藤先生に反対尋問をお願いします」と言い切った。このようなやり方には弁護団内で納得がいかないと思ったメンバーもいただろうし、批判もあったと思う。しかし、それは私が甘んじて受ければいい。この役どころは佐藤博史弁護士をおいて他にはいない、と私は確信していた。

一方、反対尋問の内容を検討する中で、またしても弁護団メーリングリスト上で激しい議論が巻き起こった。当時は吉田先生が東京医科大学教授だった関係で、佐藤弁護士を筆頭とする東京の弁護団メンバー「東京弁護団」が吉田先生との打ち合わせにあたっていたが、ここでの打合わせの状況を、弁護団全体で検討、共有した、と言えるためには、やはり弁護団事務局長の私がその場に立ち会っていたほうがよい、と判断し、松も取れない1月6日に急遽上京して東京医科大学の吉田先生の研究室で行われた打合せに参加した。

●オーケストラの指揮者みたいな存在●

打合せ後、熊本がルーツであるという吉田先生のために、新宿で馬刺しと球磨焼酎を味わうことのできる熊本料理の居酒屋で懇親会を開催した。

この宴のなかで、木谷明弁護士が、「よくもまぁ、こんなタイトなスケジュールで東京まで飛んできたねえ」と正月明けに東京に飛んできた私をねぎらって下さったのだが、そのとき、佐藤博史弁護士が次のような話をし始めた。

「とある高齢の女性が、初めてオーケストラのコンサートを聴きに行ったとき、指揮者を指しながら、隣席にいる同行者に『あのひとは、どんな音を出しているの？』と尋ねたんだそうだ。周囲は、この女性はオーケストラのことを何も知らない、と笑ったけれど、そうではないのだ。彼女は無知なのではなく、指揮者の本質を見切っていたのだ」

「自身はひとつも音を出さなくても、その指揮棒によって、オーケストラから素晴らしいハーモニーを引き出す、それが指揮者なのだ、と」

そして、このエピソードを紹介したのち、佐藤弁護士は、私のほうに向き直って微笑みながら、「鴨志田先生は大崎弁護団にとって、オーケストラの指揮者みたいな存在なんだと思う」とおっしゃった。弁護団の事務局長という仕事を、自らは楽器をもたず、音も出さないけれど、実はオーケストラ全体の音を創造している指揮者に例えてくれたのである。

あの、弁護士になってまもない「ひよこ」だった私に「大崎事件弁護団の認識は、私が教えているロースクールの学生より劣る」と面と向かって批判した張本人から、10年余り後に、このような最大級の賛辞を送っていただけるとは。

驚きと嬉しさが混じり合った、こそばゆいような気持ちが溢れ、私は平静を装いながらも自然と口元が緩んでしまうのを止めることができなかった。

●近藤教授から飛び出した驚くべき証言●

そして迎えた近藤尋問当日。前日も夜まで解剖をしていた、という近藤教授は、証言台に両肘を付いてときどき突っ伏すような仕草をするなど、あえて端的に言えば「態度が悪い」という印象だった。

近藤教授のスタンスは、吉田鑑定が、自身の経験例から科学的に推論した鑑定内容について、それを否定する具体的な事例や根拠によって反論する、というものではなく、「遺体を直接解剖したわけではないから、写真だけでは断定できない」とか「遺体の腐敗が進んでいるから断定できない」という、これまでの累次にわたる大崎事件再審で、検察官によって何度も繰り返されてきた主張をなぞるだけのものだった。

また、検察官との打合せが十分にできているとは到底思えない、ちぐはぐな証言がいくつもあった。吉田鑑定で、頚椎体前面の出血は過伸展によって起きる、としたことについて、検察官は「首を締めたときに四郎の頚部が持ち上がって過伸展になった可能性がある」と意見書に記載していたため、弁護人の反対尋問で問いただしたところ、近藤教授は「それで（過伸展が）起きてたら、人間みんな頚部骨折が起きちゃいますから」と検察官意見書の主張を「全否定」した。

さらに極めつけは、「これを見て、心眼でもない限り、これを頚部圧迫と積極的に鑑定書に書ける法医学者というのは、僕は原則的にはいないと思います」と証言したことである。

「検察側の証人」が「タオルによる絞殺」という確定判決の犯行態様と、四郎の遺体の客観的状況が矛盾すること「自白」したようなものである。

●「黒子」のアドバイス●

このように、近藤尋問は検察の巻き返しどころか、吉田鑑定の優位性をいやが上にも印象付けて終わったが、実はこのとき「黒子」として大活躍していた人がいた。

吉田謙一教授、その人である。

吉田教授は、この日、スケジュールの関係で鹿児島に来ることができなかったが、尋問の実施時間帯は、自らの研究室に待機していた。そして検察官の主尋問の内容を休廷時間に弁護人からメールすると、すぐに、電話やショートメールで「反対尋問ではここの部分を突いたほうがいい」と迅速かつ的確にアドバイスしてくださった。

鑑定を依頼した教授が、ご自身の尋問の際に周到な準備をしてくださるのはもちろんのこと、反対鑑定に対しても、その尋問調書を吟味してあとから補充意見書を書いてフォローしてくださることはよくある。しかし、反対鑑定人の尋問の最中にリアルタイムで、まさに「瞬殺」のアドバイスを下さった吉田教授に、弁護団はただただ感服し感謝するしかなかった。

5　第3次再審でも繰り広げられた証拠開示をめぐる攻防

●ネガ現物の開示が暴いた捜査機関のウソ●

大崎事件において、証拠開示が大きく動いたのは、言うまでもなく第2次再審の即時抗告審段階だったが、第3次再審の鹿児島地裁でも重要な動きがあった。

第2次再審即時抗告審の際、原田裁判長による「未開示証拠の標目を作成し、その標目を開示せよ」との勧告に頑として応じなかった検察官は、検察庁と警察署に残っていた証拠を「個別に開示した結果、大崎事件に関する証拠はこれですべて開示したのだから、標目を作成する必要はなくなったと強弁していた。２０１４年1月22日の進行協議の内容を記載した翌23日付「打合せ調書」には、検察官の発言として、弁護人が開示を求めた証拠について「鹿児島県警本部から検察庁に対して存在しないとの回答を受けた。『見当たらない』ではなく『存在しない』との回答である。従って、検察官から開示出来る証拠はもはや存在しない」と記載されている。

また、この打合せ調書には、第2次即時抗告審段階で初めて警察に保管されていることが明らかとなった「ネガフィルム46本」について、検察官が警察から報告を受けた内容として「ネガフィルムから約５００枚の写真が現像（後に「焼き付け」つまりプリントの意味であった旨説明された）できた」「ネガフィルムの中には現像できなかったものもあり、現状では現像不可能であるということである」と発言したことが記録されている。

このときの検察官の説明では「ネガがフィルムケースの中で腐食し、取り出せない状態になって写真としてプリントできないものも数多くあった」ということだった。

当時、弁護団は、このネガフィルム46本について、ネガ現物の開示を求めるより、印画が可能な写真を警察から早期に提出させることを優先した。半年後に定年退官を迎える原田裁判長に開始決定を書いてもらいたいという思いがあり、これ以上時間をかけたくなかったからである。

しかし、第3次再審の段階で弁護団は、「これが最後の闘いなのだから、あとで後悔しないように、あるものは現物を全部出させよう」と方針転換し、「ネガフィルム46本」の現物の開示を求めたところ、裁判所はその必要性を認め、検察官にネガ現物の開示を勧告した。検察官はこれに応じてネガを裁判所に提出し、裁判所はこれをそのまま弁護団に貸し出した（ネガ現物はそのような経緯で、一時期私の事務所に保管されていた。もともとお金のない事務所なので、普段はあまり「事務所荒らし」の被害に遭う心配などしたことのない私だったが、このときばかりは「いま事務所荒らしに遭って、このネガを盗られたらどうしよう」と内心怯えていた。冷静に考えれば、私たちにとっては「宝の山」でも、一般の泥棒にはまったく興味の対象とはならなかっただろう）。

ネガの現物が開示されたことで、私たちはまたしても、これまでの警察・検察の回答が嘘だったことを知ることとなった。

まず、「フィルムケース内で腐食しているものもあり、すべてプリントできなかった」という警察の報告だったが、くだんの解剖写真のネガをプリントしてもらった写真屋さんに、今回開示されたネガ現物を写真にできるか調べてもらうために預けたところ、２週間ほど経ったころ、「全部、写真に出来ました～！」と、ネガ46本から印画できた全ての写真が納品されたのである。枚数にして１２００枚以上。「５００枚しか現像できない。あとは不可能」という、あの回答は何だったのか。

●泉武臣弁護士の「お手柄」●

次に、弁護団で証拠開示班のリーダーを務める泉武臣弁護士が、ネガが入っているフィルムケースに番号がふってあることに気づいた。ところが「21番」だけが欠けていた。連番で番号が振ってあるのに、21番だけが欠けているのはおかしい。ということで、私たちは進行協議期日で検察官にその旨指摘したところ、検察官は「フィルムケースは使い回して使っているので、番号が飛んでいても不自然ではない」と口頭で回答した。泉弁護士が呆れて、「せめて今の回答を書面にして下さいよ」と食い下がったところ、右陪席の山田裁判官（この日は冨田裁判長が体調不良で急遽欠席していた）が、「存在する蓋然性のある証拠について裁判所は開示を勧告するつもりです。どこをどう探したかについて、そして探したが存在しないのであれば、しないという理由を書面で報告して下さい。」ときっぱりとした口調で検察官に指示し、書面の提出期限を約1か月後と定めた。

すると、検察官の書面提出期限の少し前、私の事務所に担当検事から電話があった。電話口の向こうから、いつも口をとがらせて紋切り型のようなしゃべり方をする検事の、いつになくバツの悪そうな声が聞こえてきた。

「あの、21番ネガありました」

ほら見ろ、やっぱりあったじゃないか、と私が心の中でつぶやくのとほぼ同時に、さらに検事の発言が続いた。

「ネガがあと17本ありました」

なんと、合計18本のネガフィルムが新たに見つかったというのである。

●再審請求での証拠開示を定めた条文の必要性●

その後検察官から提出された書面（鹿児島県警察本部による、県警本部と志布志警察署を捜索したという平成28年9月14日付「大崎事件捜査報告書」）によれば、この18本のネガフィルムが発見された場所は、

志布志警察署 生活安全刑事課 写真室吊り棚

と、「堂々と」記載されていた。先に述べたとおり、警察は、大崎に関する証拠は「見当たらない」ではなく「存在しない」と明言していた。ネガや写真の存在が窺われる場合、真っ先に探すのは写真室ではないのか。なのに、なぜ、事件発生から36年もの間、「発見」されなかったのか。ここまで「存在しない」と断言していたものが、一番見つかりやすそうな場所からあっさり発見されたことについては、捜査報告書には何の説明もされていなかった。

しかも、この捜査報告書の最後はこのように締めくくられていた。

「（今回発見された18本のネガフィルム以外に（筆者注））大崎事件にかかる捜査資料が金輪際存在しないことが確認できたものである」

今までの経緯から、この「金輪際存在しない」を誰が信じられるだろうか。

ここまでの、3次にわたる大崎事件再審請求での証拠開示をめぐる攻防、とりわけ、警察・検察の嘘が何度もくり返されてきたこと、そして、裁判所による積極的な証拠開示勧告がなければ、事件から何十年経過しても隠された証拠が明らかにならず、いたずらに時間だけが経過していくことは、もうそれだけで、「再審請求段階における証拠開示手続を定めた条文がないこと」の弊害を何より雄弁に物語っているだろう。

●ハナの再現写真から見えてくる真実●

そして、事件から36年経って初めて開示されたこの18本のネガフィルムの中に、「大崎事件の真実」を示唆する写真が多数出てきたのである。

特に重要だったのは、第2次再審即時抗告審で「ハナの目撃供述が信用できるから、それ自体では必ずしも信用性が高くない『共犯者』たちの自白も信用できる」と評価された、あのハナさんが、自らの供述どおりに行動再現をしている写真群、そして側溝に転落後、何者かに引き上げられて道路に寝かされていた四郎を自宅まで搬送した色葉茂と高杉晋三のうち、高杉が、色葉とともに四郎方に到着してから四郎を自宅土間に送り届ける場面と、アヤ子さんとともに色葉方から帰宅する場面の行動再現を行っている写真群である。

ハナの目撃供述は、大橋・高木新鑑定でもその不自然さが多数指摘されていたが、ハナ自身の再現写真を見ると、例えば、アヤ子さんが二郎に四郎殺害を持ちかけている場面では、ハナはそれをすぐ近くで見ていたことを示す写真がある（アヤ子さんと二郎の傍らに立つハナの位置は、再現写真で見ると、もはや「目撃」というより「共謀」の場面のように見えるほど至近距離だった）にもかかわらず、次の写真では、ハナは二人の会話に介入することなく、家の裏手で用を足してそのまま家に戻っているし、二郎から「うっ殺してきた」という大変な告白を聞いたあとも、そのまま布団に入って寝たという様子が再現されている写真は、滑稽にすら感じるものだった。

●高杉の再現写真からあぶり出される真実●

高杉の再現写真には、もっと重要な「大崎事件の真実」があぶり出されていた。

もともと四郎の搬送についての色葉と高杉の供述は、四郎を荷台に載せて運んだ軽トラックを、①四郎方に到着した時点でどちらを前に向けて停めたか、②四郎方に到着してからの各人の行動とその順序（特に色葉が四郎の牛小屋に水と餌をやりに行ったのが、四郎を軽トラックから下ろす前か後か）、③四郎を自宅に運び込んだ態様（二人で四郎を抱きかかえるようにして自宅土間に入れたか、ちょっと手を貸しただけで四郎が自力で歩いて土間に入ったか）などの点に大きな食い違いがあり、弁護団も第1次再審の段階からこのことを指摘していた。

今回開示された写真で、その矛盾がより「可視化」されたのである。そもそも、酔いつぶれて、上半身ずぶ濡れ、下半身裸、という状態の四郎を送り届けるのに、高杉の行動再現によれば、色葉は荷台に載せた四郎を自宅に運び入れるより先に、牛小屋の餌桶に餌と水をやりに行っているのである。

さらには、色葉方を辞してアヤ子さんとともに帰宅途中、アヤ子さんが四郎のことを心配して四郎方に立ち寄ったが、四郎は土間にはいなかった、としてすぐにアヤ子さんが四郎方から出てきたことが、高杉の写真でもそのまま再現されていたことも重要である。

確定判決は、アヤ子さんの、この「四郎は土間にはいなかった」という供述を信用せず、このとき土間で酔いつぶれて前後不覚になっている四郎を見たアヤ子さんが、「今のうちに四郎を殺してしまおう」と、この時点で殺意が生じたと認定していた。しかし、高杉の再現写真は、むしろアヤ子さんの供述どおりの状況だったことを示していたのだ。

6 冨田コートの示した「積極的職権主義」

●進行協議期日でのプレゼンテーション●

弁護団は、これらの開示写真の示す意味を裁判官たちに直接伝えたいと考え、合計104枚のスライドに開示写真をわかりやすく配置したパワーポイントデータを作成し（実際に作業したのは、私の事務所の事務長＝夫で、開示写真を効果的にスライドに散りばめたパワーポイントを、一晩完全に徹夜して作ってくれた）進行協議期日でこのパワーポイントを用いたプレゼンテーションを実施したいと裁判所に申し入れた。

裁判所はこの申し出を受け入れ、私たちは2017年1月12日の進行協議期日でプレゼンテーションを行うことになった。

●いきり立つ「ソフトモヒカン」●

プレゼンテーションを行うことになっていた進行協議期日の当日、弁護団を代表して泉武臣弁護士がプレゼンを始める前、ちょとした「小競り合い」があった。

担当検事が「何ですか、これは。私は何も聞いていませんが」と不機嫌な様子で、裁判長に対し、この進行協議で弁護団がプレゼンをやることを知らされていなかったことを抗議したのだ（弁護団は、事前に裁判所から検察官にも知らせていると思っていた）。

担当検事はいわゆる「ソフトモヒカン」の髪型がトレードマークだったが、このときは、普段よりもさらに頭の中央部分が尖っているように見えた。

いきりたつ検事に、冨田裁判長は、いつものように穏やかな声で、「裁判所が弁護人の意見をこのような形でお聞きしたいと判断したため実施するものです。もし、ご不満なようでしたら、お帰りいただいても構いませんが」と応じたところ、検事は苦虫をかみつぶしたような顔になり、先ほどの勢いとはうって変わって、「いや、そういうことであれば、同席します」と座り直した。

私たち弁護団はそのやりとりの一部始終を静観していたが、ここでもあるべき「職権主義」を感じた。

●冨田裁判長の訴訟指揮から見えてくるもの●

第2次世界大戦後、わが国の刑事訴訟法は、日本国憲法のもとで大きく改正され、人権保障、とりわけ手続的適正を重視するために、通常の裁判では当事者主義を採用した、と言われている。「当事者主義」とは、それまで処罰の対象として追及されるだけの立場だった被告人にも検察官と同じ「当事者」としての地位を与え、両者が対等の立場で主張を尽くし、それを公平中立に裁判官がジャッジすることで、被告人の人権保障と真実発見の両方の要請が充たされる、という考え方である。それ以前（戦前）の刑事訴訟手続は、裁判所が職権で被告人の有罪・無罪を一方的に判断する「職権主義」だった、と説明されるため、あたかも当事者主義が「善」で職権主義は「悪」のようにイメージされているが、実際には必ずしもそう単純な話ではない。ただ、再審に関する条文が戦前の職権主義時代の条文をひきずったまま、ほぼ現行法でも変わらずにいることが問題視されているのは事実である。

確かに、手続を定めた条文がないために、審理の充実度が裁判官のやる気次第になってしまい「再審格差」が生じている現状を変えるために、再審手続についての法改正が急務であることは言うまでもない。しかし、法改正が実現していない現段階において、再審請求の審理に職権主義が採用されている以上、裁判所は、無辜（無実の人）を救済するという再審の目的に沿って職権を行使すべき（平たく言えば、「制度の目的に沿って、やるべき仕事をちゃんとやるべき」）なのだ。そのためには、請求人に裁判のやり直しを認めるか、すなわち請求人が提出した証拠が明白な新証拠と言えるかをしっかりと判断するために能動的に介入していくことが求められる。すなわち、請求人（弁護人）に積極的に疑問をぶつけ（大橋・高木鑑定人の2回目の尋問の際に事前に裁判所が鑑定人に尋ねたい事項をまとめたペーパーを交付したことはその例である）、請求人（弁護人）側が新証拠や開示証拠について説明、解説したいと求めた場合にはその機会を積極的に認めて、「自らの判断に必要な情報を進んで求めていく」べきなのであり、むしろそれこそが職権主義のもとで裁判所が果たすべき責務と言えるだろう。

冨田コートの訴訟指揮は、「職権主義」という言葉が、ともすると「何もしなくていいことの言い訳」として使われるような「消極的職権主義」ではなく、その対極にある「積極的職権主義」であり、現在の法制度のもとでの再審請求審の審理のやり方について、ひとつのお手本を示したものと言えるのではないだろうか。

7　再審開始を待ち望む日々

●最終意見書の「結語」●

冨田コートの３人の裁判官のうち、２０１７年３月に右陪席の山田裁判官が異動になることが分かっていたため、私たちは裁判所に年度内に何としても再審開始決定を書いてもらおうと、11月末に締め切りが設定されていた最終意見書も、（これまでは数百ページに及ぶこともあったが）本文50ページというコンパクトなものにした。

私は、全体の編集作業を行った後、ラストの部分に「結語」を書き下ろし、万感の思いを込めた。

「えん罪を生んだのは、『アヤ子主導による保険金殺人』というストーリーに囚われ、四郎の自転車事故の状況を詳細に捜査することを怠った捜査機関だけではない。

頚椎体前面の組織間出血を認めながら頚椎損傷の有無を精査しなかった法医学鑑定人。一郎・

二郎・太郎が殺人、死体遺棄事件の犯人であることを疑わず、アヤ子のみの無罪を主張した確定審の弁護人。知的障害をもつ一郎・二郎・太郎の被暗示性、被誘導性に配慮せず、その自白の信用性を吟味せずに起訴した検察官。アヤ子らと犯行を結びつける客観証拠もないのに、全面否認しているアヤ子に対し、有罪認定の理由も示さない判決を突きつけた裁判所。

さらに再審段階では、最近に至るまで証拠開示が遅々として進まないまま長い時間が経過し、その時間の中で、真実発見のための証拠が失われていくという、手続的不正義が重ねられた。

司法に携わるあらゆる者が、この事件では判断を誤り、十分な職責を果たさなかった。そのために、えん罪を背負わされることになった4人は、刑務所で服役し、夫婦の絆を断ち切られ、ある者は病に倒れ、ある者は絶望の中で自死していった。

生き残った最後の冤罪被害者、アヤ子も89歳である。

弁護人、検察官、裁判所、それぞれの先達が犯した過ちを、当時より格段に進化した科学的知見をもって正すこと、確定審当時には隠されていた証拠をすべて判断資料として再吟味すること、それは同じ司法に携わる私たちに課せられた責務である。

私たちは、本件再審請求を、37年に及ぶアヤ子の雪冤の闘いを終わらせ、再審公判、再審無罪へと導くものとしなければならない」

●「ダメ押し」の12月集会●

最終意見書の提出を終えた弁護団は、鹿児島地裁に再審開始決定を出させる「ダメ押し」の意味で、12月10日、「大崎事件　原口アヤ子さんの命あるうちに再審無罪を勝ち取るための集会」を鹿児島市で開催した。

基調講演は、供述心理鑑定人の大橋靖史教授、弁護団報告は「伝説の元刑事裁判官」で大崎事件弁護団の木谷明弁護士、研究者報告は地元鹿児島大学の中島宏教授、そして周防正行監督、布川事件の櫻井昌司さん、という「大崎事件サポーターズ」の常連たち。ここまででもう十分に超豪華メンバーなのだが、さらに、この集会で初めて鹿児島の地に降り立った、いや、それどころか、このとき生まれて初めて飛行機に乗ったというゲストをお招きした。

●「東住吉事件」の真実●

「東住吉事件」で、この年（2016年）の8月に再審無罪判決を勝ち取ったばかりの青木恵子さんである。

この事件で確定判決は、青木さんとその「共犯者」とされた内縁の夫（当時）が、保険金を取得する目的で共謀して、青木さんの娘が入浴中の自宅に放火し、娘を殺したと認定したが、再審請求の新証拠として弁護人が提出した再現実験ビデオ（「ガソリン7リットルをガレージにまいて放火した」という男性共犯者の自白どおりに再現実験を行ったところ、ガソリンは瞬時に猛烈な勢いで火を噴き、放火した本人も間違いなく大やけどを負う状況になることが判明した）が「無罪を言い渡すべき明白な新証拠」と認められ、再審開始となった。火事の真相は、ガレージに駐めてあったホンダ車「アクティ」の給油口からガソリンが漏れ、それに風呂の種火が引火した、という「事故」だったのだ。

東住吉事件には、大崎事件と共通する要素がいくつもあった。まず、どちらの事件も共犯事件であり、人数は異なるが、捜査機関が男性の「供述弱者」から自白を搾り取って「事故」を「殺人事件」に仕立て上げた冤罪であること。そして女性の冤罪被害者がそこに巻き込まれ、首謀者とされたこと。「加害者」とされた者たちと被害者のいずれもが親族関係にあったこと（青木惠子さんは「娘殺し」の汚名を着せられた）、そして、捜査機関が保険金目的の殺人と見立てたことである。

唯一異なる点は、同じ女性の冤罪被害者であるアヤ子さんは捜査段階から一貫して否認を通したのに対し、青木さんは過酷な取調べに屈して一度はウソの自白をしてしまったことである。

●青木恵子さん、大いに語る●

冤罪被害が過酷なのはその被害者が男性であろうと女性であろうと同じである。しかし、女性の冤罪被害者が男性の捜査官から取り調べられるとき、女性としての尊厳がことさらに傷つけられることがあるのではないか、と考えた私は、すでに集会に駆けつけることも、人前でものを言うこともできなくなってしまったアヤ子さんの代わりに、取調べや身体拘束でどのようなことが行われているかを青木さんに語ってもらおうと思った。

弁護人の青砥洋司弁護士に伴われて登壇した青木さんが語った体験は、まさに戦慄そのものだった。愛娘を亡くして心身ともに憔悴しきっている母親に対し、その娘の遺影や位牌を取調べ室のテーブルに置いて「正面から見てみい。見れないんやったらお前が犯人だ」と怒鳴りつける取調官。留置場、拘置所、刑務所に入るときと出るとき、それぞれ全裸にされ、体中の穴という穴を調べられるという身体検査……。

おそらく同じような経験をアヤ子さんもしてきたはずなのに、そう言えば私はアヤ子さんから取調べや受刑中の過酷な体験について話をしているのを聞いたことがなかった。「鉄の女」として弱みを見せたくない、との思いだったのか、それとも、つらすぎて口にすることさえできなかったのか……。今となってはそれを本人に確かめる術はなかった。

青木さんはまた、周防監督、櫻井さんとともに、集会前日にアヤ子さんの暮らす介護施設に面会に行って、初めてアヤ子さんと対面したときの様子も会場の参加者たちに伝えてくれた。

青木さんが「私は再審で無罪になったんです。次はアヤ子さんの番ですよ」と語りかけたところ、アヤ子さんは目を見開いてじっと青木さんを見つめ、涙を流したという。

大崎事件の第1次再審で鹿児島地裁が再審開始決定を出した2002年、青木さんはまだ控訴審を闘っている最中で、拘置所の中で大崎事件のニュースを知り、

「ああ、このおばちゃん、無罪になったんや、良かったなぁ」

と感激したことを覚えているそうだ。そのころは再審のことも知らず、「再審開始」＝「無罪」だと思っていたという。

「だから、あたしが再審開始が確定して出てきたのに、大崎事件ってまだやってるの？　って驚いたんですよ」

と青木さんは私に打ち明けた。

●村木厚子さんに「直訴」する●

この集会には、実はもう一人お招きしたかった女性冤罪被害者がいた。郵政不正事件で部下たちの自白によって無実の罪を着せられそうになったが、大阪地検特捜部の担当検事が証拠品のフロッピーディスクを改ざんしていたことが判明し、一審で無罪となった元厚生労働省事務次官の村木厚子さんである。

遡ること3か月前の２０１６年9月17日、私は大阪弁護士会主催の、「法制化記念シンポジウム」の客席にいた。この年、刑事訴訟法が改正され、一部の事件についてではあるが、取調べの録音録画が義務化され、また、通常の裁判の公判前整理手続に「証拠の一覧表交付制度」が加えられるなどした（本書85頁参照）。このシンポジウムはその成果を記念する集会だった。

江川紹子さん、周防正行監督、青木恵子さんも登壇したこのシンポジウムだったが、私は村木さんにターゲットロックオンしていた。村木さんが刑事手続をテーマとする集会で登壇したのは、これが初めてだった。私の目的は、その村木さんに、「12月に鹿児島で開催する集会においでいただけませんでしょうか」と直訴することだったのである。周防監督とともに法制審議会の特別部会の有識者委員を務め、今回の刑訴法改正に大きな影響力を与えた、元官僚でもある村木さんに、青木さんと同じように女性の冤罪被害者としての体験を語ってほしかったのだ。

主催者の大阪弁護士会のメンバーでもないのに、私は図々しく打ち上げ懇親会にまで参加させていただいた。弁護士会館から懇親会の会場に向かう途中で村木さんに歩きながらご挨拶し、大崎事件について少しだけ紹介させていただいた。村木さんは「初対面なのに馴れ馴れしいこの人は誰？」と内心困惑していたに違いない。

そして懇親会では、なぜか指名されて「皆の前で話をするように」と言われたため、私は大崎事件にからめて、再審における証拠開示については法改正が実現しておらず「積み残し」のままになっている現状を熱く語ったところ、その少し後に、東京に帰るために中座された村木さんが、そっと私に名前とメールアドレスが書かれたカードを渡して帰って行かれた。

良かった。大阪に乗り込んだ甲斐があった。私は小さなカードをありがたく押しいただいた。

●村木厚子さんのビデオメッセージ●

その後、私は村木さんとメールでやりとりを重ね、鹿児島に来ていただくことはかなわなかったが、会場にビデオメッセージを送っていただけることになり、東京弁護団のメンバーの大村典央弁護士が、霞が関の弁護士会館で村木さん自身がメッセージを読み上げるところをビデオ収録した。
そのメッセージは、簡潔であるが、非常に練られたもので、集会会場の参加者は、ビデオ越しに見る村木さんの、柔和だが決然とした表情に釘付けになった。
そのメッセージの最後はこのように締めくくられていた。

「原口さんはその強い意志の力で10年の服役を耐え、ずっと無実を主張してこられました。私の勾留期間はわずか１６４日でしたが、自由を奪われ、入浴中も眠っている間すら監視をされ、すべてのプライバシーが奪われるつらさはなかなか言葉に表せません。それを耐え抜かれた原口さんに再審の機会が与えられることを心から祈ります。

公正な裁判を受けることは憲法に保障された国民の基本的権利です。国民が関心をもってこの権利を守っていかなくてはなりません。多くの人の声が上がることで、裁判所に声が届くことにもなります。今日お集りの皆様が一緒に大きな声を上げてくださることを心からお願いします」

私がこの集会で訴えたかったことを、村木さんはすべて表現して下さった。

●「女性冤罪被害者」という視点●

でも、実のところ、私は村木さんとのメールのやりとりの中で、彼女が、

「女性の冤罪被害者、という視点で語るには、まだ私自身、心の整理がついていないのです」

と吐露されたことに最も衝撃を受けたのだった。

無罪判決後、公務に返り咲き、厚生労働事務次官という厚生労働行政のトップにまで上り詰め、退官後もさまざまな分野で活躍されていてもなお、冤罪被害の体験は、村木さんの心に深い爪痕を残していたのだった。

触れてはならない傷に、私は無神経にも触ろうとしてしまった、と後悔した。

村木さんに対して、とても申し訳ない気持ちになると同時に、しかし、これからは大崎事件を語るときに「女性の冤罪被害」という切り口を常に意識しよう、という気持ちが芽生えた。

●年度内に決定が出るか？●

第3次再審の鹿児島地裁は、このように2015年7月の申し立てから1年足らずの間に、鑑

定人４人の尋問を行い（心理学者に対しては2回実施）、２０１６年の11月末には弁護側、検察側双方が最終意見書を提出した。ただ、最後の開示写真についてプレゼンを行った関係で、弁護団はプレゼンテーションの際に使用したパワーポイントのスライドを紙媒体に印刷したものと、泉弁護士の読み上げ原稿を添付資料とした最終意見書補充書を２０１７年1月末に提出した。裁判所が最後に開示された膨大な開示写真を一から読み解く時間を節約させ、早期に再審開始決定を出してもらうために、いわば「ガイドブック」を提供したのである。すべてはアヤ子さんの命あるうちに、迅速に再審開始決定を出してほしい、との一心からだった。

冨田裁判長は、前々から右陪席の山田直之裁判官、左陪席の福田恵美子裁判官とともに「この3人で決定を書きます」と明言しており、先に述べたとおり、山田裁判官が２０１７年3月で異動になることが分かっていたので、我々は２０１７年3月1日の第13回進行協議期日において、裁判所が年度内の決定日を告知するものと予想し、緊張感をもって裁判所に赴いた。

●裁判長の意外な発言と、矢継ぎ早の「お願い」●

しかし、冨田裁判長の第一声は、予想に反するものだった。

「3月末までに決定を出すことが難しい状況になった。力及ばず申し訳ありません」

アヤ子さんの年齢を考え、迅速で充実した審理を行ってきた冨田コートがこのような発言をしたことに、一瞬目の前が真っ暗になったが、ブラックアウトする寸前のところで冨田裁判長が、「いや、この3人で書く、という方針は変更していません。山田さんは異動しますが、職務代行者という形でしばらくの間鹿児島地裁にも籍を残したままにしますので」と言葉を継いだ。

「じゃあ、いつごろを目処に決定を出されるのでしょうか」

と、私がすがるような目で尋ねると、冨田裁判長は少しの沈黙のあと

「今のところは『しかるべきときに』としか言えないですね」

と確答を避けた。決定が想定より先になるという、この事態は、どちらの結論のほうに向かっているのか……。

ここで引き下がっては弁護団事務局長の名がすたる。私は少し早口でこう言った。

「では、裁判所に決定がいつごろになるか、定期的にお問い合わせの電話をさせていただいてもよろしいでしょうか。それと、裁判所からの決定日のご連絡はできれば3週間前、どんな

に遅くても1週間前にいただきたいです。あと、以前から要請しておりましたが、決定日は『水曜日』でお願いします」

なぜ決定が「水曜日」でなければならないのか、それは第2次再審請求審のときの木谷・佐藤両弁護士からのアドバイスを思い出していただきたい。万一、請求棄却決定だった場合、それに対する即時抗告期間は決定日の翌日から3日間しかない。しかし水曜日が決定日であれば、翌日から数えて3日目が土曜日となり、土日をはさんで翌月曜日が申立て期限となる。なので（不本意ながら）弁護団は負けたときに備えて、「決定日は水曜日で」とお願いするのだ。

私の矢継ぎ早の「お願い」を、裁判所は概ね了承してくれた。

●幸田雅弘弁護士とのわかれ●

大崎事件第3次請求審の最後となる進行協議期日から4日後の3月5日、福岡で「幸田雅弘先生を偲ぶ会」が開かれた。

私が司法修習生のとき、刑事弁護科目の最初の課題としてレポートを書いた「鹿児島夫婦殺し事件（高隈事件）」の差戻し後控訴審で、登録1年目の新人ながらめざましい活躍をした幸田雅弘弁護士と八尋光秀弁護士が、大崎事件の弁護団に入っていることを知ったときの胸の高鳴りは今でも鮮明に覚えている。

大崎事件第1次再審請求審で開始決定を獲得したのは、間違いなく「幸田・八尋」コンビの力によるところが大きかったと思うが、私が弁護団に加入したときは高裁で再審決定が取り消された直後ということもあり、弁護団会議での議論は、この二人の意見が対立することもよくあった。幸田弁護士は、舌鋒鋭く理詰めで迫るタイプで、私は「怖い人」という印象を強く持っていた。

しかし幸田弁護士は、本当はとても気持ちの細やかな優しい人柄なのだということに気づいたのは、第1次再審が終わって第2次再審の申立て準備に4年半かかった、あの「どん底」の時代だった。鹿児島では人が集まらず弁護団会議すら開催できなかったため、私はひとり福岡に通って幸田弁護士の事務所で福岡の弁護士たちと細々と「事務局会議」と称する打合せをやっていたのだが、幸田弁護士は、単身鹿児島から福岡までやってくる（まだ新幹線が全線開通する前で、片道2時間半ほどかかっていた）私を不憫に思ったのか、ご自身はお酒が飲めないにもかかわらず、必ず会議後は私を飲み屋に誘って福岡の美味しい酒食を振舞ってくれた。

私が独立して「えがりて法律事務所」を立ち上げたとき、最初に届いた美しい花籠は、幸田弁護士から贈られたものだった。感激してすぐに御礼の電話をかけると、照れていらっしゃったのか少しぶっきらぼうに「女性の事務所だから華やかなのがいいと思って。まぁ色々大変だろうから頑張って」と短くエールを送られた。

その幸田弁護士がパーキソン病を発症し、長い闘病生活の末、２０１６年の8月に還らぬひととなっていたのだった。

病に倒れ、弁護士活動を続けられなくなったから、弁護団メーリングリストから外してほしい、とご本人から悲痛なメールが届いたときは、エネルギッシュで快活だったころの幸田弁護士の姿が脳裏に蘇り、ショックで胸がつぶれそうだった。

偲ぶ会には、冤罪弁護だけでなく、水俣病訴訟、医療過誤、建築紛争、環境問題、さらには日弁連での司法過疎対策などさまざまな分野で幅の広い活躍をされていた幸田弁護士に別れを告げようと、全国から大勢の人びとが参集していた。あの低迷期に「教えを請うた」布川事件弁護団メンバーで、国賠訴訟の弁護団長でもある谷萩陽一弁護士が、幸田弁護士と司法研修所で同期だったということで茨城から駆けつけていた。

参加者それぞれが幸田弁護士との尽きぬ思い出を語り、予定時間を大幅に超過してもまだ名残惜しさが残る中、会は閉じられた。

思えば、弁護団メンバーのうち、すでに4人の先輩弁護士がこの世を去っている。こんなところでも、再審に要するとてつもない時間の長さを感じずにはいられなかった。

●なかなか出ない決定にしびれを切らす●

2017年の4月に入り、私は「借金の取立屋」のように、地裁刑事部に電話を入れ続けた。担当書記官が申し訳なさそうに「まだ裁判官から（決定日）告知の指示はありません」と答えるのを聞きながら、私は「書記官も仕事とはいえ、プレッシャーだろうなぁ」と同情しつつ、アヤ子さんの命がかかっている以上、ここは手を緩めるわけにはいかない、と自分に言い聞かせた。

我々は、たぶん裁判官たちはゴールデンウィークの休みを利用して仕上げるつもりだろう、と予想していた。そこで私は連休明けの5月8日、月曜日の朝一番で地裁刑事部に電話をかけた。しかし、書記官の答えは前回と同じだった。楽観主義者の私だが、さすがに不安が胸をよぎり始めた。3月以降、私が裁判所に催促の電話をかけるのと同じぐらいの頻度で、マスコミ各社からも私の事務所に「決定日の告知はまだですか」の電話がかかってきていた。弁護団は第3次再審の初めから、冨田コートが積極的な訴訟指揮で迅速かつ充実した審理を行ってきたことを、折に触れ記者会見や記者レクで報告し続けてきたため、マスコミが「ひょっとして再審開始かも」と期待していることも、ひしひしと伝わってきていた。やはり、ただ座して待っているわけにはいかない。

5月下旬のある日、私は意を決して刑事部に電話をかけた。

「6月15日にアヤ子さんは90歳になります。私たちは6月中になんとしても決定を出していただきたいと思っています。できれば、このことを直接裁判体にお伝えしたいので、面談のお時間をとっていただけませんでしょうか」

いつもの担当書記官は、「では裁判官に確認します」と言っていったん電話を切った。ほどなくその書記官から電話が入り「6月1日の午前10時に、裁判長が面談に応じるとのことです」という返事を伝えてくれた。いつも私の「取立て」に遭って辟易しているだろうに、少しも嫌そうなそぶりも見せないどころか、面談実現の橋渡しまでしてくれた担当書記官に、私は心から感謝し、電話を切る際に何度もお礼を言った。

●裁判官の笑顔にふくらむ期待●

6月1日午前10時、森弁護団長、泉弁護士、鴨志田の3名で裁判所に赴き、面談場所として指定された部屋（裁判員裁判の評議室）で待っていると、ほどなく冨田裁判長が一人で部屋に入ってきた。すでに右陪席の山田裁判官は異動先に着任しており、左陪席で主任の福田裁判官は別事件の公判中ということだった。

我々がにじり寄るように、「決定はいつごろ……」と切り出すと、冨田裁判長は、3月の進行協議のときと同じように「適切な時期に適切な判断を、としか言えません」と決定時期の明言を避けたが、3月のときとは異なり、終始満面の笑みを浮かべていた。そして、冨田裁判長からは、仮に決定が出た場合、その日はマスコミや支援者が多数裁判所に詰めかける可能性があるため、弁護団と裁判所の事務サイド（総務課長、刑事訟廷管理官、担当書記官等）と事前の打ち合せをしてほしい、と依頼され、私たちはこれを了承した。

事務レベルでのやりとりが一段落したとき、私は裁判長に「原口アヤ子さんは6月15日が90歳のお誕生日なんです。やはり年齢相応の衰えもあり、残された時間は長くありません。ぜひとも早期に決定を出していただきたい」と再度懇願した。すると裁判長のほうから「6月15日のお誕生日は、何かお祝いの行事とか予定されているんですか？」と尋ねられたので、「あ、15日はマスコミ各社がこぞって夕方のニュースで大崎事件を特集することになっているんです。だから、当日にお祝い会やっているとテレビが夕方の放映に間に合わない、という事情があるので、6月10日の土曜日に、弁護団、支援者さん、そして娘さんたち親族も集まってお祝い会をすることになっているんです」と答えたところ、裁判長は「そうですか」と大きく何度も頷いた。

終始なごやかな雰囲気の中で面談が終わり、評議室から廊下に出たところ、公判が終わったばかりでまだ黒色の法服を着たままの福田裁判官とばったり鉢合わせした。福田裁判官は「すみません。今日、公判だったので面談に参加できなくて〜」とこれまた満面の笑みをたたえて会釈し、裁判官室に戻っていった。この二人の裁判官のニコニコぶりは、ひょっとして……と思わずにはいられなかった。

8 決定までのカウントダウン

●決定日が決まった！●

アヤ子さんのお祝い会の前日、6月9日の金曜日は、夕方4時から鹿児島県弁護士会館で破産事件関係の研修会があり、破産部の裁判官と弁護士が集まる中、私は講師として、これから破産管財業務をやりたいと希望している若手弁護士に30分ほどレクチャーをすることになっていた。開始直前、弁護士会館で待機する私に、事務所から電話が入った。

「いま、裁判所から、大崎事件の決定日を弁護人、検察官双方に告知した、とマスコミに通知しました、と連絡が入りました。決定日は6月28日午後1時30分だそうです」

裁判所がうちの事務所に伝えてきた、この連絡には解説が必要だろう。裁判所は、マスコミに対しては直接決定日の告知はしないのだ。そのかわりに、

「弁護人と検察官には決定日がいつか知らせたからね。あとは弁護人と検察庁に取材してね」

と伝えるのである。

決定日が決まった――。

もうそれだけで、パニック状態である。しかし5分後には弁護士会館3階大会議室を埋め尽くしている若手弁護士の前で、しかも破産部の裁判官も見守っている中で講義を行わなければならない。

●裁判長の粋な計らい？●

私は努めて平静を装い、何とか30分の講義を終えたが、どんな内容をしゃべったか、全く記憶にない。しかも、裁判所から「あのような連絡」を受けたマスコミ各社から、当然のことではあるが、私の携帯電話に問い合わせが殺到することは容易に想像できた。案の定、私が講義を行っている最中、マナーモードになっている私のスマホは、鞄の中で切れ目なく振動し続けていた。

自分の講義が終わっても、本来であれば、研修会の最後まで出席するのが礼儀というものである。しかし、この日はもはや礼を尽くすとか言っている場合ではなかった。

鹿児島県弁護士会館から猛ダッシュで自分の事務所に戻り、弁護団と今後の業務分担について打合せの日程調整をしたり、マスコミへの取材対応をしなければならない。

事務所まで走って戻る途中、私は「あっ」と気づいた。

6月1日の冨田裁判長との面談の際、私たちは6月10日にアヤ子さんの90歳のお誕生祝いをやることを伝えていた。今日はその前日ではないか。これは「10日のお誕生祝いに、アヤ子さんに最高の誕生日プレゼントを持って行け」という裁判長の粋な計らいではないだろうか!?

●「可視化の聖地」で誕生祝い●

翌10日、アヤ子さんのお誕生祝いは志布志市内の「ホテル枇榔《びろう》」で行われた。このホテルはただのホテルではない。あの志布志「踏み字」事件で、警察官が父親や孫を装って「お父さんは、そういう息子に育てた覚えはない」、「沖縄の孫、早くやさしいじいちゃんになってね」などと書いた紙を無理矢理踏ませ、存在しない選挙違反を自白させようという、21世紀の現代とはとても思えない取調べを受けた、川畑幸夫さんの経営するホテルである。ホテルの外塀には「密室の中は可視化が必要」、「取り調べをする警察官も!!　調べを受ける私たちも!!」という看板が掲げられ、客を送迎したり、支援者が一団となって志布志から鹿児島地裁に裁判の傍聴に行ったりするときに使う、ホテル所有のマイクロバスにも取調べの可視化を訴えるペイントが施されている（そのバスは「可視化号」と呼ばれている）。

そんなわけで、私はこのホテルを「可視化の聖地」と呼んでいる。この川畑さんがひどい取調べを受けた、同じ志布志警察署で、大崎事件のアヤ子さんや「共犯者」たちも連日連夜にわたり厳しい取調べを受けていたのだ。平成の世になってでさえ、「踏み字」のようなことをやらせる志布志警察署である。40年以上前に、どのような取調べが行われていたのだろうか。考えただけで背筋が寒くなる。

志布志事件で、冤罪被害を受けた元被告人たちやその支援者たちは、そのまま隣町で起きた大崎事件のアヤ子さんの支援者になってくれていた。

●アヤ子さんの瞳に光が宿った●

この日は川畑さんのホテルに、鹿児島の弁護士だけでなく、佐藤博史弁護士はじめ東京からも二名の弁護人が、そして関西に住むアヤ子さんの娘の京子さんも駆けつけて、地元の多くの支援者とともにアヤ子さんの「卒寿」を祝った。アヤ子さんは終始穏やかな表情で、一人一人からの祝福に頷いたり笑顔を返したりしていた。

でも、私が「いよいよ28日に決定が出ます。昨日の夕方、今日のお誕生会に合せる形で裁判所から連絡が来ました。間違いなく『再審開始』という最高のバースデープレゼントだと思います」と報告すると、アヤ子さんの表情はきゅっと引き締まり、その瞳に光が宿った。事件から38年、第1次再審開始決定からもすでに15年。誰よりも長く、誰よりも強く再審開始決定を待ちわびているのは、言うまでもなくアヤ子さん本人なのだ。

●冤罪被害の深刻さと理不尽さ●

ただ、「冤罪被害者」はアヤ子さんだけではない。お誕生会がお開きになったあと、あるテレビ局がその場に残り、事前の承諾のもと、アヤ子さんの娘の京子さんに独占インタビューを行った。

京子さんは、前にも述べたとおり、二人めのお子さんが生まれたばかりのときに、両親が遠い故郷で「叔父」を殺して逮捕されたと報じられ、幸せだった家族との暮らしが一変した。警察は、遠方に住む娘たちのところにまでやって来て「お母さんだけがしぶとく否認している。早く認めるようあんたたちからも説得しなさい」と言われたそうだ。

娘の京子さんでさえ、当初は警察のすることに間違いはない、と思い、両親を殺人犯だと思ってしまったという。しかし、一貫して無実を訴える手紙を送り続けた母親のアヤ子さんについてはもとより、控訴せず服役したものの、獄中で「俺もやっていない」と言うようになった父親の一郎さんも無実であることを確信し、第1次再審のときは、弁護団の聞き取り調査に対し、すでに亡くなっていた父親・一郎さんの人となりや、無実を訴えていたことを切々と語り、その録音反訳書が第1次再審の新証拠として提出されている。

今では、夫婦そろって一緒に街頭に立ち、支援者の方々と一緒にアヤ子さんたちの無実をともに訴え、裁判所の期日や鹿児島での集会のために帰郷するときも夫婦でともに行動している京子さんご夫妻だが、事件当時、おそらく京子さんは嫁ぎ先の親族から「うちの嫁の両親が二人とも殺人犯になった」という目で見られ、本当に辛い思いをしたに違いない。

まして、大崎事件は「加害者」とされた側と「被害者」の四郎さんは、みな親族である。一郎さんとアヤ子さん、二郎さんとハナさん、そして被害者の四郎さん、それぞれの家庭には３人ずつ子どもたちがいた。かつては同じ敷地で仲良く暮らしていた「いとこ同士」が、この事件を境にほとんど連絡を取ることもできなくなっただろう。そのことを思うとき、冤罪被害の深刻さ、理不尽さは怒りとともに一層胸に迫ってくる。

私がそんなことを考えている間に、いつもなら「私はお母さんのようには堂々とできませんから」とマスコミの取材に対して遠慮がちな京子さんが、この日は、車椅子に乗ったアヤ子さんの隣に座り、ときどき母親の表情を見やりながら、言葉を発することが難しくなった母親に代わるように、事件発生当時の辛かった思い出や、アヤ子さんが娘や孫たちに迷惑をかけられない、と口癖のように言っていたことなど、長時間にわたるインタビューにひとつひとつ答えて下さっていた。きっと「今度こそ再審開始決定が出る」という期待感が、このときの京子さんを饒舌にしていたのだろう。

●異例中の異例の待遇●

この誕生祝いの後、私たち弁護団と裁判所の事務方との間で、決定当日の弁護団、京子さん、支援者の方々の動きやマスコミの対応などについての打合せを2回行った。

まず驚いたのは、刑事部の訟廷管理官（書記官室のトップにあたる）が「決定書の交付は、裁判所1階の、簡易裁判所のラウンド法廷で行います」と私たちに告げたことだった。

これまで再審請求についての決定は（第2次再審の鹿児島地裁、福岡高裁宮崎支部がそうだったように）書記官室の入り口を入ってすぐのところにある受付カウンターで、書記官も弁護人も立った状態で決定書とそのコピー数通（弁護団の申入れによって予め数通準備してもらえる）が入っている封筒が書記官から手渡されるというのが常だったから、決定書を渡すために、部屋を準備する、というのは「異例の待遇」である。しかも、鹿児島の裁判所の建物は1階が簡易裁判所、2階は法廷、3

階、4階が地方裁判所、5階が家庭裁判所、という作りになっていて、同じ建物でも、いわば階によって「縄張りが違う」のである。しかし、「マスコミ関係者が殺到すると、エレベーターや階段での移動が必要になる地裁（3、4階）より、1階のほうが便利でしょう」ということで、「縄張り違い」の簡易裁判所の部屋を取ったというのだから、もうこれは「異例中の異例の待遇」と言ってよいだろう。

●「それじゃあ冨田裁判長はサイコパス」●

さらに、訟廷管理官は、彼女が熊本地裁に勤務していた2001年5月、ハンセン病熊本国賠訴訟の判決（らい予防法によるハンセン病患者の隔離政策について国の賠償責任が認められた判決）が言い渡され、その際「勝訴」と書かれた縦幕を掲げる役（これを「旗出し」という）の弁護士が、勝訴判決の嬉しさのあまり、一刻も早く外で待っている関係者に吉報を知らせようと走り出し、熊本地裁の玄関の自動ドアがまだ開いていないのに気づかずそのままガラスドアに激突した、というエピソードを紹介し、「今回、旗出し役の弁護士さんには、自動ドアが開いたことを確かめてから玄関の外に走り出るように、くれぐれもご注意いただきたい旨お伝え下さい」と、笑いながら私たちに伝えたのだ。

打合せからの帰り道、打合せに同席していた泉弁護士と私は「この至れり尽くせり感って、もしかして……」、「ですよねぇ。走り出して自動ドアに激突しちゃうほど興奮するような内容の決定ってことですよね」、「それってやっぱり再審開始なんじゃ……」と口々に言い合い、期待に胸を膨らませた。

一方で、これまで裁判所に何度も裏切られたという不信感が、私たちの心にブレーキをかけ、「いや、最後まで気を抜いちゃいけないですよね」、「そうそう、これまでも期待して散々痛い目にあってるからね」と、浮かれそうになる気持ちを、お互いに必死で自制し合った。しかし、また一時経つと、「でもさ、もし棄却決定の場合、アヤ子さんの誕生祝いのことを知っていて、わざわざその前の日に『請求棄却』決定が出る日を告知してきたのだとしたら、それ、冨田裁判長ってサイコパス、ということになっちゃうんじゃない？　さすがにそんなひどいことはしないよねぇ」、「それに、簡裁のラウンド法廷の中で、書記官の見ている前で決定書の入った封筒を開けるわけでしょ。もし棄却だったら、その部屋に流れる重～～い空気に、同じ部屋で立ち会っている書記官だっていたたまれないんじゃないかなぁ」と、やはりこれは開始決定の前兆である、と期待してしまう泉弁護士と私なのだった。

●殺到するメディアと幹事社の存在●

再審開始決定の期待に胸を膨らませていたのは私たち弁護団だけではなかった。決定日が近づくにつれて、マスコミ各社も熱に浮かされたように、さまざまな角度から大崎事件の取材に奔走し始めた。私の事務所にも、事前インタビューや、事前レクチャーの申込みがほぼ毎日のようにあり、狭いわが事務所の相談室に何度もテレビカメラが持ち込まれ、さぞや同じビルのテナントの方々にはご迷惑だっただろうと、今にして思うのだが、そのとき熱に浮かされたようになっているのは私も同じだった。マスコミ対応は、まさに弁護団事務局長である私の仕事なのだが、私も普通の「町《まち》弁《べん》」（町医者のように、専門分野に特化するのではなく、個別の依頼を受けてさまざまな事件を手がける弁護士のこと）として、大崎事件以外の民事事件、家事事件、破産事件などもいくつも抱えているので、その合間の時間でマスコミ各社に個別対応するには、身体がいくつあっても、また1日24時間ではとても足りないことは明らかだった。

そんなとき、大変頼りになる助っ人が現れた。マスコミ各社には「幹事社」という、各社を代表して交渉したり情報伝達のとりまとめ役を担当する当番が回ってくることになっている。鹿児島では当時、司法担当は新聞幹事社とテレビ幹事社が、それぞれ1か月ごとの交代制になっていた。このとき（2017年6月）の新聞幹事社は西日本新聞、テレビ幹事社は鹿児島テレビ（KTS）だった。西日本新聞の金子記者と、KTSの山田記者が、バラバラだった各社の取材や弁護団からの連絡をうまくまとめて、私の仕事を随分と楽にしてくれた。もはや、「取材される側」と「取材する側」ではなく、弁護団もマスコミ関係者も、一つのチームのようになっていた。

●アヤ子さんの表情を撮りたいマスコミとの折衝●

ただ、唯一最後まで揉めたのが、「アヤ子さんへの取材」をめぐってだった。マスコミはやはり無実を叫び続ける90歳のアヤ子さんの表情をどうしても直接撮りたい、と切望していた。特にテレビ各社は「その瞬間」の映像がなければ、ニュース価値が大きく損なわれると一歩も引かなかった。それはそれで十分に理解できることだったが、一方で、もし、アヤ子さんが「再審開始決定！」という知らせを聞いても、認知症が進んでしまっていて、その意味を理解できず、表情が変わらなかったら……。それをリアルタイムで全国放送されては、彼女の尊厳に関わる問題になる。しかもその瞬間、アヤ子さんがどのような反応をするかは、そのときになってみないと誰にも予想できなかった。アヤ子さんが入所している介護施設にマスコミが大挙して押しかけたら、他の利用者さんたちの大迷惑になる、という問題もあった。

そこで、アヤ子さんに、先日のお誕生日祝いを行った志布志の「ホテル枇榔」の会議室に予め待機してもらい、支援者さんたちとともに決定の連絡を待って、弁護団からの電話連絡を受ける場面を、地元のセミプロの業者（結婚式のビデオ撮影を請け負ったりする写真屋さん）に動画撮影を依頼し、映像データを私の事務所に即座に送ってもらうことにした。

私は決定が出た瞬間は当然裁判所にいて、事務所で映像をチェックすることはできないが、留守居役の事務長（夫）がまず映像を受信し、内容をチェックし、ディスクに落として記者会見前に決定書を検討している私たち弁護団のところに届け、弁護団がこの映像を公開するかどうかを決めた上で、問題がなければマスコミに提供する、という段取りに決まった。夫の前職が「テレビ番組の制作会社」の社員だったことは、まるでこの日の伏線だったのではないかとさえ思えた。

●旗ガールと旗ボーイ●

決定当日の「旗出し」は開始決定の場合は2本（「再審開始決定」と「二度目の画期的決定」）、棄却決定のときは「不当決定」の1本のみ出すことに決めた。旗出しは、どの事件でも弁護団の若手の役割、と暗黙のうちに決まっているようで、開始決定の場合の二人には弁護士登録3年目のコンビである竹山真美弁護士と村山耕次郎弁護士と決まった。

私はこの二人に「旗ガール」「旗ボーイ」と密かに名前をつけていた。そして、マスコミ幹事社の金子記者と山田記者に「裁判所の玄関から、二人が走って出てきたら『再審開始』、一人だったら『棄却』だからね」と伝えておいた。

9　ついに来た「その日」

●外れた雨の予報●

2017年6月28日。その日の天気予報は「雨」だった。

この日、決定の瞬間に立ち会うために、全国から多くの支援者の方々や、「冤罪オールスターズ」でおなじみの菅家利和さん（足利事件で再審無罪）、櫻井昌司さん（布川事件で再審無罪）、前年の8月に再審無罪が確定し、女性の再審請求人で初めて「生きて」再審無罪判決を受けた東住吉事件の青木惠子さん、そして志布志事件の藤山忠さんや川畑幸夫さん、さらには、鹿児島を離れた後も、大崎事件の再審申立てや決定の際には必ず駆けつけて下さる成城大学の指宿信教授、その後任として、常に「地元目線」で大崎をウォッチして下さっている鹿児島大学の中島宏教授（お二人は、夕方のテレビニュースの生出演で決定を解説してくださる重要な役割も予定されていた）さらには、「大橋・高木鑑定」を行った心理学者のおひとりである淑徳大学の大橋靖史教授も地裁前に結集することになっていた。私は、前夜、「明日は雨になるでしょう」という天気予報を聞きながら、地裁前に集まった大勢の人たちがひしめく中、傘をさすのも大変だろうな、とか、人が多すぎて傘をさせずに、雨に濡れて風邪を引いてしまう人が出たら気の毒だな、と気をもんでいた。

「運命の朝」。

目覚めると、寝室の窓から朝日が差し込んでいるではないか。「晴れている！」私はベッドから跳ね起き、てきぱきと身支度をして、午前９時前に自宅を出て裁判所に向かった。決定は午後１時半からだったが、実はこの日、午前中は同じ建物の５階にある鹿児島家庭裁判所で離婚調停の期日が入っていたのだ。

●最後の「予兆」●

午前９時半より少し前、いつものように裁判所の駐車場に車を停めたが、すでに駐車場のかかなりのスペースを、各テレビ局の中継車が占拠している。裁判所の正門前はびっしりと脚立やテレビカメラのスタンドが林立していて、すでにマイクのテストをしている、あちこちのテレビ局の見慣れた顔のアナウンサーたちもいる。

正面玄関の喧噪を横目で見ながら、別の入口から裁判所の建物に入ろうとする私を、「先生、先生」と後ろから呼び止める声がした。振り返ると、決定日前に2度にわたり弁護団と事務的な打合せをした、裁判所の総務課長だった。午後からの決定なのに、すでに朝から外で警備にあたっているのである。裁判所職員も朝から大変なのね……と思いながら「おはようございます」と挨拶をする私に、総務課長はにっこり笑って「先生、晴れましたね！　吉兆ですね！」と言ったかと思うと、次の瞬間はっとしたような顔になって「いや、私も結果を知らないんですけどね～～」と言いながら足早に去って行った。

決定日の告知以後、再審開始決定ではないか、と期待させる「予兆」はいくつもあった。それでも、これまでの苦い経験から最後まで気を緩めずにいよう、と言い合っていた弁護団だったが、私はこの瞬間、

「これは開始決定で決まりだな」

と確信した。

●八尋弁護士の旗出しレクチャー●

午前の調停を終わらせ、私は決定後の記者会見場であり、決定前の弁護団の待機場所にもなっている、裁判所の真向かいの建物「県民交流センター」の大研修室に向かった。

すでに何人もの弁護団メンバーが集まっていた。開始決定の期待感からか、皆表情が明るい。その中で緊張の面持ちだったのが、「旗ガール」の竹山真美弁護士と「旗ボーイ」の村山耕次郎弁護士だった。「旗出し」の大役を無事果たせるか、不安そうな二人に、くだんのハンセン国賠訴訟で勝訴判決のその瞬間を経験した八尋弁護士が、

「走り出して裁判所の敷地の一歩外に出て、いったん立ち止まってから旗をばっと拡げるったい」、「旗は顔の横に、少し斜めに掲げる。でないと旗で顔が隠れてテレビば写らんけん」、「拡げた瞬間に『再審開始！』と叫ばんといかんよ」

と博多弁でレクチャーしていた。

●まだ見ないでください●

午後1時に、裁判所の門前で支援者主催の集会が始まった。鹿児島地裁前にこんなに人が集まったことがあっただろうか、というほどの人、人、人である。このときすでに「勝ち」を確信していた私は、密かに「次にこの群衆の前に現れて再審開始決定の報告をするとき、どんな表情をしようか、どんな言葉を発しようか」と頭のなかであれこれ考えを巡らせていた。

決定書を交付される時刻として指定されていた午後1時半より15分ほど早く、弁護団は隊列を組んで、裁判所の門前に集まった大勢の人々とマスコミのカメラに見送られて裁判所内に入った。そして、森弁護団長、アヤ子さんの待機するホテル枇榔や遠方の支援団体などに決定を電話で伝える役の泉弁護士、いち早く裁判所から駆け出して決定の内容を知らせる「旗ガール」役の竹山弁護士と「旗ボーイ」役の村山弁護士、そして私の、5人の弁護人が予め指定されていた部屋（簡裁ラウンド法廷）に入った。そして、アヤ子さんの娘で、亡き父のために再審請求人となっている京子さんも、マスコミにもみくちゃにされないよう、弁護団とは別のルートで裁判所職員と弁護人2名に守られながら同じ部屋に入った。

ラウンド法廷内のラウンドテーブル（「ラウンド法廷」というのは、まさにこの「ラウンドテーブル」を囲んで裁判官、当事者が審理を進めるコンパクトな法廷であるため、この名前がつけられている）の上にはすでに決定書が封筒に入った状態で置かれていた。私たちが座っている対面側に、担当書記官二人も立ち会っていた。指定された1時半までの約10分間がとてつもなく長い時間に感じる。耐えきれなくなったのか、森弁護団長が、封筒を持ち上げたり、透かしたりして見ようとし始めると、即座に書記官から「まだ見ないで下さい。検察官と同時刻に交付することになっていますから」と、無情にも「お預け」を言い渡されてしまった。

●待ちに待った一文●

そして――1時半きっかりに書記官が「どうぞ」という声と同時に森弁護団長が封筒から決定書を取り出した。しかし誰もが舞い上がっていて、肝心の決定の「主文」がどこに書いてあるのかなかなか見つけられない。ようやく真ん中少し上あたりに、

本件について、再審を開始する。

との1行を発見した。

夢にまで見た、待ちに待った一文が記載されている、と思った次の瞬間から、私の記憶はほぼ飛んでしまった。ついさっきまで開始決定を確信し、「どういう表情で裁判所の玄関前に出て行こうか」などと余裕かまして考えていた自分なのに、いざ開始決定が現実のものだと知った瞬間のインパクトは、想像をはるかに超えていたのだ。

ずいぶん後になってから知ったことであるが、大崎事件を担当した裁判官の一人は、このときラウンド法廷で決定書交付に立ち会った書記官から「鴨志田先生は腰を抜かしていました」との報告を受けたと聞かされたそうである。「いくらなんでもそんな大げさな。裁判官も書記官も話を盛っているに違いない」と思ったが、記憶が飛んでいた私は、残念ながらこれに反論することができなかった。

●鬼だって泣く●

とにかくどうやってラウンド法廷から裁判所の玄関まで歩いたのか、まったく覚えていないが、私が裁判所の外に出たのは「旗ガール」と「旗ボーイ」が大役を果たした直後、つまり再審開始決定の歓喜の渦が最高潮に達しているときだった。右手に決定書を封筒にも鞄にも入れずにそのままの状態で持ち、お礼の言葉か何かを言っている途中で号泣状態となったが（あとから散々「鬼の目にも涙」などと言われた）私が立ったまま号泣してうつむいている、その真下の地面近くから、テレビカメラがこっちを向いているのに気がついた。「このアングルで撮るのか。マスコミってスゴイことするな」と思ったことだけははっきりと記憶に残っている。

布川事件の櫻井昌司さんとハグし、東住吉事件の青木惠子さんとハグし、志布志事件の藤山忠さんとハグし、指宿信教授とハグし、もう何人とハグし、握手を交わしたかわからない。マスコミの記者さんたちも、テレビ局のスタッフも、警備にあたっている裁判所の職員たちも、みんな笑顔で、私たちを祝福してくれているように感じた。

毎日新聞 2017 年６月 29 日。旗ガール・竹山真美弁護士、旗ボーイ・村山耕次郎弁護士。地裁再審開始決定

●周防監督からのショートメール●

しかし、いつまでも喜びに浸っているわけにはいかない。1時間後に始まる記者会見で決定内容を説明するために、裁判所から徒歩2分ほどの距離にある弁護士会館に移動して、決定書を読み込まなければならない。弁護士会館に向かって足早に歩き始めた私だったが、ふと、「そうだ、Facebookに開始決定を知らせる投稿をしよう」と立ち止まって鞄からスマホを取り出した。するとショートメールの着信があり、開いてみると、何と周防正行監督からだった。ショートメールには「やったー!」と書かれていた。監督はその日、仕事で東京にいたが、そろそろ決定が出るころだと思って「歩きスマホ」状態で画面を見たら、Yahoo!の速報で開始決定が報じられ、すぐに私にショートメールをした、とのちに教えてくれた。じわじわと幸せな気持ちがこみ上げてくるのを感じながら、私はFacebookのタイムラインにハートマークがひしめき合っている背景画像を選び、ひとこと、

開始です!

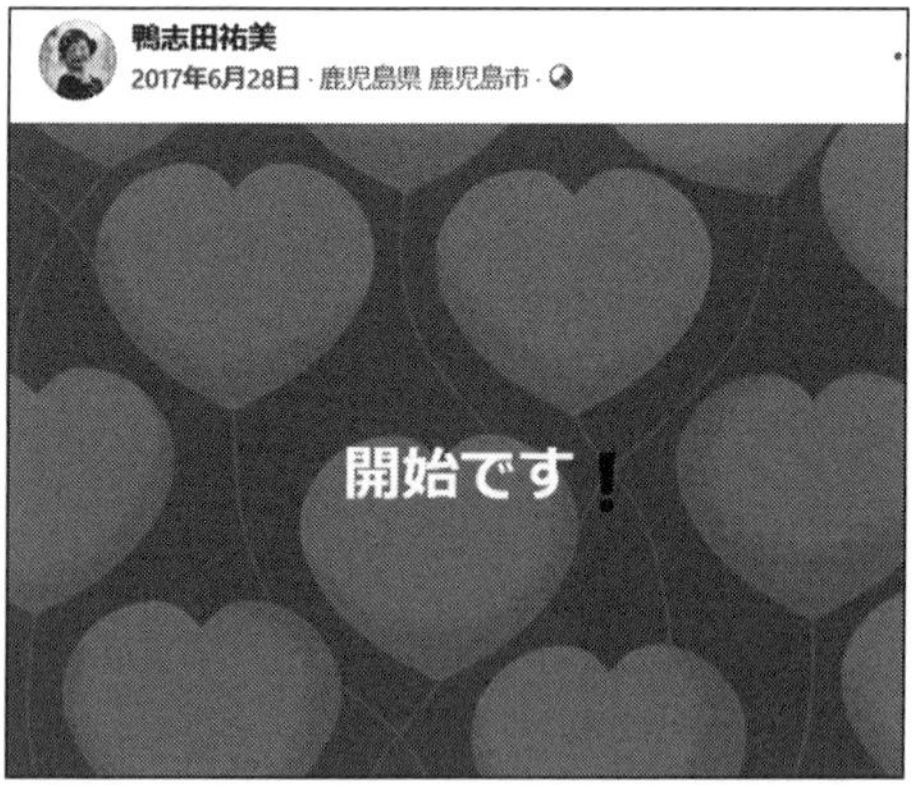

Facebookのタイムライン。「開始です！」

と投稿した。

●裁判の結果が人の心を動かすきっかけに●

余談になるが、実はこのとき、裁判所前の歓喜の瞬間を「高みの見物」していた一団がいたことを、私は知らなかった。

この日、鹿児島地裁では裁判員裁判の法廷が開かれており、私たちに決定書が交付された午後1時半頃には、裁判官3人（このうちの二人が大崎事件に関与した冨田裁判長と福田裁判官である）と、一般市民から選ばれた裁判員6名が評議（有罪か無罪か、また有罪の場合は刑の重さをどうするかを決める話し合い）を行っている最中だった。ところが冨田裁判長は、腕時計に目をやり立ち上がって、「めったにない機会ですから、ちょっと休憩しましょうか」と立ち上がり、裁判官と裁判員、そして刑事裁判修習中の司法修習生を伴って評議室を出て廊下を歩き、裁判所3階の突き当たりの、ちょうど真下に玄関前が見える窓のところに行き、全員が3階の窓から私たちの「歓喜の瞬間」を目の当たりにしたのだった。

この「歴史的瞬間」に立ち会った司法修習生のうちの一人は、直前まで私の事務所で弁護修習を受けていた、うちの事務所の3代目修習生だった。「3代目」は決定日前のマスコミとの打合せや弁護団会議を見学した後、次の刑事裁判修習で決定の瞬間を目撃するという幸運に恵まれたのである。彼女は、すでに大手法律事務所の内定をもらっていたが、修習修了後、裁判官になる道を選んだ。裁判の結果が、これほどの人々の心を動かすということを直接体験したことが、もしかしたら「3代目」の進路を決める一つのきっかけになったのかもしれない。

●あ・い・が・と●

弁護士会館に着いた私たち弁護団メンバーは、大橋教授や指宿教授と一緒に、決定書の読み込みを始めたが、ほどなくそこに夫が飛び込んできた。

そうだった。決定の瞬間のアヤ子さんの表情を撮った動画が志布志の「ホテル枇榔」から事務所に送られてくる手はずになっていたのだ。いったいアヤ子さんは、どんな表情だったのだろう。

夫は興奮気味に「ちゃんと分かってる。泣いているみたいだよ」と言いながら私のノートパソコンにＤＶＤを入れ、再生した。

決定書の読み込み作業をしていた全員が、作業を中断してノートパソコンの周りに集合し、固唾を飲んで食い入るように画面をのぞき込んだ。別室で休憩していた京子さん夫婦にも、映像を見てもらおうと来てもらった。

「ホテル枇榔」で撮影されたビデオカメラは、決定書交付時刻の1時半より少し前から回っていた。アヤ子さんは地元の支援者さんたちに囲まれ、車椅子に座って、ちょっと不安気な表情に見えた。

しばらくして、アヤ子さんの横で待機している支援者の武田さんの携帯の着信音が鳴った。裁判所から開始決定の一報を知らせる泉弁護士からの電話だった。武田さんも緊張していたのか、なかなか泉弁護士の言葉が耳にすんなり入らなかったようで「もしもし？ もしもし？ え？ え？あ、開始ですね。再審開始ですね、再審開始だそうです！」と何度も繰り返した。アヤ子さんはそのやりとりをすがるような目でじっと見上げていた。そして周囲の支援者たちから「再審開始だって！」、「再審開始よ」、「おめでとう」と祝福され、花束を渡されたアヤ子さんの頬は徐々に紅潮し、目には涙が浮かんだように見えた。武田さんがアヤ子さんの耳に自分の携帯電話を押し当て「弁護団の先生にありがとうって言って」と促すと、アヤ子さんは「あ・い・が・と」とはっきり聞こえる声でお礼を言ってくれた。

再審開始のことを分かっている！　アヤ子さんは喜んでいる！　これならアヤ子さんの映像をマスコミに提供できる、と弁護団メンバーは頷き合って小さくガッツポーズを作った。

母親が再審開始を喜ぶ姿に、パソコン画面を通じて対面した京子さんは、溢れる涙をハンカチで拭いながら「ありがとうございます」と何度も繰り返した。

安堵した我々は再び決定書の読み込み作業に戻ったが、私は喜びと興奮でなかなか脳がクールダウンせず、しばらくの間は文字が上滑りして頭の中に入ってこなかった。

●アヤ子さんの映像に沸く記者会見●

裁判所前の歓喜から約1時間後、何とか決定書の読み込みを終えた私たちが記者会見場（裁判所の向かい側にある県民交流センター大研修室）に移動すると、すでにマスコミ各社はテレビカメラやマイクのセッティングを終え、記者さんたちはノートパソコンを開き、一眼レフカメラを手許に置いて、我々の到着を待ち構えていた。

彼らの最大の関心事は、アヤ子さんの映像が弁護団から提供されるかどうかだった。私は事前取材や記者レクでそのことはよく分かっていたので、記者会見の冒頭で、パソコンをプロジェクターにつないで、スクリーンにアヤ子さんが再審開始決定を知った瞬間の映像を放映した。

この映像データは、予め幹事社の金子記者、山田記者と打ち合わせて、記者会見の間にＵＳＢメモリを回してダウンロードしてもらう段取りにしていた。各社の記者さんたちは取り合いになることもなく、実に整然と、数本のＵＳＢメモリを効率よく回して、全社に同じ映像が行き渡った。

アヤ子さんの喜びの映像の感動の余韻のなか、娘の京子さんが挨拶し、「涙が出るほど嬉しいです。母は無実の罪を晴らしたい一心でここまで頑張ってきました。話すことは難しくなりましたが、今日の知らせを聞いたときは目が輝いていました。検察官は抗告しないで、絶対に無罪にしてほしいです」と絞り出すように訴えた。

●供述心理鑑定を高く評価●

その後、今回の再審開始決定（「冨田決定」）がいかに画期的であるかについて、弁護団のメンバーそれぞれがさまざまな角度から報告した。弁護団が提出した新証拠である法医学鑑定と供述心理鑑定の両方について、冨田決定は再審を開始すべき「明白な新証拠」と認めたこと、特に、供述心理鑑定を正面から「明白な新証拠」と認めて再審を開始したのはわが国の再審史上初であること、またそれにとどまらず、供述心理鑑定について、

「司法の場における供述の信用性判断は、他の諸証拠や関連事実を含む総合的な評価であるが、心理学的供述評価は、供述それ自体の中に、体験に基づかない情報、その他問題のある兆候が見られないかをチェックするものである。そして、供述そのものの科学的な分析の結果得られた非体験性兆候等は、司法の場での総合的な信用性判断に際し、有意な情報として利用することができる。特に平成21年から開始された裁判員裁判においては、一般の国民が裁判員として裁判に参加し、裁判官と共に証人や被告人等の供述の信用性評価を行うことが想定されるが、心理学的な供述評価は、供述の信用性評価について職業的な経験を重ねた裁判官と、その点では多様な裁判員とが実質的に協働して評議を行うための共通の土台やツールの一つとなり得るものと考えられる」

とまで踏み込んだ言及をしたこと、一郎さんが二郎さんから四郎殺害をもちかけられたという場面の自白について、「『よかついでだ』などと、まるで連れ立って温泉にでも行くような応答をしたというだけ」と、弟殺しという重大犯罪の決意をした自白としてはあまりに不自然であることを指摘したり、また二郎が息子の太郎に死体遺棄の加勢を頼む場面の自白について「あたかも農作業の手

伝いを息子に頼むかのような気楽なものであり、不自然といえる」といった、分かりやすい比喩で表現されていること、そして、最後が「そのような殺害行為も、死体遺棄もなかった疑いを否定できない」と、アヤ子さんと「共犯者」たちによる殺人事件そのものがなかった可能性を明言したことなど、この決定の「画期的」なところが次々と指摘された。

●「太郎の生涯からも裏付けられている」●

ただ、私自身がこの決定のなかで一番感激したのは、太郎さんの自白の信用性について言及された箇所だった。太郎さんは、死体遺棄のみを手伝ったとして懲役1年の実刑判決を受け、控訴せずに服役したが、無実を訴え、アヤ子さんに次いで、第1次再審請求の請求人となった。伯父の一郎さん、父親の二郎さん同様、知的、精神的ハンデを抱えていた太郎さんだったが、死体遺棄については かなり具体的な自白をしていた。しかし、冨田決定はその自白の信用性を次のように述べて否定した。少し長いが、その部分を引用する。

「(太郎が〔筆者加筆〕)第1次再審で供述した内容を具体的に検討していくと、捜査段階の供述内容について、取調官の暗示や誘導があったことが見て取れる部分があるし、太郎には、四郎方の

状況や遺体の遺棄場所とされた堆肥小屋の内部はよく見知った場所であり、犯行とは無関係の体験に基づいて虚構の事実を供述することが可能であったこと、当時はアヤ子と一郎を疑っており、アヤ子らの関与について虚偽の供述をする動機があったこと、警察の取調べで犯行への関与を決めつけられたり、ポリグラフ検査や陰毛の採取をされたり、証拠があるとして逮捕され、否認しても助からないと思ったことなども具体的に供述しており、その供述内容は自然なものである。さらに、太郎は、懲役1年を言い渡した地裁判決に控訴することなく●●刑務所に服役したものの、受刑中から犯行への関与を否認するようになり、昭和55年11月12日仮出獄したが、本件は濡れ衣であるとしてハナや近隣の者に敵意を抱き、自閉的となり、家具を壊したり、ハナに暴力を振るったり、自殺を図るなどしたことから、精神病院への入退院を繰り返すようになった。そして、昭和60年頃から、弁護士に相談して再審を請求する意向を示し、前述のとおり、平成9年には自ら再審を請求し、アヤ子の請求審や自らの請求審で供述したが、アヤ子の第1次再審請求に対する開始決定を知ることなく自死してしまった。アヤ子の第1次再審での太郎の供述の信用性は、このような太郎の生涯からも裏付けられていると考えられる。」

「太郎の生涯からも裏付けられている。」

　このくだりを読んだとき、私は涙を抑えることができなかった。第1次再審請求審の際、証言台で尋問を受けた太郎さんは、裁判官3人の前で自分の受けた冤罪の苦しみを切々と訴え、その尋問期日は4回にも及んだ。裁判官はみな真剣に自分の話を聞いてくれたという手応えを感じた太郎さんは、これですぐにでも再審開始決定が出ると思っていたに違いない。

　しかし、再審事件の審理は長くかかる。裁判官たちはいつも通常事件の処理に追われていて忙しく、再審の審理はどうしても「後回し」にされるからだ。第1次再審の鹿児島地裁は、結論こそ再審開始だったが、中立てから決定までに7年もかかっている（冨田決定が審理期間2年弱で再審開始決定を出したのはその意味でも画期的といえる）。

　知的、精神的ハンデを抱えていた太郎さんには、「再審の審理は時間がかかるものだ」という、その理屈が分からなかった。

　あるとき、決定がいつごろ出るのかを知りたいと思ったのか、久しぶりに弁護団会議に顔を出した太郎さんは、弁護団の難しい議論についていけず、途中で帰っていったという。当時の弁護団長・亀田徳一郎弁護士の事務所で勤務していた事務職員が、太郎さんの後ろ姿を見送っていた。

それからすぐ、太郎さんは自ら命を絶ってしまったのである。

鹿児島地裁の再審開始決定が出たのは、太郎さんが自死したあとだった。

このとき太郎さんの姿を見送った事務職員こそ、後に私の事務所で「スーパー事務職員」との異名を取ることになった長谷川智代さんである。彼女は、そのときの太郎さんの淋しそうな背中が忘れられないと言い、大崎事件に特別な思い入れを持って、私が事務所を立ち上げたときに、当事務所に就職してくれたのだった。

このような背景事情があったために、上述の冨田決定の「生涯によっても裏付けられている」とのフレーズはなおさら胸に迫ってくるのである。

記者会見の際に、太郎さんが再審開始を待てずに自死したというエピソードとともに、冨田決定のこのくだりを紹介したところ、これを聞いたある記者さんは、会見後、私にしみじみと言った。

「本当に、切ったら血が出てきそうな、血のかよった決定ですよね」

●夕方のニュースに生出演●

記者会見を終えた私には次のミッションがあった。会見場の県民交流センターの玄関前にタクシーが待機しており、私はそれに乗って鹿児島テレビ（ＫＴＳ）のスタジオに急行した。

これまでもテレビのインタビューに応じたり、テレビカメラの前で何度も記者会見を行ってきた私だったが、テレビ局のスタジオでニュース番組に生出演するのは、これが初めてだった。

簡単な進行表をもとに短時間で打合せを終え、「ええい！　あとは出たとこ勝負だ！」と腹を決め、照明の眩しいスタジオに入った。すでに夕方のニュースが始まっていて、大崎事件再審開始決定はトップニュースで、かつ特集として報じられている最中だった。私がスタジオに入った時点では「大崎事件再審開始決定・きょう一日を振り返る」的な画像が流れており、私はこの画像で初めて「旗ガール」「旗ボーイ」の二人が「再審開始」「２度目の画期的決定」という縦幕を誇らしげに掲げ、「旗ガール」の竹山弁護士が「再審開始！」と大きな声で叫ぶ姿を確認した。次いで号泣する自分と対面し、その映像を受けてのコメント、というタイミングでテレビ初生出演に臨んだのだった。

気の利いたスマートなコメントを色々考えていたが、テレビカメラの前で、しかもスタッフから「あと○分」のフリップを示されながらの状況では、準備していた半分も喋れなかったが、なんとか無事に生出演を終えることができた。

●やっとまた、ここまで来ましたね

出演終了後、テレビ局の控え室でしばし休憩していたときに、ノックとともに入ってきた人物がいた。

大崎事件第1次再審の頃からこの事件の取材を熱心に続けていたテレビ局の記者で、指宿信教授が2002年の第1次再審開始決定直後に鹿児島を離れた際、当時南日本新聞の記者だった宮下正昭さん（鹿児島夫婦殺し事件のルポルタージュ『予断』の著者（本書17頁参照）で、現在は鹿児島大学准教授）とともに、マスコミ関係者を集めて送別会を開いた山口修平さんだった。

15年の歳月を経て、2度目の再審開始決定が出たいま、彼はこのテレビ局の報道局長を経て取締役になっていた。山口取締役は、

「やっとまた、ここまで来ましたね」

と感慨深げに目を細め、私の労をねぎらって下さった。

●青木恵子さんの言葉●

テレビ局を後にした私は、すでに弁護団、支援者、そして遠方から駆けつけてくれたゲストたちが全員集合して祝勝会をやっている居酒屋に、遅れて合流した。

居酒屋の座敷は飲めや騒げや状態で絶賛大盛り上がり中だった。座敷の上方にテレビがあり、飲みながら夕方から夜にかけての各局のニュースを、まるでネットサーフィンをするかのように次々とチャンネルを変えながら観ては「あ、○○さんが写ってる！」「あ、また鴨志田先生が泣いている」（いや実際に泣いたのは1回だけなのだが、そのシーンがどの局でも出るから何度も泣いたような話になってしまっている）と大崎のニュース映像をサカナに飲む祝勝会は、言葉にならないほど幸せな時間だった。

そんな中で、私の隣に座っていた東住吉事件の青木恵子さんが、私にこう言ってくれた。

「私は再審開始決定が出たときも獄中にいたから、自分のときは、あんな風に裁判所の前でみんなが喜んでくれた瞬間を見ることができなかったんですよ。今日、みんなと一緒に大喜びして、鴨志田先生ともハグして、ああ、自分のときもこうやってみんな喜んでくれはってたんやなぁ、と思って、改めて感動しました」

「それでね、私が再審無罪になったとき、ある支援者の方がね、『再審請求をした女性が、生きて再審無罪判決を受けたの、青木さんが初めてや』って教えてくれたんです。徳島ラジオ商殺し事件の冨士茂子さんは、再審請求の途中で亡くなってしまったから、生きて再審無罪判決を聞いたのは、私が初めてだって。だから、アヤ子さんには必ず私の次に、生きて再審無罪判決を受けた女性の第2号になって欲しいんです」

●泣き顔は全国に伝えられていた●

一次会がお開きとなり、二次会に移動する途中、私は一日中不在にしていた事務所におそらく沢山入っているであろうメール、ＦＡＸ、そして不在の間の電話連絡簿を確認しようと、いったん離脱して事務所に戻った。

すでに事務職員も帰宅して真っ暗になっている事務所の鍵を開け、電気をつけ、何気なくテレビのスイッチを入れると、いきなりあの（弁護団が提供した）開始決定の一報を受けたアヤ子さんの表情が大写しになった映像が目に飛び込んできた。「おお、すごい！」と感動していると次の瞬間、またしても裁判所前で号泣している自分の姿と対面してしまったが、驚いたのはその次のシーンだった。よく見覚えのあるニューススタジオ、そして二人のキャスター、そして番組開始のテロップ。

なんと、NHKの「ニュースウォッチ9」のトップニュースとして報じられていたのである。

私は第1次特別抗告審で面会に応じた最高裁調査官が、冷めた声で「重大事件ならともかく」と言った、あの日の屈辱を思い出していた。ついに、大崎事件は全国ニュースのトップで報じられる事件になったのだ。誰もいない事務所で、あの屈辱の日から今までの闘いの中でのさまざまなシーンが、一瞬走馬灯のように私の脳裏を駆け巡った。

しかし、静かな感動の後、我に返った私はある重大なことに気づいた。

「もしかして、いま、私は全国に自分の泣き顔を晒してしまったのではないだろうか……」

10 即時抗告阻止なるか

●検察官の即時抗告阻止に向けた要請行動●

再審開始決定の翌朝、全国紙、地方紙を問わず、すべての新聞が1面トップと社会面見開きで大崎事件の再審開始決定を報じていた（あとで知ったが、地元紙・南日本新聞と朝日新聞、そして産経新聞は決定日当日に「号外」を出していた）。すべての紙面をひとつひとつ確認しながら、「ああ、昨日の再審開始決定は、夢ではなかったのね」と、再び喜びがこみ上げてくるのを感じたが、いつまでも余韻に浸っているわけにはいかなかった。一通り新聞を読み終えると、私は事務所ではなく鹿児島空港に向かい、東京に飛んだ。鹿児島地裁のした再審開始決定に対し、検察官が即時抗告を行うのを阻止するため、最高検察庁に抗告断念の要請を行うためである。すでに決定直後、弁護団の数名が鹿児島地検に赴き、次席検事に面談を求め、即時抗告をしないよう要請していた。

　弁護団の森弁護団長、増山洋平弁護士とともに羽田空港から霞が関に移動し、最高検察庁の建物の並びにある弁護士会館1階のロ

号外　南日本新聞

2017年（平成29年）6月28日 水曜日

大崎事件 再審決定

鹿地裁

「殺害でない疑い」

死因や供述信用性否定

「再審開始決定」の垂れ幕を掲げる弁護団 ＝28日午後1時31分、鹿児島市の鹿児島地裁前

原口アヤ子さん

1979（昭和54）年に大崎町で男性の変死体が見つかった「大崎事件」で、殺人と死体遺棄罪で懲役10年が確定し服役した原口アヤ子さん（90）＝同町永吉＝が裁判のやり直しを求めた第3次再審請求について、鹿児島地裁は28日、再審開始を認める決定をした。

決定理由で冨田敦史裁判長は「確定判決が認定した死因（窒息死）や原口さんの関与を裏付ける客観的な証拠は存在しない」と指摘。争点の義妹供述について「共犯者の自白を支えるほど信用性は高くない」とし、「共謀も殺害行為も死体遺棄もなかった疑いを否定できない」と述べた。

第2次から請求していた元夫（故人）の再審開始も認めた。

事件は79年10月、原口さんの義弟で同町井俣の農業中村邦夫さん＝当時（42）＝が自宅牛小屋の堆肥の中から遺体で見つかった。県警は原口さんと元夫ら4人を逮捕。原口さんは一貫して否認したが、知的障害のある共犯者の自白をもとに有罪が確定した。

地裁は2002年3月、第1次で再審開始を認めたものの、福岡高裁宮崎支部が取り消した経緯がある。

再審開始決定を報じる南日本新聞 2017年6月28日の号外

ビーで要請行動に参加する多くの人たちと合流した。弁護団の八尋光秀弁護士は福岡から飛んできた。前日の鹿児島から、いったん関西の自宅に戻った京子さん夫妻も「検察官に抗告しないでほしいと直接訴えたい」と駆けつけた。大崎事件を長年にわたり支援してきた国民救援会の会長である鈴木亜英弁護士、日弁連人権擁護委員会第1部会（再審部会）の泉澤章部会長（当時）、仁比聡平・参議院議員など錚々たるメンバーが集結していた。袴田事件弁護団会議のために静岡から上京していた袴田巖さんのお姉さん・ひで子さんも急遽要請行動に参加してくれることになった。

周防正行監督は「支援者代表」として要請に同行してくれた。

平成29年６月28日（水）　産經新聞　号外

産業経済新聞（サンケイ）
THE SANKEI SHIMBUN

大崎事件 再審認める

38年前の殺人、90歳女性ら

鹿児島地裁

「自白は誘導の可能性」

「大崎事件」で再審開始を認める決定が出され、鹿児島地裁前で垂れ幕を掲げる弁護士ら

原口アヤ子さん

再審開始決定を報じる産経新聞 2017 年６月 28 日の号外

対応に出た最高検の検事に対して、まず森弁護団長が「鹿児島地裁が開始決定を出したのは2度目になる。原口さんの冤罪性は誰の目から見ても明らかである。それでもなお検察官が有罪を争うというのであれば、即時抗告ではなく、再審公判（やり直しの裁判）で争えば良いではないか」と口火を切った。それから、同行した全員が、ひとりひとり、アヤ子さんの90歳という年齢に配慮し、本件はすぐに再審公判に移行させるべきであり、抗告を行わないよう要請した。京子さんは震える声を振り絞って「これ以上、母を待たせることはしないで下さい」と涙ながらに訴えた。

仁比議員は、

「あなた方のお母さんが、冤罪に巻き込まれ、38年もの間無実を訴え続け、ようやく再審開始の判断がされたのに、まだ無罪まで行き着くことができない、という事態になったらどのような気持ちになるか、自分のこととして考えてほしい」

と強い言葉で迫った。

周防監督は、法制審議会特別部会の有識者委員を務めた経験を踏まえ、このように要請した。

「法制審特別部会での議論のとき、検察官や法務省の委員は、『知的障がい者に対する取調べには特に配慮が必要で、信用性の担保のために専門家の立ち合いや録音録画による検証が必要である』と述べていた。大崎事件の共犯者とされた３名の男性にはいずれも知的障がいがあったと認定されている。検察官が即時抗告して、そのような配慮なく獲得された自白が信用できると主張するのは、自らの立場と矛盾するのではないか。ぜひ、再審公判で38年前の取調べを検証するという謙虚な姿勢をもってほしい」

そして私が、要請の最後に「まとめ役」として、このように締めくくった。

「裁判所が悪いとか、捜査が悪いということだけを言いに来たわけではない。38年前の刑事手続の中で、弁護人も十分な弁護活動をしてこなかった。それぞれの法曹の先輩たちが犯した誤りを、今の私たちがみんなで、新しい科学の知見をもって改めていくことが、失われている司法への信頼を回復することになるのではないか」

●長谷川さんの粋な計らい●

最高検への要請後、私たちは東京地裁内にある司法記者クラブで記者会見を行い、さらに国会議員会館に向かい、法務委員や地元出身など、大崎事件や刑事司法問題と関係性の高い数名の議員の部屋を回った。福島みずほ・衆議院議員は、自ら要請メンバーと面談し、私たちを激励して下さった。

即時抗告断念を求める最高検への要請は、前日の決定に続き、多くの在京メディアが報じた。テレビ朝日系列の「報道ステーション」は、二日連続で長尺のニュースとして伝えた。

最高検要請の翌日、決定の翌々日にあたる6月30日には、森弁護団長以下弁護団メンバーと、京子さん夫妻は、今度は羽田から福岡空港に飛び、福岡高等検察庁にも抗告断念の要請を行った。

福岡高検での要請を終え、事務所に戻ったのは30日の遅い時間だった。

事務所の受付カウンターには「勝利の花」ひまわりが飾られ、再審開始を報じた南日本新聞の号外が貼ってあった。

この3日間、ほとんど事務所にいない弁護士が、それでも30日の夜遅くに事務所に帰ってくることを見越した「スーパー事務職員」長谷川さんの粋な計らいだった。

●全国の新聞が社説で言及●

即時抗告期限は7月3日の月曜日だった。

「水曜日に決定を出してほしい」と弁護団が要請していたことと、その理由（本当は即時抗告期限は決定日の翌日から3日以内だが、3日目が土曜日になると土日をまたいだ翌月曜日が抗告期限になるため、申立てに実質5日使える）は前述したが、今回ばかりは、水曜日ではない曜日に決定を出してほしかった。5日間の抗告準備期間を検察官に与えるという「敵に塩」状態になったのである。

7月3日までの間、当然ながら私たち弁護団は落ち着かない日々を過ごしていた。

その間、私たちの気持ちを代弁し、励ますように、開始決定の翌日（6月29日）から、毎日のように全国の新聞社が大崎事件再審開始決定について、「疑わしいときは被告人の利益に」という刑事裁判の鉄則に従い、検察官は即時抗告せず、90歳のアヤ子さんを

大崎事件再審

司法の恥と受け止めよ

「やってないものは、やってない」――。殺人罪で服役した原口アヤ子さんは一貫して無実を叫んだ。その願いは第三次の再審請求でやっと重い扉を開けた。裁判所は早く無実を認めるべきである。

厳しい取り調べにも、原口さんは一度も罪を認めたことはない。例え話であるが「認めれば仮釈放される」などの誘いにも乗ったことはない。事件は鹿児島県大崎町で一九七九年に起きたが、物証はないに等しく、共犯者とされる者たちの証言のみで立証されている。

知的障害者も含まれる。かつ共犯者も後に証言をひるがえして、原口さんの関与を虚偽であったとしている。それでも原口さんは懲役十年の刑を受け、服役を終えている。どんな証拠によるものだろうか。

発端は、義理の弟が自宅から一㌔離れた用水路に自転車とともに倒れていた。泥酔していたのだ。村人に引き上げられ、家まで軽トラックで送り届けられたものの、その後、所在不明となった。

義理の弟は敷地内にある牛小屋の堆肥から死体となって発見された。原口さんの夫らが逮捕された。確定判決では「タオルによる絞殺」である。今回の弁護側は鑑定書を基に「死斑などがなく、窒息死の所見は認められない」と指摘しつつ、「自転車事故による出血性ショック死の可能性が高い」と訴えていた。

検察から開示されたネガフィルムを基に現像した写真を調べても、遺体の皮膚に変色が見られなかった。つまり、首を絞めて殺害したとする供述は信用できなくなる。弁護側はそう主張した。

また、第二次再審請求の抗告審で「親族の自白を支えている」と判断された義妹の「共犯者から殺してきたと聞いた」という証言についても、「体験していないことを話している可能性が高い」とする鑑定書を出していた。

要するに「大崎事件」は人が死んでいたことは事実であるが、殺人事件であったかどうかさえ、あやふやである。確たる証拠は何もないのではないか。死体遺棄のような状態であったから、警察が殺人事件だと思い込んでしまったのではないか。

たまたま死亡した義理の弟に郵便局の簡易保険を原口さんがかけていたから、事件の首謀者に仕立て上げられたのだろう。原口さんは既に九十歳。三審制でも過去二回の再審請求でも救えなかった。司法界の恥と刻まれる。

東京新聞2017年6月29日。社説「司法の恥と受け止めよ」

再審公判で一刻も早く救済すべき、という論調の社説を展開した。地元鹿児島の南日本新聞や、西日本新聞、熊本日日新聞、宮崎日日新聞といった九州の新聞のみならず、北海道新聞、東奥日報（青森）、新潟日報、信濃毎日新聞（長野）、東京新聞（中日新聞も同じ。「司法の恥と受け止めよ」という刺激的な見出しと的確な批判が突出していた）、京都新聞、神戸新聞、山陰中央日報（島根）、徳島新聞……と、鹿児島から遠く離れた地方紙も、また、在京4大紙では読売と毎日が、これでもかと大崎事件の冤罪性を強調して、検察官は抗告すべきでないと主張し、朝日新聞は「天声人語」で、アヤ子さんの無実を叫び続ける人生に触れた。

この間、37名もの刑事法学者有志も、検察官に即時抗告を断念せよとの「学者声明」を発出していた。

●記者レクの呼びかけにマスコミ全社が集結●

7月2日は日曜日だったが、何もしないでいると気が変になりそうだったので、懇意にしている記者さんに、「検察官抗告がなぜ許されないか、記者レクやろうと思うんだけど、みなさん来ますかね？」と持ちかけたら、「絶対行きます！」という話になり、日曜日で休業している狭い法律事務所の相談室に、新聞社5社、通信社2社、テレビ局5社から記者さんやカメラマンが集まった。

つまり、鹿児島のメディア全社が駆けつけてくれたのである。

相談室はものすごい人口密度になったため、座ってじっくり説明する記者レクは無理だと判断した私は、「再審開始決定」を1面トップで報じる新聞各紙がびっしりと貼ってある相談室の壁の前に立ち、テーブルの向こう側にセッティングしたテレビカメラに向かって記者さんたちの質問に答えるインタビューのような形を取ることにした。

このとき、どんな質問にどのように答えたか、詳細は思い出せないが、とにかく「日本の再審制度のルーツであるドイツでさえ、再審開始決定に

壁新聞の前に立つ著者

対する検察官の抗告を禁止している。もし有罪だと主張するのなら、公開の法廷で手続的な保障もある再審公判で行うべき、という考え方があるからだ。アヤ子さんの年齢を考えれば、これ以上再審請求段階の手続が長引くことは耐えがたい。検察官は即時抗告を断念し、再審公判で堂々と闘ってほしい」と繰り返し訴えた。この、「記者レク改め急遽インタビュー」となった、私の「最後のお願い」を、鹿児島読売テレビは即日ニュースで報じてくれた。

●ガセネタであって欲しい……●

しかし、抗告期限の7月3日、お昼前ごろから各社が「検察官、即時抗告の方針を固める」というニュースを報じ始めた。私はすぐに即時抗告申立書の提出先である鹿児島地裁刑事部に電話で確認したが、午後2時を過ぎても「まだ検察庁から書面の提出はありません」との返事だった。誤報であってほしいと祈るような気持ちだったが、仮に即時抗告された場合、「方針」ではなく実際に「即時抗告した」という事実をいち早く全国に発信しなければならない通信社の記者が30分おきに私に電話をかけてくるので、地裁刑事部に私の携帯電話番号を伝え、検察官が即時抗告申立書を提出したら、すぐに私の携帯に電話をかけてほしい、とお願いし、了承してもらった。

午後3時になっても地裁からは連絡がない。ニュースはガセネタで、検察官は抗告断念したに違いない、と私は心の中で何度も自分に言い聞かせていた。

この日は午後4時半に民事裁判の期日が入っており、事務所で午後3時から予定されていた打合せを終えた私は、いてもたってもいられず「裁判所の建物内で待機することにしよう」と決めて午後4時前に裁判所に到着した。

1階のロビーの椅子に腰掛けた、その瞬間だった。

マナーモードのスマホがブルブル震えだした。ディスプレイに「地裁刑事部」との表示が出ている。

「いま、即時抗告申立てがされました」

電話をかけてくれた書記官の声も、心なしか震えているようだった。

●鹿児島地裁刑事部書記官たちの心遣い●

午後4時半からの裁判までの約30分の間に、私はスマホを握りしめたまま通信社と幹事社に連絡し、急遽午後6時半から記者会見を行うことにした。

午後4時半の裁判は、偶然森弁護団長と共同受任している民事事件だったため、裁判の期日が終わった時点でまだ5時前であることを確認した私たちは、その足で刑事部の書記官室に行き、検察官から提出されたばかりの即時抗告申立書の謄写（コピー）請求を行った。

記録の謄写は、事務職員や、謄写を専門に行っている弁護士協同組合の方にお願いすることが多いが、もちろん弁護士が自分でコピーすることもできる。

森団長と私が刑事書記官室に入り、即時抗告申立書の謄写を申請したところ、書記官は心得た、というようにホチキスを外した状態の即時抗告申立書をすぐに持ってきてくれた。その際、「もう記録の整理はほとんどできているので、明後日すぐに一件記録を高裁宮崎に送りますから」と、私たちに問われるより先に、いつ高裁に記録を送るかを教えてくれた。高裁にも地裁と同じ迅速審理を促すために協力する、と暗にメッセージを送ってくれているように思えた。

そして、謄写を終えて書記官室を出ようとした私のところに、今度は訟廷管理官が小走りでやってきた。あの、決定前の事務的な打合せのときに、「旗出しの弁護士に、玄関の自動ドアが開くのを確認してから外に出るように」と注意喚起してくれた、彼女である。訟廷管理官は私に近づく

と、小声で、

「鴨志田先生、お身体に気をつけて下さいね」

と囁いて、自席に戻っていった。裁判所はもちろん、請求人・弁護人の味方をすることも、検察官の味方をすることも、立場上できないのは当然である。そのようななかで、しかし、刑事部の書記官たちの精一杯の心遣いが私には嬉しかった。

●「公益の代表者」の矜持はどこに？●

記者会見までの間に急ぎ即時抗告申立書を読み込んだが、その内容は、「吉田鑑定には新規性も明白性もない」、「大橋・高木新鑑定には新規性も明白性もない」、「このような弱い新証拠で新旧全証拠の総合評価を行った原決定（冨田決定）は新証拠の評価も明白性の判断手法も間違っている」という、これまでに再審開始決定がされた事件に対して検察官が提出してきた即時抗告申立書を切り貼りしたような内容だった。

そこには三審制のもとで一度有罪が確定した事件をひっくり返すことは「法的安定性」を損なうから、再審を開始すべき新証拠の新規性、明白性の判断には極めて慎重かつ高いハードルを課すべきで、新証拠それ自体に無罪の立証を求めるという価値観が透けて見えた。「（新証拠の明白性判断にも）疑わしいときは被告人の利益に、という刑事裁判の鉄則が適用される」とした最高裁白鳥決定の理念はどこに行ってしまったのだろうか。

最初から「身内による殺人・死体遺棄事件」と決めつけた見込み捜査と、後に解剖医本人が訂正したほど不正確だった死因鑑定。供述弱者から自白を搾り取り、無罪方向の証拠は徹底的に隠し、「自分たちが起訴した事件は有罪で間違いない。確定判決であれば裁判所のお墨付きまでもらっているのだからなおさらだ」と強弁して自分たちの組織のした過去の過ちに向き合おうとしない検察。何より、無実の罪を着せられたことで人生をめちゃくちゃにされたアヤ子さんと「共犯者」たち、さらにはその家族の味わってきた苦悩に、まったく思いを致していない即時抗告申立書には、「公益の代表者」（検察庁法4条）としての矜持をまったく感じることができなかった。

再審開始決定の段階から、多くの新聞社が社説で「検察官は抗告をせず、ただちに再審公判に向かうべき」と論じていたが、それを無視する形で行われた即時抗告に、北海道新聞と西日本新聞は2度目の社説を出して、重ねて批判した。

疑問禁じ得ぬ検察の抗告

「大崎事件」再審

2度目の再審開始決定という司法判断の重みに照らして、検察側の姿勢には疑問を禁じ得ない。

殺人罪などで服役した原口アヤ子さん(90)が裁判のやり直しを求めた「大崎事件」で、鹿児島地検が鹿児島地裁の再審開始決定を不服として、福岡高裁宮崎支部に即時抗告した。

再審の可否を巡る審理が再び始まる。抗告することに手続き上の問題はない。しかし原口さんの再審決定は2度目だ。しかも10年の「懲役刑」に服した。高齢でもある。検察側は即時抗告をせず、再審で自らの主張を展開すればよかったのではないか。

地裁の再審決定は「疑わしきは被告人の利益に」という刑事裁判の原則を踏まえた内容である。

この事件は、原口さんの義弟の遺体が1979年に牛小屋から見つかり、原口さんら親族4人が殺人や死体遺棄容疑で逮捕され、いずれも有罪が確定した。

物証が乏しく、立証の柱は親族らの自白だった。原口さんだけが取り調べ段階から一貫して犯行を否認した。その事実は今も重い。

鹿児島地裁が重視したのは、親族の自白を補強する義妹の目撃証言について、専門家が分析した心理学鑑定だった。

決定は「義妹は捜査機関の思惑に沿って虚偽の供述を続けていた疑いがある」と踏み込み、冤罪《えんざい》の可能性すら示唆した。

地検は即時抗告申立書で、この心理学鑑定について「科学的証拠といえず、決定は過大評価している」と主張しているという。

この決定については「無辜《むこ》の救済を旨とする再審制度の趣旨にのっとったもの」として日弁連も高く評価している。検察側が不服であるならば、心理学鑑定の評価についても再審の裁判で争えばよかろう。

再審決定に至る長い苦難の道のりや、原口さんの残された時間から考えれば、一刻の猶予も許されない。高裁での審理も迅速に行われるべきだ。

自白偏重に警鐘を鳴らした大崎事件の意味を再度確認したい。

西日本新聞 2017 年7月5日。２度目の社説。即時抗告を重ねて批判

第6章　第3次再審即時抗告審
――福岡高裁宮崎支部・根本コート

1　地裁から高裁に受け継がれた迅速審理

●闘いの舞台は再び宮崎へ●

7月3日に即時抗告申立書を謄写した際、鹿児島地裁の担当書記官から「一件記録を5日に高裁に送ります」と聞いていた私は、確実に記録が高裁に届いた頃合いを見計らい、7月7日の朝、福岡高裁宮崎支部に電話を掛けた。

高裁の担当書記官は、この年の3月まで鹿児島地裁刑事部の訟廷管理官だった書記官（決定日前の打合せで「旗出しの弁護士は自動ドアにぶつからないよう」と助言した訟廷管理官の前任者にあたる）だったので、話は非常にスムーズに伝わった。

私は、アヤ子さんの90歳という年齢にご配慮いただき、鹿児島地裁と同様、高裁宮崎支部においても迅速審理を求めたい、ついては早期に、三者（裁判所、検察官、弁護人）による打合せ期日か、裁判所と弁護団の面談日か、いずれかを設定いただきたい旨申し入れた。すると、その日のうちに担当書記官から電話があり、

「7月20日の午後3時から、三者の打合せ期日を入れる、ということでいかがでしょうか」

と返答してくれた。なんと幸運にも、私はその日の午前中、福岡高裁宮崎支部で別件の調停期日が入っていた。午後からは福岡地裁の民事裁判の電話会議期日が入っていたが、これを高裁宮崎支部から携帯電話で対応すれば、午後3時からの打合せ期日にちょうどいいタイミングで間に合う。

「何という幸運。やはり日頃の行いがいいと……」などと軽口を叩いているヒマはもちろんなく、私はすぐ森弁護団長に出頭可能との確認を取り、他の弁護団メンバーにもメールと携帯で打合せ期日が決まったことを伝えた。

かくして、即時抗告からわずか17日後の7月20日、福岡高裁宮崎支部で裁判官3名、検察官4名、弁護団10名での打合せ期日が実現した。

●佐藤博史弁護士が火を噴いた●

再審請求事件は、多忙な裁判官たちの通常事件の処理のなかでともすると「後回し」にされがち

で、特に抗告審となると、打合せ期日も全く開かれず、請求人（弁護人）、検察官が書面の提出を繰り返していると、ある日突然裁判所から決定書が送達されて終わる、という事件も少なくない。そんな現状のもとで、アヤ子さんの年齢に配慮し、抗告から17日後に打合せ期日を設定してくれたということは、高裁宮崎支部も、鹿児島地裁同様、この事件に真摯に向き合ってくれるのではないかと、私は期待に胸を膨らませた。

地裁の再審開始決定に対して即時抗告を行ったのは検察官なので、冒頭、根本渉裁判長は、まず検察官に対し、今後の方針を尋ねた。

すると、4人の検察官を代表して、福岡高検宮崎支部の内田武志検事が、

「原決定は、供述心理鑑定を重視し、これに高い証明力を認めて再審開始の結論に至っている。そこで我々は、この供述心理鑑定について、専門家に意見を聞いているところであり、専門家の意見書を添付するか、専門家の意見書を踏まえた検察官の補充意見書のみにするかは検討中である。いずれにせよ、作成に3、4か月かかると考えているため、書面の提出期限は10月末か11月初めとしていただきたい」

と回答した。

何ということだ。裁判所が迅速に対応しても検察官の書面の提出だけで3、4か月待たされては、これに弁護団がさらに反論しているだけで年を越してしまう。我々としては年内、遅くとも年度内の決定が必須だと考えていた。しかし、私が「それでは遅すぎる」と口を開こうとするより一瞬早く、東京から宮崎に飛んできた佐藤博史弁護士が猛烈な勢いで抗議した。

「検察官は、原審（鹿児島地裁）において、〈法医学の吉田鑑定〉については反対鑑定である近藤鑑定を提出し、吉田鑑定人と近藤鑑定人の双方に対して尋問が行われた。しかし、〈供述心理鑑定〉については、第2次の即時抗告審、第3次請求審で大橋・高木両教授の鑑定人尋問が実施されたにもかかわらず、検察官は専門家の鑑定書や意見書を提出せず、反対鑑定人の尋問も申請しなかった。今頃になって専門家の意見を聞いているとはどういうことか」

火を噴くような佐藤弁護士の発言を、根本裁判長は「まずは検察官のご意見を承ったところですから」と制止した。検察官が3、4か月欲しいと言ったら、たいていの場合、裁判所は検察官の要望をそのまま受け入れてしまうことが多い。今回もやはりそうなのだろうか……。

●あわてる検事たち●

根本裁判長は静かに、しかしきっぱりとこう言った。

「裁判所としても、3、4か月というのは長いと考えます。補充意見書の締め切りは9月末としていただきたい」

打合せ期日に出頭していた4人の検事たちは、一様に驚いた表情になった。まさか、自分たちが要望した期限を裁判所が受け入れない、という事態など想像だにしていなかったのだろう。

4人はいっせいに手帳を取り出し、パラパラと頁をめくり、内田検事が、

「あ、あの、9月30日は土曜日なのですが、提出期限は10月2日でよいというご趣旨でしょうか」

とおずおずと尋ねた。何という往生際の悪さ……。

「いえ、9月29日までにご提出下さい」

そう言いながら、根本裁判長は半分笑いをこらえているようにも見えた。

●すでに練られていた弁護団の戦略●

次に根本裁判長は、弁護人側の書面提出の予定について質問した。

弁護団は、打合せ期日の3日前、7月17日に弁護団会議を開いて、即時抗告審における戦略を決めていた。その戦略とは、「高裁の審理は、なるべく実質に踏み込ませず形式面で検察官の抗告を切る」ことだった。内容面に踏み込めば踏み込むほど、意見書の応酬になり、審理が長期化することになって、「アヤ子さんの命あるうちに再審無罪」という私たちの悲願の実現が難しくなる。そのような事態は絶対に避けるべきだったからだ。

実は、この打合せ期日の前、弁護団は7月18日付で、「即時抗告審のあり方」と題する書面をすでに提出済みだった。これは、検察官が新しい主張や証拠を出して審理を長引かせようとする可能性を見越して（実際にそうなりかかったが、裁判所が早めの期限を区切ってくれたのはよかった）、「先制パンチ」を繰り出したものである。

すなわち「再審開始決定について検察官が抗告した場合は、裁判所は、地裁のした原決定に誤りがあると主張する検察官の言い分に理由があるかどうかのみを審理する（このような考え方を「事後審」という）に徹するべきであり、そこで検察官の追加の主張や立証を認めるべきではない。そして、裁判所は、（通常の裁判の控訴審と同じように）地裁の判断を尊重すべきであり、仮に地裁のした原決定を取り消す場合には、その決定に『論理則・経験則』違反があることを具体的に指摘しなければならない」という内容の、わずか7頁だが、検察官の機先を制し、裁判所にも迅速審理を促す内容だった。

ちなみに、この「論理則・経験則」という言葉は刑事裁判でよく使われるが、なかなか説明が難しい。数学上の論理や、経験に基づいた常識といった誰もが肯定できる法則のようなものをいうのだが、裁判官がいう「論理則・経験則」と一般市民が認識しているそれとの間にはズレが生じていることもあるし、よく見ると理由づけが不十分なのに「論理則・経験則違反」というだけで、あたかもきちんと理由づけをしたかのように見せかける判決も少なくない（大崎事件第3次再審では、後にそれを痛感する出来事に直面することになるのだ）。

その上で、この打合せ期日の席上、弁護団は次に、再審開始の要件である「新証拠の明白性」のあるべき判断手法について論じる書面を7月31日までに提出し、そして、検察官の即時抗告申立書に対する反論の意見書（ここでようやく実質面に踏み込む意見書ということになる）を8月31日にまでに提出する、との意向を示した。

●「三本の矢」をくり出す弁護団の書面作成システム●

弁護団がこの３つの書面（私は毛利家の教えになぞらえて「大崎即時抗告審三本の矢」と呼んでいた）を矢継ぎ早に出すことを可能としたのは、なんと言っても佐藤博史弁護士の、経験と知識とセンスに裏打ちされた起案能力だった。カミソリのようにソリッドで簡潔な書面が、驚くほどのスピードで量産されるさまは、まさに「起案マシーン」のようだった。

弁護団の書面は、この頃から、佐藤弁護士がまず起案してメーリングリストにポストし、これを、「てにをは」や字句レベルで修正すべき点はないか、原典からの引用が正確か、日付や証拠番号に間違いがないか、を若手も含めた他の弁護人がそれぞれの視点で検討し、そして、最後に「アンカー」の鴨志田が最後の仕上げを担当し、完成版として整えて提出する、というパターンが定着していた。

●裁判長の迅速審理宣言●

このようなやりとりの末、検察官の意見書の提出期限は9月29日と決まり、弁護団は7月31日と8月31日に予定した書面を提出し、9月に出される検察官の意見書に対する弁護人の反論の書面については、提出するか否か、出すとすればいつまでに出すか、という点を裁判所と弁護人との間で電話やＦＡＸでやり取りをすれば足りるので、今後はいわゆる進行協議期日は設けない、との方針が裁判長から示された。

そして、最後に裁判長は、

「裁判所としても、いたずらに審理を長引かせようとは考えていません」

と宣言して、打合せ期日を締めくくった。

弁護団は打合せ期日終了後、宮崎市内ですぐに記者会見を行った。高裁が迅速審理の姿勢を示したこと（特に検察官が補充意見書の期限を３、４か月先と要望したのに、裁判所がこれを聞き入れず９月末と指定したこと）について、鹿児島の民放各局はその日の夕方のニュースで一斉に報じた（ＮＨＫも翌日のニュースで報じた）。

翌７月21日付の地元紙・南日本新聞には、

「大崎事件　迅速に審理　高裁宮崎支部が方針」

との見出しが躍っていた。

2 「大崎愛」あふれる地元メディアとの交流

●「大崎ロス」●

闘いの舞台が宮崎に移ったこと、裁判所が進行協議を設けず、以後は書面審理の方向になったことで、鹿児島のマスコミでは、あの地裁決定前後の「狂乱の日々」から一転、大崎事件について報道する機会が激減した。

ある日、私の事務所に届け物をしに来てくれた某テレビ局の記者は、

「なんか、うちだけじゃなくて鹿児島のマスコミ各社みんな力が抜けちゃって。みんな『大崎ロス』状態なんですよ」

と打ち明けた。

「大崎ロス」……。その言葉に、どれほど鹿児島のメディアの人たちが、大崎事件をわがことのように考えて、決定日の告知から決定のその瞬間、そして検察官の抗告がされるまで、毎日必死で取材し、報道してきたかを改めて痛感した。

「そうだ、鹿児島メディアの『同志』たちと慰労会をやろう！」

私は、決定が出た6月のマスコミ幹事社として、私とマスコミ各社のパイプ役として活躍してくれた西日本新聞の金子記者に、今度は「慰労会」の幹事になってくれないか、と持ちかけた。彼は二つ返事で幹事を引き受けてくれた。

●「同志」たちとの慰労会●

かくして8月10日、マスコミ各社で大崎事件を取材、報道した「同志」たちと弁護団有志との慰労会が開催された。

鹿児島のマスコミ全社（新聞社5社、通信社1社、テレビ局5局）から、なんと合計17名もの方々が参加し、弁護団からは証拠開示班長の泉弁護士、法医学班で活躍する増山弁護士、開始決定の「旗ガール&旗ボーイ」の竹山弁護士・村山弁護士、そして鴨志田の5名が参加、総勢22名という「大慰労会」となった。

日頃はライバル関係にある（と思われる）各テレビ局の関係者や各紙の記者たちが、会社の垣根を越えて大崎事件の話題で楽しそうに会話を交わしている。我々弁護団メンバーも、「実はあのときはね」という裏話（特に決定書を交付された簡裁1階ラウンド法廷の「再現実況」など）を「蔵出し」

するなどして、徐々に場が打ち解け合い、大いに盛り上がったが、とりわけ記憶に残っているのは、参加者全員が「大崎事件と私」というお題付きで自己紹介をした場面だった。

ずっと大崎事件を追い続けてきて、今は現場ではなくデスクになっている先輩から「俺はずっと見たかった開始決定の瞬間を生で見ることができない。お前はどれだけ幸せな星のもとに生まれたか、実感しながら取材してこい」と現場に送り出されたという中堅の司法担当記者。「撮影クルーが三脚台の上から撮る映像とは違う、別の視点で、『これは』と思うシーンを何でも自由に撮ってこい」とハンディタイプのビデオカメラを持たされ、張り切ってカメラを回したが、再審開始決定の瞬間から、興奮でわれを忘れ、その後撮った映像がすべて「手ぶれ状態」で使い物にな

総勢22名。マスコミ・弁護団大慰労会

らず、先輩から大目玉を食らったことを紹介する新米記者。そしてその隣の席の、同じテレビ局にこの春入社したばかりのさらなる超新米記者が「私は、この○○先輩にビデオカメラを手渡す役でした！」と「合いの手」を入れ、一同大爆笑になった。

●ジャスティスとパッション●

この「自己紹介シリーズ」は、どれも笑いと涙と感動に溢れるものばかりだったが、なんと言ってもハイライトは、毎日新聞の鹿児島総局の、若く熱意溢れる田中韻《いん》記者が披露した、決定日直前のエピソードだった。

彼女は決定前に西部本社のデスクに電話をかけ、

「地元はどの社も開始決定を予想して準備しています！　1面トップと社会面見開きを空けておいて下さい！」

と直訴したところ、電話口の向こうのデスクは冷めた声で、

「あのねえ。再審開始決定なんて、そんな簡単に出ないの。1面トップと社会面見開きなんて無理だよ」

と軽くあしらったという。それでも彼女は粘り強く食い下がったところ、デスクはやれやれ、と

いった風に、

「そんなに言うんだったら、エビデンスを見せてみろ」

と彼女に迫った。すると、彼女は、一瞬の間を置いて、こう言い切った。

「ジャスティスとパッションです！」

この答えにデスクが納得したかどうかは知る由もないが、鹿児島地裁の開始決定翌日の毎日新聞は、彼女が要求したとおり、1面トップと社会面見開きで大崎事件を報じていた。

田中記者は現在、鹿児島を離れ、九州の別の県に異動になったが、「ジャスティスとパッション」は、その後も鹿児島のマスコミに語り継がれるエピソードとなっているようだ。

●サプライズプレゼント●

このように、参加者全員が大崎事件への思いを語り合い、あっという間に4時間が経過して慰労会はお開きとなったが、最後に、幹事を務めて下さった西日本新聞の金子記者が、

「では、今から記念品贈呈に移らせていただきます」

と言うなり、まずは竹山弁護士と村山弁護士を参加者の前に立たせ、二人にそれぞれ準備してきた、会社の茶封筒に入ったクリアファイルを、まるで表彰状を贈呈するように手渡した。

そのクリアファイルには決定日翌日の西日本新聞の1面トップを飾った「旗ガール&旗ボーイ」の誇らしい姿が映っているA4サイズの写真が入れられていた。

旗ガールと旗ボーイがこのサプライズプレゼントに感謝感激している横で、金子記者は、今度は私に、同じように茶封筒に入ったクリアファイルを贈呈してくれた。

そこに入っていたのは、決定直後の裁判所玄関前で号泣する私の写真だった。

耳たぶまで真っ赤になるのを自分で感じるほど恥ずかしかったけれど、「あの日」がありありと蘇る、何よりのプレゼントだった。

「家宝にさせていただきます」

と、私は感謝の言葉を述べた。

鹿児島地裁での勝利は、弁護団と地元メディアが立場を超えて共有した「大崎愛」が積み重なり、結晶となったことでもたらされたのだということを、改めて心に刻んだ夜だった。

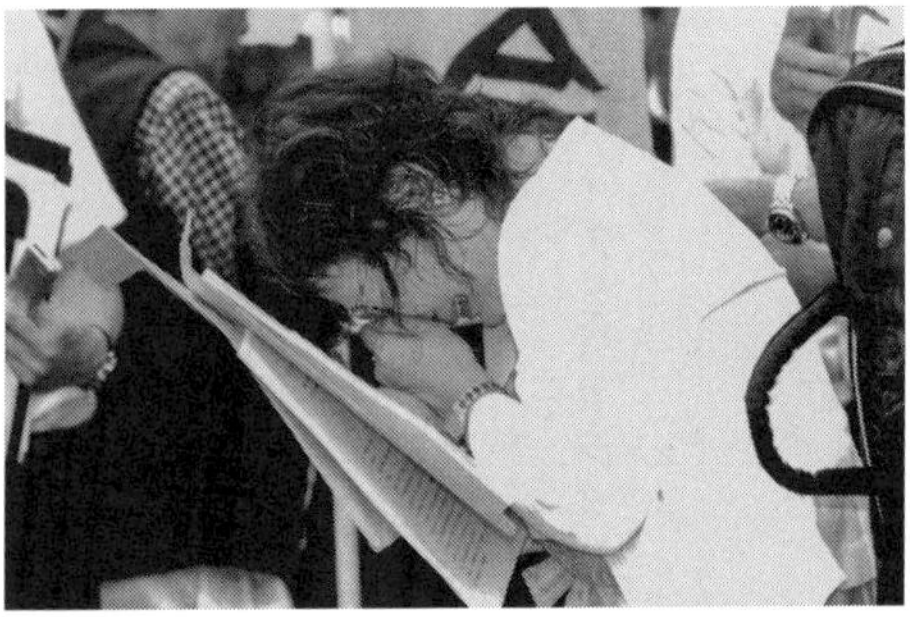
贈呈された号泣写真

3 検察官の補充意見書と科警研心理技師の意見書

●検察官意見書の驚くべき表現●

弁護団が早々に「三本の矢」を放った（三つめの書面である、検察官の即時抗告申立書に対する反論の意見書は予定どおり8月31日に提出した）約1か月後の９月29日、検察官は裁判所が指定した提出期限ぎりぎりで補充意見書を提出してきた。

鹿児島地裁の開始決定（冨田決定）がいずれも明白性のある新証拠と認めた、法医学の吉田鑑定、供述心理分析の大橋・高木新鑑定の双方について「新規性も明白性も認められない」とした即時抗告申立書を補充する書面なので、この補充意見書が両鑑定をこきおろす方向の書面になること自体は、弁護団も当然予想していた。

しかし、驚いたのはその「表現ぶり」である。

まず、鹿児島地裁の再審開始決定について、冒頭で「再審開始決定との結論ありきの」、「偏頗な判断をするという重大な誤り」とこきおろしており、これには開いた口がふさがらなかった。

●検察官が裁判所に牙をむいた●

わが国の刑事訴訟法では、通常審と再審請求手続は、その構造が異なるとされており、検察官は、通常審では被告人の有罪を立証するという役割を与えられた「当事者」であるが、再審請求の審理では、再審請求を受けた裁判所がみずからの権限（職権）で判断するという構造をとっているため、検察官の存在は必須ではないのだ。

なお、刑事訴訟規則286条で、裁判所は「再審の請求について決定をする場合には、請求をした者及びその相手方の意見を聴かなければならない」とされており、元被告人が再審請求をした場合の「相手方」は検察官ということになるから、裁判所は検察官の意見を聴かなければならないが、逆にいうと、意見を言う機会さえ与えればよく、その意見に縛られるわけではない。

このため検察官は、証拠開示をめぐる攻防のときは決まって「再審請求手続は職権主義構造であり、検察官は『当事者』ではないので、あくまで裁判所の裁量で行う審理に協力するだけの立場である」と言って、弁護人の証拠開示請求を拒絶するのだが、いざ裁判所が再審開始決定を出した途端、通常審のときと同様「有罪は勝ち、無罪は負け」という、勝負根性むきだしの「当事者」に豹変し、このようなえげつない表現を使って裁判所に牙をむくのだ。

●ヒステリックな論調は小見出しにも●

次いで検察官は、冨田決定が再審を開始すべき明白な新証拠と認めた法医学鑑定と供述心理鑑定について、新規性も明白性も認められない、との意見を展開していくのだが、とりわけ供述心理鑑定についての批判は、「あらゆる角度から徹底的に潰すぞ」と言わんばかりの、ヒステリックとさえ言えるような書きぶりだった。

その苛立った書きぶりは、すでに目次の記載、すなわちこれから展開される補充意見書中の各項目の「小見出し」に現れていた。以下、そのまま引用するので見ていただきたい（なお、それぞれの小見出しに付けた番号は実際の意見書のものではなく、便宜上筆者がつけたものである）。

① 供述鑑定は、そもそも「証拠」たり得るかについて疑義があるのに、これが証拠であることを当為の前提に、大橋・高木新鑑定の新規性・明白性を論じる不当性

② 供述鑑定は、取調べ済みの供述調書等を対象にして、従来から裁判官が自由裁量の範囲内で行ってきた信用性評価手法の一部分を取り上げ、あたかも新たな経験則に基づく分析であるかのようにみせかけるものにすぎず、何ら「新規」なものではないのに、原決定がこの視点及び検討を欠いたまま、供述鑑定が一般的に「新規」なものであるとの前提で大橋・高木新鑑定の新規性

を論じる不当性

③　供述鑑定は、その手法自体がおよそ科学的といえるようなものではなく、そのような手法によって分析された結果について十分な証拠価値が認められる余地はないから、そもそも一般的に「明白性」を認めるのは困難なのに、これを当為の前提として大橋・高木新鑑定の明白性を論じる不当性

●随所にみられる明らかな誤り●

こんな長ったらしい小見出しが延々と続く目次が、そもそも「目次」の役割を果たしているのか、と思ってしまうのだが、それはさておき、この小見出しが付けられた各項目に書かれた内容には、明らかに誤っているところが随所にあった。

まず①については、過去に浜田寿美男教授の供述心理鑑定を「こき下ろした」袴田事件第1次即時抗告審（東京高裁）決定や、それを引用する他の事件の決定を引用しているが、すでに大崎第2次即時抗告審の福岡高裁宮崎支部は、結論こそ棄却であったが、大橋・高木旧鑑定に「新証拠としての証明力」を認め、「共犯者」たちの自白の信用性に影響を与えたことを認めていた。また、

通常審の裁判員裁判で、供述心理鑑定を証拠として認め、鑑定を行った心理学者に証人尋問を行って、その知見を踏まえて無罪判決が出された事件もある。元刑事裁判官の中にも、供述心理鑑定の有用性を説く者が複数現れている現状があるのに、検察官は未だに「証拠」性に疑義がある、と難癖をつけているのである。もっと言えば、大橋教授や高木教授は、警察大学校や法務総合研修所（検察官に対する研修を行う）などの捜査機関から招聘されて、警察官や検察官に適正な取調べのあり方について心理学の専門的見地から指導する研修の講師を務めている。彼らの専門的な知見による鑑定を検察官が否定するのはどういう了見か、と思ってしまう。

②については、心理学鑑定について、これまでに裁判官が行ってきた信用性判断の「一部分を取り上げ、あたかも新たな経験則に基づく分析であるかのようにみせかけるものにすぎない」という点がそもそも全く心理学鑑定を理解していないことを露呈しているが、それ以前に根本的な問題がある。

検察官は、裁判官が供述の信用性判断を「自由裁量」で行う（刑事訴訟法の318条に「証拠の証明力は、裁判官の自由な判断に委ねる」と規定されており、「自由心証主義」と呼ばれている）ことを認めているのだから、裁判官が供述の信用性を判断するために、心理学の専門的知見を参考にすることも当然「自由裁量」の範囲内なのであり、冨田決定が心理学鑑定を鵜呑みにするのではなく、その鑑定内容を踏まえて、あくまで裁判所自らの判断として自白の信用性を否定していることに検察官が文句をつける筋合いはないはずである。

●人としての品格を疑わせる表現●

そして一番問題なのが③である。供述心理鑑定を「その手法自体がおよそ科学的といえるようなものではない」と言い切るこの部分を支えていたのが、大橋・高木鑑定に対して初めて検察側が提出した「専門家の意見書」である。検察官が意見を聞いた「心理学の専門家」とは、科警研の女性心理技師3名だった。

「そんなタイトルのドラマがあったような、なかったような……。あ、あれは科捜研か」と余計なことを考えながらその意見書を読み始めた私は、検察官の補充意見書を読んだとき以上に、その内容に驚愕した。

その意見書では、アメリカので裁判で科学的証拠の信用性をチェックする際に用いられている基準である「ドーバート基準」（①当該科学的仮説は検証されている、または検証可能か、②誤判定率は明らかにされているか、③当該仮説や方法は査読を受けて公刊されているか、④仮説や方法が根拠とする理論はしかるべき科学者たちの一般的な支持を受けているか）を引用し、この基準を満たしていない大橋・高木新鑑定は「似非科学」だと断じていた。

「似非科学」……（私が怒り狂っている横で「ニヒ科学」と読んだ弁護団メンバーがいて思わず脱力したので念のために書いておくが、これは「エセ科学」と読む）。

同じ心理学の専門家に対して「エセ科学」という言葉を使う。科学論争という前に人としての品格を疑う表現だと思った。

●徳永光教授の意見書●

弁護団は、早速反撃に出るべく、一度に5人の専門家（元裁判官、心理学者、刑事法学者など）に、検察官の意見書と科警研の心理技師の意見書を分析、検討した意見書の作成をお願いした。このうち、「ドーバート基準を用いて大橋・高木新鑑定を批判することは筋違いである」ことを端的に指摘した獨協大学の徳永光教授の意見書を真っ先に裁判所に提出することとし、弁護団は11月15日に、この徳永教授の意見書を添えて、弁護団の補充意見書を提出した。

なぜ「筋違い」なのか、それは簡単に言うと、次のような理由による。

まず、「再現可能性（検証可能か）」について、科学的な「検査」、例えばＤＮＡ鑑定の信用性については再現可能性が重要になってくるが、法医学鑑定や精神鑑定は専門家の「意見」であって再現可能性はない。しかしこれを「科学ではない」という人はまずいないだろう。同じように、「再現可能性がないから心理学鑑定は信用できない」ということにはならない。


次に、仮説を検証したり誤判定率を測定したりすることで信用性が担保される科学的証拠とは、「量的分析」と言われる手法を用いたもので、一方、大橋・高木両教授が行った供述心理分析は、「質的分析」という、まったく異なるアプローチの手法である。質的分析の妥当性を判断するのに、「量的分析」の確からしさを判断するための基準を使うのは、いわば、重さを量るのに巻き尺を当てているようなものなのである。

そして、何より重要なのは、日本の刑事裁判では「ドーバート基準」が一般的に用いられていない、ということである。

●科学的証拠評価のダブルスタンダード●

実は、意見書をお願いした徳永教授は、誤った科学的証拠によって無実の者が有罪とされないように、わが国の刑事裁判でもドーバート基準と同様の基準で判断すべき、と説いている研究者である。つまり、有罪を立証するための（検察側から提出される）科学的証拠にこの基準をあてはめたら、とても証拠として使えないようなものも、裁判所はドーバート基準のような厳格な基準を使わずに平気で有罪の証拠としている現実があるのに、弁護側が有罪判決を崩すために提出する無罪方向の証拠にだけ厳しい基準を用いるのは、明らかに不公平であり、ダブルスタンダードだということである。

難しい科学論争についていくのにいつも苦労している、私のような「文系人間」にも、この不公平さはハッキリとわかる。

●公判廷供述は自白供述とはいえない？●

「筋違い」と言えば、科警研の技師の意見書を受けて書かれた検察官の補充意見書には、猛烈な「筋違い」が堂々と書かれていた。

「（大橋・高木旧鑑定の（筆者注））スキーマ・アプローチの対象は公判廷での自白であるとされているが、そもそも両名（一郎と二郎（筆者注））の公判廷供述が自白供述といい得るかにつき疑問がある上……検察官が……一郎及び二郎の捜査段階における各検察官調書を証拠請求し、裁判所もこれらを採用しており、すなわち、両名の公判廷供述の相対的信用性が否定されているのであるから……これらを通常の自白として検討する手法は、およそ公正中立なものとはいい難い」

一郎さんと二郎さんには知的障がいがあった。そのことは鹿児島地裁の確定一審判決も認定している。そのような彼らが、法廷ではほとんど語れていなかったというのであれば、確定審の裁判官たちは、それを目の当たりにして「この人たちの自白を有罪の証拠とすることはできない」と考えなければならなかった。それなのに、目の前で語れない一郎さんと二郎さんの姿を直接見ていた裁判官たちは、一郎さんや二郎さんが独り言のようにすらすらと自白しているように書かれている、検察官の作文である検面調書を、そちらの方が信用できると判断して証拠として採用し、それでアヤ子さんに有罪判決を下したのである。

それを、一郎さんや二郎さんの法廷での供述が「自白とさえ言えない」と検察官が認めるなら、それほどまでに自発的には語れない「供述弱者」の供述調書で有罪にすることこそを批判すべきであり、その「語れていない自白」をスキーマ・アプローチの分析対象としたことを批判するのは、それこそ、とんでもない「筋違い」ではないか。

●5か月で「結審」した即時抗告審●

弁護団が意見書を提出した後、ほどなく裁判所から弁護人、検察官の双方に「言い足りないことがあれば12月15日までに書面を提出するように」という趣旨のFAX文書が送られてきた。これは、この日をもって双方から言い分を聞くのは打ち止めにして（業界ではこのような区切りを「結審」という）、裁判所はここまでの双方の主張を前提として決定を出すというメッセージである。

福岡高裁宮崎支部での審理は、2年足らずの間に13回も進行協議期日を重ねた鹿児島地裁と異なり、弁護団が裁判体と直接顔を合せたのは7月20日の打合せ期日のみだったから、彼らがこの事件とどう向き合い、どのような心証を形成しているかを読み取ることは容易ではなかった。しかし、打合せ期日での、意見書の提出期限の設定をめぐる検察官とのやりとりや、今回のFAX文書によって、根本コートも冨田コートと同じく、アヤ子さんの年齢に配慮して、この件については迅速に対応しなければならない、と考えていることが十分に窺えた。これは年度内、つまり2018年3月までに決定が出るかもしれない。そうであれば、検察官の意見書に反論を重ねるより、最後に本当に伝えたいことだけをコンパクトな書面にして提出するほうが効果的だ、という方針で弁護団の意見は一致した。

そこで、12月15日の最終期限に弁護団が提出した「意見書(3)」は、すでにその内容について主張し尽くした吉田鑑定や大橋・高木新鑑定についてではなく、確定審段階の旧証拠と、第1次から第3次まで重ねてきた再審請求の中で提出、開示された膨大な証拠の中から、「裁判所が新旧全証拠の総合評価を行うにあたって、これだけは見ておくべき重要な証拠」を提示する、本体わずか13頁のコンパクトな書面とした。そして、その「付録」として、地裁の進行協議期日でプレゼンテーションを行った、第3次再審段階で開示された写真を整理したパワーポイントのスライドを印刷したものを添付した。

検察官からは、前述の「供述心理鑑定こきおろし」意見書と専門家と称する3人の心理技師による「似非科学」意見書の後は、何も提出されなかった。

かくして即時抗告審の審理は2017年の年末をもって事実上終結し、あとは決定を待つのみとなった。

4 「高裁の壁」を突破するための「宮崎集会」

●宮崎弁護団の「再起動」●

第2次再審の即時抗告審の際に、宮崎の裁判所とのやりとりや、宮崎メディアへの対応といった役割を担うため、宮崎県弁護士会に所属する弁護士17名が弁護団に加入したことについては前述した。

この「宮崎弁護団」は第2次即時抗告審（原田コート）が再審請求を棄却し、闘いの舞台が最高裁に移った時点から、第3次の鹿児島地裁（冨田コート）での再審開始決定までの約2年間、実質的に「休眠状態」となっていた。

しかし、鹿児島地裁の開始決定に対する検察官の即時抗告によって事件が福岡高裁宮崎支部に係属するや否や、宮崎の弁護士たちは「再び出番が来た」、とばかりに「起動」し、即時抗告から

17日後の7月20日に行われた打合せ期日後の記者会見の会場を押さえたり、その後宮崎のマスコミに大崎事件について詳しく知ってもらうために行った記者レクの際にはマスコミ各社への連絡やレク後の懇親会を設定したり、そのてきぱきとしたフットワークの軽さと、きめの細かい配慮に、私はただただ感嘆するしかなかった。

その宮崎弁護団が、裏方として完璧な準備とフォローで臨んでくれたのが、大崎事件がこれまで越えられなかった「高裁の壁」を突破すべく、宮崎のマスコミや世論に打って出るために企画した「宮崎集会」だった。

●217人が集まった「宮崎集会」●

第2次の即時抗告審のときに宮崎で開催した集会は、支援者さんたちが中心となって企画したものだったが、今回の「宮崎集会」は宮崎弁護団に支援者たちが協力する形で実現した。準備期間わずか2週間あまりの急ごしらえの集会だったが、200人収容の会場に、それを上回る217名が参加し、大盛会となった。

「地元の研究者」として大崎事件を見守り続けている中島宏・鹿児島大学教授が基調講演で冨田決定の画期的な内容を解説し、「大崎事件東京弁護団長」の佐藤博史弁護士は弁護団報告で、即時抗告審の戦略――最速で再審開始を確定させること――を述べた上で、３月には鹿児島地裁で再審開始決定を書いた冨田裁判長が自ら再審無罪の判決を出す、という夢のようなロードマップを示して見せた。

そして集会のハイライトは、宮崎に集結した豪華パネリストによるパネルディスカッションだった。「大崎事件のためなら何でもする」と常々おっしゃっている言葉のとおり、宮崎にも駆けつけて下さった周防正行監督、第２次即時抗告審のときにアヤ子さんと「運命の出会い」を果たした袴田ひで子さん、冤罪被害者の「代表」として、痛烈

宮崎集会の豪華パネリストによるディスカッション。右端は周防正行監督。

かつ的確なメッセージを送り続ける布川事件の櫻井昌司さん。そして、鹿児島地裁の開始決定のときに裁判所玄関前で私とハグして喜びあった青木惠子さん（東住吉事件で再審無罪）は、当時、彼女の波乱の人生をドキュメンタリー番組として制作すべく、NHKが密着取材していたため、彼女はNHKの撮影クルーを引き連れて宮崎入りを果たした。また、東住吉事件の弁護人だった青砥洋司弁護士も、前回の鹿児島集会同様、一緒にパネリストとして登壇して下さった。

宮崎集会のパネルディスカッションは、このように、冤罪被害者本人、その家族、その弁護人、そして法制審の特別部会メンバーとして刑訴法改正の議論にも関与していた「大崎最強の支援者」である映画監督が、それぞれの立場から、自らの体験を語り、アヤ子さんと、亡父のために再審請求をしているアヤ子さんの娘の京子さんにエールを送った。

●心に残るシーンの数々●

これまで、大崎事件の再審を闘う各局面で、さまざまな集会を企画し、開催してきたが、この「宮崎集会」でのパネルディスカッションには、今でも心に残っているシーンがたくさんある。

～櫻井さんの涙～

いつも明るく前向きで、冤罪で無期懲役判決を受け、29年間服役した自らの体験を「不運だったけど、不幸だとは思わない」と言い切り、獄中で自ら作詞作曲した歌を歌い、全国各地の冤罪被害者のところに駆けつけては「冤罪仲間」と呼んで励まし続ける櫻井さんだが、コーディネーターを務めた私が「獄中でもずっと希望を失わずにいることができたのでしょうか？」と問いかけたところ、突然涙ぐんで言葉に詰まり、それから「そんなわけないじゃないですか。やってもいないのに刑務所に入れられて、自分の人生が理不尽に奪われていくと思うと発狂しそうだった」と、声を振り絞った。

観客席の最前列はマスコミ関係者で占められていたが、櫻井さんの見せた涙に思わずもらい泣きをしていた記者が何人もいた。

～青木惠子さんと青砥洋司弁護士～

青木さんは大阪地裁で再審開始決定が出た後、一度は刑の執行停止が決定され、いよいよ刑務所から出られるという喜びを噛みしめながら、不要なものはすべて処分し、出所に向けて身支度を整えたところに、「刑の執行停止が取り消された」と弁護人から知らされ、再び刑務作業に戻らされたこと、その後高裁でも開始決定が維持されるまでの3年7か月、さらに服役しなければならなかったことが一番辛い経験だったと振り返り、検察官の抗告が再審無罪までの道のりを長く遠いものとしていることに憤った。

その際、青木さんから「あと何年入っていなきゃならないんですか！」と問い詰められた弁護人が、何の根拠もないまま苦し紛れに「うーん、あと1年半ぐらいかな」と答えたのが大嘘だった、と口をとがらせる青木さんに、「弁護人も辛かったんですよ」と申し訳なさそうにフォローする青砥弁護士とのやりとりは、当時のシビアな状況を、まるでかけあい漫才のように再現していて、それがよけいに聴衆の心に残った。

〜袴田ひで子さん〜

ひで子さんは、家族の支えだけでは限界があり、支援者による支援の必要性を訴えたあと、会場に来ていたアヤ子さんの娘の京子さんを気遣い、「胸を張って、自信を持って堂々と闘いましょう。みんなが支えてくれますから」と壇上からエールを送って下さった。

●あなたたち自身が裁いてほしいと思うやり方で裁いてください●

そして、パネルディスカッションも大詰めとなった頃、私は周防監督に、即時抗告審を審理する根本コートにメッセージを発してほしい、とお願いした。

鹿児島地裁の再審開始決定が出る前、２０１６年12月に鹿児島で行った集会で、周防監督はパネルディスカッションの最後を締めくくる発言として、

「僕たちは学校で、『裁判所は人権を守る最後の砦』と教わってきたのに、最近の裁判所は『権力を守る最後の砦』になってしまっている。鹿児島地裁には、これ以上僕を絶望させないでくれ、と言いたい」

というメッセージを発していた。

周防監督には、九弁連大会シンポジウムと、大崎事件第3次申立て以降行った合計3回の集会でパネリストとしてご登壇いただいたが、毎回、事前によくよく考えて自らの発言を練って来られていることを実感していた。その周防さん、今回はどのようなメッセージを、会場から直線でわずか3キロメートルほどの距離にある高裁に向けて発信するのだろう……。

周防監督は静かにこう述べた。

「僕は『それでもボクはやってない』という映画を作ったときに、主人公が有罪判決を受け、『それでもボクはやってない』と心の中で呟くシーンのあと、最後にアメリカのある裁判で被告人とされた女性が陪審員に訴えた言葉を、最高裁の建物をバックにして字幕を入れました。

どうか私を、あなたたち自身が裁いてほしいと思うやり方で裁いてください。

高裁宮崎の裁判官には、自分が裁かれる立場になったときのことを考えて、アヤ子さんを裁いてほしいと伝えたいです」

●「裁判官も自分のことのように考えてくれたらなぁ」●

これを聞いた私は、第2次再審の鹿児島地裁が再審請求を棄却した直後に放映された「NNNドキュメント」で、それまで淡々と語っていたナレーションの女性が、かすかに声を震わせたラストシーンを思い出した。

「アヤ子さんは言います。『裁判官も自分のことのように考えてくれたらなぁ』と」

そのとおりだ。ある日突然、身に覚えのない殺人犯の汚名を着せられてからアヤ子さんの送った37年の歳月を、「自分のこと」として考えてくれる裁判官であってほしい。

この集会の打ち上げ懇親会には、登壇者、弁護団、支援者さんたちのほかに、８人のマスコミ関係者も参加していた。

集会の模様は地元宮崎のテレビや新聞でも大きく報じられ、私たちは宮崎のマスコミ、世論も味方についてくれたという手応えを強く感じた。

5 講演・執筆ラッシュの２０１７年

大崎事件の知名度が上がるにつれ、私のところには以前にも増して頻繁に原稿執筆と講演の依頼が舞い込むようになった。もともと文章を書くことは苦にならないし（どちらかというとお堅い論文よりエッセイのような雑文を書く方が好きなのではあるが……）、それ以上に、鎌倉で過ごした10代（小学校高学年から中学・高校まで）の半分以上を演劇部に在籍し、20代から30代にかけては学習塾や予備校で足かけ10年以上、人前で講義をする仕事をしていたため、実は「講演」こそが私の天職ではないかと思うほど、講演に招かれることは私にとって名誉であり、楽しみでもあった。なのでお座敷がかかれば二つ返事であちこちにお邪魔させていただいた。

特に、鹿児島地裁で2度目の再審開始決定が出た2017年は、拙稿が書籍や業界雑誌に数多く掲載され、各地で講演する機会も沢山いただいた。

論文も講演も、そのほとんどが大崎事件をテーマにしたものではあるが、事件そのものの問題だけでなく、日本国憲法の基本的人権の規定（第3章　国民の権利及び義務）のうち、実に3分の1近くを刑事手続に関する条文が占めており、国家権力による不当な処罰から人権を守ろうとしているのに、そのような「憲法の理想」から、現実の捜査や刑事裁判がいかにかけ離れているか、という視点を絡めたり、冤罪を救済するための再審手続が完全に機能不全に陥っている現状を具体的に指摘することで、一刻も早い再審法制の改正が必要だということを、同業者はもとより、法学部以外も含めた大学生・大学院生、さらには一般市民が多く参加する場でも、なるべくわかりやすく伝えることに努めた。

●冨田決定の掲載号に弁護人の評釈を載せた「判例時報」●

まずはこの年の５月、岩波書店が一般市民向けに刊行した『シリーズ刑事司法を考える』全７巻のうち、「伝説の元刑事裁判官」木谷明弁護士が責任編集を手がけた『第５巻　裁判所は何を判断するか』が刊行され、私はそこに「再審制度をめぐる諸問題」と題する論文を寄せた。また、九州の再審弁護団と研究者で構成する「九州再審弁護団連絡会」が、「飯塚事件」、「松橋事件」、「マルヨ無線事件」、「福岡事件」、「菊地事件」、そしてもちろん大崎事件といった九州の再審事件を切り口として、さらに諸外国の法制度との比較の観点も入れて、わが国の再審法改正の必要性を訴えた『緊急提言！　刑事再審法改正と国会の責任』（日本評論社、２０１７）の編集・執筆にも携わった。

そして、大崎事件第３次再審開始決定が掲載されるのに合せて、判例時報２３４３号に、同決定について弁護人の立場からの評釈を執筆する機会も得た。これまでにも「法学セミナー」（日本評論社）や「季刊刑事弁護」（現代人文社）に大崎事件についての拙稿をそれぞれ複数回掲載いただいていたが、「判例時報」はこれらの雑誌と異なり、判例評釈を執筆するのは裁判官（現役・ＯＢ）や研究者が多いという印象を持っていたため、個別事件の弁護人がその事件の決定について評釈を書かせてもらえるとは全く予想だにしていなかった。再審事件の決定が掲載されるのと同じ号に、その事件の弁護人の評釈が掲載されたのは、大崎事件、砂川事件、松橋事件、湖東記念病院事件（再審開始決定と再審無罪判決の2回）の4件のみだそうだが、そのスタイルの最初が、拙稿の掲載された2343号だったことを、後になって知った。

私は、冨田コートの積極的訴訟指揮と、ヴィヴィッドなわかりやすい比喩を用い、無念のうちに亡くなっていった「共犯者」たちへの温かい思いが感じられる「血のかよった」決定へのリスペクトを込めて、全力投球の評釈を書いた。

余談だが、この号には、2017年3月に鹿児島地裁加治木支部で無罪判決がされた「なりすまし捜査無罪事件」（警察が、車上狙いの常習者Xを摘発するために、わざと無施錠にした軽トラックに発泡酒とパンなどを置き、Xが狙いどおり発泡酒とパンを盗んだ時点で逮捕したという、一種のおとり捜査について、捜査の違法を理由にXを無罪とした事件）も掲載されており、私たちは判例時報2343号をひそかに「鹿児島特集号」と呼んでいた。

●鹿児島大学大学院修士課程「かもゼミ」●

講演関係では、2016年の秋から2017年の初めにかけて、鹿児島大学大学院修士課程の法律学特別講座（受講者が2単位を修得する正式な講座である）を担当した。「かもゼミ」と名付けたこの講座では、大崎事件だけでなく、これまでに私が手がけた少年事件、被害者参加弁護士として関わった裁判員裁判、ちょうどこの講座を行っているころにリアルタイムで弁護活動をしていた、元暴力団関係者の薬物密売事件（一般市民の共感を最も得にくいタイプの被告人である）で保釈決定を得て、判決前にその被告人を薬物依存症からの更生施設につなげた取組みなど、弁護士として刑事裁判にさまざまな形で関与した実体験から、わが国の刑事司法の現状と課題を学んでもらうという意図のもとで、15回の講義を半年にわたって行った。

鹿児島大学は、そのほかにも共通教育センターの渡邊弘准教授が担当する共通科目「憲法」、鹿児島大学法学会講演など、まるでご近所付き合いのように度々登壇させていただいた。

●県外での講演●

県外では「京都当番弁護士を支える市民の会」の新歓セミナー（6月）、青山学院大学・安部祥太助教の刑事法ゼミ（10月）、司法試験の大手受験予備校である伊藤塾の「明日の法律家講座」（10月）、東京電力女性社員殺害事件のゴビンダさんご夫妻をゲストにお迎えした「繰り返すな冤罪！市民集会」（11月。東京電力女性社員殺害事件で無期懲役の有罪判決が確定した後、再審無罪となったゴビンダさんが、母国ネパールに帰国後初めてとなる来日だった）、兵庫県弁護士会「取調べの可視化を求める市民集会」（12月）など、夏から年末にかけて、あちこちでお話しさせていただく機会を得た。

●伊藤塾との縁《えにし》●

このうち、伊藤塾の「明日の法律家講座」では、特に人の縁《えにし》で繋がる人生の不思議を感じた。伊藤塾の塾長であり、司法試験指導のカリスマとして知らぬ者はいない伊藤真弁護士と、伊藤塾の代表取締役である西肇社長は、私が鹿児島に転居する前の会社員時代、その会社で私の上司だった。職場結婚した私の夫は、私より長くその会社に勤務していたため、私以上にお二人との付き合いは長かった。でも、会社員だった当時の私は、将来自分が鹿児島に転居し、子育てをしてから再び司法試験に挑み、合格するとは夢にも思っていなかった。

ゴビンダさん夫妻。再審無罪でネパールに帰国後、初来日

鹿児島に転居し12年の歳月が流れ、子どもが小学校5年のときにほぼ独学で司法試験の論文試験に合格したとき、私は伊藤塾の通信講座を受講していたこともあり、会社員時代の同僚だった友人から西社長の電話番号を教えてもらい、論文試験合格を伝えたところ、西社長は電話口で自分のことのように喜んで下さった。そして、「未体験ゾーン」である口述試験（当時の司法試験の最終試験として実施されていた、小さな個室内で試験官が二人がかりで孤立無援の受験生に寄ってたかって質問するという拷問のような口頭試問。新司法試験になってからは行われていない）の準備をどうすればいいか途方に暮れていた私に、今度は伊藤塾長から直接電話がかかってきて、口述試験前日に上京する私に、その夜の11時に渋谷の伊藤塾本校に来るよう申し渡された。約束の時間に伊藤塾本校に出向いた私は、何と伊藤塾長からじきじきに「口述模擬試験」をやっていただくという幸運に恵まれたのだった。本番をなんとかクリアできたのは、このときの西社長と伊藤塾長のおかげだった。

そのような経緯を経て弁護士になった私が、その伊藤塾に「講師」として呼ばれたのは、本当に感無量だった。県外での講演には一人で赴くのが常だったが、このときは夫も一緒に上京し、夫は西社長、伊藤塾長と実に27年ぶりの再会を果たした。

●3代目修習生●

そしてこのとき、私と一緒に上京した者がもう一人いた。私の事務所の「3代目」修習生である。彼女は伊藤塾で勉強して予備試験（2006年から司法試験制度は法科大学院を卒業することが受験の資格要件となったが、2011年から法科大学院を経なくても受験資格を得られる予備試験が始まった）に合格し、大学在学中に司法試験に合格して鹿児島修習となり、私の事務所に来ていた。「3代目」にとって伊藤塾長は憧れの恩師だったので、この機会に一緒に伊藤塾に連れて行くことにしたのだった。

そして、この講演に足を運んでくれたばかりか、私の「無茶振り」を受けてフロアから「それでもボクはやってない」のエピソードを紹介して下さった周防正行監督と、業務多忙の中、懇親会の途中から駆けつけて下さった伊藤塾長とともに記念撮影の写真に収まった「3代目」にとって、この日は一生忘れられない経験になったはずだ。

鴨志田の左から、周防監督、夫（鴨志田安博）。鴨志田の右から、伊藤塾長、西社長。西社長の左下が3代目修習生

もっとも、大崎事件に携わったことで、これほどの人びととの繋がりを得ることができた幸せを、誰よりも実感していたのはほかならぬ私自身だった。

気がつけば、通常の弁護士業務をこなしながら、大崎事件関係の仕事のボリュームが加速度的に上がり、立ち止まる余裕すらないような日々を過ごした2017年が、あっという間に終わろうとしていた。

6　高裁決定前夜

●2度目のNNNドキュメント「あたいはやっちょらん」●

年が明けて間もない2018年2月19日。KYT（鹿児島読売テレビ）が、2013年以来2度目となる、大崎事件をテーマにしたドキュメンタリー番組、**「あたいはやっちょらん　大崎事件　再審制度は誰のもの？」**を制作し、「NNNドキュメント」枠で全国放映された。

前回は再審段階での証拠開示をめぐる裁判所ごとの「再審格差」に光を当てたが、今回は再審開始決定に対してくりかえされる検察官抗告の問題にフォーカスし、冤罪被害者を救済するための再審制度が機能不全に陥っている現実を突きつける力作だった。

前回の「NNNドキュメント」でプロデューサーを務めた蛭川雄一報道部長（当時）は、局のアナウンサーブログにこのような「番組案内」を書いていた。

裁判のやり直しを求めている原口アヤ子さん（90）を初めて取材したのは2001年のことです。

事件の舞台とされたのは鹿児島県の大隅半島の東に位置する大崎町。私の実家がある鹿屋市から車で数十分ほどの場所です。笑顔で迎えてくれたアヤ子さんはどこにでもいる普通のおばあちゃんでした。訛りの強い鹿児島弁は祖父母や両親が話すそれと全く同じで、親しみを感じたのを覚えています。

「けせん団子を食べやい！」と葉っぱ2枚で包む紫色の郷土菓子を用意してくれていました。もちもちとした食感。ほのかな甘さは優しい味でした。

「本当にこのおばあちゃんが昔、義理の弟を殺めて堆肥の中に埋めるようなことをしてしまったんだろうか?」

素朴な疑問から取材を始めました。アヤ子さんの案内で義理の弟が倒れていた側溝や事件現場とされた住宅跡地を巡りました。すでに住宅は取り壊され、雑木林になっていましたが、一家の守り神を祀る祠が残っていました。帰り際にアヤ子さんは「早くやってない罪が晴れますように」と手を合わせていました。

初めてアヤ子さんにお会いしてから17年。

裁判所は弁護側が提出した新たな法医学鑑定や供述心理鑑定を根拠に、これまで2度に渡って裁判のやり直し決定を出しました。けれどやり直しの裁判は始まっていません。

「何でこんなことになっているのか?」

「そもそも現在の再審制度に問題があるのではないか?」

私たちはそんな視点から今回の番組を制作しました。制作したのは大崎事件を取材してきたKYT歴代の記者たちです。力を結集して世に問いかけます。

NNNドキュメント'18「あたいはやっちょらん　大崎事件　再審制度は誰のもの？」は2月18日（日）深夜0：55〜全国放送です。是非ご覧ください。

深夜0：55スタートという時間帯にもかかわらず、前回以上に多くの方々から反響があり、大崎事件と再審の問題が広く一般に知れ渡りつつあることを実感した。

番組放映後、最初にメールを下さったのは、北海道に在住する現役の民事裁判官だった。さらに、私の中学時代（鎌倉市立第一中学校）の恩師（石川県在住）、中学高校を通じての親友（東京都在住）、息子のパートナーのお父さん（宮城県在住）、と全国から次々と番組を見た感想を伝えてくれるメールが届いた。

一方、番組放映中、アヤ子さんの救済に気の遠くなるような時間がかかっていることに、そのことを熟知し、体感している私までもが重い気分になっているところに、大学卒業後、いったんは某

雑誌社に就職したものの、脱サラして吉祥寺でボードゲームカフェを経営するようになった息子から、

「みてるよー！」

「怒れる母を深夜テレビで見る息子の図」

というラインが送られてきたのには、正直、心から癒やされた。

みてるよ〜。玲緒

そして、翌日の夜。

飲んだくれた帰りに運転代行を頼み、代行運転手さんにハンドルを委ねて助手席の背もたれにだらしなくもたれかかり、半分寝落ちしかかっていた私に、運転開始から10分ほど経ったところでおもむろに運転手さんが口を開いた。

「昨日の番組、見ましたよ。ちょうど無線待機中だったものですから」

一瞬にして目が覚め、ついでに酔いも醒めた。

●待ちに待った高裁決定が出る！●

それから1週間ほど経った2月26日、九州再審弁護団連絡会が中心となり、在京の支援団体や立命館大学に設立された「えん罪救済センター（IPJ）」のメンバーとともに、再審法改正に向けた2度目の国会議員要請に赴くため、私は早朝鹿児島を発って空路東京に向かった。

羽田から都営浅草線直通の京浜急行に乗り、新橋駅で降りるか降りないかのタイミングで事務所から電話が入った。ホームで立ったままコールバックすると、「スーパー事務職員」の長谷川さんさんが興奮を抑えきれない様子で「先生、高裁宮崎から決定日の告知をするので電話がほしいと言ってきました。宜しくお願いします！」と言うなりさっさと電話を切った。これは私に一刻も早く高裁に電話せよ、というサインだ。

私はホームに立ったまま、肩に掛けていた重いビジネスバッグをひとまずキャリーバッグの上に下ろし、心臓が口から飛び出しそうになるほどドキドキしながらスマホで高裁宮崎支部の番号を検索し、電話を掛けた。

すぐに電話が繋がり、電話口の向こうから、かつて鹿児島地裁の刑事訟廷管理官だった、馴染みのある女性書記官の声が聞こえてきた。

「決定書の謄本交付を3月8日に行います」

これまでにも何度か書いているとおり、再審の決定は判決の言渡しと異なり、法廷で裁判長が読み上げるのではなく、決定書を裁判所の書記官室のカウンターに取りに行く、という、非常に味気ない形で知らされる。でも、このように事前に決定日が知らされる扱いもスタンダードというわけではなく、主任弁護人の事務所にある日突然「本件再審請求を棄却する」と書かれた決定書が郵送されてくる、という扱いも少なくない。

待ちに待った決定が出る――。しかし、3月8日では非常に困る、という事情があった。

2月末から3月初めにかけて、「死のロード」、もとい、複数の弁護士会から招かれての講演行脚が予定されていた。2月28日は神奈川県弁護士会三支部合同研修、3月7日は岡山弁護士会刑事弁護センター協議会、そして3月8日は京都弁護士会で、それぞれ大崎事件を題材とした講演を行うことが決まっていたのだ。

●高裁に決定日の変更を懇願する●

私は電話口の向こうにいる書記官に、すがるような思いで、「実は、3月8日にはもうずっと以前からお受けしていた京都弁護士会での講演が入っているのです。先様のあることなので、これを私の都合でドタキャンすることはできません。何とか決定日の変更をご検討いただけませんでしょうか」と申し出た。書記官は「決定書の謄本をお渡しするだけですから、先生がご出頭できなくても、主任弁護人の森先生においでいただければよいのではないでしょうか」とクールに答えた。しかし、マスコミ、支援者等が全国から大挙して宮崎に押しかけるであろう決定日に、弁護団のスポークスマンを務める弁護団事務局長が不在という事態は、決定の内容を対外的に発信するインパクトの点からも無理がある。

私は食い下がった。

「いや、ただ書面を渡す、という話ではありません。大崎事件は今や全国からの注目を集めている事件です。裁判所の内外に詰めかける大勢のマスコミや支援者に対応するのは容易ではありません。私が不在だと混乱が生じたり、不測の事態が起こったりするかもしれないので、ここはやはり決定日の変更をご検討いただきたいと存じます」

もはや脅迫に近いような申し出だったが、私の必死の形相が電話口の向こうに伝わったのか「わかりました。まず裁判体に鴨志田先生から申し出があったことをお伝えし、折り返し先生にご連絡します」と、書記官はひとまず私の申し出を引き取ってくれた。私は御礼を言って、「今東京なので」、と携帯番号を伝えて電話を切った。

電車で移動中に電話が来ても出られないため、私はそのまま新橋駅でしばらく待機し、森弁護団長に状況を報告し、弁護団メーリングリストにも一報を入れていると、ほどなく書記官からコールバックがあり、

「裁判体で協議し、検察官にも意見を聞いた結果、決定書謄本交付日を3月12日とすることになりました」

と伝えてきた。よし、3月12日なら、スケジュールを調整して出頭できる！　助かった。

幸い、森弁護団長もこの日は大丈夫ということだった。

●またもや「敵に塩」？

冷静に考えると、3月8日は木曜日であり、高裁の決定に対する最高裁への特別抗告期間は5日間のため、この日が決定だと、ぴったり5日後の13日の火曜日が抗告期限となる。一方、3月12日は月曜日なので、5日後が土曜日となるため、土日を挟んだ19日が抗告期限となって、抗告の準

備に1週間を充てられることになる。

万が一第1次再審のときのように検察官の抗告が認められ、再審開始が取り消されて弁護側が特別抗告の申立てを行わなければならない事態となった場合には、決定が8日から12日に変更されると特別抗告の準備期間を2日多く使えるので、弁護団の利益になる。

しかし今回は、私たちは勝利を確信していた。となると、特別抗告を申し立てるのは検察側である。地裁決定に対する即時抗告のときも、私たちは検察側に2日余計に準備期間を与えていたので、またしても「敵に塩」状態となる。まぁ、いいか。その間に弁護団は検察官に特別抗告をさせない活動を一生懸命行えばいい。

●「トリプルカツ丼」の心遣い●

心がふわふわの状態で、新橋から銀座線、丸ノ内線と乗り継いで、国会要請行動の控え室となっている衆議院第二議員会館に向かい、集まっている九州再審弁護団連絡会のメンバーや他の支援団体の人びとに向かって、私は、

「3月12日に大崎事件高裁の決定が出ます！」

と、まだマスコミも知らない最新ニュースを伝えた。

その場にいた全員から、「おおっ」とどよめきが上がった。即時抗告申立てからわずか8か月での高裁決定。地裁の再審開始決定をそのまま維持してくれるか、それとも第1次再審のときのように、再審開始を取り消してしまうのか……。結論がどちらになるのか、それによって、再審法改正の必要性を立法府に訴える際のインパクトも自ずと異なってくるだろう。しかし、今日の段階では（弁護団は勝利を確信しているとはいえ）、結論を知っているのは神様と、高裁の3人の裁判官と、ごく一部の書記官ぐらいであり、とても楽観論を口にすることはできなかった。なにしろ、大崎事件は3度にわたる再審で、地裁では「2勝1敗」と勝ち越しているが、高裁では2連敗中で、一度も勝利したことがないのだ。大崎事件が「高裁の壁」を越えるのは、アヤ子さんにとっても弁護団にとっても悲願中の悲願だった。

午後からは議員会館を回っての要請行動の予定だったが、私はマスコミ対応や決定日までのスケジューリング、弁護団への連絡等のため、急遽ホテルに籠って単独行動を取ることになった。

その前に、「腹が減っては戦はできぬ」と、国会要請組とともに、議員会館の地下にあるコンビニエンスストアに昼食の弁当を買いに行った。私があっさり系の弁当を手にしたところ、横にいた「えん罪救済センター」の稲葉光行代表と、事務局の山田早紀さんが、

「先生、ダメですよ。ここは験担ぎで『カツ丼』にしなきゃ」

と言って、お二人もそれぞれカツ丼を買って、私と一緒に「トリプル願掛け」をしてくれた。朝からテンパっている状態のときに、お二人のさりげない心遣いが、身にしみてありがたかった。

カツ丼を食べ終わり、気合いを入れ直した私は、定宿にしている汐留のホテルの一室に籠り、たくさんの関係先と電話やメールでやり取りをしながら、決定日までのスケジュールを組み立てていった。翌27日は日弁連で再審部会と、私が部会長を務める「再審における証拠開示に関する特別部会」があり、さらにその翌日の28日は神奈川県弁護士会3支部合同研修で大崎事件について講演をすることになっていたため、もともと3泊4日で首都圏に滞在する予定だった。そこで、この滞在期間を有効に使うことにし、もとから入っていた日程の合間に、個別の取材を受けたり、東京高裁2階にある司法記者クラブで決定前の記者レクを行うなど、と次々と予定を入れていった。

●心に残る神奈川県弁護士会での講演。そして嵐ちゃん●

バタバタとした状況ではあったが、この間に心に残る時間も過ごすことができた。

28日の神奈川県弁護士会の講演である。神奈川県弁護士会には横浜地裁の支部に対応して、相模原、川崎、横須賀、県西（小田原）の4支部があり、このうち横須賀を除く3支部の合同研修として、私が講演させていただくことになっていた。実は私の事務所の2代目修習生だった河合郁弁護士が、この3支部合同研修を主催した県西支部にある法律事務所に所属していた。河合弁護士は私の事務所で修習したときに大崎事件第2次即時抗告審の終盤の活動を目の当たりにし、弁護士登録と同時に所属事務所の理解を得て大崎事件弁護団に「即戦力」として加入し、大崎事件東京弁護団の中枢メンバーとして活躍していた。

彼女は修習生時代、私の事務所に来るなり尋問期日が続くというハードスケジュールを経験したり、私の車で鹿児島の地裁支部などあちこちを移動するとき、決まって土砂降りになるなど、天気が荒れたりしたエピソードから「嵐を呼ぶ修習生」、「嵐ちゃん」と呼ばれていた。その「嵐ちゃん」が、私を、人生の最初の20年を過ごした神奈川の地に呼んでくれたのだった。

●思い出の地。藤沢・鎌倉●

しかも講演会場は――3支部それぞれに所属する弁護士が集合しやすい中間地点的な場所という意味合いもあったのだが――、私の出身高校の所在地であり、周辺にもたくさんの思い出がある藤沢市内だった。

思えば、鹿児島に住んで弁護士稼業をやることなど微塵も想定していなかった当時の私が高校時代を過ごした藤沢に、大崎事件という、その高校時代に鹿児島で発生した事件の話をしに戻ってくることになるとは、何という運命の不思議だろう。

講演は午後からだったので、私は自宅のあった鎌倉に立ち寄ってから藤沢に向かうことに決めて、早春の鎌倉市内を少しだけ散策したあと、江ノ電で鎌倉から藤沢に向かい、途中の鎌倉高校前駅で降りた。ホームからは、31年前と変わらぬ太平洋の水平線がゆるやかな弧を描き、波間に日の光が反射して煌めいているのが見えた。海に降りると右手には江ノ島。その先にはうっすらと富士山が見える。

ここに至るまでのさまざまなシーンを思い起こしながら、私はゆっくりと鎌倉高校前駅に戻り、再び江ノ電に乗って終点の藤沢駅で降りた。こうやって江ノ電で藤沢に出て、毎日高校に通っていた自分が、鹿児島の弁護士として講演に来るなんて……。

「故郷に錦を飾る」というのとは少し違うが、特別な感慨があった。

講演には、高校の演劇部の同期で、今は鎌倉で弁護士をしている友人も駆けつけてくれた。終了後の懇親会に集まったたくさんの弁護士たちの中には、私の高校の後輩も数多くいて、初対面なのに、まるで旧知の間柄のように何の垣根もなく話が弾んだのが不思議だった。同郷である、というだけで、なにやら共通の、強力な磁場が働いているようだった。

●心遣いあふれるおもてなし●

そして懇親会が終わると、嵐ちゃんは私を連れて藤沢駅から東海道線で西へと向かった。彼女と県西支部の粋な計らいで、何とあの、アインシュタインやマッカーサー、ジョン・レノン&ヨーコ・オノも宿泊した、箱根・宮ノ下のクラシックホテルである「富士屋ホテル」に宿を取ってくれていたのである。嵐ちゃんも同宿し、翌朝二人で同ホテルの「メインダイニングルーム・ザ・フジヤ」で食した朝食のフレンチトーストの美味しさは、今でも忘れられない。

「嵐ちゃん」と同宿したからか、箱根の天気予報は雨だったが、予想に反し、富士屋ホテルのメインダイニングの窓の外には抜けるような青空が拡がっていた。

午前中に裁判の入っている嵐ちゃんを見送り、私は時計を見た。もともとの予定では、ゆっくり箱根を観光した後に、最終便で鹿児島に帰る予定だった。しかし、大崎の決定日が決まったことで、急遽、霞が関の司法記者クラブで、午後3時から記者レクを行うことにしたので、もう観光は無理かなぁ、と諦めかけていた。でも、次に箱根に来ることができるのはいつになることやら……と未練がましく路線検索で調べてみると、箱根湯本を午後1時に出れば、小田原から新幹線で東京に向かって午後3時前に余裕で霞が関に到着できる。

嵐ちゃんと箱根富士屋ホテルで

そうだ。午前中に箱根を一周し、それから東京に向かおう。私は早々に身支度をして、登山鉄道→ケーブルカー→ロープウェイ→芦ノ湖遊覧船→バスで箱根湯本に戻るという「王道ルート」を逆に回るべく、バスでまず芦ノ湖に向かった。天気は良かったのだ。

●やはり「嵐ちゃん」は「嵐ちゃん」だった●

しかし、芦ノ湖に着くと、遊覧船乗り場に「強風のため運行見合わせ」の張り紙がある。仕方ない、とロープウェイに乗ろうとすると、これも強風で運行見合わせだった。さすがは「嵐ちゃん」である。久しぶりの彼女の本領発揮だった。

結局バスで芦ノ湖から来た道を戻り、箱根登山鉄道に乗って「彫刻の森美術館」で途中下車し、澄み切った空気を吸いながら、しばし屋外空間に同化した彫刻を堪能すると、私は踵を返して小田原駅に向かい、駅のトイレでスーツに着替えて戦闘モードの顔になり、新幹線で2日ぶりに神奈川県から東京に戻った。

司法記者クラブで再び嵐ちゃんと合流し、東京弁護団メンバーとともに記者レクを終えた私は、その日のうちに最終便で鹿児島に帰ったのだが、この神奈川県での2日間は、その後の怒濤の11日間を乗り切るには十分なエネルギーチャージとなった。

●あの大崎事件ですか!!●

鹿児島に戻って最初の日曜日である3月4日、私はアヤ子さんに決定日を伝えるために、鹿児島市内から車で片道2時間近くかかるアヤ子さんの入院先の病院を訪れた。

アヤ子さんのお見舞いに行くときには、花が好きなアヤ子さんにいつも花籠を持っていくのだが、いつもアヤ子さんの病院に行く途中で立ち寄り、花籠作りをお願いする志布志の花屋さんには、

「高齢のおばあちゃんのお見舞いに行くので、花籠を作ってください」

とだけ伝えていた。

しかし、今回は、メッセージカードに、

「アヤ子さん、12日に高裁の決定が出ます！　吉報を待っててください！」

と書いてもらわなければならない。そこで私は、花屋の店長さんに、初めて名刺を渡して素性を明かし、いつも花籠を持って行く先が大崎事件の原口アヤ子さんであることを明かした。すると店長さんは、

「あの大崎事件ですか!!　テレビでよく見ています！」

と驚きの声を上げた。

何とこの店長さんは、集会等で何度もご一緒させていただいたことのある、志布志事件の熱心な支援者である地元の司法書士さんと大の親友だった。志布志事件の支援者さんたちは、志布志事件が無罪判決を獲得した後、そのまま隣町で起きた大崎事件の支援者としてスライドしているので、花屋さんも当然アヤ子さんや私のことを新聞記事やテレビのニュースで知っていたのだ。

20分後、潔白と勝利を象徴する真っ白なダリアを真ん中に据えた、素敵な花籠ができ上がった。私がお願いしたメッセージカードはカラーで印字されていた。

お礼を言って店を出ようとした私を店長さんは後ろから呼び止め、

「先生、応援しています！　これ食べて頑張ってください！」

と大粒の苺がぎっしり入ったパックを持たせてくれた。鹿児島では市井の人びとが、みなアヤ子さんと大崎事件弁護団の応援団になってくれている。この花屋さんも、その一人なのだ。私は目頭が熱くなった。

店長さんの思いが込められた花籠を持ってアヤ子さんの病院に着くと、私はアヤ子さんに花籠とメッセージを見せて、3月12日に高裁の決定が出ることを知らせた。アヤ子さんは大きく頷き、発語が難しい状態であるのに、車椅子の背もたれから首を持ち上げて、私に何かを必死で伝えようとしているように見えた。

いよいよ再審無罪が手の届くところに来ている、アヤ子さんはそう実感してくれたに違いない。

●決定当日の段取りを決める「事務局会議」●

決定日の1週間前にあたる翌3月5日、私の事務所に鹿児島弁護団の主要メンバーが集まり「事務局会議」が開催された。決定日当日の段取りや人員配置を決めるためだ。福岡高裁宮崎支部で午前11時に決定書の謄本を受け取り、正午から現地で記者会見、そして車で鹿児島に移動して午後4時から鹿児島県弁護士会館で再度記者会見という二段構えになるので、宮崎弁護団の協力も得ながら、宮崎で決定の瞬間に立ち会う森団長をはじめとするグループと、鹿児島で待ち受けるグループとに別れて、電話等でやりとりしながらスムーズに動かなければならない。一方、その日のうちに日弁連会長声明を出してもらうため、霞が関の弁護士会館にも弁護団メンバーを一人待機させなければならないのだが、今回はその役を木谷明弁護士が引き受けてくれた。

高裁宮崎支部と言えば、第2次再審の即時抗告審のとき、裁判所5階の書記官室カウンターで決定書の入った封筒を受け取り、封を開けた瞬間、私たちの期待を裏切る「本件抗告を棄却する」との文字が飛び込んできたのと同時に、一刻も早く決定内容を知りたい、と私が手にしている決定書の主文を我先に見ようとする記者たちに押しつぶされそうになったという「トラウマ」があった。

しかし、第3次の今回は、高裁も鹿児島地裁の開始決定のときと同様、私たちのために「別室」を用意してくれるという。その待遇だけで期待の持てる結果を予想してしまうが、地裁と違うのは、高裁のある「5階」の会議室で決定を受け取ることだった。

5階から人間が伝令として1階まで駆け下りるより、会議室で決定書を受け取る役の弁護士が1階に待機している「旗出し役」に携帯電話で結果を伝える方が早い、ということになった。そうすれば、記者たちも5階まで上がってくることは控えて、「旗出し」役が待機している1階のロビーで待っていてくれるだろう。

その、高裁の玄関前での「旗出し」役は、決定の5日前に一緒に箱根の「富士屋ホテル」に泊まった「嵐ちゃん」こと河合郁弁護士と、大村典央弁護士の「東京弁護団コンビ」が担当することになった。

●「本件抗告を棄却する」の意味●

5階の会議室で決定書を受け取るメンバーは森団長、佐藤弁護士、八尋弁護士、泉弁護士、アヤ子さんの娘で、亡き父の再審請求人である京子さん、そして鴨志田。このうち泉弁護士が携帯電話で1階の旗出し役の河合弁護士に結果を伝えることになった。

ただ、第2次のときの「本件抗告を棄却する」という主文は弁護団の「負け」を意味したが、今回は地裁のした再審開始決定に対して検察官が抗告しているため、再審開始が維持される場合が「本件抗告を棄却する」という、前回と同じ主文になるのだ。決定直後の混乱の中で、結論を間違えたら、それこそ洒落にならない。そこで、泉弁護士は「即時抗告棄却、勝ち」「原決定取消し、負け」と電話で伝えることも事前に決めておいた。

アヤ子さんは、これも地裁決定のときと同様、志布志の「ホテル枇榔」で待機し、私の事務所で夫が映像チェックをして、鹿児島の記者会見に間に合わせる、という手はずを整えた。

夫は第2次再審の即時抗告審決定と、その後弁護団の特別抗告申立書を提出する際、宮崎までの運転手を務めてくれたが、今回はアヤ子さんの映像チェックという重要なミッションがあるため、事務所で待機することになり、代わりに、わが事務所の「スーパー事務職員」長谷川さんが運転手役を務めることになった。

事務局会議でこのような段取りをてきぱきと決めながら、私たちは「その日」に思いを致し、だんだん緊張感が高まってくるのを感じていた。

●忘れられない3月6日●

３月６日、私は再び鹿児島を離れ、今度は関西へと向かった。翌７日の夕方から岡山弁護士会で講演をすることが決まっていたのだが、何と同じ日の朝に神戸家裁で行われる離婚調停に出頭しなければならなかったため、前夜から大阪入りしたのである。

２０１８年3月6日。この日は私にとって忘れられない重要な出来事が二つあった。

一つは、滋賀県で発生した「日野町事件」第2次再審請求審の決定が7月11日に出される、と報じられたことである。日野町事件は、第1次再審の即時抗告審の途中で再審請求人の阪原弘《さかはらひろむ》さんが亡くなってしまい、奥さんとお子さんたちが弘さんの死後再審として第2次再審請求を行っている事件である。私は第1次再審で大津地裁が再審請求を棄却した直後の、ある集会でこの事件のことを知り、大崎事件の「共犯者」たちと同じく、知的にハンデを抱えた「供述弱者」の自白をいとも簡単に信用できると判断したばかりか、自白に客観的事実と食い違っている箇所がある度に「知的障害と時間の経過により説明できる」などと決めつける裁判所の決定に憤ったことを覚えていた。

その日野町事件の第2次再審請求審の審理で、弘さんが「被害者方の金庫を山中に捨てた」とされる場所に、警察官を自ら案内できたことを示す実況見分調書添付の写真が、実は「帰り道」に撮った写真を逆順に貼っていたことが新たな証拠開示によって判明し、早々に審理が終結されそうになっていたムードが一変したことや、検察官が「不存在」と回答した証拠が後に発見された際、裁判長が進行協議期日の中で、予め準備した、

「裁判所が……存否確認および存在する場合の開示を求めた証拠物の一部につき、検察官が不存在と回答した証拠物が後に発見された経過について、本来あってはならない事態であって遺憾である。検察官が自ら現に保管する証拠に限らず、当該事件の捜査の過程で作成され又は入手された書面、物等であって、公務員が職務上保管し、検察官による入手が容易なものについては、証拠開示の対象になると考えられる。……本件事案の重大性や裁判所が開示を求める当該証拠の重要性に鑑み、未開示の証拠が思わぬ保管場所に存在するのではないかとの疑念が生じたことは

否定できない。検察官におかれては、今一度、少なくとも被害者の爪を含む証拠物等について、調査していない保管場所があるのではないか、改めて漏れのない緻密な確認を行った上、その経緯について報告書を提出されたい」

と書かれた紙を読み上げたことなどが、私が部会長を務めている日弁連「再審における証拠開示に関する特別部会」で日野町事件弁護団から報告されていた。

大崎事件の冨田コートと同じように、証拠開示に向けて積極的な訴訟指揮をしていた日野町事件で、裁判長が決定日を4か月も前に告知した（大崎第3次の鹿児島地裁が決定日を告知したのは19日前だった。それでも1～2週間前に告知されれば良心的と評価される「再審業界」では十分に早いと思ったのだが、4か月前の告知というのはケタ違いだった）というのは、それまでの積極的審理からしても再審開始を期待させるのに十分なニュースだった。

●亀石倫子弁護士との出会い●

そのニュースに、「高裁宮崎の決定もきっと……」と心を躍らせながら、さらにこの日の夜には楽しみな飲み会が待っていた。

大崎事件第3次開始決定と、私の評釈が掲載された「判例時報2343号」には、鹿児島地裁加治木支部の「なりすまし捜査無罪事件」も掲載され、同号は「鹿児島特集号」になったことを前述したが、その「なりすまし捜査無罪事件」判決を書いた後、大阪地裁に異動していた小畑和彦裁判官が、私に「鴨志田先生と意気投合しそうな大阪の弁護士を紹介したい」とおっしゃって実現したのが、その日の飲み会だった。

一足先にお店に着いて待っていると、そこに現れたのは、亀石倫子弁護士と、同じ事務所に勤務する新知子弁護士だった。亀石弁護士は、大阪で刑事弁護人としてめざましい活躍を見せており、特にGPS捜査を違法であると最高裁に判断させた弁護団の若き弁護団長として一躍時の人となり、TBSの「サンデー・モーニング」などにコメンテーターとして出演するなど、その実績と知名度は群を抜いていた。

亀石弁護士と私は、初対面ですぐに意気投合し、「弁護団をまとめる」仕事についての苦労や手練手管（?）についての話題で大盛り上がりし、申し訳ないことに、せっかく引き合わせてくれた小畑さんが会話に口を挟む機会を失うほどだった。

亀石弁護士との「出会い」が、後の大崎事件の弁護活動に新風を巻き起こすことになろうとは。

運命とはつくづく不思議なものである。

●化粧を中断するほど殺到したメディアからの電話●

大阪に一泊し、翌朝神戸で離婚調停を成立させた私は、神戸から岡山に移動し、岡山弁護士会の「刑事弁護センター協議会」で大崎事件についてお話しした。岡山では刑事弁護センターの委員が中心となってある事件の再審請求を準備しているということであり、参加者は非常に熱心に私の話に耳を傾けて下さった。また、再審事件を支援しているという一般市民の方も多数参加され、さらに香川県の弁護士もわざわざ瀬戸内海を越えて参加して下さった。懇親会の席上では、主催した岡山の弁護士たちが「大崎事件、高裁でも再審開始が維持されたら、検察官に特別抗告断念せよ！との弁護士会長声明を出そう」と気勢を上げて下さった。

岡山で一泊し、翌日は京都弁護士会での講演が待っていた。大阪、神戸、岡山、京都とさすらう私にも、マスコミは容赦なく事前取材攻勢を掛けていた。ホテルの一室で化粧している最中にも、あちこちの記者さんたちから電話での問い合わせを受け、眉を片方描いた段階、チークを片方塗った段階、アイシャドウを片方入れた段階、とそのたびに化粧を中断して電話対応し、いつもなら15

分で終わる化粧に1時間もかかってしまうほどだった。

●京都弁護士会での講演●

京都弁護士会で講演を行った3月8日は、本来ならば高裁で決定が出ていたはずの日である。「高裁決定より京都での講演を優先させていただきました！」と講演の冒頭で紹介すると、会場にどよめきが起こった。京都弁護士会は刑事弁護に熱心に取り組む弁護士が多く、つい2日前に7月11日に決定が出されると告知された日野町事件、２０１７年の12月に高裁で逆転再審開始決定の出た湖東記念病院事件という、いずれもお隣の滋賀県の再審事件に、京都弁護士会に所属する多くの弁護士も弁護団員として活動していた。

また、この日は、大崎事件を第1次再審のころからサポートし続けて下さった刑事法研究者で、立命館大学法科大学院の教授だったこともある指宿信教授も「飛び入り参加」し、私の講演のあとに研究者の立場からコメントして下さった。

さらに嬉しかったのは、２００２年に司法試験に合格した同期で、伊藤塾の合格体験記でお互いの存在を意識しつつも、なかなか直接お話しする機会を得られずにいた金杉美和弁護士と14年ぶりの再会を果たしたことである。

金杉弁護士は、司法研修所入所直後に開催された「春の集会」の寸劇で、腰まで割れたチャイナドレスを着こなし、ルパン3世の「不二子ちゃん」を演じていた姿がひときわ目を引いたが、弁護士登録後は法廷弁護技術研修の講師や「季刊刑事弁護」の編集委員として活躍する実力派の刑事弁護人になっていた。そして、14年の時を経ても相変わらずスレンダーでカッコいいハンサムウーマンだった。

●思いはひとつ●

京都の夜を満喫し、翌朝はホテルのロビーで、鹿児島家裁の調停に京都から電話会議で参加するというウルトラCで切り抜け、発車間際の新幹線に飛び乗って鹿児島に戻るなり、弁護士会館で待ち構える地元マスコミの面々を相手に、決定日前の最後の記者レクを行った。

翌10日は、後輩弁護士の結婚式に招かれていたが、失礼を承知で披露宴の途中で中座し（私としては珍しくお酒は一滴も飲まずに）、マイカーで高速道路をひた走り、午後4時から今度は宮崎のマスコミ関係者に直前の記者レクを行い、深夜に帰宅。決定日前日の11日は午前9時から「きょうされん」（障がい者の就労支援作業所の団体）の九州ブロック大会に招かれて講演、という、文字どおり目の回りそうなスケジュールを、最後は息も絶え絶えになりながら何とかこなした。

その日の午後、取材を受けるために事務所に戻ると、日曜日なので事務所には誰もいなかったが、「スーパー事務職員」長谷川さんの机に置いてある卓上カレンダーの3月12日のところに「必勝」のシールが貼ってあるのを発見した。事務所を空け続け、彼女には迷惑をかけどおしだったが、「思いはひとつ」なのだと励まされた。

そして、決定日前夜は「眠れぬ夜」どころか疲労困憊で爆睡した私は、すっきりとした気分で決定日の朝を迎えたのだった。

7　初めて乗り越えた「高裁の壁」

●いよいよ高裁決定当日●

2018年3月12日。午前11時に福岡高裁宮崎支部で決定書を受け取るために、自宅を8時前に出た私は、「スーパー事務職員」長谷川さんの運転する車で一路宮崎に向かった。
この日、私は真っ赤なワンピースに身を包んだ。前年6月に鹿児島地裁で再審開始決定が出た際は、淡いピンクのワンピースを着ていたのだが、そのとき東住吉事件の青木恵子さんから「先生、勝利宣言なんだからもっとはっきりした色の服にしたほうがいいですよ！」とダメ出しされたことを思い出し、勝利を引き寄せるために、いつもはあまり着ない真っ赤な服を選んだのである。

早春の霧島連山の周囲をぐるりと回るような九州自動車道・宮崎自動車道を走るルートは、渋滞もなく快適だった。私たちは集合時刻の午前10時に余裕をもって宮崎に到着し、まずは宮崎弁護団が確保してくれた宮崎県弁護士会館の一室で当日の行動の再確認を行った。

午前10時半、福岡高裁宮崎支部前に移動すると、そこには地裁決定のときよりもさらにたくさんのマスコミ関係者と支援者さんたちが「大崎事件初の高裁勝利」を願って詰めかけていた。宮崎のメディアだけでなく、鹿児島での「マスコミ慰労会」に参加してくれた顔なじみの記者さんたちも、みんな顔を揃えていた。中にはこの3月限りで鹿児島を離れ異動になる全国紙の記者さんたちもいた。「大崎愛」のある彼らに今日の日を報じてもらえるのは嬉しい。高裁決定が4月以降にならなくて良かった。

●「高裁の壁」を乗り越えられるか●

支援者主催の門前集会で挨拶した後、全国から宮崎に集結したたくさんの支援者さんや「冤罪オールスターズ」が見送る中、私たち弁護団は高裁の建物内に入った。

今回の「旗ガール」「旗ボーイ」である河合弁護士と大村弁護士、宮崎弁護団のメンバーたちを1階ロビーに残し、森弁護団長、佐藤弁護士、八尋弁護士、泉弁護士、増山弁護士、京子さん夫妻、それに私はエレベーターで5階に上がり、裁判所が用意してくれた会議室に入った。

地裁のときは、決定書謄本交付場所だった簡易裁判所のラウンド法廷に書記官が控えており、すでに決定書の入った封筒も置かれていた（その中身を、封筒を持ち上げたり透かしたりして見ようと試みたお茶目な森団長が書記官から「お預け！」を命じられたシーンを思い出す）。が、高裁は、担当書記官が会議室に私たちを案内すると、

「では、こちらでお待ちください。時間になったら決定書をお持ちします」

と言って部屋を出ていったため、決定時刻まで会議室は弁護団メンバーと京子さん夫妻だけになっ

た。

黙って待っていると1分が1時間にも感じられるような緊張の中、私たちは他愛もない話をして気を紛らわそうと試みるが、やはりどうしても話題が決定の内容に向いてしまう。

「第2次のときは地裁の棄却決定に、こっちが抗告したから、決定主文は2行（「原決定を取り消す。」「本件について再審を開始する。」）でありますように、と願ったけど、今回は検察官の抗告だから、主文は1行（「本件即時抗告を棄却する。」）じゃないとダメだよね」

と、もう何度も確認しあったことを、また口にしてみたりする。何しろ大崎事件にとって今まで高裁は「壁」だったのだ。今日はこの壁をぶち破ることができるだろうか……。

●とうとう「壁」を突破した！●

だんだん話すこともなくなって、腕時計を何度もチラ見しながら時計の針の進む遅さを呪い、ようやく長い針が垂直になった瞬間、ドアをノックする音とともに担当書記官が決定書（弁護団がお願いしたコピー5部も）の入った大きな封筒を抱えて入ってきた。

「どうぞ」と書記官から封筒を渡された私たちは、すぐに主文の行数を確かめた。

はたして……。

主文は「1行」だった。


本件即時抗告を棄却する。


泉弁護士はすぐに「旗ガール」の河合弁護士に繋がった状態にしていたスマホに向かって叫んだ。

「即時抗告棄却、勝ちです」

大崎事件再審が初めて「高裁の壁」を突破した瞬間だった。

決定書は地裁のときよりかなり分厚い、と感じながら、しかし内容を検討するより前に、私たちは裁判所の5階から1階に駆け下り、玄関前で待つ大勢のマスコミと支援者さんたちの渦の中に飛び込んでいった。

鹿児島地裁のときは涙をこらえられなかった私だったが、今回はこみ上げる嬉しさで、自分の顔が笑いで崩れていくのを止められなかった。

「初めて高裁で勝ちました‼」

私の勝利宣言に、高裁前のおびただしい人の波が揺れた。そしてそこかしこで歓声が何度も沸き起こった。数え切れないほどの握手、ハグの嵐。青木惠子さんとは鹿児島地裁前に続く2度目のハグを交わしながら、「先生、今日の服バッチリです」と彼女から「合格点」をもらった。

●周防監督への電話●

しかし、我々にはまだやるべきことがあった。

検察官に最高裁への特別抗告を断念させることである。宮崎での記者会見の前に、弁護団は高裁宮崎支部と道路を挟んだ向かい側にある福岡高等検察庁宮崎支部に、特別抗告阻止の要請を行うべく横断歩道を渡ってまっすぐ向かった。

受付で用向きを告げて、1階のロビーで待っている時間に、私は周防監督に高裁での勝利を報告しようと電話をかけた。周防監督はすぐに電話に出て下さったが、私が、

「周防さん、勝ちました‼」

と勢い込んで告げたのに、何故か返事がない。

「え?」、と思った瞬間、電話口の向こうから嗚咽が聞こえてきた。周防さんは泣いていたのだ。

「いや、今回は私、まだ泣いてないんだけど」と焦ったが、2014年の九弁連大会シンポジウムからの3年半、「大崎事件とアヤ子さんのためなら何でもする」と宣言し、そして「有言実行」で私たちを鹿児島で、東京で、宮崎で、応援して下さった周防さんの姿がフラッシュバックして、こんどは私のほうが「逆もらい泣き」してしまった。

号外　南日本新聞

2018年(平成30年)　3月12日　月曜日

高裁も再審決定

大崎事件

「殺害に合理的疑い」

大崎町で1979年に男性の変死体が見つかった大崎事件で、殺人などの罪に問われ服役した原口アヤ子さん(90)＝同町永吉＝が裁判のやり直しを求めた第3次再審請求で、福岡高裁宮崎支部(根本渉裁判長)は12日、「新たな法医学鑑定は殺人、死体遺棄の事実認定に合理的疑いを生じさせる」として、再審開始を認めた昨年6月の鹿児島地裁決定を支持、検察側の即時抗告を棄却した。

再審開始決定は第1次請求の地裁(2002年)を含め3度目で、高裁支部は初めて。根本裁判長は法医学鑑定について「絞殺とした鑑定判決と解剖所見が矛盾しており、転落事故などによる出血性ショック死の可能性が高いとした鑑定は十分な信用性がある」と結論付けた。

地裁が重視した供述心理鑑定について根本裁判長は「鑑定の手法や内容は不合理で、明白性は認められない」とした。

事件は1979年10月、原口さんの義弟で同町井俣の農業中村邦夫さん＝当時(42)＝が自宅牛小屋の堆肥の中から遺体で見つかった。原口さんは主犯格として逮捕され、一貫して否認したが、懲役10年が確定した。

高裁支部は、共犯とされた元夫(故人)の再審開始も認めた。

南日本新聞 2018年3月12日号外。「高裁も再審開始」

●勝ちは勝ちでも……冨田決定と異なる内容?●

感無量で周防さんとの電話を終えた私のスマホに、間髪を入れず、某マスコミの記者さんから呟き込むような勢いの問い合わせがあった。

「先生、決定書読まれましたか？　地裁と全然違う内容なんですけど……」

「いや、今高裁玄関から直接福岡高検宮崎支部に移動してきたばかりなので、まだ読み込んでいないのですが、判断が地裁とは異なる、ということですか？」

と、私のほうが記者さんに尋ねたところ、

「法医学鑑定の明白性だけを認めて、供述心理鑑定の明白性は否定しています」

という、全く想定していなかった答えが返ってきた。

これには心底驚いた。勝ちは勝ちでも、その理由付けが地裁の冨田決定とは大きく異なるということか。ロビーで待機していた弁護団は衝撃を受け、慌てて決定書を猛スピードで読み始めた。

ほどなく高検宮崎支部の職員が、「ここ（宮崎支部）で特別抗告をするかどうかを決めるわけではなく、福岡高検本庁が検討して決めるので、ここでは要請を受け付けることはできません」と断りを入れてきた。

それならば福岡高検には後日要請に行くほかない、ということになり、我々は高検宮崎支部から宮崎県弁護士会館に戻り、決定書の読み込み作業を進めた。

●アヤ子さんは何度も頷いた●

根本決定の内容については、次の項目で詳細に紹介することとして、私たちは、まず宮崎で100名を超えるマスコミ関係者と支援者さんたちの前で勝利の記者会見を行い、テレビ各局はお昼のニュースで、この記者会見の模様を生中継で伝えた。

それから、私は弁護団の数名と指宿信教授とともに、長谷川さんの運転する車で鹿児島に戻り、鹿児島での記者会見に臨むことになった。鹿児島の記者会見までの車中、私には、鹿児島地裁のときと同様に、地元の業者さんが撮影した、アヤ子さんが決定の知らせを受けるシーンの映像を鹿児島での記者会見で紹介できる状況かをチェックする、という重要なミッションがあった。撮影された映像は、まず事務所で待機する事務長（夫）のところにファイル共有の形で送られてくる。これを夫が編集し、次いで私がノートパソコンでその映像を受け取り、さらに内容をチェックする、という段取りだった。

送られてきた映像を見ると、鹿児島地裁の決定から「わずか8か月」とはいえ、決定の知らせを待つアヤ子さんの表情には、また一段と加齢による衰えを感じずにはいられないものがあった。しかし、支援者の武田さんが、自分の携帯電話にかかってきた第一報を、アヤ子さんの耳に直接携帯電話を押し当てて聞かせると、アヤ子さんは何度も頷き、支援者から渡されたお祝いの花束に顔をほころばせた（このシーンは、今でも朝日新聞デジタルの「大崎事件まとめサイト」(https://www.asahi.com/topics/word/大崎事件.html) の冒頭で見ることができる)。

このシーンを何度も繰り返し見ながら、万感胸に迫っている私に、指宿信教授が声をかけた。

「鴨志田先生、朝日新聞デジタルに『はるまついぶき』の記事がアップされてるよ」

私は「あっ！」と声を上げた。

●『はるまついぶき』●

決定日前日の午後、誰もいない事務所に朝日新聞鹿児島総局の司法担当である野崎智也記者が、単独取材に訪れていた。私は大崎事件弁護団に加入するに至った経緯や、なかなか結果が出ずに苦しかった第2次再審当時のことなど、野崎記者のインタビューに答える形でお話ししたのだが、インタビューの最後近く、雑談のような感じで、その苦しい時期に、Mr.Childrenの櫻井和寿さんと、キーボード奏者でミスチルのプロデューサーでもあった小林武史さんが率いるセッション「Bank Band」の「はるまついぶき」を聴き続けたエピソードを語ったのだが、まさか今日のこのタイミングで記事にしてくれるとは思いも寄らなかった。

鹿児島市内に向かう車中、ノートパソコンでアヤ子さんの映像を見る私の頭のなかで、「はるま

大崎事件　高裁も再審認める

知的障害者への配慮訴え

男性の遺体が見つかってから38年半。鹿児島地裁に続き、福岡高裁宮崎支部も「大崎事件」の再審開始を認めた。請求人の原口アヤ子さん(90)に寄り添ってきた支援者らは、喜びの声を上げた。　▼1面参照

弁護団の鴨志田事務局長

12日午前11時過ぎ、弁護団の2人の弁護士が福岡高裁宮崎支部の建物から飛び出してきた。「高裁で初の再審開始決定」「即時抗告棄却」などと書かれた旗を掲げると、正門前に集まった約100人の支援者から歓声があがった。その輪に、少し遅れてピースサインをしながら飛び込んできた女性がいた。弁護団の鴨志田祐美事務局長(55)。皆にもみくちゃにされながら、満面の笑みを浮かべた。

鴨志田弁護士は、口癖のように訴えてきた。

「この事件は、知的障害者への取り調べの配慮が全くされていなかった。裁判官も検察官も、弁護士も、法曹3者で過ちを正さないといけない事件なんです」

第1次請求の特別抗告審（2004年）から、弁護団に加わった。証拠書類を見て、疑問が湧いた。

検察官の供述調書では知的障害のある親族3人とも詳しく自白している。なのに、数カ月後に開かれた公判では内容の乏しい供述しかできていない。「公判では会話が成り立ってさえいないのに、どうして検察官の前ではすらすら話せているのか……」

鴨志田弁護士の3歳下の弟には知的障害がある。弟は小さなときから、母親に怒られても、あらがうことができなかった。反論するとさらに怒られると思って、いつも「はい。はい」と言っていた。「知的障害者は相手の言っていることをよく理解できないとき、相手を満足させる対応をしてしまいがちなんです」

この日の決定も、親族3人の供述を「そのまま信用することはできない」と指摘した。

再審請求を続ける中で、原口さんの顔を思い浮かべながら車で聴き続けた歌がある。

Mr.Childrenの桜井和寿氏らのバンド「Ｂａｎｋ Ｂａｎｄ」の曲「はるまついぶき」だ。

降り積もる雪に覆われ　春待つ息吹のように　かすかでも光に向かう強さを抱きしめたい――

目の前が真っ暗だった当時の心境が歌詞と重なった。

鴨志田弁護士は支援者に向かい、「勝ちました！　高裁で初めて笑うことができました」と声をあげた。ようやく「再審無罪」の光が見えてきた。（野崎智也）

「再審開始決定」で喜ぶ弁護団の鴨志田祐美事務局長（左）や支援者＝12日午前11時3分、宮崎市旭2丁目、日吉健吾撮影

朝日新聞 2018 年 3 月 12 日夕刊（西部本社版）。はるまついぶき

ついぶき」がドライブBGMとなって流れ始めていた。

高裁の壁を越えて、アヤ子さんに春が来る日がいよいよ近づいた……。

しみじみとした、穏やかで温かな喜びが、私の胸を満たしていた。

くだんの野崎記者の記事は、高裁決定当日（2018年3月12日）の夕刊（西部本社版）に掲載され、私は、それを読んだ多くの人たち、とくに障がい者に寄り添う福祉関係のお仕事をされている方々から祝福を受けた。

8 「冨田決定」・「根本決定」徹底比較

福岡高裁宮崎支部の決定（裁判長の名前を取って〔根本決定〕と呼ぶ）は、本文97頁という大部なものだった（ちなみに、鹿児島地裁の冨田決定は全体で63頁だった）。

●「血のかよった」冨田決定●

〔冨田決定〕は、わが国の再審史上初めて、供述心理鑑定を「無罪を言い渡すべき明白な新証拠」

と認め、さらに知的、精神的ハンデを抱えた「供述弱者」だった「共犯者」たちの「人となり」にまで目を配った温かみのある決定だった。一方で、法医学鑑定（吉田鑑定）については検察側が提出した反対鑑定（近藤鑑定）を踏まえ、「確定判決の認定した『タオルによる絞殺』を積極的に認める所見がない」という、いわば「最大公約数」的な限度でのみ評価した。そして、「アヤ子さんと『共犯者』たちによる殺人・死体遺棄」という確定判決に疑いが生じた以上、「疑わしいときは被告人（再審請求人）の利益に」という刑事裁判の鉄則に従って再審を開始すればよい、とのスタンスを貫き、「じゃあ、誰が事故に遭った四郎さんを埋めたのか」という疑問には、敢えて踏み込まなかった。

●「血の気のない」根本決定●

これに対し、〔根本決定〕は、まず、冨田決定が高く評価した大橋・高木新鑑定（ハナの供述を分析した鑑定）について、明白な新証拠に当たらない、と切り捨てた（ただし、注意深く読むと、およそ供述心理鑑定全体や、大橋・高木鑑定の手法である「スキーマ・アプローチ」自体を否定しているわけではなく、第3次再審の新証拠として提出した「大橋・高木新鑑定」だけを否定していることがわかる）。

その上で、これまで第1次再審から第3次再審の鹿児島地裁まで、大崎事件を審理する再審裁判所が前提としていた「確定判決ではほぼ共犯者たちの自白のみで有罪認定がされており、これを補強する証拠も、せいぜいハナの目撃供述と、城旧鑑定ぐらいしかない」という、確定判決の証拠構造（有罪判決を支えているそれぞれの証拠の強弱や証拠と証拠との相関関係）を見直し、判決には明確に書いていないが、確定判決は、例えば四郎の自宅、アヤ子さんと一郎の自宅、二郎・ハナ・太郎の自宅が同じ敷地内に建っていたという位置関係や、近隣住民である色葉と高杉が、泥酔している「生きている」四郎を土間に放置した事実などの客観的状況も有罪認定を支えている、と、いわば確定判決の証拠構造を「復元」した上で、吉田鑑定に、冨田決定以上の高い証明力を認めて、「四郎は自転車事故による出血性ショックで、色葉と高杉に搬送されたときにはすでに死亡していたか瀕死の状態だった現実的可能性がある、と判断した。つまり、アヤ子さんプラス「共犯者」たちによる殺人・死体遺棄という犯行ストーリーは、色葉と高杉が「生きている」四郎を土間に放置し、これを見たアヤ子さんに殺意が芽生え、二郎、一郎と殺人の共謀をした、という筋書きなので、そもそも四郎が土間に「生きて」放置されていた、という事実が認められなければ、犯行ストーリーの入口が粉砕されることになり、もはや確定判決の有罪認定は成り立たない、ということになる。

根本決定は、吉田鑑定による「出血性ショック死」という被害者の死因が、「生きている四郎を土間に置いてきた」という色葉と高杉の供述の信用性に疑いを生じさせる、と判断したのであり、このことは、「殺人ではなく事故死だとすれば、誰が四郎を埋めたのか」という大崎事件最大の謎に、初めて暗に答えを出したことになる。

●実は周到に考え抜かれていた根本決定●

正直に告白すると、根本決定を一読した際の私の印象は「血の気のない決定」というものだった。冨田決定が記録の向こうにいる生きた人間の息づかいまで感じさせる「血のかよった決定」だったのとは対照的だと思ったのだ。

しかし、時間が経つにつれ、そして読み込めば読み込むほど、実は根本決定は「クールな顔をした熱い決定」なのではないかと思い直すようになった。

供述心理鑑定という「新しい知見」に全体重をかけるような構成にしてしまうと、そこを批判されたら再審開始そのものが否定されるおそれがあるから、伝統的な法医学鑑定のほうに軸足を置いた点、確定判決を「極めて脆弱な証拠構造で有罪認定した」と正面から否定するのではなく、確定判決をした裁判官たちの判断過程を「復元」することで、「当時はこのような有罪判決になったのにもそれなりの理由があるが、四郎の死因が『出血性ショック』だったと知っていれば、有罪判決は書かなかっただろう」と、言外に確定判決を擁護しているように読める点など、要するに上級審（最高裁）で再審開始が取り消されることのないよう、気を遣っていることが窺えるのである。

●同じ山頂に異なるルートでアタックした登山隊●

冨田決定は冨田決定で「あえてアナザーストーリーに踏み込まない」ことで、不確かな推測を避ける、という「手堅さ」を見せたが、根本決定には「供述心理鑑定」を切り捨て、緻密で詳細な事実認定をして、供述より客観面で開始決定を維持する「老獪さ」が見て取れる。でも、たった8か月で、確定判決のみならず累次の再審の記録も読み込んで97頁もの決定を書いたエネルギーは相当のものであり、それだけの労力をかけて、結論としては「再審開始」を維持した根本コートは、やはり「アヤ子さんを最速で再審無罪に」という思いに突き動かされていたに違いない。

冨田コートも、根本コートも、「大崎事件は冤罪である」という確信が先にあって、再審開始決定をする以上は上級審で破られないように、とそれぞれが「忖度」したことで、ロジックの異なる内容になったのではないか、と私は思っている。

その後の論文や講演で、私はこの二つの開始決定を「冤罪被害という過酷な山の頂に取り残された『無実のアヤ子さんを救済する』ために、異なるルートでアタックした登山隊」と評した。

9　特別抗告阻止への攻防

●高検、最高検への要請行動と世論の後押し●

3月12日に根本決定が出た翌日から「地裁の再審開始決定を高裁も維持したのだから、検察官は最高裁への特別抗告を断念し、ただちに再審公判（やり直しの裁判）に進むべき」という意見表明が怒濤のように吹き出した。鹿児島地裁の冨田決定のときにも、検察官の即時抗告を牽制するマスコミ、日弁連及び各地の弁護士会、刑事法学者など専門家たちによる「検察官は抗告を断念すべき」との論調はかなり強かったが、根本決定後のそれは、そのときと比べても格段に強烈だった。

●日弁連の声明●

まず、12日の決定当日に日弁連が「本件決定は、原決定から8か月半という短期間で出されたものである。他の再審請求事件において、再審開始決定後の即時抗告審における審理が長期化することが多い中、詳細かつ説得的な理由を付して、迅速に即時抗告を棄却した本件決定を、当連合会は高く評価する」と根本決定を高く評価した上で「当連合会は、検察官に対して、再審事由があるとの判断を維持した裁判所の決定を真摯に受け止め、特別抗告を行うことなく、速やかに本件決定を確定させるよう強く求める」と締めくくった。

●「岡山に負けるな」——第1号は京都弁護士会●

また、本来決定日になる予定だった3月8日に講演させていただいた京都弁護士会も、実際の決定日となった12日当日に「検察官は、本件の二度にわたる再審開始決定と本日の棄却決定の意義を重く受け止め、いたずらに再審請求手続を長引かせることなく、公益の代表者として、再審公判における公正な審理を実現することに努めるべきである」という会長声明を早々に出してくれた。後に聞いたところでは、私が京都で講演した際、講演後の懇親会の席上で「前日に講演を行った岡山弁護士会が、決定が出たら会長声明を出してくれる、と言っていた」と話した（私は飲んだくれていて正直あまり覚えていないのだが）のを聞いた京都弁護士会の皆さんが、

「俺たちは決定当日の予定を変えさせてまで、鴨志田先生に京都で講演していただいたのだか

ら、会長声明は必ず第1号として出さねばなるまい。絶対に岡山に負けるな」と檄を飛ばし、決定当日に会長声明を発出したのだという。何ともありがたい話である。

一方の岡山弁護士会も、「約束どおり」会長声明を出してくれた。地元の九州弁護士会連合会、地元鹿児島県弁護士会、決定を出した高裁支部所在地である宮崎県弁護士会からも、相次いで理事長声明、会長声明が発出された。

●相次ぐ新聞社の社説●

新聞社の社説も相次いだ。地元紙・南日本新聞は決定翌日の13日に、そして冨田決定のときに、全国紙で唯一、大崎事件について社説で言及しなかった朝日新聞が、3月14日付社説で「事故死だとすればなぜ遺体が堆肥置き場から見つかったのかなど、不可解な点は残る。だがその責めを負うのは捜査当局であり、元被告の女性ではない。公益の代表者と位置づけられる検察は、罪のない人の救済という再審の目的を踏まえ、裁判のやり直しに応じるべきだ」と検察を牽制すると同時に「社説でくり返し主張してきたように、現場の運用・裁量に委ねるのではなく、法律を整備して再審におけるルールづくりを急がなければならない。法治国家として当然の務めである」と法改正の必要性にも触れた（上述の経緯があったので、「社説でくり返し主張してきたように」の部分には、やや苦笑してしまったが……)。冨田決定の際に2度にわたり社説を出した西日本新聞と北海道新聞のブロック紙2社、前年暮れに神戸で行った講演を記事にして報じてくれた神戸新聞も、社説で検察官の抗告断念を訴えた。

●最高検要請の日の朝に出た予測記事●

「検察は特別抗告を断念せよ」の大合唱を背中に受けながら、私たち弁護団は3月14日にまず福岡高検、そして3月16日に最高検に、それぞれ特別抗告断念の要請に赴いた。

ところが、16日、最高検に赴くために早朝の鹿児島空港に到着した私が目にしたのは「福岡高検、最高裁への特別抗告の方針を固める」という某紙朝刊の予測記事だった。

われわれが要請に赴くことは首都圏の支援者さんを通じて事前に最高検に申し入れてあった。それなのに、要請行動当日の朝刊にこのような記事が載るとは。これは検察側のリークに違いない、と私は怒りで頭に血が上った。

しかし、まだ「方針」である。ここで諦めるわけにはいかない。

●周防監督の怒り●

羽田からまっすぐ霞が関に向かい、冨田決定のときも最高検への要請に同行してくださった周防正行監督と仁比聡平・参議院議員、首都圏の支援者さんたち、そして2日前の福岡高検でも「母が生きているうちに再審無罪にしてください。抗告はしないで下さい」と声を振り絞った京子さん夫妻と合流し、2度目の最高検に赴いた。

冨田決定後の要請の際は検事が対応した最高検だったが、すでに報じられたとおり「特別抗告の方針を固めている」からなのか、今回対応したのは検事ではなく最高検の事務職員だった。娘の京子さんが「母の命あるうちに何としても無罪を」と血を吐くような気持ちで、なんとか抗告を思いとどまっていただきたい、と訴えに来ているのに、それをまともに受け止めようという姿勢が伺えない最高検の姿勢に、私は心の底から失望した。すると、私の気持ちを代弁するかのように、周防監督がこう言った。

「私は即時抗告の時にもここに来ました。あなた方は検察の在り方検討会議以降取り組みを変えるといったのに、過去の事件を振り返らない姿勢を取り続けている。特別抗告したら、私は検察をもう二度と信じることができなくなります。同じ人間として原口さんと向き合っていただきたい」

周防監督の全身から、青白い炎のような、静かだが激しい怒りがほとばしるのを見たような気がした。しかし応対した最高検の事務職員は能面のように無表情のままだった。

●司法記者クラブでの記者会見●

「暖簾に腕押し」の最高検から、東京高裁2階の司法記者クラブに移動して記者会見を行った弁護団と周防監督、そして記者会見から合流した指宿信教授の言葉を、夕方のニュースや翌日の朝刊は詳細に伝えた。周防監督は、「われわれの無知を利用して検察はとんでもない仕事を続けている。そのことを国民に知らせることができるのはマスコミだけだ。どうか、検察官が何をしようとしているのか、しっかり報じてほしい」と会見場に集まった記者さんたちに強く訴えた。

一方、私は、

「特別抗告は、高裁のした決定に憲法違反か判例違反がある場合しか認められない。今回の高裁の決定に、憲法違反や判例違反があるはずもなく、検察は明らかに理由のない、時間稼ぎの抗告をしようとしている。

刑事訴訟規則1条2項には「訴訟上の権利は、誠実にこれを行使し、濫用してはならない」

規定されているのに、「公益の代表者」（検察庁法4条）であるべき検察官が合理的な理由のない抗告をあえて行うことは違法である。

そもそも、再審開始決定に対する検察官抗告は憲法39条の「二重の危険禁止」（一度刑事裁判にかけられ、有罪判決を受けるという「危険」に晒された人を、同じ事件について再び刑事裁判にかけて有罪にする「危険」に晒してはならないという憲法上の要請）の趣旨に抵触し、何より90歳のアヤ子さんの「迅速な裁判を受ける権利」（憲法37条1項）を侵害している。そのような抗告をするのであれば、我々は国家賠償請求も辞さない」

と法律家らしく条文に則して検察官の抗告が許されないことをアピールした。

しかし、共同通信が配信した全国各紙の記事で私のコメントとして切り取られていたのは、以下の一言だった。

「特別抗告は国民全体を敵に回す愚挙だ」

16日夕方のニュースと翌朝の朝刊では、私たちの記者会見と併せて検察の動きを報じるものが多かった。朝刊では「検察は特別抗告の方針を固める」という見出しだったのが、要請行動と記者会見以降のニュースでは「検察は特別抗告の方向で検討」とトーンダウンしていることに、私は一筋の希望を見い出した気がした。

●思いがけぬ祝福の電話●

14日の福岡高検への要請と、16日の最高検への要請の間隙を縫うように、鹿児島で通常事件の処理をしていた3月15日、私の事務所に1本の電話が入った。

根本決定の3か月ほど前にあたる2017年12月20日、大阪高裁で再審開始決定が出たばかりの「湖東記念病院事件」の再審請求人・西山美香さんが、直接お祝いの電話をかけてくれたのだ。

湖東記念病院事件は2003年5月に滋賀県の湖東記念病院に入院していた高齢の男性患者が死亡したことについて、西山美香さんが翌年の7月に、警察の任意取調べに対して、この男性に装着されていた「人工呼吸器のチューブを抜いた」と自白したことや、遺体を解剖したN医師が、男性の死因を「酸素供給途絶による急性の心停止」と鑑定したことなどから、西山さんを殺人罪で懲役13年の刑に処するという有罪判決が確定した事件である。

この事件は2度にわたり再審請求が行われたが、第1次の地裁、高裁、最高裁、そして第2次の地裁までは「全敗」だった。ところが、第2次の即時抗告審である大阪高裁は、N医師の鑑定は「人工呼吸器のチューブが外れていた（傍点筆者）」という事実を前提としていたのに、その後美香さんら病院関係者の供述がめまぐるしく変遷したことや、人工呼吸器が外れた場合に鳴るアラーム音を聞いた者がいなかったことから、確定判決は最終的に「人工呼吸器のチューブは外れていなかった」（傍点筆者）と認定したため、N医師による鑑定の前提に齟齬が生じた点を踏まえ、新証拠である法医学鑑定等とN医師の鑑定を総合評価し、被害者の死因は「致死性不整脈」だった可能性を認めた。

さらに美香さんの自白について、美香さんが軽度の知的障がいと発達障害を抱える「供述弱者」だったことにも着目し、自白のめまぐるしい変遷は捜査官の誘導に迎合したことによる可能性があると認め、自白の信用性にも疑問ありとした結果、確定判決の有罪認定には合理的疑いが生じたとして、地裁の再審請求棄却決定を取り消し、自ら再審開始決定をしたのだった。

●科学的証拠と供述弱者●

大阪高裁で湖東記念病院事件の逆転再審開始決定をした後藤真理子裁判長は、実は足利事件の上告審（最高裁第二小法廷）で、この事件の担当調査官だった。つまり、実質的に、菅家利和さんの有罪を確定させた張本人、ということになる。しかし、足利事件は再審請求の即時抗告審でDNA再鑑定の結果、菅家さんの「完全無罪」が証明され、再審無罪となった。後藤真理子裁判官にとっては完全な「判断ミス」となったわけである。

菅家さんを有罪にした決め手となったのは、当時の精度の低いDNA鑑定（NCT118型と呼ばれる鑑定方法）だった。そして、菅家さんは知的障がいと健常者との「境界域」にある「供述弱者」だった。後藤真理子裁判長は、この苦い経験から、科学的証拠を盲信せず慎重に判断する姿勢と「供述弱者」の供述には注意深い検討が必要であることを学んだのかもしれない。

しかし、この高裁逆転再審開始決定に対して、検察官は最高裁に特別抗告を行い、大崎事件の根本決定が出た2018年3月時点で、湖東記念病院事件の特別抗告審が最高裁第二小法廷に係属していた。

●「私、服役中からアヤ子さんのことを知っていました」●

さて、そのような状況のもと、私の事務所に直接電話をかけてくれた西山美香さんは、開口一番、こう切り出した。

「私は大崎事件が発生した1979年生まれなんです」

なんと、西山さんの人生が丸ごと大崎事件の歴史になるのか……。私が驚いていると、西山さんはさらに私を驚かせる言葉を次いだ。

「私、服役中からアヤ子さんのこと知っていました」

前述のとおり、湖東記念病院事件は2003年に発生したとされる事件であり、大崎事件とは24年の隔たりがある。それなのに、西山さんが原口アヤ子さんを知ったのはどういうことなのだろう。私が事情を尋ねると、西山さんはとつとつとした語り口で説明してくれた。

●西山美香さんのやさしさに心打たれる●

「私が和歌山刑務所で受刑中、累犯で入ってきた（一度服役した人が再度罪を犯して刑務所に入ってくること）女の人が、前に入っていた佐賀の麓刑務所で原口アヤ子さんと一緒だったと話してくれはったんです。

私はやっていないのに刑務所に入れられた悔しさで、刑務所でヤンチャしてました。そしたらその女の人が「私が麓刑務所で一緒だった原口アヤ子さんは、いっぺんも自白したことないのに有罪になって、刑務所に入ってからも自分は無実やと言い続けていたけど、刑務作業は真面目にやってはった。でも、刑務官から『あなたは模範囚だから、仮釈放で早く出してあげる。だから罪を認めて反省文を書きなさい』と持ちかけられても、『やってないものは反省できません』と3回断って、満期服役したんや。そんな人もいるんやから、あんたも頑張りなさいって、言われたんです」

仮釈放を断って満期服役したという話は、一貫して無実を訴え続けるアヤ子さんの強固な意志を示すエピソードとして、私も度々講演で紹介していたが、このエピソードが思いがけぬ形で西山さんに伝えられていたのだ。西山さんはこの話を聞かされて、刑務所で「ヤンチャ」するのを止めて真面目に刑務作業をやるようになり、しかしアヤ子さん同様、満期服役（西山さんは12年）して2017年8月に出所してきたのだ。高裁で再審開始決定がされたわずか4か月前のことである。

美香さんは、獄中でエピソードを聞いた「原口アヤ子さん」に、自分と同じように高裁でも再審開始の決定がされたことを知り、いても立ってもいられず、私の事務所に電話してくれたという。

「私は検察官に特別抗告されてしまったけど、アヤ子さんは90歳だから、検察官も抗告なんかしないですぐに再審公判で無罪になってほしい、と思っています。私もそのあと再審無罪になりたいです」

自分だって一刻も早く無罪判決を受けたいに決まっている。なのに、高齢のアヤ子さんを気遣って、無罪になるのはアヤ子さんの次でいいという西山さんの優しさに、私は心打たれた。

東住吉事件の青木惠子さんに続き、湖東記念病院事件の西山美香さんと出会ったことで、ものを言えぬアヤ子さんの代わりに「女性の冤罪被害」を発信してくれる「同志」がまた一人増えた。そして、西山さんの存在が、その後の再審法改正に向けた動きにも、一段と厚みを増すこととなっていくのだ。

10　それでもするか、特別抗告

●喜びは1週間で終わった●

3月12日の根本決定から、ひたすら検察官の特別抗告阻止のために慌ただしく過ごした1週間が過ぎ、抗告期限である3月19日を迎えた。朝のローカルニュースで、

「最新の桜の開花予想」

と報じているときに、思わず耳がピクっとなってしまうほど、この日は朝から落ち着かない気持ちでいた。昼には験を担いで「トンカツ」を食してみたりもしたが、気持ちはざわざわし続けていた。

そして昼過ぎ、高裁宮崎支部から、

「検察官が今、特別抗告の申立てをしました」

の一報が入った。

初めて高裁の壁を突破した喜びは、たった1週間で終わってしまった。それぞれが抱えている裁判の期日の合間を縫って記者会見の時間を調整し、森弁護団長、泉、増山、鴨志田など鹿児島の弁護団メンバーが鹿児島県弁護士会館に結集し、怒りの記者会見を行った。

大崎事件は、第1次再審の鹿児島地裁、第3次再審の鹿児島地裁、福岡高裁宮崎支部、と三たび再審開始の判断がされた、わが国で唯一の事件となった。合計9人の裁判官が、自らの先輩がした有罪の確定判決について「合理的疑い」を突きつけて、「開かずの扉」と言われている再審の重い扉を開いたのに、その重みを感じようともせず、90歳のアヤ子さんの人生を賭けた闘いにも思いをいたすことなく、ただひたすら組織防衛と「法的安定性」と称する権威の維持だけに汲々として抗告を繰り返す検察。

日本の刑事訴訟法のうち、再審の規定は、戦前のドイツ法をルーツとした旧刑事訴訟法の規定が、戦後もほとんど変わることなくそのまま現行法となっている、という話は前述したが、その「本家」ともいうべきドイツでは、半世紀以上も前である1964年に、再審開始決定に対する検察官の抗告を法律で禁止している（ドイツ刑事訴訟法372条後段）。仮に、検察官が有罪を主張したいのであれば、やりなおしの裁判である再審公判で主張すべきだという考え方からだ。

もし、日本の刑事訴訟法でも、再審開始決定に対する検察官抗告が禁止されていたら、アヤ子さんは2002年3月の第1次再審開始決定のときにすぐに再審公判に進み、無罪となって、その後の16年の人生を子や孫に囲まれて穏やかに過ごすことができただろうと思うと、もう本当にやりきれない気持ちだった。

●メディアは口々に「検察の不正義」を糾弾●

私たちの怒りの声を、テレビは当日の夕方から夜にかけて、次々とニュースで報じた。再審開始決定は別として、ローカルニュース止まりになることも少なくない大崎事件の報道だが、このときは違った。NHKも、日本テレビ系列も、そしてテレビ朝日の「報道ステーション」でも鹿児島で私たちが上げた「検察官の不正義」を糾弾する声を報じてくれた。

翌朝3月20日付の地元紙南日本新聞は、「大崎事件　高検が特別抗告」という見出しとともに検察官の特別抗告を1面トップで報じ、社会面見開きには次のような見出しが所狭しと並んでいた。

「無実の時　遠のく」
「こんなことを許す法があるのか」
「家族絶句、弁護団憤り」
「再審制　何のため」
「家族や支援者　迅速な審理要求」
「引き延ばし批判必至」

紙面のあちこちから怒りが噴き出してくるような、まるでアヤ子さんと親族、支援者、弁護団の魂が乗り移ったかのような凄まじい紙面だった。

圧巻は、根本決定後2度目となる、この日の社説のタイトルだった。

「人道上、許されることか」

●両論併記を放棄した南日本新聞●

新聞社が、これほどまでに検察官に怒りを向けたことが、いまだかつてあっただろうか、と思うほど激しい論調で検察官の特別抗告を批判していた。地方紙は、毎日の事件報道の多くを検察・警察からの情報に頼っており、構造的に正面から検察、警察批判ができにくい状況にある。それにもかかわらず、南日本新聞は、大崎

南日本新聞 2018年3月20日。「大崎事件　高検が特別抗告」

事件については明らかに冤罪であってアヤ子さんの無罪を阻む動きは徹底的に批判する、というスタンスを固め、よくある「両論併記」（検察寄りの識者コメント等を載せて「バランスを取る」こと）すら放棄していた。まさに、地元紙の矜持である。

この日の南日本新聞社会面に長文の識者コメントを寄せた中島宏・鹿児島大学教授も、

「社会面全体が旗幟鮮明。世論は定まったと実感しました」

と感想を述べていた。

●私たちには地元の応援団がついている●

この日、私は午後から鹿児島家裁川内支部に出張だったが、裁判所に赴く前に、日本有数のまぐろの水揚量を誇る串木野漁港を擁する、いちき串木野市直営の「海鮮まぐろ家」に立ち寄り、喜びから怒りに転じる怒濤の1週間を過ごした自分への慰労の意味で、いつもは手を出さない「特選まぐろ丼」を注文した。

さすがに「特選」はひと味もふた味も違う、と満足感に浸っている私に、隣のテーブルで数人で昼食を取っていた作業服姿の男性が声を掛けてきた。

「あの、もしかして、大崎事件の弁護士さん?」

私は「は、はい！」と答えつつ、（どこで誰に見られているか分からない）と内心驚愕しながら、無意識に居住まいを正した。するとその男性は、

「原口さんが生きているうちに無罪にならんと、意味がない。可哀想だよ。弁護団も大変だと思うけど、あとちょっときばいやんせ（鹿児島弁で「頑張って」の意）」

と言いながら私の肩をポンと叩いて、店から出て行った。

昨日から今日にかけてのニュースや新聞記事を見ていてくれたのだろう。まったく面識のない市井の人たちも、アヤ子さんと弁護団を応援してくれている。

特別抗告されて最低の気分になっていた私に、最高裁で闘うエネルギーをチャージしてくれたのは「地元」の応援団だった。

第7章　第3次再審特別抗告審
――最高裁第一小法廷・小池コート

1　理由なき特別抗告申立て

●筋違いの特別抗告申立書にあきれる●

検察官の特別抗告申立書は本文41頁で、申立書本体とは別に、検察官が産業医科大学法医学教室の佐藤寛晃教授から電話で聴取した内容を記載した「捜査報告書」が資料として添付されていた。

冨田決定に対する即時抗告のときは、同決定が供述心理鑑定を高く評価したことを受け、大橋・高木新旧鑑定を「似非科学」という言葉まで用いて批判した検察官は、今度は根本決定が吉田鑑定の証明力を高く評価したことから、攻撃の矛先を吉田鑑定に向け、吉田鑑定には新規性も明白性も認められないのに、根本決定がこれを認めて新旧全証拠の総合評価により再審開始に至ったことを「判例違反」と主張するものだった。

しかし、申立書の内容の大半は、吉田鑑定の内容の妥当性や、旧証拠である「共犯者」たちの自白、ハナの目撃供述、そして四郎を自宅まで搬送した隣人である色葉と高杉の供述の信用性という、証拠の評価と、その証拠からどのような事実が認められるかという、根本決定の「事実認定」を批判することに費やされていた。

先に触れたとおり、最高裁への特別抗告は、高裁のした決定に「憲法違反」か「判例違反」がある場合しか認められない。特別抗告申立書の「根本決定批判」は、形こそ「吉田鑑定に新規性を認めた原決定の判例違反」、「吉田鑑定に明白性を認めた原決定の判例違反」と項目立てられているが、実際には特別抗告理由にあたらない「事実誤認」の主張に終始するものであり、このような「筋違い」の主張を堂々としてくる検察官の姿勢には、もはや怒りを通り越してあきれるしかなかった。

●検察側法医学者の「絶賛」と「批判」●

一方、佐藤教授に電話で聞き取った内容をまとめた「捜査報告書」では、佐藤教授が電話聞取りの冒頭で、

「吉田教授の鑑定書は、『腐敗が進行して所見が分かりにくい』という本事例特有の問題点も考慮しつつ、文献や自験症例に基づいて、詳細に検討したものであり、非常に説得力があると感じた」

と、吉田鑑定を絶賛していた。「ん？　これ弁護側の鑑定人なのか」と一瞬思ったが、その後で佐藤教授は吉田鑑定について、次の2点の批判をしていた。

① 吉田鑑定は、被害者の遺体に死斑がないことを理由に出血性ショックを推定しているが、被害者の遺体は死後3日間にわたってかなり多量の堆肥の中に全身が埋まっていたことから、死体そのものの重さと堆肥の重みによって圧迫された部分の血管には血液がなかった可能性があり、その場合には死斑が認められないはずであるのに、その点を考慮していない

② 鑑定資料となる写真が乏しく、写真をもっての議論は水掛け論になるだけであり、実際に遺体を解剖した城医師の所見である「他に著しい所見を認めませんので、窒息死を推定する他ありません」という結論を信用すべきである。

●弁護団の闘志、再燃！●

①の指摘を吉田教授に伝えたところ、吉田教授に笑われてしまった。

「圧迫によって血液がない状態になるのは、接地面がコンクリートとか固い場合にはそうなりますが、堆肥置き場は遺体の下にも堆肥が敷かれていたのですから、いくら上から重みがかかっても血液がなくなるほど圧迫されることはありません。

それに、人間の体にはもともと凹凸があるから、首などはそもそも接地面の圧迫を受けることはありません。そこにも死斑がないのですから、この理屈はとおらないですよね」

確かに、素人にもわかる話だった。

また、②については、その、実際に遺体を解剖した城医師自身が、当時の自分の鑑定結果は間違いだったとして、四郎の死因は「窒息ではなく、事故死の可能性がある」とする新鑑定を第1次再審の新証拠として提出している事実を完全に無視している、「空振り」のような主張だった。

あれほど特別抗告阻止に向けて全力を尽くしたのに、やはり特別抗告されてしまったショックで、意気消沈しそうな弁護団だったが、検察側の申立書の主張は筋違い、添付資料は素人でも論破できるレベル、となれば、最高裁には1日でも早く再審開始を確定してもらうべく、スピーディに対応しよう、と、私たちは気持ちを引き締めて反論書の作成に取りかかった。

●再び「結語」に思いを込める●

特別抗告申立てから1か月経たない4月11日、弁護団は検察官の特別抗告申立書に対する反論の意見書を提出した。

「吉田鑑定に新規性を認めた原決定の判例違反」、「吉田鑑定に明白性を認めた原決定の判例違反」という項目を立てて主張した検察官の特別抗告申立書を、佐藤博史弁護士がカミソリのような切味で、まずは新証拠の「新規性」・「明白性」についての、これまでの最高裁判例に対する検察官の解釈がそもそも誤っていることを指摘し、返す刀で、「吉田鑑定を過大評価したと論難し、吉田鑑定が四郎の死因を出血性ショックであると鑑定したことを前提に確定判決の有罪認定に合理的疑いが生じた」とする原決定を批判する検察官の主張は、まさしく「事実誤認」の主張であって、憲法違反と判例違反のみに限定されている特別抗告理由にあたらない、と一刀両断にした。

わずか30頁あまりで検察官の特別抗告申立書を完膚なきまでに論破した佐藤弁護士の起案を、いつものように弁護団の若手メンバーが語句レベル、引用の正確性といった観点からチェックし、最後にアンカーの私がとりまとめる、という作業手順で、あっという間に意見書が完成したのだが、私は意見書のラストに万感の思いを込めて再び「結語」をしたためた。

39年前、検察官は、知的・精神的な障がいを抱えた者たちに対する配慮のない取調べによって得た自白を「ベスト・エビデンス」として本件を起訴した。

裁判官は、彼らが法廷では自ら体験したはずの犯行をほとんど語れないことを直接目にしていたにもかかわらず、その信用性に疑問を差し挟まず、他に有力な客観証拠もないのに、彼らのみならず一貫して否認を続けたアヤ子にも有罪の判決を言い渡した。

弁護人は、「共犯者」らが犯人であるとすれば、アヤ子の関与なしには成り立たない犯行ストーリーであることに気付かぬまま、アヤ子の関与のみを争う弁護活動を行った。

私たちは3次にわたる再審請求の中で、司法に携わる者は、裁判官、検察官、弁護人という立場を超えて、自分たちの先達のした誤りを正さなくてはならない、と訴え続けてきた。しかしその訴えはなかなか聞き入れられず、長い闘いの中で、無実を叫ぶアヤ子の声は老いによって失われ、手足の力は自らの重みを支えられぬほどまでに衰えた。

第3次再審請求では、私たちは裁判所に、これがアヤ子にとって存命中の最後の再審請求となることを伝え、迅速な審理を重ねて要請してきた。

原原審の鹿児島地裁は、申立て初日に弁護人との面談に応じ、積極的な訴訟指揮のもと、法医学者、心理学者の尋問を実施し、証拠開示勧告を出し、最後に色葉・高杉供述の信用性に決定的影響を与えるネガの開示を実現させた。そして、申立てから2年経たないうちに、吉田鑑定及び大橋・高木新鑑定の明白性を認め、確定判決の有罪認定には合理的疑いが生じているとして、再審開始決定をした。

原審の福岡高裁宮崎支部は、検察官の即時抗告申立てからわずか17日後に弁護人・検察官との打合せ期日を設け、審理期間8か月余りで即時抗告を棄却した。同決定は90頁を超える緻密な内容のものだった。

原原審の開始決定と原審の即時抗告棄却決定とは、その理由付けが大きく異なる。原審は、弁護人が提出した新証拠のうち、大橋・高木鑑定の明白性を否定し、吉田鑑定についても、原原審が認めた限度の証明力では旧証拠に対する減殺効を否定する旨判断した。

しかし、原審は再審開始決定を取り消さなかった。何故か。

原審の裁判官も、原原審の裁判官と同様、本件確定判決の証拠構造の脆弱性、とりわけ「共犯者」らの自白供述の危うさから、そもそも旧証拠のみでも有罪心証を持ち得なかったからである。原原決定（注：冨田決定）と原決定（注：根本決定）は、誤った有罪判決という山の頂に取り残された無辜のアヤ子を救出するために、異なる登山ルートで山頂を目指したものだったのである。

原原審、原審が全速力で繋いだ再審開始のバトンは、いま、アンカーである貴小法廷の手の内にある。

残念なことに、「公益の代表者」であるはずの検察官は、前述した私たちの訴えを一顧だにせず、誤った確定判決の維持に汲々とし、無罪方向の証拠開示を渋り、判例違反など全く認められるはずのない原決定に対しても特別抗告を申し立ててきた。検察官が特別抗告申立書の最後で「著反正義」の主張をしてきたことには驚き呆れる。著しく正義に反しているのは、ほかならぬ検察官ではないか。

本件再審請求のアンカーとしてバトンを託された貴小法廷には、1日も早く、いや1分1秒でも早く、本件特別抗告を棄却し、アヤ子を再審公判の法廷へと導いていただきたい。それこそが、冤罪に人生を翻弄されたアヤ子に対して、司法府の「最高」機関が果たすべき、最後の崇高な使命である。

弁護団は、第1次からずっと、検察が悪い、裁判所が悪い、というのではなく、弁護人も含めた先達すべてが誤ったのだから、司法に携わる者として一緒に過ちを正そう、と呼びかけ続けてきた。少なくとも、地裁、高裁はそのメッセージに答えてくれた。だから最高裁も一刻も早く特別抗告を棄却して、アヤ子さんを再審公判の法廷に導いてほしい。

弁護団の切なる願いの染みこんだ意見書を、私は最高裁に郵送で送り届けた。

2　沈黙の最高裁

●最高裁にも「生身の人間」はいるはずなのに●

第3次再審では、地裁と高裁が再審開始を重ねてくれた。鹿児島地裁の冨田コートは、中立て初日から弁護団との面談に応じ、証拠開示に向けた訴訟指揮や鑑定人尋問に対する姿勢、さらには決定前の「至れり尽くせり」感あふれる対応など、開始決定を予測させる要素がふんだんにあった。福岡高裁宮崎支部の根本コートは、直接の打合せ期日は1回のみだったが、検察官の意見書の提出期限を厳しく設定して「裁判所もいたずらに審理を長引かせようとは考えていません」と明言するなど、地裁に比べると「ツンデレ」的な対応ではあったが、それでも事件に真摯に向き合ってくれていることは十分に窺い知ることができた。

なので、地裁、高裁段階では、私たちは程度の差こそあれ、「裁判所」というのは場所的概念ではなく、そこに生きた人間（裁判官）がいて、一見お堅いようにみえる法的論理的思考の中にも生身の人間の感情や息づかいがあると感じることができた。しかし、審理の場が最高裁に移ると、その状況は一変する。「最高裁判所」は、もともとあの要塞のような建物に、生身の人間が棲息していることが外観から分かりにくい。私は第1次再審の特別抗告審のとき（「木で鼻をくくる」態度の担当調査官と面談した際）と、第2次再審の特別抗告審のときに高裁から最高裁に送付された記録の閲覧のため（担当書記官が対応してくれた）、2回最高裁の建物の内部に入ったことがあったので、内部で生身の人間が働いている姿を見たことはある。しかし、それでも最高裁の印象といえば、迷路のような廊下の長さと、建物全体の薄暗さしかなかった。

●沈黙を守る最高裁●

最高裁が弁護人の申し出による担当調査官との面談に一律に応じなくなったのは2008年頃以降のようであり、大崎事件も第2次再審の際にすでに調査官面談は拒絶されていたので、今回（第3次）一応担当調査官との面談を申し入れたものの、これを拒絶されたのは想定の範囲内だった。

しかし、弁護団が、補充意見書と迅速審理を要請する上申書を、郵送ではなく直接最高裁に提出に行くことを伝え、その際担当書記官と直接お話させていただきたい、と申し入れたことまで拒絶されたのには驚いた。特別抗告審が係属した直後から、何度か私と電話でやりとりしている女性の担当書記官に、「提出する窓口にいる書記官が対応しますから、私が弁護人と直接お目にかかってお話しすることはありません」と事務的な口調で言われたときには、「最高裁はどこまで一般市民を遠ざけるんだろう」とあきれ果てた。

最高裁判所。要塞のような建物

それでも、弁護団はアヤ子さんの娘の京子さんを伴い、２０１８年４月20日に最高裁に赴き、久々に「要塞」の内部に入り、担当書記官が指定した「窓口」に書面を提出し、それから霞が関に移動して司法記者クラブで、「迅速審理の要請を行った」旨を報告する記者会見を開いた。

その後も弁護団は、アヤ子さんの91歳の誕生日を前にした６月７日、次いで８月29日、さらには後述する松橋《まつばせ》事件の再審開始が確定したことを受けた10月26日、繰り返し早期の再審開始確定を最高裁に要請したが、２０１８年の年末まで、特別抗告審の動きはぱったりと止まってしまった。

検察官も特別抗告申立書を提出した後は、追加の書面を出すこともなく、９か月間沈黙を守っていた。

●「特別抗告3兄弟」●

２０１８年当時、最高裁には高裁で再審開始決定が出た事件が３件も係属していた。熊本の「松橋事件」、前述の、大阪高裁で逆転再審開始決定がされた西山美香さんの「湖東記念病院事件」、そして大崎事件である。

「3件も」と言ったのには理由が二つある。まず、日本の再審史上、同時期に高裁で再審開始となった事件が3件続いたこと自体が珍しいことである。例えば「再審冬の時代」と呼ばれていた1990年代から2000年代前半までの約15年間で、高裁で再審開始決定が出た著名再審事件は「榎井村《えない》事件」1件のみだった（この時期に再審無罪が確定したのも、この榎井村事件だけである）。それほどまでにこの国では再審開始が認められにくいのだ。

そしてもう一つは、高裁で再審開始となった事件に検察官がことごとく特別抗告をした時期はこれまでになかった、ということである。

以前紹介した最高裁の白鳥決定後、死刑事件4件を含め、再審開始決定が多数出された時代があったが（1980年代）、当時、地裁・高裁が再審開始を重ねた事件で検察官が最高裁に特別抗告した事件は、実は1件もない。DNA鑑定等で「完全無罪」が証明されたと言えるような事件を除き、検察官が「脊髄反射」のように何が何でも抗告を行うようになったのは、むしろ2000年代後半以降なのである。

それゆえ、再審開始決定に対して検察官が特別抗告した事件が「3件も」同時に最高裁に係属しているというのは、わが国の再審史上稀にみる事態なのだ。

私はこの、最高裁に同時期に係属した松橋・湖東・大崎の3事件が、すべて再審開始で確定するように、という思いを込めて「特別抗告3兄弟」と名付けていた。

そしてまず、「特別抗告3兄弟」うち、大崎事件と同様に地裁と高裁で再審開始決定が重ねられていた熊本の再審事件「松橋事件」で、2018年10月10日、最高裁第二小法廷は検察官の特別抗告を棄却し、再審開始が確定した。

松橋事件は、1985年1月に熊本県松橋町（現在の宇城市）で発生した殺人事件で、被害者の将棋仲間だった宮田浩喜さん（2020年10月29日死去）が任意の取調べ段階で犯行を自白して逮捕、起訴された。宮田さんはその後一貫して無実を訴えたが、一審の懲役13年の判決が確定した。

ところが、再審請求を準備していた弁護団が熊本地方検察庁に証拠物の閲覧に赴いたところ、開示された証拠物の中に、宮田さんが犯行に使用したとされる切り出し小刀に巻き付け、犯行後に燃やしたと「自白」していた布切れ（宮田さんのシャツの左袖部分）が完全な形で保管されていたことがわかり、自白が捜査官に誘導された虚偽のもの（凶器とされた切り出し小刀には、血痕も宮田さんの指紋も一切付いていなかったことから、その説明のために「巻き付け布」のストーリーが必要だったのだ）

であることが強く窺われた。さらに、被害者の遺体の傷は、くだんの切り出し小刀で付けることが不可能な深さであったとする法医学鑑定書なども決め手となり、２０１６年６月30日、熊本地裁が再審開始を決定し、さらに２０１７年11月29日に福岡高裁も検察官の即時抗告を棄却し、再審開始を維持していた。

松橋事件は1回の再審請求で再審開始確定（その後２０１９年３月28日に再審無罪確定）までたどり着いた事件ではあるが、事件から再審開始確定までに33年の歳月を要した。宮田さんは２０１２年の再審請求の申立て以前に、すでに認知症により、事件のことも、自分が冤罪被害者であったことも分からない状態となっていたため、成年後見人の弁護士が再審請求を申し立て、後に宮田さんが亡くなった場合でも再審が終了しないように、との目的で、宮田さんの長男である貴浩さんも再審請求を申し立てていた。しかし、即時抗告審決定が出る直前の２０１７年９月に、貴浩さんの方が宮田さんより先に亡くなるという悲劇もあった。検察官が無罪方向の証拠を隠していたこと、それにもかかわらず再審開始決定に対して抗告を繰り返したことで、宮田さんの再審の道のりはさらに遠く険しいものとなり、父の汚名を晴らすために立ち上がった貴浩さんは、父親の再審無罪を見る前に還らぬひととなったのである。

松橋事件でも、検察官は特別抗告申立書の提出後、追加の意見書等を一切出さないうちに最高裁が特別抗告を棄却し、再審開始を確定させた。

私たちは、このことに大きく力づけられ、「次は大崎」との期待を持ったが、最高裁からは何の沙汰もないまま、2018年の年越しとなってしまった。

3　「再審法改正」に向けて本格始動した2018年

●「再審格差」と「再審妨害」解消のためには法改正しかない●

最高裁が沈黙を守り続ける中、ただ座して待っているわけにはいかない――。

私は、再審をめぐる法制度の改正に向けた取組みに、いよいよ本腰を入れなければならない、と考えていた。

無実の人を救済する最後の手段である再審制度なのに、その審理手続に関する条文が存在しないために、捜査側の手の内に握られている証拠が裁判所のやる気次第で開示されたり開示されなかったりする「再審格差」（それはとりもなおさず冤罪の救済が裁判官の「当たり外れ」によるという不条理である）、再審開始決定を得ても検察官の抗告が繰り返されることで雪冤までの道のりがいたずらに長く険しいものとなっている「再審妨害」は、もはや個別の事件での弁護活動では解決できないからだ。

●満を持して開催された「再審における証拠開示」シンポジウム●

根本決定と検察官の特別抗告でジェットコースターのような日々を過ごした1か月（2018年3月）の直後である4月7日、法改正の必要性を世に問う第一弾として、私が部会長を務める日弁連の「再審における証拠開示に関する特別部会」が企画したシンポジウム

「法制化へ向けて——再審における証拠開示シンポジウム」

が霞が関の弁護士会館で開催された。

「再審における証拠開示に関する特別部会」では、わが国の刑事訴訟法には再審請求段階における証拠開示手続を定める条文がない、という現状のもとで、これまで個々の再審事件を闘っている弁護団ごとの創意工夫に委ねられてきた証拠開示に向けた取組みを調査、集約、分析し、これらをデータベース化するとともに、その実績を「立法事実」（法律を作る必要があることを示す具体的な事実）として、再審における証拠開示の立法化に向けて、条項案を提示するための検討を3年あまりにわたって重ねてきた。2017年の夏には、元刑事裁判官、ドイツ・英米の証拠開示制度に詳し

い刑事法研究者、証拠開示の法制化が進んでいる台湾からの留学生（一橋大学大学院・当時）で、再審における証拠開示を博士論文のテーマにしていた李怡修さん（現・龍谷大学犯罪学研究センター。法学博士）も招いて合宿を開催しており、最終的にはその成果をとりまとめた「再審における証拠開示の法制化を求める意見書」を日弁連から正式に発出することを目指していた。

その過程で、まずは広く一般向けにこの問題を知ってもらうとともに、我々のこれまでの成果をアピールするために、シンポジウムを企画したのだった。

シンポジウムは、まず、部会長の私が口火を切る形で問題の所在をコンパクトに説明し、各再審弁護団に所属する弁護士が、それぞれの事件における証拠開示の実情を報告、そしてドイツ法の専門家で証拠開示問題に造詣の深い斎藤司・龍谷大学教授による、ドイツの証拠開示をめぐる法制度の紹介、指宿信・成城大学教授による、当事者主義を取る英米でも冤罪事件の教訓から証拠へのアクセスを認める法や制度が次々と生まれている現状の紹介を経て、再審弁護人（袴田事件弁護団の戸舘圭之弁護士）、元裁判官（水野智幸・法政大学法科大学院教授）、元検事（郷原信郎弁護士）、法制審「新時代の刑事司法制度特別部会」の有識者委員として、証拠開示問題に積極的に発言した周防正行監督によるパネルディスカッションをハイライトとし、最後にあるべき法制度の提言を行うという、この上もなく贅沢なゲストとともに、充実のコンテンツを展開し、大成功に終わった。

●村木厚子さんのメッセージ●

また、このシンポジウムには、法制審の特別部会で周防監督とともに有識者委員を務めた村木厚子さんもメッセージを寄せて下さった。

村木さんのメッセージは、フロッピーディスクのプロパティーが開示されたことをきっかけとして捜査側の有罪立証が崩れ、無罪判決を勝ち取った自らの経験から証拠開示の必要性を説き、また「私が裁判を闘った期間はたった1年3か月でしたが、それでも第1審の判決の後、検察官の控訴を待っている間、『どうか、これ以上、私の時間を奪わないで』と祈らずにいられませんでした。それを思い出すにつけ、再審開始の判断にかかっている膨大な時間と、高齢化の進む当事者の方々のことを想うと胸が痛みます」と、暗に再審開始決定に対する検察官抗告の弊害にも言及する内容となっていた。

●江川紹子さんがウエブ記事で紹介●

フロアには弁護士、研究者、出版関係者、再審事件の支援者、マスコミ関係者等、多くの参加者が詰めかけ、立ち見が出るほどの盛況だったが、シンポ終了とともに、登壇者のところに飛んできて熱心に取材を始めた一人のジャーナリストがいた。

江川紹子さんである。

江川さんはこのシンポジウムの内容を「『存在しない』『いや、実はありました…』～行政文書の隠蔽とは別の、もう1つの攻防」という詳細な記事にして、4月9日付でＹａｈｏｏ！ニュースにアップして下さった（https://news.yahoo.co.jp/byline/egawashoko/20180409-00083783/）。折しもこのシンポジウムが開催された頃、厚生労働大臣が「なくなった」と答弁していた調査原票が厚生労働省の地下で見つかったり、自衛隊がイラクでの日報の存在を隠していたり、「森友問題」で財務省が決済文書を改ざんしたり、と行政文書の廃棄、隠蔽、改ざんが問題となっていた。私はパネルディスカッションのコーディネーターとして「いや、我々は同じようなことをやっている検察官とずっと闘ってきているので、そんなニュースを聞いても少しも驚きませんけど」と発言して会場の笑いを誘ったのだが、江川さんの記事はまさにその部分から、繰り返される検察官の証拠隠しに切り込んでいくものとなっていた。

●シンポジウムの書籍化――『隠された証拠が冤罪を晴らす』●

この「再審における証拠開示シンポジウム」の内容は、「日本弁護士連合会 再審における証拠開示に関する特別部会」を編者として書籍化され（『隠された証拠が冤罪を晴らす――再審における証拠開示の法制化に向けて』現代人文社、２０１８年）、この年の日弁連最大のイベントである人権擁護大会の開催に間に合わせるべく10月に刊行された（このことが重要な意味をもつことについては後述する）。当日のシンポの全容に加えて、再審や証拠開示制度に関する台湾と韓国の現状を紹介するコラム、前述した村木厚子さんのメッセージと江川紹子さんの記事も収録し、我々の部会の３年間の活動の「血と汗と涙の結晶」である個々の再審事件における証拠開示の「実例集」も登載したこの書籍は、後に多くの再審関係の論文で引用されるようになった。

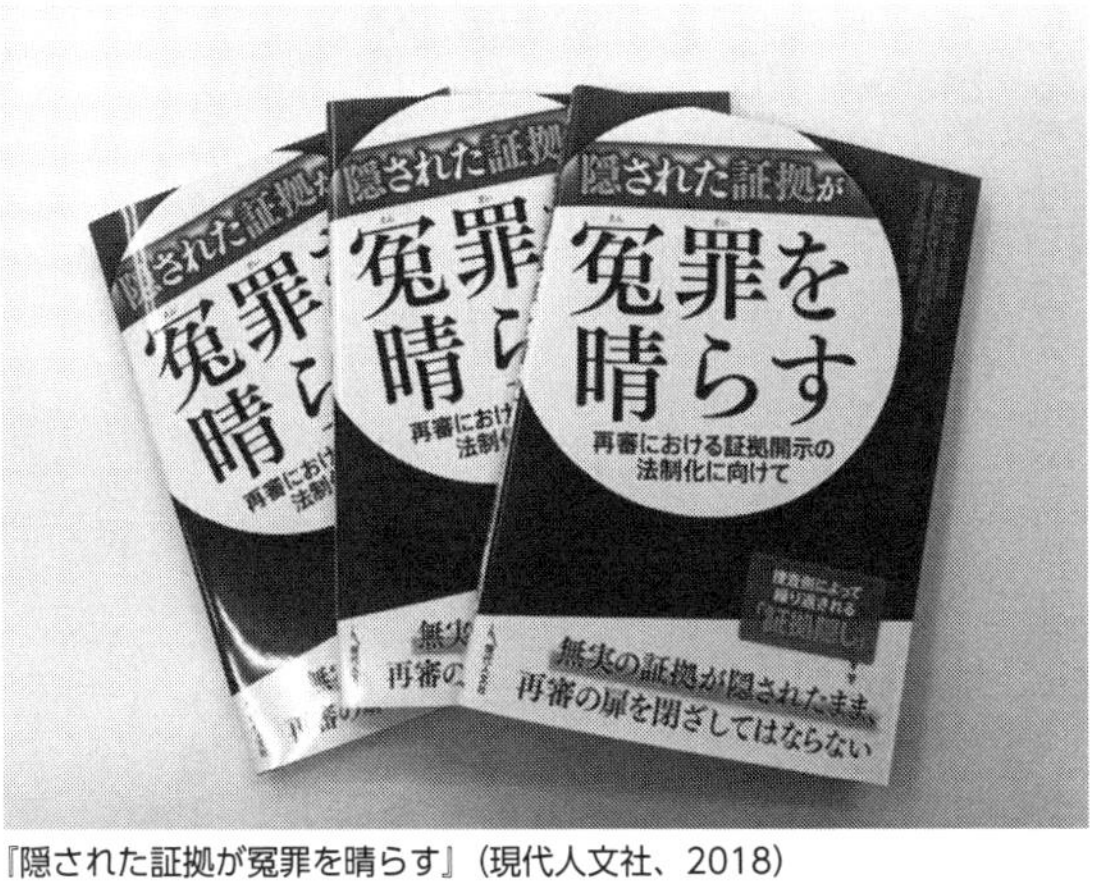

『隠された証拠が冤罪を晴らす』（現代人文社、2018）

●改正刑事訴訟法附則9条3項●

再審法改正は、当然のことではあるが最終的には立法府をその気にさせなければ成し遂げることはできない。刑事訴訟法の施行から70年が経過しようとしているのに、「第4編　再審」のたった19しかない条文は、ただの一度も改正されたことがないのだ。

周防さんと村木さんが有識者委員を務めた法制審「新時代の刑事司法制度特別部会」でも再審における証拠開示の必要性について議論がされ、当初の裁判官委員だった小川正持判事は、自らが東京電力女性社員殺害事件の再審請求を手がけた経験から、再審段階においても証拠開示に関する何らかのルールを作ることの必要性に言及された。しかし、ほどなく小川判事は委員から外れ、その後任者となった裁判官が「再審事件は個々それぞれの事件で証拠構造も違うし、事案の内容、性質、請求の理由もそれぞれ違っていて統一的なルールを作ることは非常に難しい。現実問題として、個々の裁判官がそれぞれ努力して適正な証拠開示が行われていると思うので、ルール作りにはなじまない」という趣旨の発言をして事実上議論を打ち切るような方向になってしまった、というのである。

その結果、この部会の議論を踏まえて改正された２０１６年改正刑事訴訟法では、証拠開示に関するものとして、通常審には「証拠の一覧表の交付制度」などが導入されたものの、再審請求手続についてはまったく改正が加えられなかった。ただ、改正法の附則9条3項に、

「政府は、この法律の公布後、必要に応じ、速やかに、再審請求審における証拠の開示（中略）等について検討を行うものとする」

という規定が入ったのが救いだった。周防さんや村木さんたち有識者委員のぎりぎりまでの攻防がここに結実したと聞いている。これで「再審における証拠開示」は、少なくとも立法の検討課題に乗ったのである。

●議員立法へのチャレンジ●

しかし、この附則9条3項を検討するために内々に開催されている「四者協議」（最高裁、法務・検察、警察、日弁連の四者による非公式協議）の議論は遅々として進まず、これを待っていたらいつまで経っても立法化など望めそうにないことは明らかだった。

そこで、再審法改正を議員立法の形で実現させようと、九州再審弁護団連絡会が呼びかけて、議院会館で院内集会を行ったり、会館内の議員の部屋を訪ねて要請を行う取組みを始めていた。そ

の第1回がちょうど大崎事件第3次再審の即時抗告審の決定日を告知された2月26日だったことは前述したが、その後も5月21日に議員要請、6月20日に議員要請と院内集会を重ね、8月28日には与党公明党の議員5名、元議員1名、法務省刑事局の課長以下数名も陪席して党内勉強会を開催する運びとなった。私はそこで講師を務めることになり、議員側から要請のあった、現行刑事訴訟法の再審に関する条文を挙げ、そこに実務上の問題点を対応させ、あるべき改正法の方向性を加えたレジュメを作成して1時間ほどレクチャーを行った。参加した公明党の議員の中には、司法研修所の同期で、修習生時代から面識のあった国重徹・衆議院議員、自ら「姫路郵便局事件」というナイジェリア人の再審請求事件で弁護人を務めたこともある伊藤孝江・参議院議員の姿もあり、参加した議員は皆、熱心に私の話を聞いてくれた。

●立法府への波及●

また、通常国会の法務委員会でも大崎事件と再審が取り上げられた。3月22日には、地裁、高裁それぞれの再審開始決定の際に、2度にわたり最高検に対する抗告阻止の要請行動に同行して下さった共産党の仁比聡平・参議院議員が、さらに4月4日には同じく共産党の藤野保史・衆議院議員が代表質問に立ち、大崎事件の2度にわたる再審開始決定の重みの一方で、検察官による抗告が繰り返される現状を踏まえて、再審制度の意義、憲法の保障する二重の危険禁止と再審開始決定に対する検察官抗告の問題、再審における証拠開示の問題、海外の法制度との比較など、踏み込んだ質疑を展開した。

国会において再審法の改正案が上程されたことは、1984年までに数回あったが、いずれも法案成立には至らなかった。日弁連は1991年に「平成3年改正案」を発表したが、国会の審議で再審制度の問題が正面から取り上げられることはほとんどなかった。そこから30年あまりの時を経て、ようやく再審をめぐる法改正に向けた動きが、少しずつ立法府にも波及し始めた。

4 日弁連の決断

●袴田事件再審開始取消の衝撃●

大崎事件が初めて「高裁の壁」を突破してからちょうど3か月後の2018年6月11日、東京高裁で衝撃的な決定が出された。

２０１４年３月27日に静岡地裁（村山浩昭裁判長）で再審開始が決定された袴田事件第２次再審は、検察官の即時抗告により東京高裁に係属していたが、４年３か月の審理を経て、大島隆明裁判長が再審開始を取り消す決定を行ったのだ。

静岡地裁で再審開始決定が出たとき、大崎事件はまだ第２次再審の即時抗告審の係属中だった。大崎事件がその後第２次特別抗告審（最高裁第一小法廷）、第３次請求審（鹿児島地裁）、第３次即時抗告審（福岡高裁宮崎支部）と３つの裁判所で審理、決定がされている間、袴田事件はずっと東京高裁で審理が続いていたことになる。

しかも、弁護団の報告によれば、高裁段階で開示された、袴田さんの取調べを録音したテープを弁護団がマスコミに提供し（実際は弁護団ではなく支援者が提供していた）、テレビで音声が流れたとされたことについて、検察官が、刑事訴訟法２８１条の４で禁止されている「証拠の目的外使用」にあたると猛抗議し、そもそも再審で開示された証拠には同条項は適用されない（『条解刑事訴訟法』（弘文堂）という権威ある解説書に明記されている）と反論する弁護団との間で「場外乱闘」が繰り広げられ、検察官が執拗に抗議するのを裁判体も黙認する事態が、審理を長期化させる一因になったという。

●耐え難いほど正義に反する●

静岡地裁の再審開始決定は、袴田さんの犯行着衣とされ、事件から1年2か月経った後に、被害者が経営する味噌醸造工場の味噌樽の中から発見されたという「5点の衣類」について、第2次再審の新証拠として提出されたDNA鑑定（本田鑑定。この着衣から検出できたDNA型は、被害者のものとも袴田さんのものとも一致しなかったと結論づけた）に一定の信用性を認め、さらに証拠開示によって明らかになったネガフィルムからプリントした写真に写っている衣類の色や、そこに付着した血痕が、とても1年以上味噌樽に漬かっていたとは思えない鮮やかな色調だったこと、その「5点の衣類」のひとつであるズボン（確定控訴審の法廷で袴田さんがこのズボンはいてみたところ、小さすぎてはけなかった）に付けられた「B」というタグを、検察官は「B体（大きいサイズ）を示すものであり、もともと大きかったズボンが味噌に漬かって縮んだ」と主張したが、実際には「B」はサイズではなく色を示すものであり、その旨を供述した製造会社の社員の調書がありながら、これを隠していたことなどにより、5点の衣類が袴田さんの着衣でない蓋然性が高く、犯行着衣でもない可能性が十分あるとして、再審開始を認めた。

そして、そうだとすると、5点の衣類は袴田さんを有罪とするために「ねつ造」された可能性があり、それを行うのは捜査機関以外考えられない、とまで言及した。

その上で、死刑囚である袴田さんに対する拘置（死刑執行に備えて拘置所に拘束していること）をこれ以上継続することは、

耐え難いほど正義に反する

として、再審開始のみならず、袴田さんの死刑執行停止と拘置の執行停止を決定したのだった。

●再審開始取消決定のロジック●

東京高裁は、科学的証拠に証拠としての価値を認めるためには、それが多くの他者による検証を経て信頼性が確保されなければならず、そのために鑑定の資料や方法のデータが保存され再現が可能でなければならない、といった基準をクリアすべきであるところ、本田鑑定はそれを充たしていないとして、本田鑑定の明白性を否定して再審開始決定を取り消したが、本田鑑定の弱点探しに全力を注ぐ一方で、開示証拠も含めた他の新旧証拠の吟味については極めて淡泊であり、静岡地裁

のした再審開始決定を、あたかもＤＮＡ鑑定だけで支えられていたかのように扱っていた。

しかし、静岡地裁はＤＮＡ鑑定だけで再審開始を決めたのではない。開示証拠によって「５点の衣類」のねつ造の可能性が濃厚となったことが大きな要因だったのである。

開示証拠によって、袴田さんから異常ともいえる過酷な取調べによって自白を獲得していたこと、検察官が無罪方向の証拠をあえて隠して虚偽の主張をしていたことが明らかになっているのに、本田鑑定が信用できないから再審開始を認めないというのは、適正な手続によらなくても国家は一人の人間を死刑にできる、と言っているのと同じではないか。

一方、東京高裁は再審開始を取り消したのに、袴田さんを再収監することはしなかった。これはいったい何を意味するのだろうか。

テレビのニュースには、雨のそぼ降る中、言葉もなく肩を落とす弁護団と支援者たちを映し出していた。その中でひとり、袴田さんの姉のひで子さんだけが、

「これまで50年闘ってきたのですから、また50年闘うだけです」

と前を向いて気丈に振る舞っていた。

私はアヤ子さんを激励に来て下さったひで子さんの心中を思うと、胸が潰れそうだった。

《追記》　2021年12月22日、最高裁第三小法廷はこの東京高裁の決定を破棄し、改めて東京高裁に審理のやり直しを命じる（破棄差戻）決定をした（なお、この決定には、差戻しではなくただちに再審を開始すべき、とする二人の裁判官の反対意見が付けられていた）。

●再び明るい日の光が差し込んだ●

袴田事件再審開始取消しは、活況を見せていた「再審業界」に大粒の雹を浴びせるような衝撃を与えた。再審開始方向の決定に検察官が抗告した松橋・湖東・大崎の「特別抗告3事件」にも影響を及ぼすのではないか、また、「冬の時代」と呼ばれた1990年代に逆戻りするような「揺り戻し」を生じさせるのではないか、という負の連鎖の懸念さえ頭をよぎった。

しかし、袴田事件即時抗告審決定のちょうど1か月後、そのような暗雲を蹴散らし、再び明るい日の光が差し込んでくるかのような再審開始決定が世に出た。裁判長が4か月も前に決定日を予告していた大津地裁の日野町事件第2次再審請求審決定である。

日野町事件は1984年の暮れに滋賀県蒲生郡日野町で行方不明になっていた酒店の女性店主が遺体で発見され、3年以上も経った1988年3月、この酒店の壺入り客（店頭で飲酒する客）として出入りしていた故・阪原弘《ひろむ》さんを任意同行して取り調べ、阪原さんが自白したことで起訴され、阪原さんはその後犯行を全面的に否認したものの、強盗殺人罪で無期懲役が確定した事件である。

第1次再審は、即時抗告審の途中で阪原さんが獄死してしまったことにより終了し、ご遺族による死後再審として第2次再審が申立てられていた。

この事件は、確定一審と控訴審で、有罪認定の根拠が大きく異なるという特徴があった。すなわち一審では阪原さんの自白の信用性は否定しつつ、間接事実の積み重ねによって有罪を認定した一方、控訴審では間接事実のみでは有罪を維持できないが、阪原さんの自白には任意性も信用性も認められるから有罪認定は揺るがない、とされた。

●ガラス細工のように精緻な再審開始決定●

7月11日に大津地裁（今井輝幸裁判長）が出した再審開始決定は、この特徴に配慮し、まずは一つひとつの間接事実と、これに対する一審と控訴審の判断、判断を支える旧証拠を詳細に分析し、そこに新証拠を投入すると、有機的に連鎖する旧証拠群のどの範囲にまで影響を与えるか（逆に言えば、新証拠にどの程度旧証拠を弾劾する証明力が認められるか）を個別詳細に検討するという手法を取っていた。その、ガラス細工のように精密な新証拠の証明力評価の、長いルートを抜けたところで、全体としての新旧全証拠の総合評価を経て出た結論は、確定判決が有罪の根拠とした主要な間接事実の認定が動揺するか、仮に認められるとしても阪原さんが犯人であると推認する力は減殺され、さらに「供述弱者」でもあった阪原さんの自白に、信用性はもとより任意性にも合理的疑いが生じている、というものだった。

最高裁白鳥決定のいう「新旧全証拠の総合評価」をこれほどまでに忠実かつ緻密に体現した決定がかつてあっただろうか、と思うほど、日野町事件の再審開始決定の新証拠の明白性判断のきめ細やかさと鮮やかさは際立っていた。

そして、確定判決が阪原さんを有罪とした有力な間接事実である、阪原さんが被害品の金庫を捨てた場所に捜査官を案内できたという「引き当て捜査」の報告書が、実は帰り道に撮った写真を「行き」の写真として逆順に貼っていたことが、第2次再審段階で初めて開示されたネガフィルムから判明したことも、特筆すべき出来事だった。この「古い新証拠」が再審開始の一つの決め手となったことが、再審における証拠開示の必要性を示す大きな「立法事実」になったのである。

●日弁連人権擁護委員会「第1部会」の決断●

再審をめぐる動きが急激に活発化し、マスコミ報道も格段に増え、国会における代表質問でも取り上げられるようになったことで、「この機を逃がしてはならない」と、日弁連人権擁護委員会「第1部会」が動き出した。

日弁連人権擁護委員会には、第1部会から第7部会まで常置されている7つの部会がある。「第1部会」は別名「再審部会」とも呼ばれる、誤判冤罪からの人権救済を求める個々の案件を審査し、日弁連支援事件となった再審事件を支援する部会である。日弁連の支援する再審事件が相次いで再審無罪となり、4件の死刑冤罪事件で、死の淵に立たされた冤罪被害者を死刑台から生還させた、という輝かしい歴史から、「日弁連の人権救済活動の象徴」として、栄えある「No．1」を称することを許された部会なのである。

私は、第1章で紹介した、大崎事件と袴田事件をテーマにした2005年3月の「第24回全国再審弁護団会議」（本書26頁参照）の直後に、この「第1部会」の特別委嘱委員に推薦されて以来、同部会の委員を務めてきた。当初は、大崎事件を日弁連の支援事件にするために、大崎事件弁護団から「人身御供」に出されたという事情がなくもなかったが、この部会で多くの再審事件の弁護団で活躍する先輩弁護士たちと出会い、「門前の小僧」のように耳学問で他の事件についての知識を得、徐々に諸先輩たちと議論ができるようになったことで、再審をめぐる、さまざまな実務上、理論上の問題について、生きた知識として学ぶことができたのは、私にとってかけがえのない財産となった。

しかし、私が委員となってからの10数年間、この部会が「法改正」を議論の中心に据えることはなかった。

実は第1部会では、私が部会メンバーになるよりもはるか以前、過去4度にわたり再審法改正についての提言を行ってきた。しかし、1990年代に「再審冬の時代」と呼ばれる閉塞期に再審法改正の議論は沈静化し、「平成3年案」を最後に具体的な立法提言は行われなくなり、個別の再審事件への支援がその活動の中心となったのだった。

その後、時は流れ、２０００年代後半から徐々に再審開始、再審無罪に至る案件が増加する一方、「再審格差」の弊害をまともに受けて再審が認められない事件もあれば、せっかく裁判所が再審開始を決定しても検察官の抗告によってそれが取り消されるという事態も生じていた。

21世紀の再審をめぐる状況は、まさに「せめぎ合い」の様相を呈していたのである。

２０１７年から２０１８年にかけてのわずか2年足らずの間に、松橋、大崎、湖東と、高裁で再審開始方向の決定が相次いだ後、前述した袴田事件で東京高裁が静岡地裁のした再審開始決定を取り消し、その1か月後に大津地裁で出された日野町事件の再審開始決定、という流れが、まさに「せめぎ合い」を象徴していた。

このような「せめぎ合い」の現状のなかで、やはり法制度を変えなければ誤判冤罪救済の問題は根本的に改善されない、という意識が高まり、ついに泉澤章・前部会長と杉本周平・現部会長の呼びかけにより、日弁連最大のイベントである人権擁護大会で「第1部会」が主催となって「再審法改正」をテーマとしたシンポジウムを開催しよう、という機運が盛り上がった。

２０１９年に徳島で開催される人権擁護大会のシンポジウムの3枠に立候補することを、部会として決めたのである。

●なぜ私は板挟みになるのか●

しかし、ことはそうすんなりとは進まなかった。

２０１９年は、現行刑事訴訟法施行70周年にあたる年であり、かつ、裁判員制度導入10周年の節目でもあった。そのタイミングゆえに、日弁連の刑事系のマターを扱う組織として最大勢力を誇る「刑事弁護センター」が、早い段階から徳島大会でシンポジウムを開催することを明言していた。そうなると、３つのシンポジウム枠のうち刑事弁護系のテーマが二つを占めることになり、候補として名乗り出た複数の企画から、３つの枠に「当選」する企画を選ぶ投票の際、票が割れる懸念が生じるとして、刑事弁護センターの関係者から圧力がかかった。２０１８年10月5日に青森県で開催された第61回人権擁護大会の懇親会の席上、私は何人もの刑事弁護センターの重鎮弁護士から「徳島の次（２０２０年）はキミの地元の鹿児島で開催されるんだから、再審法改正のシンポは再来年でもいいんじゃない？」と耳元で囁かれたり、「刑事系二つは無理があるよね～」と肩を叩かれたりした。

そもそも私は第1部会の部会長でもないのに、何故このようなターゲットにされるのだろうか、と私は訝った。すると第1部会の現部会長である杉本周平弁護士が、刑事弁護センター内では「再審法改正のシンポは『鴨志田』という弁護士が強硬に進めようとしている」という噂が流れているらしい、と教えてくれた。もちろん、大崎事件がこの状況であり、部会の中でも私の再審法改正への思いが人一倍強いことはそのとおりである。しかし、それを咎められるいわれはないはずだ。

一方、確かに２０２０年には私の地元である鹿児島で人権擁護大会が開催されることが決まっていた。しかし、今ようやく盛り上がりを見せ始めた再審法改正のうねりが2年後の２０２０年まで続いている保証はどこにもない。しかも、２０２０年の人権擁護大会の準備にとりかかっている鹿児島県弁護士会の実行委員会からは「ハコ（会場）を提供するだけでも大変なのに、中身（シンポジウム）まで鹿児島の弁護士が中心になって企画する、となったらそれだけ人員を割かれることになる」と鹿児島で再審法改正のシンポジウムを開催することに難色を示された。

正しいこと、必要なことをやっているのに、なぜ私は板挟みのような状況に置かれているのだろう、と切ない気持ちになったが、第1部会のメンバーは「２０１９年の徳島大会でやることに意味がある」と断固として立候補を維持する姿勢を崩さなかった。

青森の人権擁護大会では、できあがったばかりの『隠された証拠が冤罪を晴らす——再審における証拠開示の法制化に向けて』（現代人文社、２０１８）が会場内書籍販売ブースに平積みされた。

そしてくだんの懇親会の翌日に開催された人権擁護大会の中で、杉本部会長が再審をめぐる現在の情勢について特別報告する時間を取ることができた。来年に向けた布石を打ったのである。

●運命のプレゼンテーション●

そして、運命の11月14日――。

徳島大会でのシンポジウム３枠を決める投票日、杉本部会長、泉澤前部会長、鬼頭治雄副部会長、大崎事件弁護団メンバーであり、第1部会と再審における証拠開示に関する特別部会のメンバーにもなってくれている増山洋平弁護士、そして私の5名は、投票権を持つ委員たちの待ち受ける会議室に、「最後のお願い」（事前プレゼン）を行うために乗り込んだ。各候補に与えられたプレゼン時間は質疑を入れて10分。プレゼン自体は実質5分である。

私はこの日のためにプレゼン用のパワーポイントの絵コンテを作り、その道のプロである夫（元テレビ番組制作会社勤務。番組企画のコンペのためにプレゼン原稿を作っていた）にスライドの制作を依頼した。そして、いつもは臨場感を大切にするため、講演では決して読み上げ原稿を作らない私だったが、このときばかりは5分内に収めるために読み上げ原稿を作成し、何度も実際に音読して時間を計って当日に備えた。

極度の緊張で口がカラカラに乾くのを自覚しながら、それでも私は無事にプレゼンを終え、二つ三つの質疑もすべて想定された質問だったため、杉本部会長が何なく対応し、10分間の持ち時間を終えると、私たちは弁護士会館15階のロビーに移動して、投票の結果が出るのを、固唾を呑んで待ち続けた。果たして投票の結果はいかに……。

トップ当選は、予想どおり「刑事弁護センター」の「取調べ立会いが刑事司法を変える～弁護人の援助を受ける権利の確立を～」、

次いで「第6部会（国際人権）」の「今こそ、国際水準の人権保障システムを日本に！～個人通報制度と国内人権機関の実現を目指して～」が2位当選。

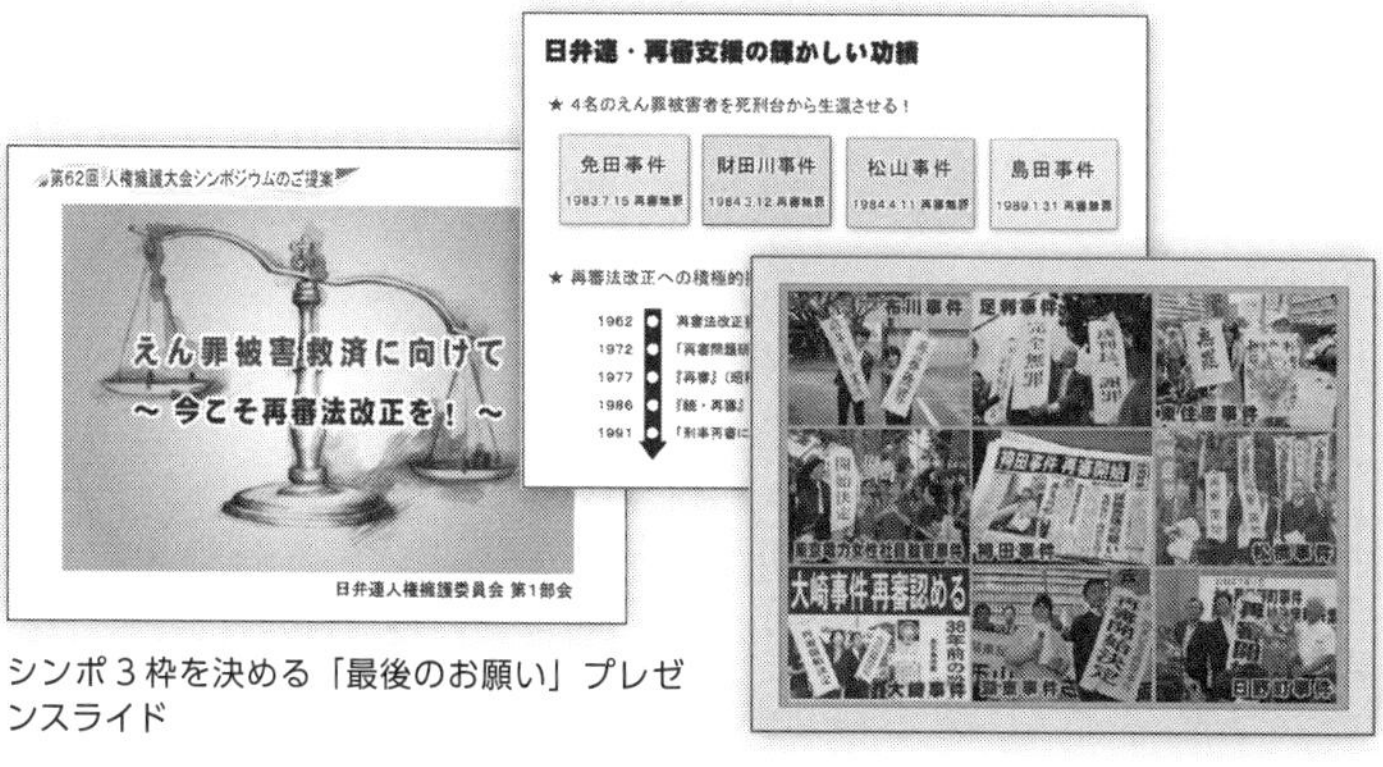

シンポ3枠を決める「最後のお願い」プレゼンスライド

……そして、第3位に「第1部会」の
「**えん罪被害救済へ向けて～今こそ再審法の改正を～**」
が、滑り込みでランクインした!!

かくして、2019年10月3日に徳島で開催される第62回人権擁護大会第3分科会で、再審法改正をテーマとしたシンポジウムを開催することが正式に決まったのだった。

このシンポが、のちに日弁連が再審法改正に向けて本腰を入れる第一歩となるのだが、私はこのとき、「来年10月までには大崎事件の再審開始が最高裁で確定し、もしかしたら再審無罪まで確定しているかもしれない。そうなれば、このシンポは世論を動かす絶好の機会となる」と期待に胸を膨らませていた。

5　さすらいの弁護士

●全国各地から「お座敷」がかかる●

最高裁が沈黙していた2018年から2019年の初頭にかけても、ありがたいことに相変わらず各地からの講演や、学会でのワークショップ、シンポジウムなどの登壇依頼を数多くいただき、全国のあちこちにお邪魔させていただいた。

●秋田で供述心理を語る●

特に依頼の多かったのが、供述心理分析に関する講演やワークショップだった。

２０１８年４月20日、大崎事件の係属する最高裁第一小法廷に早期の決定を求める要請行動に赴いた、その翌日、東京からまだ雪の残る秋田県大館市に飛び、日本国民救援会が支援する「大仙市事件」という冤罪事件の弁護団と支援者さんたちの前で、供述心理鑑定の手法や大崎事件での成果と課題についてお話しした。

講演後は車で2時間ほど移動して秋田市内で懇親の宴がもうけられ、米どころ秋田の日本酒と、初めて食した「ちょろぎ」、「ぎばさ（あかもく）」、そしておなじみの「燻りがっこ」「ハタハタの天ぷらと塩焼き」「比内地鶏入りきりたんぽ鍋」、そして〆は「稲庭うどん」という、秋田一押しの豊かな食材を堪能していると、突然お店に「なまはげ」が登場した。全身の毛が逆立つほど驚いたが、そのサービス精神には大いに感激した。

翌日は、支援者さんの運転する車で角館に連れて行っていただき、風情のある古い街並みと、その街並みをさざ波のように揺らぎながら一面の薄紅色に彩るしだれ桜に、心を洗われる思いだった。

●「大崎事件」の伝道師●

生まれて初めて訪れた秋田で人々の温かさに触れた後は、再び東京に戻り、大崎事件を支援する「首都圏の会」主催の集会で講演、さらにその3日後は熊本大学の岡田行雄教授に招かれ、子どもの権利をテーマに一コマ、大崎事件における供述心理分析について一コマ、お話をさせていただいた。

7月には、気温38度の京都に赴き、毎年恒例の行事となっている司法修習生の「七月集会」の刑事司法分科会にお招きいただき、21歳のときにコンビニ強盗の嫌疑で逮捕・勾留され、合計300日も身体拘束された後、法廷でアリバイが証明されたことと、有力な有罪証拠とされていた自動ドアの指紋が別の機会に付着したものだったことが監視カメラの画像で判明したことで無罪判決を獲得した、冤罪被害者でラップ歌手の土井佑輔（SUN-DYU）さんと二人で、これから法律実務家として活躍するであろう若き司法修習生たちに、冤罪が生まれる原因やわが国の刑事司法の問題について語りかけた。

●「供述心理」に学界も注目●

９月には「日本学術会議」（行政、産業及び国民生活に科学を反映、浸透させることを目的として、1949年1月、内閣総理大臣の所轄の下、政府から独立して職務を行うために設立された「特別の機関」。2020年10月、発足したばかりの菅義偉政権が、この機関に推せんされた研究者のうち６名の任命を拒否する事態が発生し、「学問の自由」への侵害であると批判されたことで、一躍脚光を浴びることになった）の「心理学・教育学委員会　法と心理学分科会」の副委員長である松宮孝明・立命館大学法務研究科教授（なんと任命拒否された6名のうちのお一人である！）に、元刑事裁判官の門野博弁護士とともにゲストとして招かれ、大崎事件の累次の再審で、供述心理鑑定がどのように判断されてきたかについて報告した。特に第３次再審において、請求審の冨田決定では供述心理鑑定（大橋・高木新旧鑑定）が高く評価された一方で、同即時抗告審の根本決定では大橋・高木新鑑定を明白な新証拠とは認めなかったものの、大橋・高木旧鑑定についてはその証拠価値を否定していないと解釈できることに言及し、今後、供述心理鑑定が刑事裁判に受け入れられるために必要と思われる点について実務家の立場から提言した。

同席した門野弁護士が、裁判所の自由心証主義がフリーハンドにならないための担保として科学的鑑定が存在する、という文脈で供述心理鑑定の有意性についてコメントしてくれたことが大きな収穫だった。

10月6日には、前日までの二日間で開催された日弁連人権擁護大会の開催地・青森から、そのまま伊丹空港に飛び、関西国際大学で行われた「法と心理学会」の第19回大会に参加し、2日目の7日には甲南大学の笹倉香奈教授がオーガナイザーを務める「ワークショップ・供述心理分析の再検討」で大崎事件の供述心理鑑定について情報提供を行い、これに心理学者で供述心理分析の草分けである浜田寿美男・奈良女子大学名誉教授、大崎事件の供述心理鑑定を担当した大橋靖史・淑徳大学教授、元刑事裁判官の水野智幸・法政大学法科大学院教授がそれぞれの立場からコメントした（このワークショップの内容は学会誌の「法と心理」19巻1号に収録されている）。

同じ日の同じ時間帯に、もう一つ供述心理分析のワークショップも行われており、この分野が心理学の専門家たちからも大きな注目を浴びていることが窺えた。

●「法と心理学会」での思いがけない出会い●

そして、この「法と心理学会」では思いがけない出会いが二つあった。

立食形式の懇親会で、大橋教授、浜田教授、日野町事件弁護団の石側亮太弁護士らと歓談中、少し中座して戻ってくると、私がもといた場所でグラスを片手に再審や証拠開示について熱く語っている男性がいた。初めてお目にかかるその男性と名刺交換したところ、相手が差し出した名刺には「大阪高等裁判所　判事　村山浩昭」と書かれていた。

なんとあの、袴田事件の再審開始決定を書いた村山浩昭裁判長ではないか！　そこから30分ほど、村山判事とがっつり再審ネタで懇談した私は、翌日のワークショップの際、出版されたばかりの『隠された証拠が冤罪を晴らす』を献本したのだった。

また、「法と心理学会」の草分け的存在のひとりであり、12人全員が無罪となった、あの志布志事件の供述分析を行ったこともある心理学者のサトウタツヤ・立命館大学教授が、実は高校の同窓生だったことが判明し、2日目のワークショップの前に念願の直接対面を果たしたのだった。サトウ教授と私の間には、共通の知り合いである心理学者、刑事法学者がゴマンといたのに、肝心の二人は高校の同窓生だとはごく最近までつゆ知らず、直接出会うことなくここまで来たのだった。無理もない。神奈川県の高校出身の二人が、片や関西、片や鹿児島で活動していたのだから。それでも大崎事件の再審弁護人をやっていたことで、供述心理分析と出会い、法と心理学会に入ったことで、このような「奇跡の出会い」にも恵まれたのだ。

つくづく再審弁護人冥利に尽きる新たな出会いだった。

●関西での登壇機会が増える●

年が明けた2019年の1月17日、前年の「日本学術会議」の「法と心理学分科会」に私を招へいしてくださった松宮孝明教授に招かれ、立命館大学の法科大学院で再び大崎事件における供述心理分析について講演し、17日の講演前夜の懇親会には松宮教授のはからいで、10月に感動の直接対面を果たした高校の同窓生・サトウタツヤ教授、2017年3月に鹿児島で開催した「日弁連全国付添人経験交流集会」の第5分科会「少年事件と報道」でパネリストを務めて下さった渕野貴生教授など、立命館大学の先生方が顔を揃えて下さった。関西在住の某刑事裁判官もお忍びで飛び入り参加してくれた。京都、滋賀の銘酒で喉を潤しつつ、刑事司法から心理学にまたがる話題に花が咲き、その夜の宴は、京都の骨に沁みる寒さを忘れるほど盛り上がった。

さらに1週間後の25日には同大学の「修復的司法セミナー」で「供述弱者の自白」という切り口で、やはり供述心理分析についてお話しさせていただいた。

翌々日の27日には京都大学で行われた「日本刑法学会　関西部会」の「冤罪救済の現状と課題」というテーマの共同研究で、笹倉香奈・甲南大学教授、斎藤司・龍谷大学教授、石田倫識・愛知学院大学教授、大阪弁護士会の秋田真志弁護士、それに私の5人で、冤罪救済へのさまざまな取組み（えん罪救済センター、九州再審弁護団連絡会、SBS検証プロジェクトなど）を紹介するとともに、私自身は再審弁護の現場で活動する立場から、個々の弁護実践や法解釈を越えた、あるべき再審法制の構築に向けて、実務家がすべきこと、研究者にお願いしたいことについての提言を行った。

かつては九州と首都圏との間を行ったり来たりすることの多い私だったが、この頃から関西の研究者や実務家とともに活動する機会が格段に増えた。

それがその後の私の人生に影響してくるとは、本人もこのときはまだ気づいていなかった。

6　突然動き出した特別抗告審

●5か月も握られていた検察側鑑定書●

２０１９年1月17日、立命館大学法科大学院での講演を終え、その日の夕刻に伊丹発の便に搭乗し、鹿児島空港で降りると、機内モード中に事務所から着信があったことに気づき、パソコンを開けてメールチェックしたところ、事務職員から驚くべきメールが入っていた。

「検察官から意見書が提出されました」

驚愕した私は、そのまま鹿児島空港のベンチに座るなり猛烈な勢いで弁護団メーリングリストに怒りの報告メールを送った。

私が機内にいて連絡が取れなかったことから、最高裁の担当書記官と森弁護団長が直接やりとりし、検察官から提出された意見書は翌18日に佐藤博史弁護士の事務所の事務職員に受け取りにいってもらうよう手配済みだった。

検察官が最高裁に特別抗告を申し立てたのは２０１８年3月19日である。これに対し、我々弁護団は4月に特別抗告申立書に対する反論書と補充意見書を提出していたが、その後検察官からは何の書面も提出されず、10か月もの間だんまりを決め込んでいたのだ。なのに、年明け早々意見書を出してくるとはどういう了見なのか。

翌日佐藤弁護士から送られてきた1月17日付の検察官の意見書を見ると、さらに驚くべき事実が判明した。検察官の意見書に添付されていた産業医科大学の法医学者・佐藤寛晃教授の鑑定書の作成日はなんと前年の「平成30年8月8日」付だったのだ。いったいこの鑑定書を5か月もの間提出せずに検察官が握っていたのはなぜなのか。

●検察官意見書の内容●

検察官の意見書は分量こそ43頁あったが、相変わらず吉田鑑定への批判ばかりで目新しい主張はなかった。また、佐藤教授の鑑定書も、特別抗告申立書に添付されていた、同教授への電話での聞き取り結果を記した捜査報告書と同内容のものを、鑑定書の形にし直しただけのものだった。

なお、前述のとおり、佐藤教授は電話での聞き取り結果の冒頭で、

「吉田教授の鑑定書は、『腐敗が進行して所見が分かりにくい』という本事例特有の問題点も考慮しつつ、文献や自験症例に基づいて、詳細に検討したものであり、非常に説得力があると感じた」

と述べていた。

さて、今回提出された検察官の意見書の概要は、次の4点に要約される。

① 吉田鑑定が四郎の死因を出血性ショックと判断したのは、四郎の遺体に死斑が乏しかったからだが、四郎の遺体は堆肥に埋まっていて圧迫されており、そのために死斑が生じなかった可能性を考慮に入れていない。

② 解剖写真を見ただけの吉田鑑定より、実際に四郎の遺体を解剖した城哲男教授の所見の方が信頼できるのは明らかである。

③ 吉田鑑定は信用性の高い他の旧証拠と矛盾している。

④ 色葉と高杉が四郎を殺害したあと、自ら四郎の自宅に搬送することなど考えられない。

しかし、この4点のうち、①と②については、すでに特別抗告申立書に対する弁護団の意見書で反論済みだった。すなわち、

①について、例えば固いコンクリート面にうつ伏せで倒れた上から堆肥をかぶせられたら、堆肥の重みで接地面に圧迫されることはあるかも知れないが、四郎が埋められていた場所は四郎の体

の下にも堆肥が敷かれており、接地面は柔らかいのだから圧迫されて死斑が消失するほどにはならない。そもそも人体には凹凸があり、うつ伏せで埋められていても首の部分などは地面に接することはなく、四郎の遺体はその部分も白っぽいのであるから圧迫による消失では説明がつかない。

②について、検察官は、実際に解剖を行った城哲男教授自身が、当時の「死因は頚部に外力が加わった窒息死」であるとする鑑定結果（「城旧鑑定」）を訂正したという事実（城教授自らが鑑定所見を訂正した「城新鑑定」が、第1次再審の新証拠だったこと）を完全に無視している。

このとおり、①と②は反論済みであり、③④についても、以下のとおり、まったく取るに足りない主張である。

③について、検察官は「信用性の高い他の旧証拠」の例として、確定判決が否定したアヤ子さんの供述（「四郎は土間にはいなかった」とする供述）を前提に、四郎は自分で畳に上がって寝ることができたのだから、「四郎は出血性ショックで死亡していたか瀕死の状態にあった」とする吉田鑑定はこれと矛盾する、と指摘している（なお、確定判決はこのアヤ子さんの供述を信用せず、泥酔して土間にいる四郎を見たアヤ子さんがその時点で殺意を生じさせたと認定している）

……まったく記録を読んでいないとしか言いようがない。

④について、根本決定は、（色葉と高杉が四郎の死体を遺棄した可能性は示唆しているが、その前提として）色葉と高杉が四郎を殺害したとは一言も言っていない。
……検察官の明らかな読解ミスである。

そのほかにも、検察官の意見書には「第2次再審請求審（傍点筆者）原々審で実施された吉田教授に対する証人尋問」という明らかな誤記載（実際は第3次再審請求審）もあり、「10か月も準備期間があった」割には信じがたいほどお粗末な内容だった。

そもそも前述したとおり、特別抗告は、根本決定に「憲法違反」または「判例違反」がある場合しか認められないのに、検察官の指摘する4つの点はすべて「事実誤認」の主張であって、まったくもって特別抗告の理由になっていないのだ。

●怒りの記者会見●

このような、中身の乏しい、それどころか杜撰な記載まで散見される意見書を、申立てから10か月も経過して提出するというのは、もはや「時間稼ぎ」以外の何ものでもない。弁護団メーリングリストには1日で35通もの怒りのメールが飛び交った。
これはもう、ただちに記者会見を開いて検察官の不正義をマスコミに向けて発信しなければならない。しかも地元鹿児島と最高裁のある東京の両方で記者会見を行わなければ……。

弁護団の方針が固まり、鹿児島では検察官の意見書を入手した当日である18日午後4時から、弁護士会館に駆けつけることのできた泉弁護士、増山弁護士、それに私の3人で怒りの記者会見を行い、翌19日は土曜日だったため、霞が関の司法記者クラブが使えず、東京弁護団の河合郁弁護士が急遽予約してくれた赤坂の貸会議室で記者会見を行った。急な記者会見のセッティング、しかも司法記者クラブではない場所、というマイナス要因はあったが、朝日、毎日、産経の各紙の司法担当記者と、当時「報道特集」で伝説の元刑事裁判官・木谷明弁護士を取材していたTBS、さらに江川紹子さんと、NHKの清永聡解説委員が駆けつけてくれた。

●清永聡解説委員●

清永聡解説委員からは、この記者会見の少し前から大崎事件についての問い合わせをいただいていた。戦時中、国民の投票の自由を奪う「翼賛選挙」の不正に声を上げた市民の訴えを公正に審理し、選挙無効の判決をした裁判官・吉田久の生涯を描いた『気骨の判決～東條英機と闘った裁判官』（新潮社、２００８）や、日本国憲法のもと、わが国に家庭裁判所制度が導入された当時、理想に燃えながら粉骨砕身した裁判官たちを描いた『家庭裁判所物語』（日本評論社、２０１８）の著者でもある清永解説委員は、91歳の再審請求人が再審制度に翻弄され、なかなか再審無罪のゴールにたどり着けずにいる大崎事件の現状を憂い、この記者会見に馳せ参じて下さったのだった。

そして、1月30日、ＮＨＫニュース「おはよう日本」で解説委員が担当するコーナー「イラスト解説　ここに注目！」で、清永解説委員が「大詰めの議論　再審『大崎事件』」と題して、特別抗告から10か月も経過して検察官が突然意見書を提出したが、91歳の原口アヤ子さんの年齢や健康状態を考慮して最高裁はなるべく早期の判断をしてほしい、と解説した。

そのラストには、ベレー帽をかぶって「審理引き延ばしだ！」と怒る女性の弁護人のイラストが映し出されていた。

●アヤ子さんの危機●

いつもより早起きしてＮＨＫニュース「おはよう日本」の「イラスト解説　ここに注目！」を観た後、私は鹿児島空港に向かい、上京の際に乗る飛行機の４分の1ぐらいのサイズの小型プロペラ機に搭乗した。

この日は屋久島のある小学校に招かれて、子どもたちに「いじめ防止授業」を行ったのだった。素朴で無邪気でかわいい島の子どもたちに「いじめは絶対やっちゃダメなんだよ。いじめられた子も傷つくし、いじめた子も、そのことがいつか心の傷になる」と語りかけた後、私は弁護士になってまもなく知り合い、もう10年以上の付き合いになる屋久島の友人宅にお邪魔して、久しぶりにのんびりした時間を過ごしていた。


ところが、そこに支援者の武田佐俊さんから電話が入った。

「アヤ子さんの血圧が50台、脈拍が30台に落ちたそうです」

私は一瞬目の前が真っ暗になった。とうとう覚悟していたときが来てしまったのか……。

しかし、武田さんは、「いまはICUではないが個室に移され、点滴で安定している、どうやら認知症の薬を変えたことによる、その副作用の可能性がある、というのが院長先生の見立てである」、と説明し、「すぐ命に関わるということはなさそうだ」、と言って私を落ち着かせてくれた。

翌31日、屋久島から戻った私は、検察官の意見書提出からわずか2週間で弁護団が作成した反論書を最高裁に提出した。その結語で、検察官が5か月も前に作成された佐藤教授の鑑定書を今になって提出したことは、あきらかに審理の引き延ばしであり、アヤ子さんの「迅速な裁判を受ける権利」（憲法37条1項）を侵害している、と批判した。

●アヤ子さんに残された時間は少ない！●

2月1日、もともとこの日は東京から「どうしてもアヤ子さんと直接面会したい」と申し出て下さっていたNHKの清永聡解説委員をお連れしてアヤ子さんに面会に行くことになっていた。アヤ子さんの容態が急変して面会ができないかもしれないと危ぶんだが、病院からの連絡で、アヤ子さんは落ち着いており、面会可能との知らせを受け、私自身、直接アヤ子さんの様子を確かめたいという気持ちもあったことから、予定どおり清永解説委員とともに、病院に駆けつけた。

アヤ子さんは点滴のチューブを何本もつながれ、心拍数と血圧を常時計測するモニターも付けられ、「安定している」とは言ってもやはりいつもとは様子が違っていた。

それでも私が、

「アヤ子さん、もうすぐ最高裁で再審開始が確定するから。必ず私と一緒に再審公判の法廷に行って、裁判長が『被告人は無罪』と言い渡すのを直接聞きましょうね」

と必死でアヤ子さんに話しかけると、アヤ子さんの目に光が宿り、彼女の持てるありったけの力を集めて首を持ち上げ、私の言葉に頷くのだった。

このとき、私は改めて、「アヤ子さんを待たせていること」の罪深さをひしひしと感じていた。「一刻も早く」とか、「アヤ子さんの年齢に配慮して」とか、散々意見書に書きながら、その実、心のどこかで「アヤ子さんはまだまだ長生きする」と慢心してはいなかっただろうか。

彼女には本当に時間がないのだ。さらに最高裁に早く決定を出させるためにあらゆる手立てを講じなければ……。

●松橋事件の再審公判●

2月8日、「特別抗告3兄弟」の中で一番先に再審開始が確定した松橋事件の再審公判が熊本地裁で開かれた。認知症を患っている宮田浩喜さんは出廷できず、再審請求人だった宮田さんの長男貴浩さんはこの世を去り、二男である賢浩さんが亡き兄のジャケットを身につけて出廷したという。賢浩さんは再審公判後の記者会見で、

「あと2年早ければ、この場にいたのはずっと父を支えた末に亡くなった兄だった。さらに2年早ければ、おやじも裁判を理解できたはずだ。検察には一言でも父に謝ってほしかった」

と検察官への怒りをぶつけたという。

しかし、その検察官は、再審公判の前に行われた進行協議の場で「有罪立証は行わない」と言いながら、あろうことか、公判では確定審で有罪の証拠として請求された宮田さんの自白調書などを証拠として請求し、

「裁判所にしかるべき判断を求める」

とゲタを裁判所に預けたのである。

裁判所は宮田さんの自白調書を証拠として採用せず、再審公判はこの日一日で結審し、3月28日に無罪判決が出されることが確実となった。

検察官は、再審公判で「有罪立証は行わない」のであれば、なぜ地裁・高裁で再審開始の決定が重ねられたのに、即時抗告、特別抗告と抗告を繰り返したのか。そして一方で、「有罪立証は行わない」のであれば、なぜ論告（検察官が被告人をどのぐらいの刑に処すかについて意見を述べること）で無罪を求刑しないのか。

「公益の代表者」としての振る舞いとして、あまりに情けなく、見苦しいとは思わないのだろうか。

●たくさんの応援団●

松橋事件の再審公判の動きを横目で見ながら、私は、
「何としても年度内に大崎事件の再審開始を確定させたい。どうやったら世論を盛り上げて最高裁をその気にさせることができるだろうか」
と、思案に暮れる毎日だった。

松橋事件の再審公判の翌日である2月9日も、そのことを考えながら、事務所から弁護士会館に急ぎ足で向かっていた。

すると、途中にある鹿児島市役所の向かいの「みなと大通り公園」にさしかかったあたりで、見知らぬ小柄な女性に呼び止められた。

「あの、大崎事件の弁護士さんですよね。私、ずっとニュースで見てます。私は事件があった1979年生まれなんです。アヤ子さんが早く無罪になるようにと思って天文館で署名したこともありました。それ以上何もできないけど、応援してます！」

「実は私、この近くに住んでいて、時々先生のお姿をお見かけしていて、いつか勇気を出して声をかけてみよう、と思っていました。今日、それができて嬉しいです！」

彼女は少しはにかんだ笑顔をつくると、私とは反対方向に小走りに去って行った。

「ありがとう、声をかけてくれて」

彼女の後ろ姿に向かって、私は心の中で何度もつぶやいた。こうやって、地元には大崎事件やアヤ子さんのことを思って応援してくれる人びとが、本当にたくさんいてくれるのだ。

7 「春よ、来い」

●春を呼ぶ支援のつどい●

私の背中を押してくれる「応援団」は地元だけに存在しているのではなかった。

第1次再審の特別抗告審のときから、「最高裁のある東京」で大崎事件の支援活動を行おう、と産声を上げた「大崎事件・原口アヤ子さんの再審をかちとる首都圏の会」のみなさんが、これまでにない集会を企画してくれた。


「大崎事件・再審無罪　春を呼ぶ支援のつどい　～報告&ライブ～」


「報告はわかる。で、ライブって何？」と思った読者諸氏も多いだろう。

これまで、大崎事件の集会やシンポジウムは、概ね、

「弁護団報告→基調講演→パネルディスカッション→支援者決意表明→アピール採択」という流れで進むことがほとんどだった。しかし、これではなかなか一般市民に興味をもって参加してもらうことは難しい。

そこで、前半は「弁護団報告」という、ややお堅い話をするものの、休憩を挟んだ後半は、「特別ゲスト」として岩手県釜石市出身・宮城県気仙沼市育ちのシンガーソングライター・岩桐永幸（現・CORUKA）さん、東京労音港地域の有志で音楽活動を続けている「みんなと会」、そして、「鴨志田祐美&櫻井昌司」というラインナップでコンサートをやる、という企画が立てられたのだ。

毎年博多でやっているライブコンサートで、布川事件の櫻井昌司さんの歌の伴奏をしたり、自分の曲を歌ったりしたことはあったが、なんと花のお江戸デビュー、しかも会場はあの原宿にある、「アコスタディオ」という音楽専門ホールを押さえた、というのである。

さっそくインターネットでどんなホールかを調べてみると、客席数こそ60とこじんまりしているが、木造で音響効果抜群、そしてステージに置いてあるグランドピアノは1828年創業の、オーストリアの老舗ピアノ製造会社「ベーゼンドルファー」製である。

半分びびりながらも、アヤ子さんに「再審無罪」という「春」を呼ぶためには、この際、自分の持てる力をすべて発揮するしかない、と覚悟を決めた。

3月1日、小さなホールには、雨で足許の悪い中、100名を超える観客が詰めかけ、立ち見が出る盛況となった。

確かに、いつもと違う観客層だった。何より驚いたのは、私の高校時代の演劇部の同期3人が駆けつけてくれたことだった（彼女たちはみな、私が高校時代にバンドをやっていたとき、そのライブにも来てくれた「常連客」だったが、40年の歳月を経て、再び観客となってくれたのである）。また、息子の婚約者や、東京・小金井に住む従妹と、アメリカ留学から一時帰国していたその息子さんも会場に足を運んでくれた。もちろん、たくさんの刑事法の研究者の方々、マスコミ（鹿児島のローカル局からも記者さんがテレビカメラとともに取材に来てくれた）の方々、そして主催した「首都圏の会」のメンバーを始め、全国から駆けつけて下さった支援者のみなさんも顔を揃え、弁護団の「嵐ちゃん」も、支援者に交じって会場の設営や観客の誘導を手伝ってくれた。

●私のセットリスト●

私は、櫻井さんのオリジナル曲2曲とスコットランド民謡の「ダニーボーイ」を伴奏したあと、自ら弾き語りで４曲を演奏した。

１曲目は Dreams Come True の『やさしいキスをして』。

かつて、アヤ子さんが介護施設にお世話になっているとき、ベッドから転落して病院に搬送されたことがあった。私は取るものもとりあえず、入院先の病院に車を飛ばして駆けつけ、アヤ子さんに大事ないことに胸をなで下ろしたのだったが、そのときの自分の思いが、この曲の歌詞の、

「電話してくれたら　走っていくから
すぐに行くから
なにもかも放り出して
息を切らし　指を冷やし
すぐ会いに行くから」（日本音楽著作権協会（出）許諾第2010893-001号）

という部分に重なるのだ。もちろんこの歌はラブソングだが、私にとってアヤ子さんはもはや「恋人以上の存在」なので、アヤ子さんに捧げるために、この曲を歌った。

２曲目は、あの、高裁で再審開始が維持された根本決定の日に朝

「春よ来いコンサート」風景。「大崎事件・再審無罪　春を呼ぶ支援のつどい　～報告＆ライブ～」

日新聞の夕刊で記事にしてもらった、Bank Band の『はるまついぶき』。

3曲目に、私がアヤ子さんのために作詞作曲した『アヤ子のうた』（この曲の由来については、巻末の「エピローグ」参照）。

そして、このコンサートのラストに選んだのは、松任谷由実の『春よ、来い』だった。

なぜこの曲を選んだのかはすぐに察しが付くだろう。アヤ子さんに「再審無罪」という「春」をもたらすために、どうしてもこの曲をラストに持ってきたかった。

●「春よ、来い」を選んだ理由●

でも実は、この曲を選んだのにはもう一つ理由があった。

「春よ、来い」はＮＨＫの「朝ドラ」として１９９４年10月から翌１９９５年９月までの１年間放映された同タイトルのドラマの主題歌だった。つまり、１９９５年の「春」には毎朝お茶の間にこの歌が流れていたのである。

そして……。アヤ子さんが初めて再審請求を行ったのは１９９５年４月19日だった。

もしかしたらアヤ子さんは申立ての日の朝に、この「春よ、来い」を聴いていたかもしれないのだ。

24年後、本当の春を呼び寄せるために、私は会場を埋め尽くす観客に協力を求めた。

この曲、ユーミンのオリジナルではラストの、

「春よ　遠き春よ　瞼閉じればそこに
愛をくれし君の　なつかしき声がする
春よ　まだ見ぬ春　迷い立ち止まるとき
夢をくれし君の　眼差しが肩を抱く」

というリフレイン（繰り返し）部分にかぶせて、童謡の、

春よ　来い　はやく来い

のフレーズがコーラスで入る。（NexTone 許諾番号PB000051037号）

私は、このコーラス部分を会場の観客に歌ってもらおうと考えた。

そこで、櫻井昌司さんにステージ上で「お手本」をやってもらい、観客のみなさんにコーラス部分を歌ってもらう「練習」をした。

観客のみなさんもすぐにタイミングと音程をつかんでくれたので、いざ、本番へ……。

ラストのリフレインは、練習よりも回数を増やし、途中でピアノ伴奏を切って私の歌と会場の

コーラスのアカペラ状態にした。

その瞬間、満員の観客が一つになった――。

アヤ子さんの再審無罪を願い、声を合わせて

春よ　来い　はやく来い

と繰り返すコーラスが会場全体に響き渡った。

祈りにも近い、切なる思いが重なって空気を震わせ、共鳴となって、きっと、遠い鹿児島の空の下にいるアヤ子さんにも届いたに違いない。

●「冤罪犠牲者の会」結成！●

原宿での感動的なライブ「大崎事件・再審無罪　春を呼ぶ支援のつどい」の余韻覚めやらぬ翌3月2日、私はそのまま東京に滞在し、ある歴史的な瞬間に立ち会った。

冤罪被害者とその家族が刑事司法や再審法制を変えるべく立ち上がり、「冤罪犠牲者の会」を結成した。その結成集会が開催されたのである。

布川事件の櫻井昌司さんが発起人となり、東住吉事件の青木惠子さん、西武新宿線痴漢冤罪事件の矢田部孝司さん、志布志事件で無罪となった12人の元被告人のうちの一人である藤山忠さんが共同代表に就任した。

足利事件の菅家利和さん、狭山事件の石川一雄さん、湖東記念病院事件の西山美香さん、志布志踏み字事件の川畑幸夫さん、そして、滅多に東京に出向くことのない袴田事件の袴田巖さん本人も、姉のひで子さんとともにサプライズ参加した。

「冤罪オールスターズ」とその家族50名が集結したこの集会は、わが国に、これほどまで冤罪で苦しめられている「犠牲者」がいることを世間に大きくアピールするものとなった。

また、この集会では、日本の戦前の刑事訴訟法をルーツにもちながら、日本に先んじて証拠開示や再審について法改正を進めている、台湾の刑事司法改革のダイナミックな現状について、冤罪撲滅のために国境を越えて友人となった、李怡修さん（現・龍谷大学犯罪学研究センター。法学博士）が記念講演を行い、前年7月に京都で開催された司法修習生「7月集会」で一緒に登壇したラップ歌手 SUN-DYU さん率いるユニット“MIC SUN LIFE”のライブパフォーマンスも披露され、大盛況のうちに幕を閉じた。

●人として向き合ってほしい●

しかし、冬がそろそろ終わりを告げようという3月中旬に入っても、最高裁からの「再審開始確定」の朗報は届かなかった。

根本決定から丸1年が経過し、年度内に何としても決定を出して欲しいと考えた弁護団は、「首都圏の会」の支援者さんたちと、3月15日に最高裁で緊急要請行動を行うことにした。

かくして、「冤罪犠牲者の会」結成集会から2週間も経たないうちに、再び上京した私は、森弁護団長と東京弁護団4名とともに最高裁西門前に集合し、門前集会を行った支援者さんたちに見送られ、最高裁に「緊急要請書」を提出した。

書面を最高裁に提出する場合、通常では宛先を「最高裁判所第一小法廷　御中」とするのだが、この緊急要請書では、あえてこのように記載した。

最高裁判所　第一小法廷　御中

裁判長裁判官　小　池　　　裕　殿

裁判官　池　上　政　幸　殿

裁判官　木　澤　克　之　殿

裁判官　山　口　　　厚　殿

裁判官　深　山　卓　也　殿

調査官裁判官　三　上　　　潤　殿

第一小法廷の５人の裁判官たち、そして担当調査官も含めて、一人ひとりに、再審無罪となる日まで必死で命を紡いでいる91歳のアヤ子さんに、組織としてではなく、人として向き合って

2019年３月15日最高裁に「緊急要請書」を提出。日本国民救援会提供

ほしい、という思いからだった。

●湖東記念病院事件再審開始確定、松橋事件再審無罪確定。大崎は……●

私たちが最高裁に緊急要請書を提出した4日後の3月19日、朗報が飛び込んできた。

2017年12月に大阪高裁で再審開始決定がされていた湖東記念病院事件（第2次再審）について、18日付で最高裁第二小法廷が検察官の特別抗告を棄却し、再審開始が確定したのだ。

これで、高裁での再審開始方向の決定に対して検察官が特別抗告していた「特別抗告3兄弟」のうち、松橋事件と湖東記念病院事件の二つで再審開始が確定したことになる。

湖東記念病院事件は、大津地裁が再審請求を棄却し、弁護側が即時抗告していたところ、大阪高裁が逆転再審開始決定を出した、という経緯があった。地裁、高裁と判断が分かれた事件でさえ、最高裁は再審開始を確定させたのだ。松橋事件同様、地裁・高裁で再審開始を重ねた大崎事件も、年度内、つまり今月中に再審開始が確定するに違いない。私はそう確信した。

「冤罪犠牲者の会」結成集会後の打上げ懇親会のとき、私の真向かいの席で、周囲に屈託のない笑顔を振りまきながら美味しそうに鶏の唐揚げを頬ばっていた西山美香さんの顔が浮かんだ。美香ちゃん、本当に良かった。次はアヤ子さんが続くからね、と私は心の中で呟いた。

しかし、３月22日の金曜日になっても最高裁からの決定は届かなかった。３月30日、31日は土日なので、もう年度内の平日はあと5日しかない。担当調査官の三上潤裁判官は、この3月で異動になるらしいという情報を得ていたため、ここで決定が出なければ、新しい調査官が一から記録を読み直し、いつ決定が出るか見当も付かないことになりかねない。

楽観主義者の私も、さすがに焦燥感に襲われはじめていた。

週が明けて25日の月曜日、私は鹿児島地裁加治木支部で午前10時から行われる破産事件の債権者集会に、破産管財人として出頭した。

加治木支部に到着し、債権者集会が始まる前にトイレに寄ったところ、いつも「お疲れ様です」と挨拶を交わす清掃員の女性に呼び止められた。

「先生、いつもテレビ見て応援してます。アヤ子さんお元気ですか？　私はここで10年以上勤めたけど、今月で引退なの。でも先生のことはずっと応援しています！」

……朝から涙腺ダムが決壊した。

●3月26日●

実は、私はこの25日・月曜日に決定が出ているのではないか、と予想していた。大崎事件の第1次再審（2006年1月30日）、第2次再審（2015年2月2日）の最高裁決定日は、調べてみるとどちらも月曜日だった。松橋事件も湖東記念病院事件も月曜日の日付の決定が、熊本の松橋事件は水曜日に、滋賀の湖東記念病院事件は火曜日に主任弁護人に郵便で届いていた。

そうすると、大崎事件第3次再審について、もし年度内に決定が出るとすれば、25日付の決定が26日火曜日に、送達受取人に指定している東京の佐藤博史弁護士の事務所に届く、という線が濃厚だろう。私は26日、人権擁護大会シンポジウムの実行委員会のため朝から上京することになっていた。万が一決定が出たときに機上で連絡が取れないとマスコミが混乱することを回避する意味で、鹿児島での対応を森弁護団長にお願いし、記者会見のための会場を予約し、25日の夜のうちに、もし決定が出た場合の段取りを伝えるFAX文書を地元マスコミ各社に送った。私自身は26日が「Xデー」だった場合には、東京の司法記者クラブで在京メディア向けに会見を行おうと考えていた。

すると、鹿児島のマスコミは「すわ、決定が出る！」と早とちりし、

「明日出るんですか⁇　何か兆候があったんですか⁇」

という問い合わせが殺到してしまった。無理もない。マスコミもずっと「待ちぼうけ」状態なのだ

から。

なので、

「私だって、明日出て欲しいですよ!!　誰よりもそう思っていますよ!!」

と逆ギレしそうになるのをぐっとこらえながら、事情を詳しく説明するメールを各社の記者さんたちに何通も送っているうちに、25日の夜は更けていった。

私が「Xデー」と予測した3月26日。しかし決定は送達されなかった。私は、SNS上で「お詫び」のメッセージを発した。

皆さま、お騒がせして申し訳ありません。

今日にでも大崎の決定が来るのではないかと、鹿児島では記者会見場まで予約して準備しておりましたが、今日も最高裁からのお便りは届きませんでした。

マスコミ各位からしてみれば、もうすでに

「オオカミが来た!」

どころか

「(決定が) 出る出る詐欺」状態なのに、逆に記者さんたちからは励ましのメールをいただき、ただただ恐縮しています。何だか、片想いの相手が、約束はしていないけどもしかしたら会いに来てくれるかも、と期待して待ち続けて、

「ああ、やっぱり今日も来なかった……」

と落胆するのと似ていて、日を追うごとに「今日も来なかった」ことに対する心の傷が深まっていく感じです。

でも、片想いと違うのは、決して諦めるわけにはいかないことです。

今年度の平日は、もうあと3日ですが、それでもしつこく待ち続けます。

●まさかの「年度越え」●

27日、今年度最後となる日弁連人権擁護委員会「第1部会」(再審部会) に出席し、湖東記念病院事件の弁護団メンバーである杉本周平部会長の「勝利宣言」を祝福し、さらに「再審における証拠開示に関する特別部会」に出席した後、私は夜の10時を回るころ、福岡空港に降りた。翌28日に、福岡の志賀島 (「漢委奴国王」の金印が見つかった島である) で行われている「民主主義科学者協会法

律部会」の合宿で再審法改正の必要性をアピールするためだった。
そして志賀島での合宿が終わる頃、隣県の熊本地裁で松橋事件の再審無罪判決が出ていた。検察官は上訴権を放棄したため、この日のうちに宮田浩喜さんの再審無罪が確定した。私は博多駅で3社、鹿児島中央駅で2社のマスコミからの取材を受け、コメントを発信した。

そして……。
翌29日の金曜日で、2018年度の平日は終わってしまった。
大崎事件第3次再審、まさかの年度越えである。

●センチメンタル・ジャーニー●

30、31日の土日、失意の私は二人の「姉たち」とともに千葉旅行に出かけた。
私には実の姉はいない。この「姉たち」は、今は亡き毛利甚八さん（少年事件に取り組む家庭裁判所の裁判官を描いた魚戸おさむの漫画『家栽の人』の原作者。この作品がきっかけとなって、毛利さんは実際に少年司法に深く関わるようになり、大分の中津医療少年院の篤志面接委員として少年たちにウクレレを教えるなど、非行少年の支援にも心血を注いでいた）が繋いでくれた不思議な縁《えにし》で「義姉妹」の契りを結んだ、「上のお姉ちゃん」シャーリー仲村知子さん（ぱすたの会《おおいた「非行」と向き合う親たちの会》代表）、「真ん中のお姉ちゃん」後藤弘子さん（千葉大学社会科学研究院教授）である。

千葉旅行は、年度末までに大崎事件決定が出ることを確信していたお姉ちゃんたちが、私の慰労を兼ねて企画してくれたものだった。なのに、最高裁は沈黙したまま。こんな状況で旅行に出ることについて、正直後ろめたさもあった。

しかし、うじうじしていても仕方がない、と支度をして、鹿児島空港の保安検査場でキャリーバッグのファスナーを開けたとき、出張時に必ず携行するノートパソコンを自宅に置き忘れてきたことに気づき、そこで吹っ切れた。

「これは、二日間仕事から離れることを神様がお許しになったということに違いない」

かくして、「お姉ちゃんズ」とともに3人で過ごした南房総での「センチメンタル・ジャーニー」は、毎日決定を待ちわびては裏切られることの繰り返しで荒みきっていた私の心を、乾いた砂を潤す満ち潮の波のように癒やしてくれた。時の経過で刻々と変わってゆくダイナミックな太平洋を背景に、千葉の山海の幸を堪能し、滑らかな泉質の温泉に浸かり、早春の花たちを愛で、そして何よりもお姉ちゃんたちの温かい眼差しに救われたのだった。

これで、明日からまた、闘い続けることができる。

私は気持ちを新たにして、２０１９年の４月を迎えた。

●最高裁調査官への手紙●

新年度初日の４月１日、鹿児島に戻った私は最高裁に電話をかけ、

「担当調査官の三上さんが異動になりましたよね。新しい担当調査官を教えて下さい」

と書記官に問い合わせた。電話口の向こうで書記官が「何でもう知ってるの?」と驚いたのか、一瞬の間があった。しかし、一呼吸あってからの書記官の回答は意外なものだった。

「お姉ちゃんズ」とのセンチメンタルジャーニー

「担当調査官は、齋藤と野村の二人になりました」

え、なぜ二人？　と、胸騒ぎがした私は、某弁護士が情報公開請求で開示させたという「最高裁調査官室席次表」を取り出して「齋藤」と「野村」の名前を探した。

なんと、刑事調査官のトップである上席調査官の齋藤啓昭裁判官と、それに次ぐポストである第2室長の野村賢裁判官だった。なぜ、若い三上調査官から、刑事調査官のトップとナンバー2に交代したのだろう。

胸のざわつきはますますひどくなった。

すでに検察官の意見書への反論も終え、弁護団が法的主張としてやるべきことは尽くしている。アヤ子さんの命あるうちに、一刻も早く決定を出してもらうために、あと何をすればいいのだろう。

考えあぐねた私は、意を決してパソコンに向かった。

二人の調査官に「手紙」を書いたのである。

齋藤上席調査官に宛てた手紙は、次のようなものだった。

拝啓、時下ますますご清祥のこととお慶び申し上げます。
このたびは、突然書状を差し上げる非礼をお許し下さい。

今般、貴職におかれましては、貴裁判所第一小法廷に係属中の大崎事件第３次特別抗告審（御庁平成30年（し）第146、147号　再審開始決定に対する即時抗告の決定に対する特別抗告事件）の担当調査官に就任されたとの報に接しました。

そこで、大変ぶしつけながら、貴職にお伝えしたいことを、信書という形で以下に記させていただきたいと存じます。

私たち原口アヤ子さんの弁護団は、平成30年４月11日付の検察官の特別抗告申立書に対する反論の意見書を、

「原原審、原審が全速力で繋いだ再審開始のバトンは、いま、アンカーである貴小法廷の手の内にある。（中略）本件再審請求のアンカーとしてバトンを託された貴小法廷には、１日も早く、いや１分１秒でも早く、本件特別抗告を棄却し、アヤ子を再審公判の法廷へと導いていただきたい。それこそが、冤罪に人生を翻弄されたアヤ子に対して、司法府の『最高』機関が果たすべき、最後の崇高な使命である。」

と結びました。

この意見書を提出してから１年が経過しました。貴裁判所がこの１年間、沈黙を守り続けたことに、私たちは深い驚きと落胆と悲しみを禁じ得ません。

鹿児島地方裁判所が確定一審の有罪判決をしたのは今から39年前の春（昭和55年３月31日）でした。裁判所が、無実の人に有罪判決を下すことなど決してないと信じていたアヤ

子さんは、このとき以降、世の中の人々が満開の桜を愛でる季節が40回も巡ってきたのに、美しい桜の花を見上げることもないまま、無実を叫び続ける日々を送ることになったのでした。

アヤ子さんが10年の満期服役を終えて第1次再審の申立てを行ったのは平成7年4月19日、同申立てに対し、鹿児島地裁が再審開始決定を出したのは平成14年3月26日でした。ここからもすでに17年が経過しました。

昨年の3月12日に、本件の原審である福岡高裁宮崎支部が検察官の即時抗告を棄却し、通算で「3度目」となる再審開始方向の決定を出したとき、私たちはようやくアヤ子さんに、美しい桜を愛でることのできる「春」をもたらすことができたと思いました。でも、検察官の特別抗告により、それも叶いませんでした。

アヤ子さんは一昨年の11月、高齢による身体の衰えから病院に入院しました。私は、主治医と面談し、「どうしてもアヤ子さんを再審公判の法廷に連れて行き、裁判長が『被告人は、無罪。』と宣告するのを直接聞かせたいのです」と申し上げました。主治医の先生が私に、「いつ、その裁判になるのですか」と尋ねましたので、「私たちには見当がつかないのです。最高裁まで行けば、あと1年かかってしまうかもしれません」と答えました。すると先生は、「分かりました。1年はお元気でいられるように最善を尽くします。理学療法士をつけてリハビリも行って、法廷で一定時間車椅子に座っていられるよう、筋力も維持したいと思います」とおっしゃって下さいました。

その１年も、すでに過ぎてしまいました。

今年の１月末、アヤ子さんは突然脈拍が 30 台に落ち、血圧も 50 台までに下がり、大部屋から個室に移され、モニター監視される深刻な状態となりました。幸い、彼女の強い精神力で体調はもとの状態に回復し、今は大部屋に戻りましたが、このとき、私たち弁護人でさえも、これまでアヤ子さんの強靱な意志の強さに甘え続けて、これほどの長い期間を待たせ続けてきたことの罪深さを思い知らされました。

もはや「弁護人」「裁判官」「調査官」という肩書きを越えて、52 歳から今日まで一度も自白することなく一貫して無実を訴え続けてきたこの女性の人生のフィナーレに、私たちは「人」としてどう向き合うか、ということを考えるべきときではないでしょうか。

弁護人なのだから、法律家として、法の解釈適用に関する書面を提出するのが筋だ、と思われるかもしれません。しかし、もうすでに、弁護人としてなすべき主張は、平成 31 年１月 31 日付補充意見書までの書面で、すべて出し尽くしています。検察官の主張に、特別抗告理由たる憲法違反も判例違反もないことは明白であり、まして原決定に「著しく正義に反する」点などあるはずがありません。

ですから、弁護人としての主張を尽くした後、私たちは今年の春こそ、これまでとは違う風景をアヤ子さんにお見せすることができると確信していたのです。

けれども、年度が変わり、担当調査官も交代し、桜の花は散り始めています。

世間では新元号の話題で持ちきりですが、大崎事件は昭和、平成、令和の３時代を経てもなお、解決に向かわないのでしょうか。

貴職は刑事調査官室の上席として、極めてご多忙のことと拝察いたしますが、それでも、松橋事件特別抗告審の担当調査官として、極めて短期間で特別抗告棄却の意見を具申され、早期の再審無罪確定を実現されました。大崎事件は松橋事件より６年も前の事件であり、アヤ子さんは松橋事件の宮田浩喜さんより６歳年上です。貴職におかれましては、この６年という歳月と年齢の差にも思いを寄せていただき、一刻も早く、松橋事件と同じ意見を具申していただきたいと切望しています。

これから先、例年より長い連休と、憲法週間におけるイベント等が続くことになりますが、６月15日に92歳を迎えるアヤ子さんの生命の火が揺らいでいることを、どうか「わがこと」として考えていただきたいと存じます。

以前は、貴裁判所に係属する事件において、弁護人は担当調査官と直接面会することができました。大崎事件でも第１次再審のときは、弁護団の４名の弁護士が、特別抗告審の担当調査官と面談させていただきました。しかし、第２次再審以降、担当調査官との面談に応じていただけなくなりました。さらに現在の第３次再審特別抗告審（本件）では、担当書記官にも、電話以外での直接の面談によるやりとりを認めていただいていません。

市民から距離を置くことで、公正中立さを印象づけ、司法の最高府としての権威を保とうとのお考えかもしれませんが、市民の司法に対する信頼は、そのような形式的な権威づけで保たれるものではありません。個々の事件にどのように向き合っていただくかによってしか醸成されるものではないでしょう。

かつて、映画『真昼の暗黒』のラストシーンで「まだ最高裁がある」という台詞が発せられたように、市民は司法の最高府である貴裁判所に希望を見い出したいのです。

大崎事件については、平成29年6月28日の鹿児島地裁での開始決定以降、繰り返しメディアで報じられており、市民はアヤ子さんが生きているうちに無罪判決を受けることができるか、貴裁判所の動向を、固唾をのんで見守っています。

本来であれば、直接お目にかかってお話しをさせていただきたいところ、それが叶いませんので、長々と信書をしたためさせていただきました。乱筆乱文の段、平にご容赦下さい。

末筆ではございますが、激務の日々、くれぐれも御身御大切になさって下さいませ。

敬具

●最後の最後は、ヒューマニズム●

弁護士になってまだ3年目だった2007年、私は地元紙南日本新聞で1年間客員論説委員を務めたのだが、10回にわたる連載の最終回に書いたコラムのタイトルは、『**最後の最後は、ヒューマニズム**』だった。

これは終生変わらぬ私の基本的スタンスである。

07年(平成19年)12月3日　月曜日　総合・社説　2

論点

最後の最後は、ヒューマニズム

客員論説委員　鴨志田《かもしだ》　祐《ゆ》美《み》

二〇〇七年もあと四週間を残すのみとなった。そろそろ今年の十大ニュースなどがランク付けされる時期であるが、この一年、心晴れ晴れとするような明るいニュースにはあまり接することがなかったように思う。繰り返される「偽装」と「隠蔽」、人の命がいとも簡単に奪われる凶悪事件の数々。それらの報道からは「バレなければ」「自分さえ良ければ」「思い通りにならなければ」何をやってもよい、という人間のエゴや傲慢さが見え隠れしていてたまらない気持ちになる。

筆者が身を置いている「司法」という世界は、対立する当事者間の紛争を、法を適用して解決する作用が行われる場である。そこには法的な権利義務だけではなく、人々の欲望や意地、恨みや悲しみが複雑に絡み合った軋轢が山積している。世間の人々からは「人の醜い面ばかり見えて、人間不信になりませんか？」とか、「極悪人の弁護を引き受けるなんて、いやじゃないですか？」と聞かれることがよくある。

確かに、法廷での尋問の際、真実は一つのはずなのに、原告側、被告側それぞれの当事者や証人の言い分が真っ向から食い違っていると、この中の誰が大うそつきなのかと疑心暗鬼になる。要求ばかりつきつけてくる相手方に辟易したり、逆に自分の依頼者に欺かれて言いようのない脱力感に襲われることもある。前科十数犯の被告人の国選弁護人に選任されて、どこをどう弁護すればよいのか途方にくれることもある。

しかし、それでもなお、である。

息子を交通事故で失い、加害者の刑事裁判の法廷で「この人は、週命日のたびに息子のために線香を上げに来てくれました。もう息子は帰ってきませんが、今ではこの人のこともわが子のように感じています」と涙ながらに証言した被害者の父親。三十年以上も夫の暴力に苦しみ、やっとの思いで離婚を決意して裁判所の待合室に座り、不安と緊張で震えながら「先生も疲れるでしょう」と筆者の肩をもんでくれた七十代の女性。強盗傷害で長期の実刑が予想された被告人の情状証人として出廷した後、「（被告人が）出てきたら、また雇うから、体に気をつけて勤めてこい、と伝えてください」と言うために、法廷の外でずっと筆者を待っていた大工の棟梁。

このような人々に出会うと、人間はまだまだ捨てたものではないと思えるのだ。

弁護士という職業は、かつては「代言人」と呼ばれていた。困っているのに言いたいことが言えない人に代わり表に立って戦うというイメージだ。その根底には人間そのものへの愛着がある。

例えば刑事事件の場合、有罪であることは間違いなく、一見同情の余地がないように見える被告人も、その生育歴や境遇、事件に至った背景等をつぶさに調べれば、必ず汲むべき事情がある。捜査側やマスコミが「犯人＝極悪人」という方向からだけとらえがちな事件に違う角度から光を当てて、被告人の言い分も余さず出し切ることで裁判所に適正な判決を求める。それが弁護人の役割だ。

すでに有罪が確定していても、被告人の「それでも自分はやっていない」という叫びに耳を傾け、裁判のやり直しである「再審」を申し立て、その弁護に全身全霊を傾ける弁護士たちもいる。再審開始が認められることは極めてまれでも、皆、報酬なしの手弁当で熱心に活動している。

縁もゆかりもない僻地に赴き、地域医療に情熱を燃やす医師も、圧政に苦しむ市民の姿を世界に発信すべく危険を覚悟の取材中に、凶弾に倒れたジャーナリストも、きっと根底にある思いは同じだろう。彼らをつき動かす共通の原動力は、「ヒューマニズム」である。

人間は、愚かで、情けなくて、壊れやすい。でも柔らかくて、温かく、かけがえのない存在だ。自分も、そして相手もそのような存在であることを受け入れ、相手の痛みを自分の痛みと同じように感じ、痛んでいる相手を何とかしたい、と思う気持ち。それがヒューマニズムなのだと思う。

法律家たるものプロとしての論理的思考と冷静な判断に徹し、情に流されるべきではないと言われるかもしれない。しかし、その思考と判断は「目の前にいる困っている人を何とか救いたい」というヒューマニズムに裏打ちされていなければ意味がない。

先の見えない悩み多き未来に、ヒューマニズムの光が道しるべとなりますように。　（弁護士）

南日本新聞2007年12月3日。「最後の最後は、ヒューマニズム」

特別抗告審が最高裁第一小法廷に係属して1年。法的主張を尽くしたこの局面で、私は、彼らの職種や役職を超えた「人間」の部分に賭けたのだった。

●「再審法改正をめざす市民の会」の胎動●

３月31日に千葉旅行から鹿児島に戻った私だったが、「タッチアンドゴー」状態で４月２日には再び東京にいた。３月の「冤罪犠牲者の会」に続き、再審法改正に向けた市民レベルの団体がもうひとつ産声を上げようとしていた。冤罪被害者本人、支援者、刑事法学者、元裁判官、弁護士、映画監督、ジャーナリスト、といった多様な立場から冤罪と向き合って来た人びとが垣根を越えて結集した「再審法改正をめざす市民の会」である。私も運営委員の一人として参加した。

この「市民の会」は、わが国の再審の歴史に一里塚を築いた、最高裁白鳥決定の日付である５月20日に正式に設立することが決まっていた。しかし、松橋事件再審無罪確定という大きなニュースを再審法改正への原動力とすべく、「設立直前企画」として４月２日に衆議院第２議員会館で院内集会を開催したのだった。

「伝説の元刑事裁判官」木谷明弁護士による開会挨拶に始まり、松橋事件弁護団共同代表・斎藤誠弁護士の再審無罪確定勝利報告、2018年4月に衆議院法務委員会の代表質問で大崎事件の特別抗告の問題を取り上げてくださった藤野保史・衆議院議員の挨拶、周防正行監督・鴨志田・櫻井昌司さん・青木惠子さん・指宿信教授のリレートーク、そして元日弁連会長・宇都宮健児弁護士の閉会の挨拶に終わるという、濃縮ジュースのような院内集会は、2019年を「再審法改正元年」にしようという意気込みを十分に感じさせた。

院内集会後、同じ議員会館内で、引き続き「再審法改正をめざす市民の会」の準備会合が夕方4時頃まで開催され、5月20日の設立集会の内容などが議論された。会合が終わると、まだ日の高い時刻だったこともあり、運営委員たちは潮が引くように会場から姿を消していった。

●「一杯お付き合いしましょう」●

この日は東京に泊まり翌朝鹿児島に帰ることにしていた私は、

「どっかで一人、一杯ひっかけて宿に帰るか……」

と心の中でつぶやきながら、帰り支度をしていたところ、大崎事件弁護団でご一緒する中で、私の

「飲んだくれ」ぶりを熟知するに至った木谷明弁護士が、

「鴨志田先生、一杯お付き合いしましょう」

と微笑んだ。いかん、完全に心を読まれている。

とはいえ、木谷弁護士は、２０１４年の九弁連大会のパネリストとして鹿児島に向かう途中、羽田空港で転倒し、左上腕を骨折する大けがを負って以来、２０１７年の暮れに2度の転倒で頭部を負傷し、さらに２０１８年にも転倒して腰椎圧迫骨折で一時は再起を危ぶまれる状況となっていた。そこから不死鳥のように全快し、つい5日ほど前の東京滞在時に快気祝いの宴でご一緒したところだったが、そうは言っても、病み上がりの木谷弁護士が飲んだくれの私と「サシ飲み」するのはさすがに荷が重いのではないかと躊躇した。

場の空気を察知した九州大学の豊崎七絵教授と、再審・えん罪事件全国連絡会の瑞慶覧淳事務局長が援軍となってくれた。さらに、一度は議員会館を後にしたものの、私のことが気になって電話をかけてきてくれた周防監督も、わざわざUターンして議員会館に戻って来て仲間入りしてくれた。

かくして、5人の濃密なメンバーで、焼き鳥をつつき、燗酒を飲みながら再審の現状を熱く語らう宴が実現した。

実は周防監督は体質的にお酒がまったく飲めない。それなのに、酔って壊れていく私たちに嫌な顔ひとつせず最後までお付き合いしてくれるので、私はいつもそのことに感服していた。このとき、木谷弁護士と周防監督と私との間で繰り広げられた会話を再現してみよう。

木谷先生　周防監督は、お酒が飲めないのに、よく飲み会に付き合って下さいますよね。

鴨　志　田　（木谷先生に向かって）周防さんは、飲み会で周りが徐々に酔っ払ってテンションが上がっていくと、同じようにテンションを上げてくださるので、「どうしてそのような芸当ができるんですか?」ってお尋ねしたことがあるんですよ。そしたら周防さんは「場数を踏んでるから」っておっしゃったんですよね（笑）。

周防監督　それは全然苦じゃないんですよ。飲み会でお酒を強要されたら辛いですけど、そういう目に遭ったことはないんです。

木谷先生　でも、映画の世界の人は、結構飲むんじゃないですか??

周防監督　僕は、かつて淀川長治さん（わが国における映画評論家の草分け的存在。故人）に褒められたことがあるんですよ。「お酒飲めないのによく映画の撮影現場に入ったね〜。私はそれで映画制作の世界に入るのを諦めたのに」って。

鴨　志　田　やっぱり、映画の世界の人ってすっごい飲むんですね……。

周防監督　あ、でも、僕が監督デビューしたときからずっと一緒にやってきた照明技師さんは、毎日のようにお酒を飲んでいたんですけど、60になった途端にピタッとやめたんです。理由を聞いたら「これから先もまだまだ仕事を続けたいから」って言うんですよ。かっこいいなぁ〜と思って。

鴨　志　田　え〜〜っ！　60歳になって完全にお酒やめるなんて、それ絶対無理ですよ〜〜!!　酒やめなくたってちゃんと仕事すればいいだけですよね!!!（思わず声が裏返る）

木谷弁護士・周防監督　（声を押し殺して笑っている）

このお二人と屈託のない笑いながらの会話をしつつ、私は弁護士登録3年目のときに観た映画『それでもボクはやってない』の中で、役所広司演じる荒川正義弁護士の机に無造作に積み上げられた本の一番てっぺんに、木谷弁護士の著書である『刑事裁判の心——事実認定適正化の方策』（法律文化社、2004）が乗っかっているシーンを思い出していた。『刑事裁判の心』は、私が司法修習生のときに刊行され、司法研修所の購買部で飛ぶように売れていた、あの本である。

刑事司法に携わる者は、あのさりげないワンシーンで、荒川弁護士がどんな事件を扱っているか、どのようなスタンスで刑事弁護を行っているかが瞬時に把握できる。そして周防監督はもちろんそれを狙ってこのシーンを撮っている。その監督と、あのシーンに映し出されていた書籍の著者が、私の隣で談笑しているのだ。何という贅沢な空間に、私はいるのだろう。

●西山美香さんの言葉●

4月6日には兵庫県弁護士会に招かれ、姫路で司法修習生向けの講演、8・9日には東京で10月の人権擁護大会シンポジウムの内容を集中的に討議する「合宿」、14日にはこれまで「未踏県」であった島根県・松江でハンセン病元患者の家族訴訟の支援集会での講演、20日は、これまた人生初の往訪となる滋賀県・大津の、琵琶湖を目前にたたえた「ピアザ淡海」ホールで開催された再審法改正シンポジウムに参加した。

滋賀県は、3月に再審開始が確定し、再審公判の始まっていた湖東記念病院事件と、前年（2018

年）７月に大津地裁で再審開始決定が出されたものの、検察官の抗告により大阪高裁に即時抗告審が係属中の日野町事件という、二つのホットな再審事件の地元であり、両事件の再審請求人、主任弁護人が「そろい踏み」したことや、江川紹子さんが基調講演を行ったこともあり、関西メディアが中心となってこのシンポジウムを大きく報じた。

湖東記念病院事件では、当時、検察官が再審公判で西山美香さんの無罪を争う構えを見せていた。事件から再審開始が確定するまでに、すでに16年の歳月が流れているのに、これから先、再審無罪にたどり着くのに、あといったいどれだけの月日が必要になるのか。西山さんもさぞかし苦しい思いでいることだろう、と私は思っていた。

しかし、集会で登壇した彼女が会場に発したメッセージには、恨み言は一つもなかった。

「冤罪っていうのは誰でも巻き込まれると思います。他にいっぱい苦しんでおられる人がいます。その人たちの役に立てるように一生懸命私なりに話していきたいと思います」

いつものように、一つひとつの言葉を噛みしめるようにとつとつと話す美香さんの、その魂の美しさに心を打たれ、観客席で涙したのは私だけではなかったに違いない。

翌21日は、京都で開催された、新たに立ち上げられた供述心理分析に関する研究会の記念すべき第1回に参加した。

●「元号越え」だけは避けたかった……●

今振り返ると、いかに出張の多い私とはいえ、この4月ひと月での移動距離は尋常ではなかった。

2019年は4月末で「平成」が終わり、5月1日から改元されることになっていた。改元自体には何の興味も関心もなかったが、「年度越え」となってしまった大崎事件特別抗告審が、さらに「元号越え」になる事態は何としても避けたいと、いてもたってもいられない気持ちだったのだ。

5月には「憲法記念日」にちなんで、最高裁の裁判官たちが「憲法週間」と称して全国の裁判所に「視察」に飛ぶのが恒例となっている。なので4月に決定が出ないとなると、決定は6月以降にずれ込む可能性が大きかった。アヤ子さんは6月15日に92歳になってしまう。

私は、自分が歩みを止めると決定日がますます遠のいていくような脅迫観念にとらわれ、修行僧のようにひたすら諸国を行脚する「さすらいの弁護士」と化していた。

●「平成最後の日」――江川紹子さん、鹿児島に来たる！●

じたばたと動く私を、運命の女神があざ笑うかのように、４月も決定が出ないままゴールデンウィークに突入してしまった。

しかし、平成最後の日となる４月30日、運命の女神は一つのサプライズを用意していてくれた。世間が「平成最後の日」と大騒ぎしていたその日、在京メディアがこぞって皇居方面を向いているのを尻目に、江川紹子さんがアヤ子さんに会うために、東京から１０００キロメートル以上離れた鹿児島に来てくださったのだ。

江川さんを鹿児島空港にお迎えに上がり、私の車の助手席に乗せ、「事件」現場やアヤ子さんが入院中の病院に案内してくれる支援者の武田佐俊さんと合流するため、志布志市にある指定された和食のお店に到着すると、さらにサプライズが待っていた。

遠方からアヤ子さんのためにはるばる来てくださった江川さんを盛大にお迎えしようと、武田さんが、大崎事件の支援者、志布志事件の支援者、ハンセン問題の支援者、そして志布志事件の冤罪被害者ご本人である中山信一さんや藤山忠さんを含む14名もの方々を集めて、歓迎の昼食会を準備していたのである。

昼食を取りながら、参加者全員が自己紹介の挨拶をした。志布志と大崎という、日本の南の端で隣り合う、小さな市と町の住民が、それぞれが冤罪や再審、人権の問題について、真剣に「わがこと」として向き合っている姿に、江川さんも感じ入った様子だった。

●江川さんとアヤ子さんの対面●

昼食会のあと、江川さんはアヤ子さんの入院先を訪れ、病院が準備してくれた面会用の病室に入った。

江川さんがアヤ子さんに、

「江川といいます。アヤ子さんに会いに来ました」

と言うと、アヤ子さんは明らかに「江川紹子さんだ！」と認識した様子で、首を持ち上げ、目はキラキラと光り、何かを訴えようと言葉の出ない口を必死に動かそうとした。

これまで、たくさんの方々がアヤ子さんと面会する場面に立ち会ってきたが、アヤ子さんがこれほどまでに「何かを伝えたい」という強い意志をみせたことはなかった。

私には思い当たるところがあった。

「平成最後の日」となったこの日、江川さんを空港に迎えに行く前、自宅のテレビでは平成を振り返る番組を延々と流していて、私は出かける支度をしながらチラチラと見ていた。懐古趣味はもういいよ、と辟易していた私は、しかし、平成7年（1995年）のところで「あっ」と声をあげた。

この年の3月20日に起きた地下鉄サリン事件の映像が出てきたのである。

アヤ子さんの第1次再審請求の申し立ては、地下鉄サリン事件のちょうど1か月後の4月19日だった。アヤ子さんは当時のオウム報道で頻繁にテレビに出ていた江川紹子さんのことを強く記憶にとどめていたはずだ。あの有名な「江川紹子」が来た、とアヤ子さんは瞬時に認識し、それで目に光が宿ったのだ。

事件から40年、第1次再審の申立てからも24年が経過し、元号が昭和から平成、令和に変わってもなお、無実を晴らせずにいる悔しさ、もどかしさを、あの有名な江川紹子さんに発信してもらいたい。アヤ子さんはそう思っていたに違いない。

アヤ子さんとの面会を果たした江川さんを鹿児島市内のホテルに送り届け、チェックインしていただいた後、こんどは二人で市内の黒豚

鹿児島。江川紹子さんとのツーショット

しゃぶしゃぶ専門店に赴いた。

黒豚・黒毛和牛・地鶏のしゃぶしゃぶを堪能し、焼酎をぐいぐいやりながら、江川さんと刑事司法や冤罪の話に花を咲かせながら「平成最後の夜」は更けていった。

8 春は過ぎ、季節は移ろい、そして……

●家族と過ごす貴重なひととき、そして別れ●

5月の大型連休。このところ大崎にかかり切りで、家族とゆっくり過ごす時間などまったくなかった私は、夫、母、叔母とともに人吉の温泉宿に逗留した。

5月4日は夫の60歳の誕生日であり、夫の還暦祝いも兼ねたプチ旅行となった。

久しぶりに家族水入らずの時間を過ごしながら、私は、私自身の気持ちが、いつになくゆったりできている理由に自分で気づいていた。

「GW中は最高裁からの送達がない」

からである。この1年あまりの間、平日は常に「今日は決定が送達されるだろうか」「ああ、今日も来なかった」という煩悶の繰り返しだった。GWは、本当に久しぶりに、数日間にわたってそのことを考えなくてよい時間だったのである。

GWが終わり、再び日常に戻った5月8日の昼休み、夫と事務所近くでラーメンをすすっていたところ、夫の携帯電話に着信が入った。

かねてより大腸がんと老衰で容態が危ぶまれていた夫の母が旅立ったとの連絡だった。

●息子とのふたり旅〜「福島ばっぱ」の思い出〜

通夜が11日、葬儀が12日と決まったことから、夫が先行して福島の実家に行き、10日に、後述する日弁連の重要な会議が入っていた私はその会議後、東京（井の頭線沿線）に住む息子の家に泊めてもらい、翌早朝、息子とともに福島を目指すことになった。

5月11日の早朝、最寄り駅から井の頭線で渋谷に出て、そこから山手線に乗り換えて、品川から「特急ひたち」で水戸に向かい、水戸から水郡線というローカル列車で夫の実家のある福島県東白川郡塙町に向かう、息子との二人旅だった。

私の息子は義母にとって、上の４人のきょうだいから少し年の離れた「末っ子」（夫）の息子であり、たくさんいる義母の孫たちのなかで一番年下ということもあって、とにかく可愛がってもらった。福島と鹿児島、という離れた場所に住んでいたため、頻繁に会うことはかなわなかったが、幼稚園、小学校それぞれの運動会には何度も駆けつけてくれて、「運動会のスター」とはほど遠い、かけっこが苦手な孫を、声を張り上げ必死で応援してくれた。私たちが福島を訪れたときも、やんちゃ盛りの孫を、「可愛くてたまらない」というふうにいつも目を細めて見守っている義母の姿があった。

息子と二人、その「福島ばっぱ」の思い出をしみじみ語り合いながら、澄み渡った渓流に沿ってガタゴトと走るローカル線の旅は心に沁みた。山の斜面のあちこちに野生の藤の花が咲き誇っていて、薄紫に染まった山肌が初夏の訪れを告げていた。

●義母のこと●

夫の実家は神道で、神式の通夜と葬儀を自宅で執り行うのが土地のならわしだった。

少し微笑んでいるような、穏やかな顔で眠る義母の横で、親族と隣人たちの久々の再会や、新たに増えた家族たちとの初対面の挨拶が繰り広げられ、通夜では酒を酌み交わしながらありし日のエピソードに花を咲かせ、葬儀ののちは、家族全員で義母の身体を棺に収め、火葬、納骨までを見守る。ゆっくりと進行する一連の儀式の中で、一人ひとり、それぞれが、どこかのタイミングで、義母とのわかれという悲しい現実に折り合いをつけられる葬儀だった。葬儀社のお仕着せではない自宅葬の良さをしみじみと感じた。

義母は、本人曰く「男性がだらしなく、家が傾きかかっていた」という鴨志田家に嫁ぎ、５人の子どもを産み、末っ子だった私の夫がわずか小学1年生のときに42歳で連れ合いに先立たれ、それから女手一つで5人の子どもたちを養うために、「農家の嫁」から、全く未知の世界である「ニッセイのおばちゃん」（日本生命の保険の外交員）の仕事を始め、そのために車の免許も取得し、最後は育成所長にまでなった。詩吟や大正琴もたしなみ、おおらかでスケールの大きな女性だった。

私が40歳で司法試験に合格したときは、手放しで大喜びして、一族全員を福島に呼び寄せて祝宴を張ってくれた。

大正15年6月生まれの義母は、大正・昭和・平成・令和の世を生き、94歳の誕生日を目前に大往生を遂げたのだが、義母と、昭和2年6月生まれのアヤ子さんとは、ちょうど1歳違いである（「昭和元年」は大正15年と同じ年の年末の1週間だけだった）。

アヤ子さんと義母は、「しっかり者の嫁」として一家を支える役割を期待されて農家に嫁がされた、という共通点があり、この二人が出会えば、きっと仲良くなって苦労話で盛り上がるだろうと思う。

でも、再審無罪を勝ち取る前に、アヤ子さんを義母のところに行かせるわけにはいかない。義母にわかれを告げた私は、再び「再審の闘いの日々」に戻っていった。

●日弁連「再審における証拠開示の法制化を求める意見書」●

息子とともに義母の葬儀に向かう前日の5月10日、私は日弁連理事会に「説明者」として出席していた。

日弁連の理事会は、会社で言えば株主総会のような、日弁連の最高意思決定機関である。全国に52ある単位会（都道府県ごとの弁護士会。ただし、東京には3つ、北海道には4つある）の会長が毎月、日弁連の「理事」として一堂に会し、2日がかりで膨大な数の議案をこなしていく。日弁連の名前で対外的に何かを発信する場合の最後の関門が、この理事会で承認されることなのである。

この日、私が「説明者」として理事会の承認を求めていたものは、「再審における証拠開示に関する特別部会」が4年の歳月をかけてとりまとめた「再審における証拠開示の法制化を求める意見書」だった。前述したとおり、この部会からは、すでに前年に行われたシンポジウムを書籍化した『隠された証拠が冤罪を晴らす～再審における証拠開示の法制化に向けて』（現代人文社、2018）を世に問うていた。しかし、日弁連の正式な意見書の発出は前年度の執行部の消極姿勢によって先送りとなっていたのである。

その後、再審をめぐるメディアや世論の関心も高まりを見せ、さらにこの年（2019年）の10月には人権擁護大会で再審法改正をテーマとするシンポジウムの開催が決定したという状況の変化の中で、改めて我々の意見書が理事会に上程されたのである。

私は、再審段階で初めて開示された証拠が再審開始、再審無罪をもたらす事件がある一方、裁判所の「当たりはずれ」で証拠開示がまったくされない事件もあるという「再審格差」の問題、同じ事件でありながら、裁判体によって証拠開示に向けた訴訟指揮がまったく異なることを経験した大崎事件のこと、このような不平等を解消するためには、証拠開示手続に関する条文を刑事訴訟法の再審の規定に盛り込まなければならないことを、限られた持ち時間をめいっぱい使ってアピールした。

●清水谷洋樹弁護士と奥田律雄弁護士●

数人の理事から質疑と修正意見が出て、修正意見を反映するために継続審議になりかかったところで、同じ九州の熊本と佐賀の理事が、

「この情勢の中で一刻も早く日弁連から意見書を出すことに意味がある。細かな修正は執行部一任として、本日承認すべき」

と意見を述べて、強烈に後押しをしてくれた。

熱い応援演説をしてくれた二人のうち、熊本県弁護士会会長の清水谷洋樹弁護士は、２０１２年度、私が鹿児島県弁護士会の副会長を務めていたとき、熊本県弁護士会の副会長を務めていた弁護士である。彼と私は、九州の各単位会の会長、副会長が理事を務める「九州弁護士会連合会」（九弁連）の理事会で1年間苦楽をともにした「同窓生」である。

この年度の九弁連理事会には長崎の山下俊夫理事長をはじめ、弁護士としてだけでなく人間として尊敬できる諸先輩が結集していた。理事長や各単位会の会長たち（常務理事）が、副会長の私たち（平理事）の意見も傾聴する姿勢を見せてくれたこともあり、清水谷弁護士も私も生意気を承

知でずいぶん意見を言わせていただいた。

さらに、このときの九弁連理事会メンバーは、その後も毎年、九州各県で行われる九弁連大会に合わせて「２０１２年度理事会同窓会」をすでに7回連続で開催するという、前後数年度の理事会と比較しても突出した強い絆で結ばれていた。その絆を背負って、清水谷会長が真っ先に挙手し、応援の口火を切ってくれたのである。

その次に立ち上がった佐賀県弁護士会会長の奥田律雄弁護士は、実は大崎事件弁護団のメンバーである。私が日弁連の再審部会（第1部会）に特別委嘱委員として加入した当初の目的は大崎事件を日弁連の支援事件にすることだった、ということについては先に述べたが、大崎事件は第1次の鹿児島地裁で再審開始がされた事件でありながら、第2次再審の申立て前に日弁連の支援を申請してから正式に支援事件として承認されるまでに、実に6年もの歳月を要した（支援事件となった時点で、すでに第2次再審の即時抗告審が福岡高裁宮崎支部に係属していた）。その間、日弁連側の「本調査委員」として粉骨砕身してくれたのが、奥田会長だった。そして、大崎事件が日弁連の支援事件と決定してからも、奥田会長はそのまま弁護団メンバーとして活動を続けてくれているのだ。奥田会長は、

「ここで否決しても、彼女は別の手を使って必ずや法制化を実現させる。鴨志田祐美はそういう弁護士だ。

法制化が実現したとき、その手柄を鴨志田に独り占めさせていいのか。日弁連が手柄を共有できるまたとないチャンスなのに」

という趣旨の、逆説的な「アジ演説」をぶってくれた。

かくして、「風は西から吹く」を自負する九州の弁護士たちの強い追い風（間違いなく西風だった）に背中を押されて、ついに、私たちの血と汗と涙の結晶である「再審における証拠開示の法制化を求める意見書」が日弁連の正式意見として全会一致で承認された。この意見書は日弁連のＨＰにアップされており（https://www.nichibenren.or.jp/document/opinion/year/2019/190510_2.html）、誰でも読むことができる。

理事会での説明が終わり、重大なミッションを完遂した私は、放心状態でふらふらと新橋駅まで歩き、横須賀線に乗って、何かに導かれるように鎌倉に向かっていた。

江ノ電の「鎌倉高校前駅」の真ん前の、太平洋の水平線が見える海岸に降りた私は、再審法制度を変える一歩を踏み出したことをじわじわ感じながら、一足ひと足、波打ち際の砂浜にぎゅっと足跡を付けながら歩いた。

●「再審法改正をめざす市民の会」設立●

そして10日後、最高裁白鳥決定から44年を経た5月20日に、すでに準備会合を重ね、直前企画の院内集会を開催するなど胎動を続けていた「再審法改正をめざす市民の会」が産声を上げた。

衆議院第2議員会館で開催された設立集会には、冤罪当事者として布川事件の櫻井昌司さん、東住吉事件の青木恵子さん、袴田事件の袴田巖さんの姉のひで子さん、元裁判官として木谷明弁護士と法政大学法科大学院の水野智幸教授、研究者として笹倉香奈教授、指宿信教授、村井敏邦一橋大学名誉教授、「冤罪犠牲者の会」結成集会で記念講演をした台湾の李怡修さん、市民の代表として周防正行監督、これまで支援団体を引っ張ってきた伊賀カズミさん、瑞慶覧淳さん、客野美喜子さん、弁護士として、基調講演を行った西嶋勝彦・袴田事件弁護団長、宇都宮健児・元日弁連会長、海渡雄一・元日弁連事務総長、泉澤章・元日弁連人権擁護委員会第1部会長、ジャーナリストとして今井恭平さん、篠田博之さん、などが次々と登壇するという充実ぶりだったが、さらに笹倉教授がアメリカの「イノセンス・プロジェクト」で活動するメンバーの動画を紹介したり、村木厚子さんもビデオメッセージを寄せてくださったり、さらには数名の国会議員も駆けつけたり、と本当に盛りだくさんの内容で、再審法を変えようというらねりの力強さ、確かさが、もはや一過性のものではないことを十分に感じさせた。

私はこのとき、リレートークで登壇し、裁判所の「再審格差」と検察官の「再審妨害」が冤罪被害者の救済までの道のりを長く険しいものとしている、と述べたあと、大崎事件第3次再審について、なかなか最高裁の決定が出ない、もどかしい心持ちをこう表現した。

「大崎事件はもうまもなく最高裁で再審開始が確定し、年度内に再審無罪判決が出て、アヤ子さんは無罪で終わっていくでしょう。

でも、嬉しくないんですよ。だって時間がかかりすぎたから。

もし第1次再審の開始決定からすぐに再審公判で無罪となっていたら、アヤ子さんは残りの人生を子や孫に囲まれて穏やかに過ごすことができたはずなのに、3度の再審開始決定すべてに検察官が抗告したことで、もうすぐ92歳になるのにまだ無実を晴らせずにいるんです」

●正しくなくてはならない●

会場では嬉しい出会いもあった。袴田さんと同じ町に暮らし、小学生のころから自由研究で袴田事件について調べ、東京高裁の再審開始取消し決定に憤って「巖さんからもらった言葉」という論文をＷＥＢ世界の連載『袴田事件「再審を認めず」を認めず』に寄稿した、中学2年生の畑山智哉くんから声をかけられたことだ。

畑山くんは、２０１８年のゴールデンウィークに初めて巖さんと会ったとき、

「僕は将来裁判官になりたい」

と伝えたところ、巖さんから

「裁判官は正しくなくてはならない」

と言われたというエピソードを紹介したあと、このように述べている。

「間違ったことは正しくしないといけません。正しくするためにはプライドを捨て、間違ったことを認める、それだけだと思います。」

この論文に感銘を受けた私は、ツイッター上で彼の論攷を拡散したのだが、畑山くんはそのことを知っていて、私に声をかけてくれたのだ。

畑山くんのまっすぐな瞳、凛とした話しぶりに接した私は、

「彼は間違いなく正しい裁判官になってくれるに違いない」

と確信した。

そして、彼が裁判官になったとき、再審の審理で苦労しないように、私たち大人は、彼が大人になる前に、再審手続について定める法律を作っておかなければならないのだ。

●布川事件国賠訴訟・東京地裁で勝訴判決！●

5月27日、櫻井昌司さんが東京地裁に提起していた国家賠償訴訟で、裁判所は布川事件の元被告人である櫻井さんと、共犯者とされた故・杉山卓男さんに対する捜査に違法があったことを認め、国と県の双方に対し、櫻井さんに損害賠償として約7600万円を支払うよう命じる判決を言い渡した。

特に注目すべきは、通常審においては、検察官は「公益の代表者」として、事件の真相を究明する義務を負っており、被告人の有利不利を問わず、捜査機関が収集した証拠を被告人に開示する義務がある、とされたこと、そしてそのこととの表裏の関係で、被告人には証拠開示を受ける権利がある、と認めたことである。

ここまでは画期的な判決なのだが、一方で、この判決は、検察官が再審請求段階で証拠開示に応じなかったことや、再審開始決定に対して抗告したこと、さらには再審公判で有罪立証をしようとしたことについては、次のように判示して違法性を認めなかった。

「一般的に、検察官が、再審請求審において、有罪判決確定者の弁護人らによる証拠開示請求に協力すべき職務上の法的義務を負っているとまでは解し難く、また、検察官が、合理的な根拠に基づいて、再審開始決定に対して即時抗告を申し立てる行為や、再審の公判において弁護人請求証拠に対して不同意の意見を述べたり、有罪を前提として論告を行う行為は、正当な職務上の行為であり、本件において、これらの点につき検察官の活動に違法があったとまでは認められない。」

ここは正直に言ってとても残念な判断だった。

確定審段階で十分な証拠開示がされなかった場合に、検察官が再審段階で請求人や弁護人が行った証拠開示請求に協力すべき義務を負っていないとすれば、再審段階において「古い新証拠」によって無実を明らかにする手段が法的に保障されないということになり、無辜（無実のひと）を救済する最後の手段であるはずの再審で、真相が究明できない場合が生じるのを容認することになってしまうからだ。

また、この事件（布川事件第2次再審請求）は地裁、高裁でともに再審開始が認められたにもかかわらず、検察官が最高裁に特別抗告を行った、わが国で初めての事件である。

その後、松橋事件、そして大崎事件第3次再審についても同じ状況になっているのに、再審開始決定に対して検察官が抗告を重ねたこと、特に「憲法違反」、「判例違反」の場合しか認められない最高裁への特別抗告を行ったことについての違法性が判断されなかったところに、「再審妨害」への甘さを感じずにはいられなかった。

9 ジェットコースターは登り詰めた

●2度目の誕生日●

そして、2015年7月8日に申し立てた大崎事件第3次再審は、最高裁が再審開始を確定させないまま、アヤ子さんの誕生月である2019年の6月を迎えてしまった。

６月７日、実際のお誕生日より1週間ほど早く、弁護団と地元の支援者さんとでアヤ子さんの病院に赴き、アヤ子さんの92歳のお誕生日のお祝いをした。

２年前の２０１７年、アヤ子さんの傘寿のお祝いに行く前日の夕方、鹿児島地裁は決定日を知らせてきた。あれは「アヤ子さんに最高のお誕生日プレゼントを持って行け」という裁判長のメッセージだったことが、今となっては懐かしく思い出される。あのときは、まさか最高裁に特別抗告審が係属している間にアヤ子さんの誕生日を２度も経験するとは、思ってもみなかった。

●テレメンタリー「再審漂流」●

６月９日、テレビ朝日系列の「テレメンタリー２０１９」の枠でＫＫＢ（鹿児島放送）制作のドキュメンタリー番組

『再審漂流――証拠隠しとやまぬ抗告』

が放映された。証拠開示に消極的な検察官の対応と、再審開始決定に対して重ねられる検察官の抗告によって、冤罪被害者がいつまでも救われないこの国の再審制度の現状を痛烈に批判するタイト

ルである。

番組では、アヤ子さんの第1次再審申立て当時からの現在に至るまでの画像がふんだんに使われていた。事件から40年、再審請求を始めてからもすでに20年を超える歳月の中で、アヤ子さんが年を重ね衰えていくさまが残酷なぐらいはっきりと映し出され、頭では分かっているつもりでも、こうやって映像で現実を突きつけられるとやりきれない気持ちになった。

首都圏の支援者さんたちが3月に開催した「春を呼ぶ支援のつどい」で、会場が「春よ、来い」の大合唱になった、あの感動的なシーンの録画を、後日アヤ子さんのお見舞いに訪れた際に私のノートパソコンで再生して、病室のアヤ子さんに見てもらったのだが、アヤ子さんがパソコンのディスプレイを覗き込み、コンサートの画像を見つめる様子が、このドキュメンタリーのラストシーンとなっていた。

やや逆光ぎみの、その寂寞としたシーンは、どんなナレーションよりも雄弁に、「なぜ、これほどまでに無実を叫び続けているのに、こんなにも長い間救われないのか」と、観る者の心を突き刺すように訴えかけていた。

●「本件の進行に関する上申書」●

２０１９年６月15日、アヤ子さんは92歳になった。弁護団は６月17日付で最高裁第一小法廷宛に「本件の進行に関する上申書」を提出し、高裁で再審開始方向の決定がされた後、検察官の特別抗告によって最高裁に係属していた「特別抗告３兄弟」のうち、松橋事件（11か月）と湖東記念病院事件（1年3か月）の審理期間を挙げ、

「これらの事件に比しても、すでに本件の審理に必要な期間は十分に経過しているといえる。貴裁判所におかれては、一刻も早く、検察官の特別抗告を棄却する決定をされたく、ここに改めて上申する次第である。」

と訴えた。

そして、この書面に、7日に行われたアヤ子さんの誕生祝いを報じる各紙の記事と、１９９５年（第1次再審申立）、２００２年（第1次再審請求審開始決定）、２０１０年（第2次再審申立）、２０１３年（第2次再審請求審棄却）、２０１７年（第3次再審請求審開始決定）、そして現在のアヤ子さんの写真を順に並べた資料を添付した。

事件から40年、再審申立てからもすでに27年の歳月が、「鉄の女」と呼ばれたアヤ子さんに容赦

なく衰えをもたらしていることを、そして、これ以上彼女を待たせてはいけないということを、最高裁第一小法廷の5人の裁判官たちに、「視覚」で感じとってほしかった。

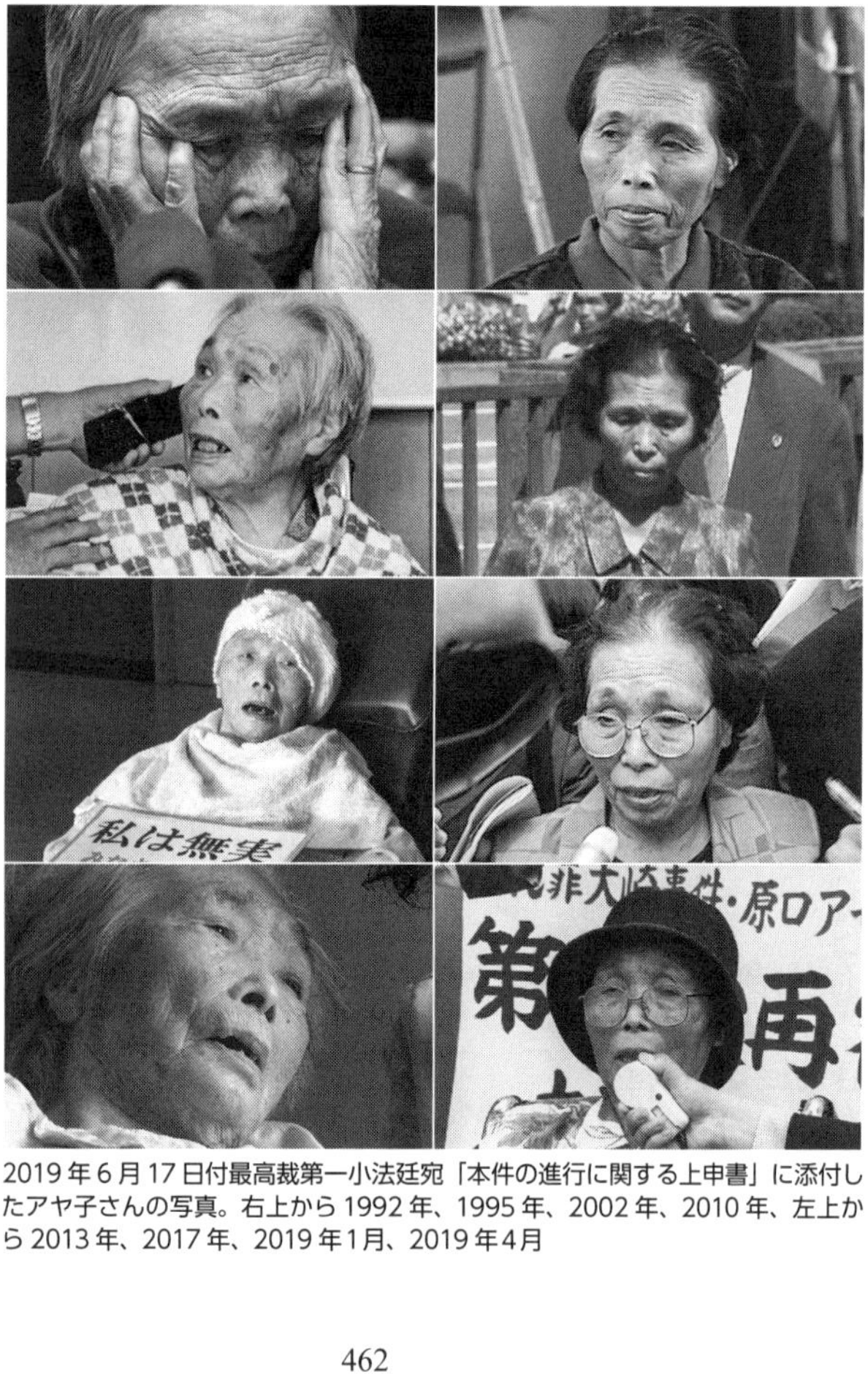

2019年6月17日付最高裁第一小法廷宛「本件の進行に関する上申書」に添付したアヤ子さんの写真。右上から1992年、1995年、2002年、2010年、左上から2013年、2017年、2019年1月、2019年4月

●「再審妨害論文」で言いたかったこと●

この時期、私は7月に発行される「季刊刑事弁護」99号に掲載するための論文を執筆し、校正を重ねているところだった。そのタイトルは、

再審開始決定に対する検察官抗告の不正義
――特別抗告3事件【松橋・湖東・大崎】にみる検察官の「再審妨害」――

だった。繰り返される検察官抗告が、いかに冤罪被害者の救済までの道のりを長く険しいものにしているか、という問題を、私は「再審妨害」と名付けて、これまでも声高に主張してきた。

しかし、警察・検察による捜査のあり方や、検察官が通常審で証拠を開示しなかったことの違法性を認めた5月27日の布川事件国賠訴訟判決でさえ、「再審開始決定に対する検察官抗告」については「検察官が、合理的な根拠に基づいて、再審開始決定に対して即時抗告を申し立てる行為は、正当な職務上の行為であり、検察官の活動に違法があったとまでは認められない」として違法性を認めなかったことは、私にとって衝撃だった。

そうだ。再審開始決定に対する検察官抗告それ自体を抽象的に批判しても説得力に欠けるのだ。

そこで、高裁のした再審開始方向の決定に対して、検察官が最高裁に特別抗告を申立てた「特別抗

告3兄弟」で、実際に検察官がどのような申立書を書き、どのような活動を行ったかを、大崎事件の弁護人としての経験のみならず、松橋事件、湖東記念病院事件それぞれの弁護団から資料の提供を受けて検証し、彼らが「公益の代表者」ではなく、検察庁という組織のメンツのために脊髄反射的に抗告を行う「庁益の代表者」に堕していることを具体的に示した。

例えば、この3事件で検察官が提出した特別抗告申立書の、ある項目は一字一句違わない完全な「コピペ」であったことや、判例違反を主張している部分では、その判例の「一部」を切り取って「我田引水」的解釈を行っていることを具体的に指摘した。

松橋事件では、特別抗告申立書を提出したものの、その後一切意見書等を提出せずに特別抗告を棄却され、再審公判では有罪立証を事実上放棄したという経緯から、「そもそも特別抗告をする必要があったのか」という疑問が湧いてくる。一方、湖東記念病院事件で検察官は、確定審で被害者の遺体を解剖したN医師の供述調書を改めて作成し、証拠調べ請求書とともに提出した。「憲法違反」や「判例違反」がある場合にしか認められない特別抗告審で、最高裁に対し、「事実の取調べ」を堂々と請求したのである。

しかも、その供述調書の最後の「読み聞け部分」（供述調書の最後に「供述人の目の前で、上記のとおり後述して録取し、読み聞かせ、かつ、閲読させたところ、誤りのないことを申し立て、末尾に署名・押印した上、各ページ欄外に押印した」と印字される部分）が、N医師の要請によるものなのか、手書きで次のように書かれていた。

「なお、この調書は、私が話した内容を、私の要望により、私の不在の場で書いてもらったものです。」

本人が「私の要望により、私の不在の場で書いてもらった」と主張する供述調書とは何なのか。このようなものを最高裁に提出する検察官の見識を疑うような事態ではないだろうか。

この論文を世に問うところは、大崎事件についても最高裁で再審開始が確定し、検察官の特別抗告は、意味のないただの引き延ばしだったという批判の嵐を巻き起こし、刑事訴訟法４５０条の条文から「第四百四十八条第一項（の決定）」という10文字を削る法改正（即時抗告ができる場合を定めた条文から「再審開始決定」を取り除くこと）にまで、一気呵成に持っていきたい、と私は密かにもくろんでいた。

●恒例の「博多ライブ」と最高裁要請●

6月23日の夜は、弁護団の八尋光秀弁護士、泉武臣弁護士、布川事件の櫻井昌司さんなどとともにステージに立つ、毎年恒例の「博多ライブ」だった。親不孝通りのミュージックバー「B.B.Kenchan」で、夏に一夜限りのコンサートをやるようになって、もう10年になろうとしていた。

思えば、このライブに初めて参加したときは第2次再審の申立てを準備しているときだった。いよいよこの闘いも終わりに近づいている、そんな期待を込めながら、私は3月に原宿で行ったライブのときと同様、ユーミンの「春よ、来い」と、オリジナル曲の「アヤ子のうた」を歌った。

その夜いったん鹿児島に戻った私は、翌24日の早朝便で上京し、首都圏の支援者さんたちとともに、「最後のお願い」とばかりに最高裁への要請に赴いた。

最高裁の西門入ってすぐの「要請部屋」（最高裁の建物に外付けされた、要請者と職員が面談する専用の会議室。これより先の、最高裁本体の内部には入れないぞ、というメタメッセージを感じてしまう空間である）で我々の要請行動に応対したのは一般の職員だったが、私は、

「必ず第一小法廷の裁判官たちに、今日の要請の内容をお伝え下さい」

と、強く念を押した。職員は抑揚のない声で「はい、分かりました」と言って、我々が入ることのできない建物の内部に消えていった。

10 ヒューマニズムの敗北

●「前代未聞」「異例」「まさか」の最高裁決定●

最高裁で要請行動を行った６月24日、私は日帰りで東京からいったん鹿児島に戻り、翌25日は午前中に鹿児島家庭裁判所で家事調停を成立させた後に昼の便で再度上京した。

25日から26日にかけて、霞が関の弁護士会館で、日弁連人権擁護大会第３分科会（再審法改正シンポジウム）の実行委員会、再審部会（第１部会）、「再審における証拠開示に関する特別部会」と、まさに「再審づくし」のスケジュールが予定されていた。この３つの会議に、私のほかに鹿児島からはあと二人が参加していた。いずれも大崎事件弁護団の泉武臣弁護士（シンポ実行委員会と証拠開示部会の委員）と増山洋平弁護士（３つすべての委員）である。ちなみに、大崎事件弁護団からはもう一人、「伝説の元刑事裁判官」木谷明弁護士も、３つの会議すべてに参加していた。

26日のお昼過ぎ、私は第1部会を中座して、「季刊刑事弁護」99号に掲載予定の「再審妨害」論文の校了原稿のコピーをお願いしようと、弁護士会館地下1階の「LABO」(この本を出してくれている出版社である)にお邪魔していた。コピーを引き受けて下さった編集者の渡邊豊さんと雑談しているときに、鞄の中のスマホが振動した。

弁護団の佐藤博史弁護士の事務所、新東京総合法律事務所からだった。

佐藤弁護士は、ロシア旅行中で、確か今日が帰国日だったはず……と思いながら電話に出ると、電話口の向こうで同事務所の事務職員の女性の声がした。

「2018年3月●日付メールでの申し合わせにより、鴨志田先生にお電話しています。大崎事件第3次再審について、いま最高裁から決定書が送達されました」

驚くほど感情のないしゃべり方だった。え、これは歓喜の瞬間だよね、と思いながら、

「恐れ入りますが決定書の主文を読み上げていただけますか」

と促したところ、まったく想定していなかった日本語が聞こえてきた。

原決定、原原決定をいずれも取り消す。

本件再審請求を棄却する。

…………。

これは大変なことになってしまった。

私はＬＡＢＯを飛び出すと、エレベーターで一気に17階まで上り、第1部会の会場に戻るなり、

「すみません。大崎事件、最高裁で再審開始が取り消されました」

と叫んだ。

議場の雰囲気が一変し、一瞬ストップモーションのように空気が凍り付いた後、こんどは蜂の巣をつついたような騒ぎになった。

「ウソ」、「なぜ」、「信じられない」、「ありえない」という単語がいたるところで飛び交っていた。

この部会には袴田、名張、湖東記念病院、日野町、松橋など、名だたる再審事件の弁護人たちが参加している。その部会メンバーたちと、私はつい数十分前まで、「大崎もそろそろ再審公判の準備を始めないと」と笑い合っていたのだ。

私は会議どころではなくなり、何よりもまず、弁護士会館の向かいの東京高裁の建物内にある

司法記者クラブで記者会見する段取りをしなければ、と、すぐさま議場から廊下に出ようとした。すると、私の背後から、名張事件弁護団の河井匡秀弁護士の声がした。

「鴨志田さん、ここで終わったらだめだよ。一緒に闘おう」

名張事件にも、第7次で再審開始決定が出た後、検察官の異議申立てによって再審開始が取り消され、その後最高裁でも再審請求が棄却されてしまったという歴史がある。その後の第9次再審の途上、再審請求人で死刑囚の奥西勝さんは無念の獄死を遂げたのだ。

そのような辛酸を舐め尽くしてもなお、第10次再審を闘っている名張事件弁護団からのエールに、私は溢れる涙を必死でこらえながら議場をあとにした。

●今は、このニュースをアヤ子さんに伝えてはいけない●

日弁連17階の廊下で立ったまま、私はおそらく20カ所以上に電話をかけ続けた。

まず、ＮＨＫの「おはよう日本」のイラスト解説のコーナーで大崎事件を取り上げてくれた、清永聡解説委員に電話をかけ、彼の助言を受けながら司法記者クラブでの会見の手配を進めた。午後

３時半から記者会見を行う手はずが整った。

前日から2日間にわたり、日弁連で再審関係の会議が続いていたことで、鹿児島の事件でありながら、皮肉にも４名の弁護団メンバーが東京で記者会見に臨むことができたのである。私が在京、鹿児島双方のマスコミ関係者たちとの間で数十件の電話をかけ続けている間、木谷弁護士、泉弁護士、増山弁護士の３名は佐藤博史弁護士の事務所から送られた最高裁決定のＰＤＦを読み込む作業を続けていた。

鹿児島では森団長以下、10名近い弁護人が鹿児島県庁記者クラブで会見を行う段取りとなった。私は地元局の夕方のニュースに東京から中継で出演することも決めた。

支援者の武田さんには、「明朝の便で東京から鹿児島に戻って、私がアヤ子さんに直接この結果を伝えるから、それまでテレビや新聞は見せないでいてほしい」とお願いした。動揺の余り寿命を縮めかねない、伝えるか否かも含めて慎重に判断しなければならない、と思ったからである。

次に私はアヤ子さんの娘の京子さんに電話した。最高裁で再審開始が取り消され、再審請求が棄却に終わったと知ったら、どれほどショックを受けて落胆するだろう。

覚悟を決めてスマホを耳に押し当て、この最悪のニュースを伝えようとすると、京子さんは、「いまテレビの速報画面で見ました。（東住吉事件の）青木恵子さんが驚いて自宅の電話に『いま、ニュース速報見たんやけど』って連絡をくれて、話しているところに携帯に先生から着信があったので、慌てて先生の電話に出たんです」

と、すでに私が伝えるより早く状況を把握していた。

第2次再審で請求棄却されたときの京子さんは、身も世もない、という姿で弱々しく泣き崩れていた。ところが今回はしっかりした声で、

「これが、日本で『最高』の裁判所がすることなんですか。もう、日本の恥ですね」

と憤っていた。もの言えぬ母の、元気だったころの怒る姿が乗り移ったようだった。

そして京子さんは、

「でも、弁護団の先生たちを信じていますから、お母さんが生きている限り、一緒に闘います」

とかすかに震えながらも決然とした声で、こう言ったのだ。

私には記者会見で京子さんのコメントを伝える、という重要な役割がある。この京子さんのメッセージを、なるべく忠実に再現して伝えなければ……。

●戦慄の「小池決定」●

怒濤の電話ラッシュが一段落したときには、もう記者会見開始まであと30分ほどしかなかった。私は第1部会の議場に戻り、決定書の読み込み作業を進めていた3人の弁護団メンバーに合流した。

木谷、泉、増山の3人の弁護人たちは、テンパっている私がいない間、決定書のマスキング版を作成したり、そのPDFをメーリングリストや関係先にポストしたり、鹿児島のメンバーと今後の段取りについてフォローするといったサポート作業を黙々とこなしてくれていた。あとは記者会見に備えるだけである。そこで、私自身も急いで決定書を読み始めた。

全体で14頁の決定書。すぐに読み終えてしまう分量だった。

その冒頭で、最高裁は、

本件抗告の趣意は、判例違反をいう点を含め、実質は単なる法令違反、事実誤認の主張であって、刑訴法４３３条の抗告理由に当たらない。

と、検察官の特別抗告には理由がない（認められない）と明確に述べていた。

ならばなぜ特別抗告を棄却して、再審開始を確定させないのか。

その理由が述べられている、わずか5頁半の、

第4　当裁判所の判断

には、戦慄の内容が盛り込まれていた。

ここからは、この戦慄の最高裁決定を、小池裕裁判長の名前をとって「小池決定」と呼んで説明する。

●「小池決定」の概要●

まず、小池決定は、確定判決が有罪の根拠とした項目を挙げたうえで、我々が新証拠として提出した供述心理鑑定（大橋・高木新鑑定）と法医学鑑定（吉田鑑定）に新証拠としての証明力が認められるかを検討し、前者については「相当程度に限定的な意義を有するにとどまる」と判示し、後者については「死因に関して科学的推論に基づく一つの仮説的見解を示すものとして尊重に値するが、被害者の死因または死亡時期に関する認定に決定的な証明力を有するものとまではいえない」とした。

そのうえで、（根本決定が明白性を認めた）吉田鑑定が、旧証拠との対比において、被害者の「死因又は死亡時期」との関係で合理的疑いを生じさせるかについて、「総合評価」を行う、と論を進

めており、ここから白鳥・財田川決定以来の判例が示した「新証拠の明白性」の判断手法である「新旧全証拠の総合評価」に入るかの様相を見せている。

しかし、その「総合評価」は大崎事件のこれまでの記録や証拠をつぶさに検討したとは到底思えないものだった。その判断は次のとおりである（傍線筆者）。

① 吉田鑑定は、四郎の「死因」（出血性ショックの可能性）を示すものではあるが「死亡時期」を示すものではない。

② 四郎が同人方に到着する前に出血性ショックで死亡し、または瀕死の状態にあった可能性を認め、「共犯者」の自白及びハナの目撃供述の信用性を否定すると、四郎を遺棄したのは色葉及び高杉以外には想定し難いが、そのような事態は全く想定できない。

③ 被害者の遺体を堆肥に埋めたことについては何者かが故意に行ったとしか考えられず、その犯人としてアヤ子ら一家の者以外は想定し難い。

④ 「共犯者」供述及びハナの目撃供述は、相互に支え合い、客観的状況等からの推認にも支えられており、同人らの知的能力や供述の変遷を考慮しても、信用性は相応に強固なものといえる。

●「小池決定」の根拠なき決めつけ●

まず、私たち弁護団が吉田教授にお願いした鑑定事項は「四郎の死因」だったが、根本決定が同鑑定により「色葉及び高杉が被害者を同人方まで運搬した際には、被害者は既に出血性ショックで死亡し、あるいは瀕死の状態にあった可能性が相当程度に存在する」ことを前提に、同鑑定が色葉及び高杉の供述の信用性に影響を及ぼしていると判断したことから、小池決定は①の批判をしたと思われる。

しかし、そうであれば、この点について高裁に差戻しをして、高裁で改めて請求人や吉田医師自身の意見を聴くなどして審理を尽くせばよかったのだ。

それなのに小池決定は、「吉田鑑定では死亡時期が不明である」ことをもって、ただちに確定判決の認定した死亡時刻（午後11時ころ）は揺るがない前提事実であるかのように扱い、②と③を断定した。そこには何らの根拠も、証拠による裏付けも示されていない。

そもそも小池決定は、四郎の「死因」につき（転落事故に伴う受傷による）出血性ショックの可能性があるとした点について「尊重すべき」と認めているから、吉田鑑定を加えた新旧証拠の総合評価によれば、アヤ子さんと「共犯者」の「タオルによる絞殺」という犯行ストーリーにはすでに

「合理的な疑い」が生じているのであり、「疑わしいときは被告人の利益に」の鉄則からは、この時点で再審開始が維持されなければならない。

一方、事故で衰弱していた四郎を「酔っ払い」と勘違いして荒っぽい方法で搬送した色葉及び高杉の供述には、四郎を荷台に載せて搬送した軽トラックを同人の自宅前で停めた際の車の向きや、四郎がトラックを降りた（降ろされた）ときの様子が大きく食い違うなど、矛盾や不可解な点が多々あった。自宅に搬送した段階で四郎が事切れていたとすれば、色葉と高杉は、四郎の死を（四郎を酔っ払いと勘違いして手荒く扱った）自分たちのせいだと思い込み、発覚を恐れてとっさに遺体を埋めたという死体遺棄の動機を想定できる。

少なくとも死体遺棄の犯人を、アヤ子さんと「共犯者」らと「断定」することなど不可能である。

そして、大崎事件で3度にわたって出された再審開始決定において——さらに言えば、結論においては請求棄却であった第2次即時抗告審の原田決定においても——、知的障がいを抱えていた「共犯者」たちの自白の信用性が、繰り返し否定されてきたにもかかわらず、小池決定は、これまた何らの根拠も示さずに④の結論に至っている。

そこには、「殺人犯でなければ死体を埋めるはずがない」、「3人も自白しているのにやっていないことなど考えられない」という「根拠なき決めつけ」による直感的・印象的判断が透けて見える。

●「取り消さなければ著しく正義に反する」●

このように、最高裁第一小法廷の5人の裁判官たち（裁判長裁判官 小池裕、裁判官 池上政幸、木澤克之、山口厚、深山卓也）は、検察官の特別抗告には「理由がない」としながら、地裁、高裁が重ねた再審開始決定を取り消しただけでなく、高裁にも差し戻さずに自らの手で再審請求を棄却（破棄自判）して、大崎事件第3次再審を「強制終了」したのである。

しかも、決定書の最後の部分には、再審を開始した冨田決定、根本決定について、

これらを取り消さなければ著しく正義に反するものと認められる。

と書かれており、その結論は、

裁判官全員一致の意見によるものであると明記されていた。

すでに記者会見開始に間に合うように東京高裁に移動するぎりぎりの時間になっていた。しかし、ここまで読んだ私は全身から力が抜け落ちるのを感じた。

あの、63頁のすみずみまでに「血のかよった」冨田決定と、「一見クールだけど熱い思いを胸に秘めた」97頁の根本決定を、たった5頁半で「取り消さなければ著しく正義に反する」という小池決定とは何なのか。５人の裁判官の中には反対意見どころか、補足意見を書く者もいなかったのか……。

私は絶望し、Ｆａｃｅｂｏｏｋに投稿した。

大崎事件、最高裁が再審開始を取り消しました。
この国の司法は死にました。

●怒りと悲しみの記者会見●

東京高裁2階にある司法記者クラブには、すでに部屋の外に溢れださんばかりのマスコミ関係者が集まっていた。NHKの清永聡解説委員、江川紹子さんの姿もあった。

木谷弁護士、泉弁護士、増山弁護士とともに「ひな壇」に座った私は、努めて淡々と事実の報告をした。

「最高裁第一小法廷は、大崎事件第3次特別抗告審について、再審開始を認めた鹿児島地裁、福岡高裁宮崎支部の決定をいずれも取り消し、再審請求を棄却しました。決定の日付は昨日付、6月25日になります」

「地裁、高裁がした再審開始決定を、最高裁が取り消したうえ、自ら再審請求そのものを棄却するのは日本の刑事裁判史上初めてのことです。大変悪い前例をつくってしまい、この事件の弁護人として内心忸怩たる思いです。」

と、前置きした上で、小池決定が全体でわずか14頁、「当裁判所の判断」はそのうちの5頁半という薄さであったこと、再審を開始した地裁、高裁の決定を、「取り消さなければ著しく正義に反する」と「裁判官全員の一致」で判断したことを伝えた。

同席した3人の弁護士も、小池決定が、これまでの最高裁判例に照らして、いかに「異様な」ものであるか、いわば、自分たちの「身内」である地裁と高裁がした再審開始決定について「著しく正義に反する」と言っておきながら、検察官が証拠開示の攻防のなかで裁判所と弁護人に対し虚偽の回答を続けてきた、まさに「著しく正義に反する」対応については全く言及がないことなどについて、それぞれの角度から批判を重ねた。

弁護団からの報告が一段落したところで、記者からの質疑応答に入り、その中で予想していたとおり、

「アヤ子さんの娘の京子さんにはこの結果を伝えましたか？　どのような反応でしたか？」

という質問が飛んできた。

私はまず、京子さんの、

「これが、日本で『最高』の裁判所がすることなんですか。もう、日本の恥ですね」

という怒りのコメントを伝え、そののちに

日本経済新聞 2019 年 6 月 26 日（共同通信配信）。最高裁決定を受けての記者会見

「でも、弁護団の先生たちを信じていますから、お母さんが生きている限り、一緒に闘います」

という京子さんの言葉を紹介しようとしたところで、声が詰まってしまった。

こんなふがいない、結果の出せない弁護人たちを、こんな最悪の結果になってもなお「信じる」という京子さんに、心の底から申し訳なく、情けない気持ちで胸がいっぱいになったのだ。

その瞬間、凄まじい人口密度になっていた司法記者クラブのそこかしこで、おびただしい数のカメラのシャッター音が響いた。

一呼吸置いて、私は「京子さんの代弁者」から「弁護人」の顔に戻り、記者会見を続けた。

「無実を40年間叫んでいる、92歳の原口アヤ子さんというひとが人生を賭けて闘っているのに対して、司法の最高府がちゃんと向き合っていない」

「無辜の救済のための最後の手段としての再審制度について、いったいこの最高裁の5人の方々はどのようにお考えなのでしょうか。さらに言うと担当調査官が合計3名関わっていますけれど、

あなた方はいったい、何のために裁判官になったのか

と、そのように言いたい」

なお、このときの記者会見は、毎日新聞のサイトで動画付きで報じられ、ＹｏｕＴｕｂｅ上で見ることができる（「大崎事件、再審認めず　最高裁が初の取り消し」２０２０年12月31日確認）。

https://www.youtube.com/watch?v=O3Kfs9aBrII

会見中、記者の数名から、今回の決定に「異議申立て」をするかどうかを尋ねられた。弁護団のメンバーが鹿児島と東京にわかれて記者会見をやっている状況であり、まだ弁護団としての方向性が定まっていないことから、申立てをするかしないかについては明言を避けた。

記者会見を終え、司法記者クラブから廊下に出ると、そこに江川紹子さんが待っていた。

江川さんは私に、

「絶対に諦めないで。異議申立ても必ずやって。でもその前に少し休息を取って」

と言いながらハグしてくれた。私はうまく言葉を紡ぐことができず、ただ頷くことしかできなかった。

●まだ終わらない一日●

東京地裁の司法記者クラブから弁護士会館に戻ると、午後4時を大きく回っていた。

この日、午後3時から5時まで、私が部会長を務める「再審における証拠開示に関する特別部会」が開かれることになっていた。本来であればこの部会の司会進行をやっていなければならない時間帯である。

会議室を覗くと、副部会長の上地大三郎弁護士が、てきぱきと議事を進行していた。今日の部会は部会長がいなくても大丈夫、というさりげない心遣いを感じた私は、そっと議場を出たところで、「あっ」と思い出したことがあった。


最高裁から決定が送達されたとき、私は出版社LABOの事務室で本書の編集者の渡邉さんに「再審妨害」論文の最終校正原稿のコピーをお願いしていた。なのに、最高裁が再審開始を取り消したとの報に、そのまま部屋を飛び出してしまったのだった。

再度17階から地下1階に急行してコピーを回収し、ようやく少し平常心を取り戻したタイミングで、ロシア旅行から帰ってきた佐藤博史弁護士から着信が入った。

帰国した直後に最高裁による再審開始取消し、再審請求棄却のニュースに接した佐藤弁護士は、そのとき私を心配し、慰めるために電話したのだ、と後から聞いた。
しかし私は、佐藤弁護士が慰めの言葉を発するよりも早く、あるお願いをした。

「佐藤先生、異議申立書を起案して下さい」

ロシア旅行で心身ともにリフレッシュして「充電完了」状態にあると思われる佐藤弁護士に、有無を言わせず、小池決定に対する異議申立書の作成を依頼したのだった。
その後も私は霞が関の弁護士会館内にとどまり、鹿児島のテレビ局の夕方のニュースに、電話インタビューの形で出演し、小池決定の薄っぺらすぎる内容や、検察官の特別抗告には理由がないとしながら、自らの判断で、地裁高裁が重ねた再審開始を取り消して第3次再審を「強制終了」するという、わが国の再審史上例を見ない異常な対応についてコメントを発し続けた。

●衝撃の一言●

気がつけば、1年のうちでもっとも昼間が長い6月末の東京にも、夜のとばりが降りようとしていた。

この日は18時から「再審法改正をめざす市民の会」の運営委員会も予定されていた。このまま新宿のホテルに帰ろうか、でも今一人になったら正直自分でも何するか分からない……と思った私は、遅れて運営委員会に参加し、そこでも小池決定について怒りの報告を行った。

運営委員会終了後、ほとんどのメンバーが高田馬場駅近くの居酒屋に移動して、さらに小池決定の不正義について怒りの声を上げながら痛飲したのだが、そのとき、私の隣の席で飲んでいたメンバーの一人で、かつて日弁連の要職にあった弁護士から、

「鴨志田さんが再審法改正の世論を引っ張っていっている中心人物だから、その動きにブレーキをかけるために、最高裁は『大崎事件潰し』に出たのではないだろうか」

と言われた。

私はその言葉に衝撃を受けた。

もしも本当にそのような理由で最高裁が大崎事件の再審開始を取り消して「強制終了」させたのであれば、私が再審法改正のために精力的に活動してきたことが、大崎事件の弁護人としてはマイナスだったことになるのではないか。何より、「アヤ子さんの命あるうちに再審無罪を」という、弁護士人生最大の目標を自ら阻害し、アヤ子さんに取り返しのつかない痛手を負わせたことになる

のではないか。

居酒屋を午後10時過ぎに出て、ひとり高田馬場から新宿のホテルに戻る道すがら、私は頭の中で無限ループのようにぐるぐるとネガティブな思考を巡らせていた。何より「再審開始を取り消さなければ著しく正義に反する」とまで言って、しかも「全員一致の意見」で最高裁が大崎事件の再審開始を完全否定したのだ。最高裁にここまで言われたら、地裁や高裁の裁判官たちは、もう誰も、二度と大崎事件について再審開始の判断をすることはなくなるだろう。

これはもう、死んでアヤ子さんにお詫びをするしかない。

私が滞在しているホテルは、新宿南口にある35階建ての高層ビルの19階から35階までの部分にある。あちこち探せば、どこかに窓が開けられる場所があるはずだ。そこから飛び降りればいい。

そう決心した私は、エレベーターに乗り、フロントのある20階で降りた。時刻はもう11時前になっていた。

●2番目のお姉ちゃんが待っていてくれた●

そこに、いつホテルに戻るかも分からない私を、ロビーでひたすら待ち続けてくれていた一人の女性がいた。3月末に一緒に千葉旅行した「三姉妹」の下の姉、千葉大学社会科学研究院の後藤弘子教授だった。

「姉」と「妹」は、ロビーで抱き合ったまま、人目もはばからず声を上げて泣いた。

ひとしきり泣いたあと、弘子お姉ちゃんは、手にしていた紙袋から、一つひとつの品物を取り出し、説明を始めた。

ホテルで飲んだくれるときのおつまみになる「わさび味のアーモンド」、甘いもので癒やされたくなったときのためのプチスイーツたち、明日の朝目覚めて二日酔いだったときの「ソルマック」、疲労回復のための栄養ドリンク、そして、一晩泣き明かしたときのためのガーゼタオル……。

弘子お姉ちゃんは、三姉妹のもう一人の「姉」で、大分に住むシャーリー仲村知子さんとLINEでやりとりをして、「妹をチアアップするためのグッズ」を厳選したのだという。

二人の「お姉ちゃんズ」の気づかいが痛いほど心に沁みた私は、泣きながら我に返った。

ここで死んでいる場合ではない。明日アヤ子さんに、最高裁の決定が出たことを伝えて、一緒に次の闘いを始めましょう、と言わなければ。私が伝えなければ、誰がそのことをアヤ子さんに伝えるのだ。

●息子からのメッセージ●

弘子お姉ちゃんにお礼を言って別れた私は、アヤ子さんにどのように事態を知らせるか（まだ、「知らせないほうがいいのでは」という躊躇も少しあった）を考えよう、と自室に戻った。スマホにLINEメッセージが入っていることに気づき、開くと、吉祥寺でボードゲームカフェを経営している息子からだった。

「今ニュース見た。くそったれすぎる。けどそんなことより、心配で連絡しました。
間違いなく、母さんの力不足ではないから、どうか気を落としすぎずに。またこっちでゆっくり話そう」

昼間に私がFacebookにアップした「この国の司法は死にました」という投稿には、怒りを分かち合うコメントが70件以上付けられていた。また、毎日新聞のサイトにアップされた記者会見の記事は180人以上にシェアされていた。

メール、LINE、メッセンジャーにも、同業者、ジャーナリスト、支援者、研究者など、さまざまな方々からの怒りと共感と励ましのメッセージが届いていた。そのうちの5人は現役の裁判官だった。

……とにかく明日、鹿児島に帰ろう。アヤ子さんに会わなければ。まずはそこからだ。

●究極の難題●

新宿のホテルの自室で、アヤ子さんに小池決定を伝える言葉を探しては、「やはり伝えることでショックのあまりアヤ子さんの命の灯が消えてしまったらどうしよう」と逡巡し、思考は千々に乱れ、結局一睡もできぬまま夜明けを迎えた。

ホテルの部屋には「大崎事件　再審認めず　最高裁逆転判断」という見出しとともに1面トップで小池決定を報じる毎日新聞が配達されていた。

昨日の悪夢は「夢」ではなかったのね、と呟きながら、のろのろと身支度をし、ホテルから羽田空港に向かうリムジンバスに乗ると、そこかしこで各紙の朝刊を拡げている乗客たちの両手の間にある

「大崎事件　再審取り消し」
「最高裁　再審認めず」
などの大きな文字が目に突き刺さった。

昼前に鹿児島空港に着き、そのままアヤ子さんの入院先の病院に直行すべく、車を走らせている私に、鹿児島のマスコミ幹事社の記者さんから何度も電話がかかってきた。

私は昨夜のうちに、

最高裁による再審取り消しを報じる2019年6月27日付け読売新聞、毎日新聞、南日本新聞、日本経済新聞、朝日新聞の各紙。

マスコミ幹事社に対し、最高裁で再審開始が取り消され、第3次再審請求が棄却されたことを、今日の昼過ぎに森弁護団長とともにアヤ子さんの病院に赴いて直接アヤ子さんに伝える旨連絡していた。そして、今回は、アヤ子さんにとっては死刑宣告に等しい事実をお伝えすることになるので、その場面の取材はご遠慮いただき、面会終了後に森弁護団長と鴨志田で、そのときのアヤ子さんの状況を報告する記者会見を行う、と伝えていた。

これまで、アヤ子さんの入院先でお誕生祝いを行った際などには、病院の理解と配慮のもと、「1社一人」に限定、ビデオカメラは三脚を用いないポータブルなもの、という条件で、マスコミ関係者の取材を認めてきた。しかし今回はわけが違う。アヤ子さんが再審開始取消しを知って、ショックのあまり取り乱した場合でも、逆に認知症が進行して無反応だった場合でも、それをリアルタイムでカメラに収め、報道することは、アヤ子さんの尊厳を著しく傷つけることになりかねない。

そう説明して幹事社の了解を得ていたのだが、私の到着を病院で待ち受ける記者の一人が「今日の取材を認めないのはおかしい」「問題がある映像や写真はあとから編集でカットすればいい」と強硬に主張しているというのだ。

私は、今日の面会のもつ意味の重要性を、運転中の車内からハンズフリー通話の電話でこんこんと説明したが、幹事社の記者さんは、抵抗する記者の説得に苦労しているようだった。

病院に着き、支援者の武田さん、稲留さんたち、そして森弁護団長と合流し、病院の玄関前で、詰めかけた記者たちに、私は改めて、アヤ子さんに最高裁の決定を伝えるにあたって生じる可能性のあるリスクと、大変重要かつ微妙な局面なので、今日は少人数だけの面会とすることを理解してほしい、と要請した。

すると、私が到着する前に幹事社の記者さんに抗議していたくだんの記者が、私にも「今日の弁護団の対応はおかしい」と喰ってかかってきた。アヤ子さんに辛い報告をしなければならないときに、これまで良好な関係を築いてきたマスコミ関係者からなじられるのは本当に残念でやりきれない気持ちだった。しかし、幹事社の二人の記者さんが、私の気持ちを察してくれて、抵抗する記者のほうを「もうやめましょう」「我々はここで待ちましょう」と止めてくれたのが救いだった。

●100歳まで生きてください●

そのようなすったもんだがあった後、私は、森団長と支援者数名とともにアヤ子さんの病室を訪れた。

私は、

「アヤ子さん、私は今まで『次に面会に来るときには、最高裁で再審開始が確定したときだよ。一緒に再審公判の法廷に行って、《被告人は無罪》という、判決の言渡しを聞きましょうね』と何度も言ってきました。でも、それはウソでした。最高裁は鹿児島地裁も、福岡高裁宮崎支部も認めたアヤ子さんの再審を取り消して、第3次再審を終わらせてしまったのです。

本当にごめんなさい。お詫びの言葉もありません。

でも、弁護団は、またすぐに第4次再審の準備を始めるから、急いで準備して申し立てるから、だから、アヤ子さん、もう少し長生きして下さい。

頑張ってきた人に、またさらに頑張って長生きして、と言っている私は本当に残酷な、ひどい人間だと思う。

だけどアヤ子さん、あえてお願いします。100歳まで生きて下さい」

と、泣きながらアヤ子さんに話しかけた。

15年の弁護士人生のなかで一番辛い瞬間だった。

アヤ子さんは、泣きながら言葉を絞り出す私をじっと見つめていたが、「またすぐに第4次再審の準備を申し立てるから」と言ったとき、大きく首を縦に振った。そして、「100歳まで生きて下さい」と懇願する私に、何度も頷いてくれた。

アヤ子さんは分かっている。自分で体を起こす力はもう残っていないけれど、気持ちは次の闘いに向けて立ち上がっている。

私だけでなく、その場にいた森団長も、支援者たちも、そのことを確信した。

●これが「鬱」というものなのか●

アヤ子さんとの面会を終えた森弁護団長と私は志布志の「ホテル枇榔」で記者会見を行い、アヤ子さんが次なる闘いに向けて頷いたことを報告した。このホテル枇榔は、2017年に冨田決定が出る直前に、再審開始の期待で胸をふくらませながら、アヤ子さんの傘寿のお祝い会をした、まさにその場所だった。2年後に同じ場所でこんなに辛い記者会見をしなければならなくなるなんて、と私は運命を呪った。

すでに鹿児島空港から1時間ほど車を走らせてアヤ子さんの病院に来た私だったが、記者会見を終えたのち、午後3時半から鹿児島地裁で別件の裁判の期日があったため、すぐに1時間半運転して鹿児島市内に戻った。その後は、そのまま地元テレビ局2社の夕方のニュース番組に出演（1社が収録、1社が生出演）し、午後8時過ぎにようやく誰もいない事務所に戻ってきた。ただでさえ、24日（日帰り）、25、26日（一泊二日）と東京出張が続いて事務所を不在にしていたので、私の机の上はその間に、事務方が準備を整え、あとは私のチェック待ちという記録が山と積み上げられていて、机の「面」がまったく見えない状態になっていた。

それらを一つひとつ片付け、事務所を出るときには日付が変わろうとしていた。

東京で怒濤の対応をしていた前日に比べ、この日は運転中を含め、一人でいる時間が長かった。誰とも言葉を交わすことのない時をすごす私の心のなかに、満ち潮のようにひたひたと悲しみが押し寄せてきていた。

6月28日の朝、小池決定が出てから初めて自宅のベッドで目覚めた瞬間、何かを考えるより先に涙がとめどなく溢れてきた。身体が鉛のように重く、地の底に引きずり込まれそうな感覚でベッドから起き上がることができない。

これが「欝」というものなのか……。私はとっさにそう自覚した。しかし、今日も朝から通常業務の打合せが3件入っている。

私はベッドから床にわざと自分の身体をななめに滑り落とし、床とベッドとの段差を利用してなんとか立ち上がり、身支度を整えて事務所に向かった。

6月28日——2年前に冨田決定が出て、鹿児島地裁前が歓喜に沸いた、まさにその日だった。

●最高裁HPでのアヤ子さん「実名晒し」問題●

打たれ強さとストレス耐性には自信のあった私が、鬱を自覚するほど打ちのめされていた6月28日、最高裁は容赦なく追撃をかけてきた。

この日、決定からわずか3日という異例の早さで、小池決定が最高裁ウェブサイトの「裁判例情報」にアップロードされたのである。

大崎事件第3次再審は、厳密に言うと、アヤ子さん自身が請求人である事件と、京子さんが亡き父（アヤ子さんの元夫）のために申立てた事件の2件で構成されている。

したがって、最高裁第一小法廷に係属していたのも2件であり、アヤ子さんが請求人である方の事件番号は「146号」、京子さんが請求人となっている方は「147号」だった。

この「146号事件」と「147号事件」は、実質的な内容が同一であるため、決定書もほぼ同内容である。しかし、「裁判例情報」には両事件の決定がともにアップされ、検索すると147号事件の方が先に出る状態となっていた。そして、このサイトに公表された147号事件の決定に、「原口アヤ子」「アヤ子」という実名が合計25回出てきていることがわかった。アヤ子さん以外の人名は、鑑定人も含めてすべてアルファベット表記であったため、アヤ子さんのみの実名表記には一見して違和感があった。

確かにアヤ子さんは、マスコミにも実名で登場し、本書でも実名で表記している。しかし、再審開始を取り消した最高裁が自らのサイトに実名入りの決定文をアップロードするのは次元の異なる問題である。

弁護団は念のために、2006年1月1日から現在までの「裁判例情報」に登載された刑事再審事件に関する決定43件を精査したが、事件関係者の実名が表記されたものは皆無であり、唯一、袴田事件第1次再審特別抗告棄却決定の中に「いわゆる袴田事件」との表記があるのみだった。

さらに古い時代の著名再審事件も調べたが、「免田事件」や「吉田巌窟王事件」といった、元被告人の実名が広く知られている事件でも、最高裁ウェブサイトの「裁判例情報」ではアルファベット表記されていた。

弁護団は、このような「実名晒し」がアヤ子さんのみならず、京子さんをはじめとする親族たちの名誉を傷つけ、今後の再審申立てに対する萎縮的効果を与えるとして、「最高裁判所長官　大谷直人」宛てに、抗議と謝罪を求める通知書を内容証明郵便で送付した。

しかし、最高裁から弁護団に対してはまったく反応がなかった。

一方、ある新聞社が正式に最高裁に取材を申し入れたところ、これに対しては次のような回答があったという。

「裁判例情報に今回の決定をどのような形で公表するかは、最高裁事務総局と第一小法廷との

協議で決めた。原口アヤ子氏についてはマスコミ等で実名を公表していることもあり、実名公開とした」

しかし、これが理由になっていないことは、前述した私たちの調査結果から明らかである。

147号事件の決定は、現在に至るまでアヤ子さんの実名入りのまま公開されている。

●異議申立てを黙殺した最高裁●

私が小池決定送達の日にロシア旅行から帰国した佐藤博史弁護士に作成を依頼していた「異議申立書」が驚くべきスピードで完成した。弁護団の検討を経て、決定送達から5日後の7月1日、弁護団は、小池決定が、冨田決定と根本決定を取り消し、自ら再審請求を棄却するという「破棄自判」により「強制終了」した手続的不正義と、小池決定の内容自体の明らかな誤り（これを佐藤博史弁護士は「世紀の大誤判」と呼んだ）を理由として、最高裁に対して異議申立てを行った。

鹿児島で森弁護団長以下鹿児島の弁護団メンバーとともに記者会見を行った私は、そもそも法律審（下級裁判所の行った判断について、法令の解釈や評価に誤りがないかを審理の対象とする）であって、特に事実調べをまったく想定していない特別抗告審で最高裁にできることはせいぜい「破棄」までであり、「自判」はできない、ということを集まった大勢の記者さんたちの前で説明したのだが、つい、怒りにまかせて、

「あんたたちに出来ることは破棄までで、自判したらもう完全に法律上アウト」

と言ってしまった。

2度の「NNNドキュメント」の制作など、長きにわたり大崎事件に寄り添って報道を続けてくれた地元局のKYT（鹿児島読売テレビ）では、私の「あんたたち」をそのまま音声では流したが、字幕は「（最高裁が）できることは」と「修正」してあった。

NHKもこの記者会見を報じたが、残念ながら、最高裁を「あんたち」呼ばわりした部分はカットされていた。

ところが、翌2日、私が鹿児島県のある公的会議に出席している最中に、森弁護団長から電話が入った。森団長は心底困惑した様子で、

「今ね、最高裁の担当書記官から電話が来て、昨日の異議申立てについては『本件は立件し

ません』と言うんだよ。もう、びっくりして『決定書も出さないのか』と尋ねたら、書記官は『書面は出しません』と言って電話を切っちゃったんだよ」

と言った。

これはもう、会議どころではない。

私は会議の主催者のところに走り寄り、小声で「すみません。ちょっと緊急事態なので中座させてください」と申し出ると、すでにここまでの報道で私がどのような状況にあるか理解していた主催者は「いや先生、正直今日出席していただけるとは思っていませんでした。どうぞお帰り下さい」と囁いてくれた。

最高裁はなぜ、私たちの異議申立てを「黙殺」したのか。

判例では最高裁のする「決定」のうち、「上告棄却決定」以外の決定に対しては、原則として異議申立は認められないとされている。

しかし、例外的に「合理的理由と法律的必要性の認められるかぎり、不服申立を許容すべきものと解するのが相当である」という判例もあるので、弁護人が合理的理由と法的必要性を示して異議申立てを行った以上、結論はともかく最高裁に「応答義務」が生じるのは、適正手続の点からも「裁判を受ける権利」の保障の点からも当然であろう。

そこで、弁護団は7月5日付で「異議申立てに対する申入れ」という書面を最高裁に提出し、私は再び鹿児島から霞が関の司法記者クラブに乗り込んで、東京弁護団の佐藤博史弁護士らとともに、最高裁のお膝元で猛抗議の記者会見を行った。

しかし、最高裁は弁護団の異議申立てを「完全スルー」した。

弁護団の記者会見と相前後して、小池決定に抗議する要請行動を行うため最高裁を訪れた支援者は、最高裁の職員から、

「そのような事件は係属していないので、要請は認めません」

と門前払いされたという。

●牙を剥く国家権力●

小池決定が送達された6月26日から、私の中で何かが変わっていくのを感じていた。

いくら最高裁といえども、最後は人間として、アヤ子さんに再審無罪の扉を開いてくれるはずだと信じていた。

それを、再審開始決定を取り消さなければ「著しく正義に反する」と「裁判官の全員一致」で決定し、その決定をいち早くウェブサイトに掲載し、アヤ子さんの実名を晒す一方で、我々の異議申立ては無視する最高裁。

周防正行監督はこれまで、集会やシンポジウムで幾度も、

「ボクは、最高裁のことを『人権を守る最後の砦』と教わってきた。でも、今の最高裁は『権力を守る最後の砦』になってしまっている」

と嘆いていた。私も、最高裁が血も涙もない「三行半」の判決や決定をするところである、ということを頭では分かっていたつもりだった。

でも今回は、今回ばかりは、地裁と高裁が再審開始決定を重ね、もはや負けることなどありえないと思っていた。

もっとも、正直に言えば、担当調査官が交代し、二人体制になったときに嫌な予感がしたのは事実である。だからこそ、私は「信書」をしたためて、彼らの人間としての良心に訴えたのだ。

しかし、彼らは、私が万感の思いを込めて書き綴った渾身の信書をなんとも思わなかったのだろう。

数々の衝撃のなかで、一番ショックだったのはこのことかもしれない、と私は感じていた。

私が、司法の世界に身を置くにあたって最後の拠りどころとしていた「ヒューマニズム」が、牙を剥く国家権力の前に粉々に打ち砕かれたのである。

権力に闘いを挑むことは、そもそも無意味なのだろうか。

風車の前に佇むドンキホーテの悲哀が、私に襲いかかっていた。

最終章　第4次再審請求
――挫折からの再生

1　大崎事件と私の現在地

……あれから1年あまりの歳月が過ぎた。

地裁、高裁と再審開始を積み重ね、「これでようやくアヤ子さんに穏やかな人生のフィナーレをプレゼントすることができる」と勝利を確信していた私を、最高裁第一小法廷の5人の裁判官（と3人の調査官）は地の底に叩き落とした。

誰もが、小池決定直後の記者会見で、顔面蒼白となり、京子さんのメッセージを伝えるところでは声を詰まらせた私の姿をテレビ画面や新聞記事で見て、

「もう鴨志田は再起不能かもしれない」

と思っただろう。実際にそのような声を私自身があちこちで耳にした。

しかし、いま、アヤ子さんと私たち弁護団は、すでに第４次再審請求のスタートを切り、確か

な手応えを感じながら闘いを進めている。

41年目に入ったアヤ子さんと私の物語の最後に、小池決定から今日までの、挫折と再生の日々を書き綴っておきたい。

2 立ち上がり、反転攻勢の狼煙を上げよ

●佐藤博史弁護士の「檄メール」●

小池決定が送達された2019年6月26日、日弁連の再審部会に出席中だった私は、同じ部会に出ていた大崎事件弁護団の木谷明弁護士、泉武臣弁護士、増山洋平弁護士とともに、午後3時半から東京で記者会見を行ったことは前章で述べた。

この日、地元鹿児島では午後4時から、森雅美弁護団長以下鹿児島の弁護団メンバーが記者会見に臨んでいた。

私は深夜、新宿のホテルの自室に戻ってから、ノートパソコンを開き、鹿児島のテレビ各局のWEBサイトにアップされている鹿児島での記者会見の映像をチェックした。

驚いたのは、弁護団長らしくいつも鷹揚に構え、何が起こっても動じない姿で、私たちにもマ

スコミにも接してきた森団長が、ショックと落胆を隠そうともせず、憔悴しきった表情で画面に登場したことだった。パソコン画面に映し出された俯き加減の森団長は、かすれた声で、

「もう、アヤ子さんの生きているうちに再審無罪を勝ち取ることはできないかもしれない」

とコメントしていた。

深夜のホテルの自室で一人、翌日どうやってアヤ子さんにこの結果を伝えようかと悶々としているさなかにあった私は、森団長までもが戦意喪失している姿を目の当たりにして、さらに深い闇の底に落ちていくような心持ちになった。

その夜は、この鹿児島組の記者会見の映像を見たところでいたたまれなくなり、弁護団メンバーからのメールを一つひとつチェックする心のゆとりもなく、パソコンを閉じてしまった。

翌朝、羽田空港の搭乗ゲート前で再びノートパソコンを開き、改めてメールボックスをチェックしたとき、弁護団のメーリングリストに前日の午後6時13分にポストされた、佐藤博史弁護士からのメールがあることに気づいた。

各位

先ほど、鴨志田先生から、異議申立書を起案してほしいといわれ、お引き受けしました。足利事件の控訴審の右陪席は岡村稔氏（引用者注：その後、東京高裁から福岡高裁宮崎支部に異動になり、大崎事件第1次即時抗告審で鹿児島地裁の再審開始決定を取り消し、再審請求を棄却した裁判長である）でしたが、控訴審でそれなりの審理を行い、菅家さんの無実の「真実の」訴えを、本当に、何度も、何度も、聞きながら、控訴が棄却された日に、夜の道を「菅家さんごめんなさい」と、泣きながら帰宅したことを思い出しています。

鴨志田先生や森先生のお気持ちは、同じではないかと思います。

足利事件で、２０００年に最高裁の上告が棄却されたときは、後藤真理子調査官からそろそろと聞いていましたので、それほどショックではありませんでした。

そして、大崎事件の第1次再審開始決定に励まされて、２００２年12月に再審申立をしたのです。足利事件の再審請求審ではそれなりの証拠調べをし、DNA再鑑定をしないで判断するということでしたので、DNA再鑑定をするまでもなく、菅家さんが無実であることは分かってもらえたと考えていたのですが、２００８年2月に再審請求が棄却され、「自分が生きているうちに、菅家さんを救うことができるだろうか」と思いました。

私は、当時59歳でしたが、島田事件で当初の裁判の一審から赤堀政夫さんの弁護をされた大蔵敏彦先生は、無罪判決まで35年間戦ってこられたからです。一体、あと何年かかるのだろうかと絶望的な思いをしました。

しかし、２００８年12月にＤＮＡ再鑑定が命じられ、２００９年５月にＤＮＡ再鑑定で菅家さんの無実が明らかになり、２００９年６月４日（１９８９年の天安門事件の日です）に、菅家さんが突如釈放されたのです。

大崎事件ではＤＮＡ鑑定のような決定的な証拠を手にすることはできません。

しかし、アヤ子さんが無実であるという真実はいつか必ず明らかになると思います。

第４次再審請求の新証拠を何にするのか、また、第一歩から始めなければなりませんが、刑事弁護とは、このような苦しみに耐えることだと思います。

戦い続けましょう。

佐藤博史@ロシアから帰国した日に

「刑事弁護とは、このような苦しみに耐える事だと思います。

戦い続けましょう」

私はこの言葉に、横っ面を思い切り引っぱたかれた思いがした。私たちの先達は、みな耐えがたい辛酸を舐めながら、それでも闘うことをやめず、何十年かかっても冤罪に苦しむ依頼者を救う、ただそのことだけを目標に、事件と向き合い続けてきたのだ。

佐藤弁護士のすぐあとには、大崎事件第1次再審の最初から弁護団を引っ張ってきた八尋光秀弁護士のメールが続いていた。

私も佐藤先生と同じ思いです。

すぐに立ち上がって、第４次再審請求に取り掛かりましょう。　八尋

すでに第1次再審申立てから24年、大崎事件再審のすべてを見てきた八尋弁護士の、短くも躊躇のないメールに、迷っている場合ではない、と覚悟を決めた。

二人の大先輩弁護士のメールに背中を押された私は、朝の光を浴びながら、羽田発の飛行機に乗り、鹿児島空港から一路アヤ子さんの病院に赴き、

「弁護団は、またすぐに第4次再審の準備を始めるから、急いで準備して申し立てるから、だから、アヤ子さん、もう少し長生きして下さい。」

と伝えたのだった。

●小池決定後初の弁護団会議&記者会見●

小池決定から1か月も経たない7月20日、私たちは鹿児島県弁護士会館で弁護団会議を開き、弁護団の総意として第4次再審申立ての意向を固めた。

第3次の二つの再審開始決定を、最高裁に「著しく正義に反する」と「裁判官全員一致」で潰された後の、しかも92歳になったアヤ子さんを再びスタートラインに立たせる闘いが、今まで以上に険しく、厳しいものになることは、口に出さなくても誰もが分かっていた。

しかし、会議では誰も泣き言を言わず、弱音も吐かず、第3次の到達点、足りなかった点を分析し、足りなかった点を補うためにどのような新証拠を揃えるか、活発で建設的な議論が展開された。

しかも、この局面で、鹿児島県弁護士会に登録したばかりの若い弁護士が３名、志願して弁護団に加入してくれた。弁護団に、新たな闘いへの熱気が戻ってきた。

弁護団会議終了後、私たちは弁護士会館に残って記者会見を開いた。

小池決定後、深海の底に沈んだ潜水艦「大崎事件弁護団号」が、いつ海面に浮上してくるのかと、固唾を呑んで見守っていた「大崎愛」にあふれる鹿児島のメディアは、「待ってました」とばかりに大挙して鹿児島県弁護士会館に駆けつけてくれた。

森団長は、いつもの威風堂々たる艦長の姿に戻り、

「最高裁に棄却された、と知った直後は落胆で弱気な発言をしてしまったが、すぐに第４次再審を、と立ち上がる弁護団メンバーに力づけられ、心を入れ替えた。アヤ子さんの年齢を考えて、なるべく急いで第４次再審の申立てをする」

と宣言した。

私は、３日後の7月23日に東京で予定されている小池決定への抗議集会で行う弁護団報告のタイトルであり、これからの弁護活動のスローガンにしようと考えていた、

「立ち上がり、反転攻勢の狼煙を上げよ」

というフレーズを念頭において、この記者会見でも「反転攻勢」という言葉を何度か口にした。すると、夕方のテレビニュースのテロップと翌朝の新聞のいくつかの見出しに「反転攻勢」の文字が躍っていた。

私の言葉を山びこのように返してくれる地元メディアの心意気が嬉しかった。

記者会見後の懇親会で、弁護団は記念撮影を行った。全員が両手でピースサインを作って写真に収まった。それは、2＋2＝4、すなわち4度目の再審をスタートさせるぞ、という意気込みと、今度こそ「再審開始」・「再審無罪」という「二つの勝利」を勝ち取ることを誓い合うサインだった。

●最高裁決定に抗議する7・23集会●

7月23日、文京区民センターで、

2019年7月20日、記者会見後の弁護団記念撮影

「大崎事件の再審取消し！　最高裁決定に抗議する7・23集会」が開催された。

詰めかけた大勢の支援者、冤罪被害者、ジャーナリストたちの前で、まず、佐藤博史弁護士は、

「小池決定は『世紀の大誤判』だ」

とぶち上げた。

私は、

「立ち上がり、反転攻勢の狼煙を上げよ」

というタイトルで講演し、小池決定の内容面の薄っぺらさ、検察官の特別抗告には「理由がない」としながら、再審開始決定を取り消したのみならず、審理を高裁に差し戻すことなく自らの手で再審請求を棄却した手続的不正義を批判した上で、第４次再審請求と再審法改正の両方について歩みを進めていく必要性を訴えた。

●チラシ４０００枚と男泣き●

集会では、研究者、支援者、冤罪被害者、他の再審事件の弁護人、ジャーナリストなどが次々と登壇し、小池決定への怒りと、アヤ子さんや弁護団への変わらぬ支援の思いを表明してくれた。

第1次再審の特別抗告審が最高裁に係属したのを契機として、大崎事件の東京の支援者さんたちが設立し、20年近くにわたって活動している「大崎事件・原口アヤ子さんの再審をかちとる首都圏の会」の松木圓《まどか》さんが、

「今日初めて打ち明けるんですが、首都圏の会では、再審開始が確定したら、一刻も早く再審公判で無罪判決をかちとるために、チラシを4000枚発注し、すでに印刷を終えていました」

と、「最高裁　再審開始決定！　一刻も早く原口アヤ子さんの再審無罪を！」と書かれたチラシの現物を手に握りしめて報告したときには涙を抑えることができなかった。

また、多くの冤罪事件を取材して『冤罪File』等の雑誌で記事を発信し、「再審法改正をめざす市民の会」の事務局も務めるジャーナリストの今井恭平さんが、

「抗告の理由があろうがなかろうが、抗告しなさい。最高裁が救ってやる、という（検察官への）サインにほかならないじゃないですか」

と、再審開始決定に対して繰り返される検察官抗告と、それに応じて再審を「強制終了」させてしまった小池決定を批判している途中で、無念と悔しさのあまり号泣するシーンが胸を打った。当事者でも弁護団でもない第三者が、声を震わせ、頬に涙を伝わせて、アヤ子さんと弁護団への連帯を

表明する姿に、私も身体の芯が熱く震えるのを感じた。

この集会について、「弁護士ドットコムニュース」と「刑事弁護オアシス」という二つのサイトが詳細な記事をアップしてくれた。

【弁護士ドットコムニュース『大崎事件』無実を求める戦いは続く『再審法も変えないと救えない』】
https://www.bengo4.com/c_1009/n_9935/?fbclid=IwAR
【刑事弁護オアシス「大崎事件、最高裁の再審棄却は『世紀の大誤判』／異例の破棄・自判に抗議の集会」】
https://www.keiben-oasis.com/4673

弁護士ドットコムニュースにアップされた写真は、演壇の背景に掲げられた、アヤ子さんの姿が大きく印刷された横断幕の前で弁護団報告をする私の姿を撮影したものだった。

大崎事件の再審取消！　最高裁決定に抗議する 7.23 集会。弁護士ドットコムニュース提供

「この写真、まるでアヤ子さんが私に乗り移って怒りの声を上げているように見える……」

私は己の役割を改めて自覚した。

●研究者、実務家を交えた小池決定の検討●

第4次再審で勝利するためには、小池決定を的確かつ詳細に分析し、理論的にも戦略的にも小池決定を乗り越えなければならない。

そして、弁護団が第4次再審の戦略を練るにあたっては、多くの研究者や他事件の再審弁護人に小池決定を知ってもらい、忌憚のない意見を聞かせていただく機会を得ることが必要だった。

7月13日、佐藤博史弁護士と私は、京都の龍谷大学で開催された「刑事司法研究会」の最後に、急遽小池決定について報告する時間を取ってもらった。この研究会は「再審問題研究会」を前身とする刑事法研究者の研究会で、刑事弁護に携わる弁護士たちもメンバーに加わっている。

大崎事件については何度かこの研究会で報告し、研究者に議論いただいていたが、この日の報告の空気は重かった。京都での開催だったため、隣県の大津地裁で再審開始決定がされ、大阪高裁に即時抗告審が係属している日野町事件弁護団からも2名の弁護士が参加しており、小池決定が日野町事件の即時抗告審に与える影響を危惧していた。

また、7月24日は、日弁連の人権擁護委員会第1部会（再審部会）と再審における証拠開示に関する特別部会の開催日だったが、その二つの会議の終了後、研究者と実務家双方の参加のもと、小池決定を分析する部会内勉強会が開催された。

勉強会が終了したとき、一人の小柄な女性がまっすぐ私の方に向かって歩いてきた。

五十嵐二葉弁護士である。

五十嵐弁護士は当時86歳、刑事弁護界の重鎮であり、国際刑事人権の専門家として、比較法的観点から我が国の刑事司法改革にも厳しい意見を突きつける論客でもある。彼女は小池決定が出た直後の7月5日、後で紹介する朝日新聞「論座」に小池決定を痛烈に批判する記事を書いてくれていた。

その五十嵐弁護士は私の前に立つと、私の両手を取って、

「鴨志田さんの頑張りはよく知っています。最後まで諦めずに頑張るのよ」

と激励して下さった。女性弁護士として、刑事弁護人として、大先輩にあたる五十嵐弁護士の激励の声は凛としていて、でも、とても温かかった。

3 連綿と続く小池決定への抗議と批判

●日弁連、九弁連、各弁護士会からの怒りの声明●

小池決定に対し、「同業者」である弁護士の団体から続々と抗議の声が上がった。

「総本山」日本弁護士連合会（日弁連）は決定送達2日後の6月28日に、菊地裕太郎会長（当時）名で、

「本決定は、原々審及び原審が丁寧な事実認定を行って再審開始を認めたにもかかわらず、書面審理のみで結論を覆したものであり、無辜の救済の理念や「疑わしい時は被告人の利益に」と明言した白鳥・財田川決定を骨抜きにするものと言わざるを得ない。少なくとも、最高裁判所第一小法廷は、検察官の特別抗告に理由がないとしたのであるから、再審開始決定を確定させた上で、事実認定の審理については再審公判の裁判所に委ねるべきであった。」

「弁護団は直ちに原口アヤ子氏等の救済に向けた活動を行う予定であり、当連合会は、引き続き大崎事件の再審を全力で支援し、再審開始、再審無罪の獲得に向けて、あらゆる努力を惜しまないことをここに表明する。」

との抗議声明を発出した。

その後、地元鹿児島県弁護士会はもとより、宮崎県、熊本県、佐賀県、福岡県、京都、東京の各弁護士会が、相次いで小池決定に対する抗議の会長声明を発出した。

とりわけ、根本決定のとき、いの一番に特別抗告阻止の会長声明を出してくれた京都弁護士会の会長声明は、文字の後ろにメラメラと怒りの炎が燃えさかっているがごとく強烈なものだった。

「無辜の救済を目的とする再審手続において、再審請求権者の筆頭に位置づけられている検察官は、有罪を追求する訴追者ではなく、無辜の救済のための審理に協力する公益の代表者として振る舞うことが期待される。検察官が上訴を繰り返すことにより再審開始を阻もうとすること自体が制度趣旨に反するのである。しかし、それ以上に、検察官の主張に理由がなくとも検察官の求めた結論は認めるという方向で裁判所が職権を行使することが許されるならば、再審制度の趣旨は著しく没却されてしまう。人権救済の砦であるべき裁判所が、犯罪の嫌疑をかけられた人に対する壁として立ちはだかることになる。本決定は、最高裁判所がその最も重要な役割を自ら放棄したものとして、まさに著しく正義に反するものである。

よって、当会は、適正な刑事手続の保障とえん罪の根絶を希求する法律専門家の団体として、本決定について強い憤りを込めて抗議し、最高裁判所が人権救済の最後の砦としてあるべき役割を取り戻すよう、猛省を求めるものである。」

最終的に、九州は全県（福岡県、佐賀県、長崎県、大分県、熊本県、宮崎県、鹿児島県、沖縄。さらに九州各県の弁護士会の連合体である九州弁護士会連合会《九弁連》も抗議の理事長声明を出した）、そして仙台、東京、第二東京、静岡、福井、京都、滋賀、奈良、大阪、兵庫県、岡山、広島という、全国合計20もの弁護士会が、小池決定に抗議する会長声明を出してくれた。

個別の事件の最高裁の判断に、全国の弁護士会がここまで一斉に声を上げることは稀であり、人権擁護を使命とする弁護士として、小池決定を断じて許すわけにはいかない、という気概がひしひしと伝わってきた。

●研究者も市民も声を上げる●

7月12日、翌日に京都で開催される刑事司法研究会で小池決定の報告をするため伊丹空港に向かっていた私に、心強いニュースが入ってきた。

東京・霞が関の司法記者クラブで、「大崎事件応援団筆頭研究者」と呼べるほど、長年にわたり弁護団をサポートして下さっていた指宿信・成城大学教授が記者会見を開き、小池決定に対する刑事法学者の抗議声明を読み上げたのだ。学者声明の呼びかけ人、賛同人となった刑事法研究者は合計92名に上ったと聞いて驚いた。

これまでも、大崎事件について指宿教授が音頭をとって学者声明を発してくれたことは何度かあった。証拠開示に向けた訴訟指揮もせず、鑑定人の尋問もせずに再審請求を棄却した、第2次再審請求審の中牟田決定のときも抗議の学者声明が発出されている。しかし、このときの声明の呼びかけ人・賛同人の合計は30数人だった。

研究者の意見表明は自らの研究成果を記した研究論文で行うべき、という考えのもと、連名で声明を出すのは邪道、と考えている学者が少なくない、と聞いたこともある。しかし、小池決定は、これまで声明に名を連ねることを控えていた研究者たちでさえ、躊躇せず賛同人となるほど、刑事法の専門家から見ても由々しきものだったのだ。

学者声明は、

「日本の再審のハードルはその運用において極めて高く設定されてきた歴史があり、『開かずの扉』とさえ呼ばれてきた。その中にあって大崎事件は、３度の再審請求を通じ、異なる３つの裁判体が再審の開始を認めた希有な事案である。それにもかかわらず、再審が開始されず、高齢の請求人が残された時間と闘っているという現状は、異常な事態と言わざるをえない。」

と指摘した上で、

「再審を誤判と人権侵害を救済するための制度として正しく機能させるために、ドイツなど諸外国を参考にして、再審開始決定に対する検察官の抗告を禁じることを含む抜本的な制度改革を早急に検討すべきである。本決定は、再審制度の改革が日本の刑事司法制度における緊急の課題であることを白日の下に晒している。」

と結び、再審制度の改革が喫緊の課題であることを強くアピールするものとなっていた。もはや、個別の事件の弁護活動や裁判所の判断というレベルの問題ではない、再審制度の欠陥ゆえの今回の結末なのだ、ということを、我々だけでなく研究者たちも痛感していることがわかる。

この声明は、今でも「刑事弁護オアシス」のＨＰにある「刑事法学者有志、大崎事件最高裁決定に抗議する声明を発表」から全文を読むことができる。

https://www.keiben-oasis.com/4576

2019年春に相次いで誕生した「冤罪犠牲者の会」、「再審法改正をめざす市民の会」、そして、冤罪救済活動の世界的な潮流となった「イノセンス・プロジェクト」の日本版である「えん罪救済センター（IPJ）」も、次々と小池決定に対する抗議声明を出してくれた。

日本中のそこかしこで、小池決定に対する憤りがふくれ上がり、激流となって拡散していた。

●マスコミとジャーナリズムの覚醒●

小池決定批判の嵐は、マスコミにも吹き荒れていた。

全国15の新聞社が小池決定について社説で言及したが、1社を除き、小池決定の「強制終了」を厳しく批判し、冤罪被害者の救済を目的としているはずの再審制度が機能不全に陥っている現実に疑問を呈するものばかりだった。そのことは、社説のタイトルを並べてみてもよくわかる。

朝日新聞　**「再審の門を狭めるな」**
中日・東京新聞　**「なぜ再審の扉を閉ざす」**
南日本新聞　**「再審制度に翻弄された」**

西日本新聞「『再審』取り消し　大原則踏み外してないか」
神戸新聞「**大崎事件／『救済の扉』　閉ざすのか**」
信濃毎日新聞「**大崎事件　尊厳回復の扉を閉ざすな**」

一方テレビでは、最高裁に特別抗告してから10か月も沈黙し続けていた検察官が、2019年の年明けに突如意見書を出してきたとき、「おはよう日本」のイラスト解説で「最高裁の迅速な判断が待たれる」と論評してくれたNHKの清永聡解説委員が、小池決定送達から6日後の7月2日に放映された「時論公論」に出演し、

「**大崎事件　再審取り消しの波紋**」

というタイトルで小池決定の問題を取り上げた。

清永解説委員は、最高裁が高裁に差し戻すことなく、自らの判断で再審開始を取り消し、再審請求を棄却したことについて疑問を投げかけ、さらに、大崎事件再審請求のプロセスで検察官が「ない」と言っていた証拠が後になって開示されるという事態が繰り返された事態について、

「**この事件で証拠が適正に扱われなかったことについて、今回の最高裁の決定では、触れられていません。大量の証拠が長期間出てこなかった問題は、果たして「正義」に反しないのでしょ**

うか。」

と問いかけた。

しかし、何より私が心揺さぶられたのは、番組の最後に、

「原口さんは今」

という見出しとともに、清永さんが、視聴者に静かに語りかけるように述べた、以下の部分だった。

今年2月。私は特別に許可をもらって、鹿児島県内の病院に入院している原口アヤ子さんを訪ねました。

このときアヤ子さんは、体調が一時的に悪化していました。それでも弁護団の鴨志田祐美弁護士が、「最高裁の決定はもうじきだからね」と語りかけた時には、目を開き、懸命にうなずく姿が、印象的でした。

すでに92歳。逮捕から40年間一貫して無実を訴え続け、地裁と高裁で再審が認められながら、待ち望んだ最高裁によって、再審が取り消されたアヤ子さんは、今、何を思うのでしょう。

弁護団は、今後4度目の再審請求を行う方針です。ただ、おそらく、また時間がかかるでしょう。

法律は、再審請求が有罪の確定した人の「利益」のためにあると記しています。どうか、そのことを忘れず、制度の改善を進めてほしいと思います。

ＮＨＫは「公共放送」という看板のもと、一方当事者に肩入れするような報道は控える傾向にある。いやむしろ、どう見ても体制寄りの報道に終始することだってある。

清永さんはそのような組織に身を置きながら、ここまでのメッセージを発してくれたのだ。

番組が終わり、テレビのスイッチを切ると、画面の縁がにじんだ。何も写っていない灰色の画面の前に座り込んだまま、私は清永解説委員の最後の言葉を頭の中で繰り返し再生していた。

●朝日新聞「論座」二題●

メディアの小池決定批判は、当初の「ありえない」「まさか」「前例がない」「異例」というセンセーショナルな事件報道のレベルから、次第に、小池決定の内容や手続上の問題点、さらには他事件との関係や再審法制そのものについて深掘りするコラムや特集記事、連載記事へと波及していった。

２０１９年７月５日の、朝日新聞デジタルのコラム「論座」には、日弁連の人権擁護委員会内

勉強会の終了後に私を激励してくれた、女性刑事弁護人の草分けである五十嵐二葉弁護士が、

「大崎事件再審取り消し決定は明らかに法に反する」

というタイトルで、いち早く重量級の記事をアップした。

刑事弁護界の重鎮であり英米法にも通じた論客である五十嵐弁護士は、小池決定のした事実認定、地裁・高裁が行った判断への最高裁の向き合い方、英米と日本の「正義」の意味の違い、検察官の抗告と職権破棄との関係などに、カミソリのように鋭く切り込んで分析し、

「こうして刑事訴訟法に明らかに違反する決定をしたのが大崎事件の第一小法廷だ。司法制度の頂点にあって、下級審が誤ってした裁判を是正して正義を実現する使命を、憲法によって託されているはずの最高裁。しかし5人の裁判官が全員一致でこんな憲法違反、刑事訴訟法違反の判決をする。」

と結論付けたあと、最後の1行で吐き捨てるようにこう書いていた。

「日本の最高裁とは、何をするところなのか。」

同じ「論座」に、２０１３年2月に単身アヤ子さん方を訪れ、そのときのインタビューを全国

版社会面で記事にして以来（本書63頁参照）、継続的にアヤ子さんの現状を発信し続けた朝日新聞の大久保真紀編集委員も2019年7月23日「論座」で「大崎事件　『死刑判決』に等しい最高裁決定　届かぬ40年にわたる無実の訴え」と題する記事を書いてくれた。

大久保さんは小池決定のころ、インターネット環境のない西アフリカのニジェールに出張中だった。帰国と同時に大崎事件の再審開始が覆ったことを知って驚愕し、それからすぐに取材を重ねてこの記事を書いたのだ。

五十嵐二葉弁護士の、かっちりとした論理構成とソリッドな筆致で書かれた記事とは対照的に、難しい法的論点をていねいに解きほぐし、噛んで含めるような口調で切々と訴える大久保編集委員の記事は、怒りよりも深い悲しみとともに胸に迫ってきた。

鹿児島市に事務所をもつ鴨志田弁護士は、どの弁護士よりも原口さんのもとに通い、寄り添い続けてきました。原口さんの衰えを年々感じる中で残された時間との闘いだと位置づけ、弁護活動を続けてきました。その鴨志田弁護士はこう言います。

「最高裁は原口さんに『死刑宣告』にも等しい決定を突きつけた」と。

しかし、その後、こう続けます。

「我々は闘いの手を緩めることはない。止まった瞬間に原口さんの命が尽きてしまうように思うから」

最高裁の決定が判明した後、鴨志田さんは一睡もせずに、原口さんにどう伝えるべきかを悩んだそうです。しかし、「伝えないことは彼女の人生に失礼だ」と覚悟を決め、鹿児島県内で入院する原口さんを訪ねて謝罪。そして、「私たちは闘い続けます。１００歳まで生きてください」と伝えたといいます。ベッドに横たわる原口さんは涙を流しながら「うん」と声を出し、何度もうなずいたそうです。

原口アヤ子さん、92歳。

無実を訴え続けて40年。

３度も再審開始決定を受けたにもかかわらず、検察の抗告によって、いまも雪冤を果たせないでいます。

最高裁の決定は、原口さんに出た地裁と高裁での再審開始決定を取り消さなければ「著しく正義に反するものと認められる」としました。しかし、鹿児島総局に赴任し、大崎事件を知ってから13年、原口さんの訴えとその闘いを見て来た私としては、今回の最高裁の判断が、繰り返される検察官抗告が、そして、それを許している現行法こそが、「著しく正義に反するもの」だと思わずにはいられません。

●千陽ちゃんの「解答」●

平成最後の日、遠路鹿児島までアヤ子さんに会いに来てくれた江川紹子さんも、Ｙａｈｏｏ！ニュースやビジネスジャーナルなど、あちこちの媒体に小池決定批判の記事を書いてくれた。江川さんは、小池決定が送達された直後に東京高裁内の司法記者クラブで会見を終えた私を、廊下でハグして慰めながら、

「絶対に諦めないで。異議申立ても必ずやって」

とチアアップしてくださった経緯もあり、小池決定の内容批判だけでなく、弁護団の異議申立てを立件すらせずスルーしたり、「裁判所ウェブサイト」にアップした小池決定のなかでアヤ子さんだけ実名を晒したり、といった最高裁の異常な対応についてもその都度記事にしてくれた。

その江川さんの記事をめぐっては、5月に旅立った義母の初盆のときに嬉しいサプライズがあった。

福島県塙町にある夫の実家に住んでいる義兄には三人の娘がいて、私たちがまだ幼かった息子を連れて福島を訪れたときには、息子はこの「いとこのお姉ちゃん」たちにとても可愛がってもらっていた。

時が流れ、三姉妹の一番上の「いとこのお姉ちゃん」には、目がまん丸で頬っぺの赤い可愛い女の子が生まれていた。私たちは、「千陽《ちあき》ちゃん」と名付けられたこの子が4歳ぐらいのときに福島を訪れたのだが、当時高校生だった息子は、自分を可愛がってくれた従姉の娘である千陽ちゃんを、自分がそうされたように、とても可愛がっていた。

義母の初盆で再会した千陽ちゃんは、中学2年生になっていた。

私は福島の夫の実家では、ほとんど仕事の話をしたことがない。目の前を流れる久慈川のように、ゆったりとした時が過ぎるこの場所では、切った張ったの生々しい事件の話は似合わないからだ。

ところが、私ではなく義兄が「大崎事件」のことを話題にした。それは驚きのエピソードだった。

千陽ちゃんが1学期の期末テスト、国語の試験で出された、

「最近のニュースで心に残ったものを一つあげ、心に残った理由を書きなさい」

という設問に対して、「大崎事件の最高裁決定」と答え、その理由として、

「最高裁が、ちゃんと証拠などを調べないで、無実を訴える人の裁判のやり直しを認めないのはひどいと思ったから」

と書いたというのだ。

事情を尋ねたところ、彼女は6月26日の午後、テレビ画面に流れたニュース速報の、

「大崎事件　最高裁が再審開始決定を取消し」

というテロップを見て、「あ！　ゆみちゃんの事件だ」と気づき、その日は夕方のニュース、夜のニュース、と大崎事件関連のテレビニュースを家族と一緒に何度も見てくれていたのだそうだ。

さらに、Ｙａｈｏｏ！ニュースにアップされた江川紹子さんの記事「裁判所の『正義』とは？

『大崎事件』最高裁決定の異常」をお母さんと一緒に読み、最高裁は本当にひどい、と憤ったという。

あの小さかった千陽ちゃんがすくすくと育って、そして私の手がけている事件のことに興味をもってくれていたと思うと感激で胸がいっぱいになった。

ちなみに、この設問は10点満点で減点方式のところ、千陽ちゃんの答案には二重丸がついていて、10点満点と評価されていたそうだ。

●「週刊金曜日」も憤る●

お盆が過ぎても小池決定批判の嵐は収まらなかった。

全国で展開されている安保法制違憲訴訟を束ねる「安保法制違憲訴訟の会」の共同代表を務める寺井一弘弁護士が小池決定に憤り、「週刊金曜日」の編集長に記事掲載を持ちかけてくれた。私は東京の寺井弁護士の事務所で同誌の片岡伸行記者からインタビューを受けたが、それまで大崎事件のことをほとんど知らなかったという片岡記者が「いやこれはひどい。大変なことだ」と共感し、当初見開き2頁の予定だったのを5頁にボリュームアップした記事を書き、2週にわたって（8月

30日号と9月6日号）連載してくれた。タイトルは、

「大崎事件　最高裁の暴走」

である。

このほかにも「創」（2019年8月号。木谷明弁護士、白取祐司・神奈川大学法科大学院教授、江川紹子さんによる鼎談）、「世界」（2019年9月号。桐山桂一・東京新聞論説委員の寄稿）、「現代の理論」（2019年秋号。佐藤博史弁護士が「世紀の大誤判」というタイトルで寄稿。表紙には「この最高裁決定こそ社会正義に反する」の文字が躍っている）、「季論21」2020年冬号（特集「この国の司法はおかしくないか」に拙稿掲載）など、硬派な月刊誌・季刊誌で、さまざまな立場の論客が小池決定の不正義を糾弾した。

●続々と発表される小池決定批判論文●

ジャーナリズムの小池決定批判が一段落したころから、今度は刑事司法に携わる実務家、刑事法研究者の論文が次々と発表された。

まず口火を切ったのは東京高裁で部総括裁判官（裁判長）を務めた元裁判官の門野博弁護士だった。

大崎事件 最高裁の暴走 上

自白強要、死因撤回、証拠隠し……刑事司法の闇が噴出

最高裁第一小法廷はそれでも「再審開始決定」を取り消した

片岡 伸行

再審制度を根本から否定

捜査の見立てミス

「殺害」判断を無視

大崎事件の事実経過

関わった人物関係図

大崎事件 最高裁の暴走 下

第一小法廷が犯した致命的事実誤認

再審取り消し決定は法と良心に背く行為なのか

片岡 伸行

根拠なしに決めつけ

アナザー・ストーリー

5人の裁判官

「再審法制の改正が必要です」

週刊金曜日は「大崎事件　最高裁の暴走」と題し、２週連続で記事を掲載した（2019 年８月 30 日号、９月６日号）

法学セミナー8月号（776号）の冒頭1頁から掲載された門野弁護士の論文のタイトルは、

「大崎事件最高裁決定——このような認定が許されてよいのか」

だった。私は、小池決定の「（地裁・高裁が重ねた再審開始決定を）取り消さなければ著しく正義に反する」と「裁判官全員一致で」決定したという、あの強烈なレトリックが、今後大崎事件を審理する下級裁判所（地裁・高裁）の裁判官に「二度とこの事件で再審開始決定を書くなよ」とプレッシャーをかけているように受け取られてしまうことを何より懸念していたが、それを見越したかのように、門野論文のラストの方にはこのような記載があった。

「本決定は、総合評価の仕方を誤り、白鳥決定以来築き上げられてきた再審に関する論理、疑わしきは被告人の利益にとの鉄則を崩壊させる判断であり、まさしく異例中の異例である。これまでの最高裁判例の流れに沿うものでもないことから、この決定が、これからの再審事件の審理、判断においてそれほどの影響力を発揮することは考えにくいが、これからの下級審裁判所の判断に一抹の暗い影を落とすことになることは否定できないであろう。しかし、本決定の正体をつかまえてしまえば、何ら恐れることはないのであって、再審事件であれ、それ以外の事件であれ、これまで築かれた刑事裁判の基本に立ち返って判断することこそが肝要である。」

次いで、大崎事件を「地元目線」でサポートし続けて下さっていた、中島宏・鹿児島大学教授による小池決定の評釈が法律時報10月号（91巻11号）に掲載された。

冒頭、

「『最高裁、大崎事件の再審を認めず』。２０１９年６月26日の午後、突然届いたこの知らせに鹿児島は騒然となった」

と、地元鹿児島の住民としての目線で大崎事件を見つめ続けている中島教授らしい書き出しで始まったこの論文のタイトルは、

「再審開始は『著しく正義に反する』のか？」

だった。そして、中島教授はその問いに対して、

「現行法における再審は、確定判決を是正するための制度ではなく、人権救済のための制度である。……2つの再審開始決定を覆す方向で積極的に職権を発動することが理念に合致する『正義』だとは到底思えない。さらに、事実調べを全く行わず、事件を原審に差し戻すこともせず、再審請求を自ら棄却した最高裁のありようは、極めて重大な問題である」

と決然と答えたうえで、再審制度自体の改正の必要性を次のように説いた。

「再審を人権救済の制度として機能させるために、①再審開始決定に対する検察官の抗告を禁

じる、②再審請求審における全面的証拠開示を徹底するなど、再審法制の整備に向けた動きを活性化すべきだろう。それは、平成の司法制度改革において課題として認識されつつそのまま放置された『忘れもの』でもある。」

判例時報 2422 号。大崎事件最高裁決定――小池決定に正義はあるか――

そして、年末ぎりぎりの12月11日に刊行された「判例時報」２４２２号に、小池決定が収録された。しかし、その号の表紙には小池決定そのものではなく、同決定を批判する論文のタイトルと、著者である私の名前が掲載されていた。

「大崎事件最高裁決定――小池決定に正義はあるか――」

「判例時報」の辣腕編集次長・山下由里子氏が私に初めて原稿を依頼してくれたのは、２０１７年６月の冨田決定が出た直後だった。判例時報が再審開始決定を掲載した同じ号に、その事件の弁護人の評釈を載せたのはこのときが初めてだったという話は前述したが、そのとき山下さんは、私に「まずは評釈に徹していただいて、いずれ再審開始が確定したときには改めて思いのたけを存分に論じていただければ」とおっしゃっていた。

ところが、「いずれ再審開始が確定したとき」は来なかったのである。

「大崎事件の決定が掲載される号に同事件の弁護人である鴨志田祐美の評釈が載る」の2度目が、小池決定の評釈になるとは、何という切ない運命なのだろう。私は怒りにまかせて、小池決定の判断手法の誤り、事実認定の誤り、異議申立ての完全無視やアヤ子さんの実名晒しという手続的不正義など、フルスペックの小池決定批判論文を書いた。

すると山下編集次長から字数を大幅に絞るよう助言された。

そうだ。判例時報の最大の読者層は裁判官である。力まかせに書いても冷ややかに見られるだけだ。山下さんの助言に気づかされた私は、確定判決がアヤ子さんと「共犯者」を有罪とした五つの「事情」を挙げ、弁護団が累次にわたる再審請求で、その一つ一つに合理的疑いを突きつけてきたことを示し、そしてこれまでに3回出た再審開始決定が、それぞれ異なる視点から弁護団の主張を採用してきたが、それらを重ね合わせると、確定判決が有罪の根拠とした五つの事情すべてに合理的疑いが差し挟まれている、と論じた。そして、三つの開始決定を重ねた分厚いロジックと対比させることで、いかに小池決定の論拠が薄いかを際立たせた。

そして論文の最後を、このように結んだ。

「高度の専門的知見に裏打ちされたスキルをもって、妥当な結論に向かわせるべく法を解釈適用するという、極めてクリエイティブな営みに心血を注ぐ、それが司法の『正義』であり、なかんずく裁判官の使命ではないだろうか。

笹野コート・冨田コート・根本コートはその『正義』を実現すべく使命を果たしたが、最高裁第一小法廷はどうであったか。

その答えは、すでに誰の目にも明らかだろう。」

現代人文社が年4回発行している「季刊刑事弁護」には、これまで、大崎事件そのものについてだけでなく、再審における証拠開示の問題、再審開始決定に対して繰り返される検察官抗告の問題などをテーマに何度も論文を掲載していただいていた。

しかし、その私でさえ、季刊刑事弁護１０２号の表紙には度肝を抜かれた。

「特集②」のタイトルとして、

大崎事件最高裁決定の不正義

と、ひときわポイントの大きい太字のゴシックで黒々と書かれていたからである。

本文の頁をめくると、この特集の企画者である笹倉香奈・甲南大学教授の「特集の趣旨」に始まり、「弁護団からの報告」と題する拙文のあと、村岡啓一・白鴎大学教授、豊崎七絵・九州大学教授、徳永光・獨協大学教授（第３次即時抗告審のとき、我々が提出した供述心理鑑定を「似非科学」とこき下ろした、科警研の心理技師３名の意見書に反論する意見書を書いてくださった研究者である）、という豪華執筆者たちが、それぞれの視点から小池決定の問題点を

季刊刑事弁護 102 号特集②
「大崎事件最高裁決定の不正義」

あぶり出す、全30頁にわたる渾身の特集だった。

まるで「小池決定包囲網」のように、数多くの研究者たちが小池決定の問題点をあぶり出す論文を次から次へと発表してくれたことは、私たち弁護団が第４次再審への闘いに歩みを進めるにあたり、大いなる援護射撃となった。

小池決定が下級裁判所に対し、「二度と大崎事件で再審開始決定は出すな」というメタメッセージを放っていたとしても、もはやその影響力は限りなく薄まっているように思えた。

4　小池決定を再審法改正の原動力に

●人権擁護大会の準備と小池決定の影響●

すでに前章でも言及したとおり、２０１９年10月に開催される日弁連人権擁護大会のシンポジウム（第3分科会）のテーマは、前年の11月に、

「えん罪被害救済へ向けて～今こそ再審法の改正を～」

と決定しており、シンポジウム実行委員会は、２０１９年の年明けから本格的な準備に取りかかっていた。私は「再審における証拠開示に関する特別部会」の部会長を務めていたこともあり、この

実行委員会の中心メンバーの一人として、2018年の年末以降、例年以上に鹿児島と東京を頻繁に往復する日々を送っていた。そして、大崎事件弁護団からは泉武臣弁護士、増山洋平弁護士、そして伝説の元刑事裁判官・木谷明弁護士も実行委員に名を連ねていた。

私たちは、捜査機関の手の内に隠されていた証拠が第2次再審の即時抗告審（原田コート）以降次々に開示された経験と、裁判所が3度も再審開始決定をしているのに、そのたびに繰り返された検察官の不服申立てによってアヤ子さんの早期救済を阻まれた経験をもつ、まさに再審法改正の必要性を体現する存在である大崎事件の再審開始が確定することで、再審法改正に向けた世論はいやが上にも盛り上がるだろうと予想していた。そして、10月の人権擁護大会シンポジウムは、その絶好のタイミングで開催できると確信しつつ、シンポジウムの準備を進めていた。大崎事件弁護団員に限らず、実行委員会のメンバーも、誰一人として大崎事件の再審開始確定を疑っていなかった。

そのような中で、6月に最高裁第一小法廷が大崎事件第3次再審請求を棄却したことで、状況は一変した。いつも活気に溢れ、明るい雰囲気の中で活発な議論が展開されていた実行委員会にも（私たち大崎事件弁護団メンバーを気遣って）腫れ物に触るような重い空気が流れた。シンポジウムの基調報告書の原稿も、大崎事件の再審開始が確定することを見越して書かれていた部分が多くあったため、泣く泣く書き直すことを余儀なくされた。

しかし、大崎事件弁護団員を含む実行委員たちは、「このような理不尽な事態が生じるのも、再審をめぐる法制度の不備が原因なのだから、小池決定をバネにもっと再審法改正の必要性をアピールしなければ」とすぐに気持ちを切り替えた。

小池決定に意味があるとすれば、それは後の世で、

「思えばあの決定が日本の再審制度を変えるきっかけとなったんだよね」

と述懐されることしかないのだ。

●九州で開催された二つのプレシンポジウム●

ところで、人権擁護大会の前には、各地で「プレシンポジウム」というのが開催される。芝居の興行に例えると、人権擁護大会シンポジウムがいわば「本公演」で、その「前座興行」が全国各地で行われるようなイメージである。本大会のシンポジウムと同じテーマのプレシンポジウムを津々浦々で開催することによって本大会への気運を盛り上げ、一人でも多くの弁護士に、本大会に参加しようという気持ちを起こさせるのがその狙いである。

２０１９年の人権擁護大会に向けたプレシンポジウムのうち、二つは九州で開催され、私はその両方にパネリストとして招かれた。

まず、８月31日に熊本で開催されたプレシンポでは、松橋事件と大崎事件をテーマに、証拠開示や再審開始決定に対する検察官の不服申立ての問題が取り上げられた。

ともに地裁、高裁で再審開始を重ねた後、かたや最高裁で再審開始が確定し、この年の３月に晴れて再審無罪が確定した松橋事件と、他方その３か月後にまさかの再審開始取消しとなった大崎事件である。すごろくで言えば「あがり」となった松橋事件弁護団の弁護士とともに「ふりだしに戻った」私がともにパネリストを務めることに、正直辛い気持ちがあったのは事実である。

しかし、プレシンポで開会の挨拶に立った熊本県弁護士会会長は、

「ここ数年、再審に関して前向きな流れができつつあるように思われました。その流れの中に松橋事件の再審無罪判決があって、次は大崎事件だろうと思っていたところでした。ところがつい先日最高裁は大崎事件についてまさかの棄却決定をおこないました。この最高裁決定は結論もひどいものでしたけれども、内容はもっとひどいものでした。理屈など無いというようなものでした。再審に向けて前向きな流れがあったのに水を差すようなもので、揺り戻しをしようとしているのではないかという雰囲気を感じているところです。大変に危惧されます。」

と大崎事件の最高裁決定に言及した後、客席の最前列に座っている私のほうに向きなおり、

「大崎事件の弁護団事務局長の鴨志田弁護士はみなさまご存知のとおり大変に情熱的でパワフルな先生ですが、先の最高裁決定を受けてさすがの鴨志田先生もしばらくは落ち込むだろうと思っていたら、元気いっぱいに『またやる』とおっしゃいました。『キーワードは反転攻勢だ』とおっしゃっておられました。このプレシンポジウムが、大崎事件はもちろんですが、再審の流れを揺り戻すような流れ全体に対する反転攻勢の狼煙になればと思います」

と、壇上から「名指し」でエールを送ってくれた。

熊本県弁護士会会長（当時）の清水谷洋樹弁護士が本書に登場するのは2度目である。2012年度の九弁連理事会の「同窓生」だった彼は、このプレシンポから遡ること3か月前、日弁連の理事会で「再審における証拠開示に関する意見書」の採択が議論された際、「応援演説」をしてくれた一人である。3か月の間に2度もエールを送られては、もはや「辛い」などとは言っていられない。

そして、パネリストとして登壇した、松橋事件弁護団の野嶋真人弁護士（日弁連の再審部会の重鎮メンバーで、数多くの再審事件の弁護を手がける東京の辣腕弁護士である）の最後のコメントに、私は再び胸を熱くした。

「松橋事件では、再審無罪を得ることができましたが、残念ながら7月31日に、私が主任弁護人を担当している三鷹事件という再審事件で、再審請求が棄却されました。その事件は異議中立てをして、異議審というのが東京高裁に係属しています。私は、名張毒ぶどう酒事件で何度も何度も負け続けてきて、そのたびに負けないで頑張ってやり続けています。

鴨志田先生は、さっき大崎事件で3回勝ったと言われたので、考えてみると、名張はせいぜい1勝1引き分けぐらいだから、3回勝った大崎には勝っていないなと思いました。私は三鷹事件をこれから頑張りますので、大崎事件はあと3回勝ってもらって、最高裁で確定させてください。三鷹事件もあと2回勝って、異議審で逆転して、最高裁で勝って、確定させたいと思います。皆さん応援をお願いします。」

野嶋弁護士は、松橋事件ではゴールにたどり着いたが、それは彼がたくさん手がけている再審事件のうちの1件なのだ。松橋の「成果」を強調するのではなく、負けている事件のことに触れて「一緒に闘い続けよう」と私に呼びかけた野嶋弁護士こそ、真の再審弁護人なのだと感服した。

続いて9月21日、大分で開催されたプレシンポは、飯塚事件と大崎事件がテーマだった。飯塚事件は１９９２年に福岡県飯塚市で発生した、小学生の女児2名が殺害された事件である。

逮捕、起訴された久間三千年さんは一貫して犯行を否認していたが、足利事件で再審無罪となった菅家利和さんを冤罪に陥れることになった、当時のＤＮＡ鑑定（ＭＣＴ１１８型鑑定と呼ばれ、現在のＤＮＡ鑑定より格段に精度が低い）と同じ機関（科警研）で、同じ手法で行われたＤＮＡ鑑定が有罪の決め手とされ、死刑判決が言い渡された。

そして、足利事件の再審で菅家さんにＤＮＡ再鑑定が行われることが決まった、と報じられた11日後の２００８年10月28日、死刑判決確定からわずか2年余りという異例の早さで久間さんの死刑が執行されてしまったのである。

死刑執行からちょうど1年後の２００９年10月28日、久間さんの遺族が再審請求を行ったが、地裁、高裁で棄却され、現在最高裁に特別抗告審が係属中である。

久間さんに行われたＤＮＡ鑑定には、その手法自体に不備があるほか、鑑定に使われた資料が全量消費されて再鑑定ができない状況となっていること、鑑定結果を撮影したネガがわざと暗く焼き付けられ、一部分をカットされた状態でプリントされていたこと、事件現場近くの峠で久間さんの車を目撃したとする、対向車の運転手の目撃証言が異様に詳細であるうえ、この運転手を取り調べた警察官が事前に久間さんの車を「下見」に行っていたことが再審段階の証拠開示によって明らかになったことなど、飯塚事件には冤罪であることを窺わせる事情がいくつもある。

しかし、死刑執行後の再審請求である。

無実の者を誤って死刑執行したことを国が認める、という事態になれば、死刑制度そのものを根幹から揺るがすことになる、と裁判所が二の足を踏む状況にあることは容易に想像がつく。

その意味で、飯塚事件は「わが国で最も困難な再審事件」と言えるかもしれない。

地裁、高裁の再審開始決定を最高裁に「強制終了」された直後の大崎事件の弁護人である私と、再審請求を準備していたのに、中立て前に本人の死刑が執行されてしまうという、悔やんでも悔やみきれない痛恨の思いを抱えて闘い続ける飯塚事件弁護団が登壇した大分プレシンポは、熊本のプレシンポ以上に重い内容だった。

しかし、弁護団長の徳田靖之弁護士以下、飯塚事件弁護団メンバーの多数を占める大分県弁護士会には、一途な頑固者が多い九州各県の弁護士のなかでも、とりわけ信念に従って突き進む不屈の精神を持つ弁護士が多いと賞賛されている。

プレシンポ後の懇親会で飯塚事件弁護団、そして大分県弁護士会会員たちと痛飲し、「闘い続ける魂」に共鳴した私は、別れ際に徳田弁護団長とがっちり握手を交わした。

この握手が、後に大きな動きにつながるのである。

●いざ、人権擁護大会シンポジウム本番！～台風を凌駕する大盛会～●

２０１９年10月3日、第62回日弁連人権擁護大会が四国・徳島で開幕した。

ところが、である。

この日、台風18号が四国を直撃、東京や福岡からの航空便が軒並み欠航となってしまった。

私たちの第3分科会（再審法改正）は、「これでもか」というほど豪華なゲストたちが登壇を予定していた。

基調講演ならぬ「基調対談」を行うのは、江川紹子さんと周防正行監督。

冤罪被害者とその家族によるトークセッションには櫻井昌司さん（布川事件）、菅家利和さん（足利事件）、袴田ひで子さん（袴田事件）、青木惠子さん（東住吉事件）、西山美香さん（湖東記念病院事件）。

そしてパネルディスカッションには、第3分科会の実行委員でもある安原浩弁護士（元裁判官）、市川寛弁護士（元検事）、小林修弁護士（名張事件、日野町事件など多数の再審事件の弁護人で、元日弁連人権擁護委員会第1部会《再審部会》長）に加え、研究者

第62回人権擁護大会第3部会シンポジウムのチラシ

として笹倉香奈教授（甲南大学）、斎藤司教授（龍谷大学）、そして立法に関する分科会には欠かせない、立法府からのパネリストとして伊藤孝江・参議院議員（公明党）が顔を揃えることになっていた。

実行委員会メンバーの大多数と、トークセッションに登壇する「冤罪被害者オールスターズ」は前日から徳島入りしていて事なきを得た。またパネルディスカッションのゲスト（研究者、国会議員）も全員関西在住だったため、陸路徳島入りできた。

問題は前半のハイライトとなる「基調対談」のお二人、江川紹子さんと周防正行監督だった。スケジュールの関係で二人とも当日入りだったのである。

この日の羽田発徳島行きのＪＡＬの始発便は羽田を離陸し、徳島に向かったものの、何と途中で羽田に引き返してしまった。この便には木谷明弁護士を始め、東京から参加予定の弁護士や研究者が大勢搭乗していたが、皆上空で涙を呑んだ。そしてそれ以降のＪＡＬ便は全部欠航となった。

果たして江川さんと周防監督は徳島に来ることができるのだろうか……。

大会前に万全の準備を整えていた私たち実行委員だったが、数日前に、

「でもさぁ、ここまでちゃんとやっても、当日になると必ずと言っていいほど予期せぬアクシ

デントが起こるんだよなぁ……」と軽口を叩き合っていたのが今となっては恨めしい。

しかし、お二人は奇跡的に徳島に到着していた。江川紹子さんは早朝東京の自宅を出て、なんと陸路新幹線で大阪までたどり着き、そこから高速バスで四国入りしたという。

また、周防監督は「ＡＮＡ便は飛びましたよ」と言いながら、涼しい顔をして待合室に入ってきた。お二人の強運に、ただただ感謝するのみだった。

結果として、当日登壇予定の全員が一人も欠けることなく勢揃いした第３分科会は、まさに圧巻だった。

非法律家の立場から、長年にわたり刑事司法を深く洞察し続けてきた江川さんと周防監督の基調対談では、刑事裁判に興味を持つに至ったきっかけ、刑事裁判を傍聴し始めたころに感じていた違和感や疑問が語られ、そして、江川さんは「検察の在り方検討会議」、周防さんは「法制審議会新時代の刑事司法特別部会」のそれぞれ有識者委員を務めた経験から、「再審の審理も公開の法廷で行うべき」、「今の制度ではダメだとわかっているのに改善しないという、この不条理をもっと国民に知ってほしい」と訴えた。

お二人の「かけ合い」はスリリングでエキサイティング、ナビゲーター役として壇上にいた私が自分の役割を忘れるほど楽しく、あっという間に時間が過ぎてしまった。

冤罪被害者とその家族によるトークセッションでは、「スター誕生」の予感があった。湖東記念病院事件の西山美香さんである。彼女のコメントには、素直で優しい性格が滲み出ているのだが、時折ドキッとするほどクールに他人を洞察していることがわかる発言や、洒脱なユーモアのセンスを感じさせる場面もあり、これは場数を踏むと、唯一無二のキャラクターに変貌するに違いないと思った。まさにダイヤの原石のような存在感があった。

パネルディスカッションで聴衆を引きつけたのは市川寛弁護士だった。市川弁護士は、実務法曹としては私より11年も先輩にあたるが、なんと母校である神奈川県立湘南高校の3年後輩である（私は歳を取ってからこの業界に入ったので、このようなケースがしょっちゅうある）。元検事という立ち位置で、パネリストの中であえて「ヒール（悪役）」になる覚悟を決めた彼は、検察官たちは「弁護人や裁判官よりも、証拠を見て起訴している俺たちこそが、一番刑事裁判を分かっている」と考えている、そのような彼らにとって、いかに再審無罪が許しがたい事態かということを、「検事目線」で赤裸々に語ってくれた。会場のみならず、他のパネリストにとっても市川弁護士の発言は衝撃的だったが、そのインパクトこそが、今回のパネルディスカッションの醍醐味だった。

安原弁護士は、現在第2次再審の即時抗告審が係属中である日野町事件の、第1次再審請求審段階で裁判長を務めた経験がある元裁判官であり、まだ再審における証拠開示が実務上もなかなか認められなかった時代に証拠開示勧告をした経験から、法整備の必要性を訴えた。

小林弁護士は、私が文献でしか読んだことのない「歴史上の」再審事件や、その弁護活動に対する日弁連の支援の最前線に、長きにわたり関わってきた経験を語り、いま時機を逸しては、再審法改正はまた数十年先になってしまう。何としてもこの機に実現させなければ、と力を込めた。

研究者のお二人は、笹倉教授が英米、斎藤教授がドイツの法制度をそれぞれ紹介し、日本の刑事司法、とりわけ冤罪救済制度が世界の潮流から取り残されているさまを浮き彫りにした。

最後に、国会議員として登壇した伊藤孝江・参議院議員は、自らは弁護士時代に再審事件の弁護団に加わっていたことがあるが、国会ではほとんど再審の問題性は認識されていない、というより何も知らない議員が多いことを指摘し、「再審法改正に向けた超党派の議員連盟を作るためには、まず再審制度や実際の事件を国会議員に学んでもらうための党内勉強会や院内集会などの取組みを重ねることが必要だ」と助言した。

パネルディスカッションでコーディネーターとして再び「壇上の人」となった私だったが、コーディネーターがコーディネートしなくても、パネリストたちはそれぞれの役割を心得て、無駄のない、かつ興味深い発言を重ねてくれた。これまでに何度もパネルディスカッションのコーディネーターを務めてきたが、2014年の九弁連大会シンポジウム、2018年の再審における証拠開示シンポジウムと並んで、この第3分科会

冤罪 撲滅を　日弁連の人権擁護大会

再審事件関係者ら体験語る

徳島市で3、4日、日本弁護士連合会（日弁連）の人権擁護大会・シンポジウムが開催された。テーマの一つには冤罪被害の救済が掲げられ、シンポジウムではジャーナリストの江川紹子さんと映画監督の周防正行さんが対談。トークセッションでは、布川事件で再審無罪となった桜井昌司さん(72)も登壇し、過去の再審事件の関係者らが体験を語った。（高橋象、佐藤祐生）

経験を語る再審事件の関係者＝徳島市万代町3丁目

青木恵子さん　1995年、大阪市東住吉区であった住宅火災で、娘への放火殺人罪に問われ、2006年に無期懲役の判決が確定。自白を強要されていたとして12年に再審開始、16年に無罪となった。

西山美香さん　2003年、看護助手を務めていた滋賀県内の病院で患者を殺害した罪に問われ、07年に懲役12年の判決が確定。出所後の今年3月、病死の可能性があるとして再審開始が確定した。

桜井昌司さん　1967年、茨城県で起きた強盗殺人事件（布川事件）で、78年に無期懲役の判決が確定。96年の仮釈放まで、29年間身柄を拘束された。2009年に再審開始、11年に無罪となった。

菅家利和さん　1990年、栃木県足利市で起きた女児殺害事件（足利事件）で殺人罪などに問われ、2000年に無期懲役が確定。09年にDNA再鑑定で無実が判明し、10年に無罪となった。

袴田ひで子さん　1966年、静岡県であった強盗殺人事件で、80年に死刑判決が確定した袴田巌さんの姉。巌さんは2014年に再審が決まり釈放されたが、18年に取り消され、現在最高裁に特別抗告中。

トークセッションで、登壇者は冤罪被害の実態を訴えた。

――身に覚えのない罪に問われた時の感情は

青木　警察に協力するつもりだったが犯人扱いされた。厳しい取り調べで自白してしまい、訳のわからないまま起訴されたが、無罪になると思っていた。無期懲役と言われた時は絶望した。

菅家　刑事がいきなり家に来て、玄関を開けるなり「お前、子ども殺したな」と言われた。「証拠はあるんだぞ」と言われたが、DNA鑑定の結果は聞かされなかった。足を蹴られ、髪の毛を引っ張られ、自白してしまった。裁判で否認に転じたが、弁護士は何も調査をしなかった。28年経ったが、簡単に許せる訳がない。

――弟が冤罪だと信じながら待つ気持ちは

袴田　家族は信じていた。でも世間は「あいつが犯人だ」と思っていた。何を言っても仕方がないと思い、家にこもった。

――被告にとって有利な証拠を、警察や検察が隠していたことには

桜井　無実を示す証拠を検察が隠していても、裁判にはそれを出させる手段もないと聞き、あぜんとした。警察から、「倉庫にあった証拠が洪水で流された」とも言われた。あきれるしかない。

取り調べで自白強要 弁護士立ち会い必要

――再審開始に対しての検察官の異議申し立てについてどう思う

青木　釈放が決まって、荷物を整理して着替えた後に、刑務所の職員から「釈放できなくなった」と言われ、刑務作業に戻された。「同じ血の通った人間がこんなひどいことができるのか」と怒りがこみ上げた。

西山　再審開始の決定が出ても、検察が特別抗告をするだろうと覚悟していた。自分が捜査段階で自白をしてしまったという負い目もあるので、恨むことはできなかった。

袴田　再審開始を伝えに行くと、巌

朝日新聞 2019 年 10 月 11 日。冤罪被害者その家族トークセッション

証拠全て検証せず驚き

対談

周防正行さん　江川紹子さん

再審請求審を公開して

周防正行さん　映画監督、脚本家。痴漢冤罪がテーマの「それでもボクはやってない」など。

江川紹子さん　ジャーナリスト。オウム真理教事件など社会問題に関する著書がある。

――刑事裁判に関心を持ったきっかけは

周防　痴漢事件で高裁が逆転無罪の判決を出したという記事を読んだ。どうやら被害者の証言だけで、一審は有罪になっていた。裁判がすべての証拠を検証してきちんとした判断をするシステムになっていないと知り、驚いた。

――再審事件と関わり、どんな考えを持つようになりましたか

江川　熊本の性的暴行事件で服役した男性は「無罪を聞くまでは死ねない」とずっと言っていた。死後再審となったが、いかに無念だったかと。ただ、簡単には再審にならない。いかに大変なのかを知ってもらわなければいけない。

周防　冤罪というと殺人などの凶悪事件が話題になりやすいが、実は話題になっていない冤罪事件ってたくさんあるんじゃないか。ある痴漢事件の当事者の妻は面会時に、「私はあなたを信じる。だけど自白して出てきて」と言ったそうだ。

――どうやって再審制度を変えていけばいいのでしょうか

江川　再審請求審を公開してほしい。職業裁判官だけで裁くのはやめて、裁判員裁判のようにしてもいいのでは。

周防　裁判関係のドラマなどのイメージは皆さんの心に残っている。作り手として恥ずかしいが、間違ったイメージを振りまいている。刑事裁判や再審を、普通の人に考えられるレベルで伝えることは、自分のテーマでもある。

――会場にいる関係者らに伝えたいメッセージは

周防　「それでもボクはやってない」で、刑事裁判が信頼できるものではないということが少しは伝わったと思う。少しずつしか進歩できないとしても、訴え続けるしかない。

江川　徐々に制度がよくなる中で、取り残されているのが再審だと思う。再審に関する規定は戦後全然変わっていない。今普通の裁判でやっていることを再審請求審でもやりましょう。

（佐藤祐生）

朝日新聞 2019 年 10 月 11 日。周防監督江川さん対談

のパネルディスカッションはベスト３に入る内容だったと思う。

第３分科会には、一般市民も含め、５００名定員の会場に５２１名が参加し、立ち見が出る大盛況だった。翌日の新聞各紙も、３つの分科会のうち、私たちの第３分科会にもっとも紙面を割いて報じていた。

朝日新聞は、10月11日付朝刊で江川・周防基調対談と、冤罪被害者のトークセッションをそれぞれ特集記事で報じ、九州ブロック紙の西日本新聞は、10月18日付朝刊で、広告なしの文字どおり一面全面記事で私たちのシンポジウムを特集した。

徳島での大会に、大崎事件の地元鹿児島から、南日本新聞の山下翔吾記者、共同通信鹿児島支局の久納宏之記者が取材に駆けつけてくれていたことも嬉しかった。山下記者の取材はその後南日本新聞

再審の不備 異議あり
開示されぬ 無罪の証拠
元被告の命削る検察抗告
日弁連・人権大会 法改正 決議
制度変えねば 冤罪消えぬ
裁判官のやる気で救済格差
改善せぬ不条理知って
請求審も公開の法廷で

西日本新聞 2019 年 10 月 18 日。シンポ紹介。一面全面を使用。

一面の「再審のいま」全７回連載に結実し、久納記者は12月に再審法制改正についての動きをまとめた特集記事を配信し、京都新聞、長崎新聞などに掲載された。

それにしても、もしＪＡＬ便が台風で欠航になっていなかったら、参加者は会場に入りきらなかったのではないだろうか……。

●人権擁護大会決議～再審法の速やかな改正を求める～●

翌４日の人権擁護大会で、日弁連は、

「えん罪被害者を一刻も早く救済するために再審法の速やかな改正を求める決議」

を、上程されていた決議案の中で唯一、「満場一致」で採択した。

採決の前に、日弁連の支援する各再審弁護団に所属する弁護士がこの決議への「賛成討論」を行った。大崎事件弁護団からは森雅美弁護団長が立ち上がり、証拠開示と検察官の不服申立てに翻弄された大崎事件の経験から、一刻も早い法改正を、とアピールした。

賛成討論の中でひときわユニークだったのが、日野町事件弁護団の石側亮太弁護士の発言だった。ちょうどその頃盛り上がっていたラグビーワールドカップを引き合いに出し、

「ラグビーの試合で、審判が誰なのかが最大の関心事になることはまずない。しかし弁護団は、担当裁判長が替わるたびに、今度はどんな人なのかに最大の関心を持つ。これはとても奇妙な話だ」

と、ルールのない再審では、裁判官の当たり外れによって結論に差が出る理不尽を痛烈に批判し、

「われわれが持つ再審制度は、冗談みたいにアンフェア。この事実を社会に知らせたい」

と締めくくった。

石側弁護士の賛成討論は、福岡から取材に訪れていた西日本新聞の中島邦之編集委員の心にも残ったらしく、11月15日付の「風向計」というコラム欄に中島編集委員が執筆した、

「再審、フェアなルールで」

と題する記事の中で引用されている。

https://www.nishinippon.co.jp/item/n/559772/

なお、余談ではあるが、石側弁護士はラグビーにはまったく興味はなく、ワールドカップの試合も観戦していなかったという。

●そして日弁連は再審法改正に向けて動き出した●

人権擁護大会で、再審法改正を求める決議が採択されたことは、日弁連内部においても、決議の実現のため、今まで以上に再審法改正に向けた取組みを推進しなければならないというモチベーションを高める契機となった。

２０１４年に設置された当時は、日弁連内でもその存在をほとんど知られていなかった「再審における証拠開示に関する特別部会」は、人権擁護大会終了後の２０１９年12月、「再審法改正に関する特別部会」に看板を掛け替え、発展的解消を遂げることが承認された。

２０２０年３月に開催された「再審法改正に関する特別部会」の第1回会議には、人権擁護委員会第1部会（再審部会）、再審における証拠開示に関する特別部会、人権擁護大会第３分科会実行委員会に所属する委員から厳選し、さらに国会対策や広報活動に実績のある弁護士に私が直接加入をお願いしたニューフェイスを加えたメンバーが顔を揃えた。私は証拠開示特別部会に引き続き再審法改正に関する特別部会の部会長を務めることになった。

新しい部会の議事を進めながら、私は、再審法改正を早期に実現させるための土台が、少しずつ、しかし確実に固まりつつある手応えを感じていた。

5　大崎事件40周年集会と「新戦力」の登場

●人権擁護大会シンポから12日後のスピード企画●

およそ1年をかけて企画・構成し、しかもその途中で「小池決定」という衝撃的な状況に晒されながらも、めげずに準備を進めた人権擁護大会第3分科会（再審法改正シンポジウム）が大成功に終わり、通常であればしばらくの間は「燃え尽き症候群」とか「抜け殻状態」になるところだが、このときの私には燃え尽きているヒマはなかった。

２０１９年10月15日は、大崎事件発覚から40年という節目である。

第４次再審申立てに向けて、「大崎事件は終わっていない」ということをアピールするためにも、私は何としても「大崎事件40周年集会」を鹿児島で開催したかった。

そして、インパクトのある集会とするために、今回は、アヤ子さんが「女性の冤罪被害者である」という点に徹底的にフォーカスしようと考え、人権擁護大会シンポジウムの登壇者でもある笹倉香奈教授、袴田ひで子さん、青木惠子さん、西山美香さんに、

「10月15日、アヤ子さんのために鹿児島においでいただけないでしょうか」

とお願いした。すでに当日まで1か月を切っている段階でのオファーであったにもかかわらず、驚

くことに、全員が一も二もなく快諾してくれた。

そして、私はもう一人、どうしてもこの集会に招きたいと切望するある弁護士に、メッセージを送った。

●亀石倫子弁護士との「再会」●

メッセージを送った相手は、亀石倫子弁護士だった。

風営法ダンス営業規制違法事件、タトゥー彫り師医事法違反事件で弁護団を率いて無罪判決を勝ち取り、また、令状なしで行われたGPS捜査が違法であるとの判断を最高裁大法廷で獲得した弁護団長として一躍「時の人」となった亀石弁護士とは、２０１８年の3月、小畑和彦裁判官の引き合わせにより大阪で初めてお目にかかり、意気投合していた（本書３１０頁参照）。

私が小池決定に打ちのめされた後、第４次再審申立てや再審法改正に向けて反転攻勢の狼煙を上げようと必死でもがいている頃、彼女は参議院選挙の大阪選挙区立候補者として終盤を迎えた選挙戦の渦中にいた。

7月21日の選挙で善戦虚しく落選した亀石弁護士が、今後の身の振り方を考えているだろうと思った私は、そのころ亀石弁護士に、

「再審法改正に向けた取組みに協力いただけませんか」と水を向けていた。刑事弁護のエキスパートとして経験・実績ともに十分の彼女の実力を、再審という新しいフィールドでもいかんなく発揮してほしいと思うと同時に、彼女が選挙戦を通じて構築したであろう国会関係者とのパイプを法改正に向けた活動に活かせるのではないか、と考えたのである。

亀石弁護士からは、「まだ今後のことを考えている最中なので、検討させてほしい。まずは徳島の人権擁護大会シンポに参加する」、という回答メッセージをいただいた。

その亀石弁護士に、徳島での人権擁護大会の12日後に、鹿児島での大崎事件集会に女性の刑事弁護人という立ち位置で発言してほしい、と依頼したところ、彼女も「伺います！」と即答してくれた。

●「映える」集会●

かくして、大崎事件40周年集会の開催と登壇メンバーが決まったところで、実質3週間ほどでチラシを作り、集会のコンテンツと進行を決めた。準備に1年近くをかけた人権擁護大会シンポとは対照的な「急ごしらえ」の集会だが、この顔ぶれであれば絶対成功し、マスコミも大きく取り上げるに違いない、と私は確信していた。

集会前日の10月14日、集会のゲスト全員が、アヤ子さんの入院先の病院を訪れ、アヤ子さんを激励した。

アヤ子さんは、いつも袴田ひで子さんが面会に来ると、顔を紅潮させ、首を持ち上げ、口を大きく開けて何かを必死で伝えようとするのだが、このときもそうだった。

「闘う女」の共鳴である。

一方、笹倉香奈教授、亀石倫子弁護士、そして、この時点ですでに再審無罪となることが確実視されていた湖東記念病院事件の西山美香さんは、この日がアヤ子さんとの初対面だった。美香さんは冤罪に巻き込まれる前は看護助手として働いていた。医療従事者らしく、さりげなくアヤ子さんの手を握り、身体をさする様

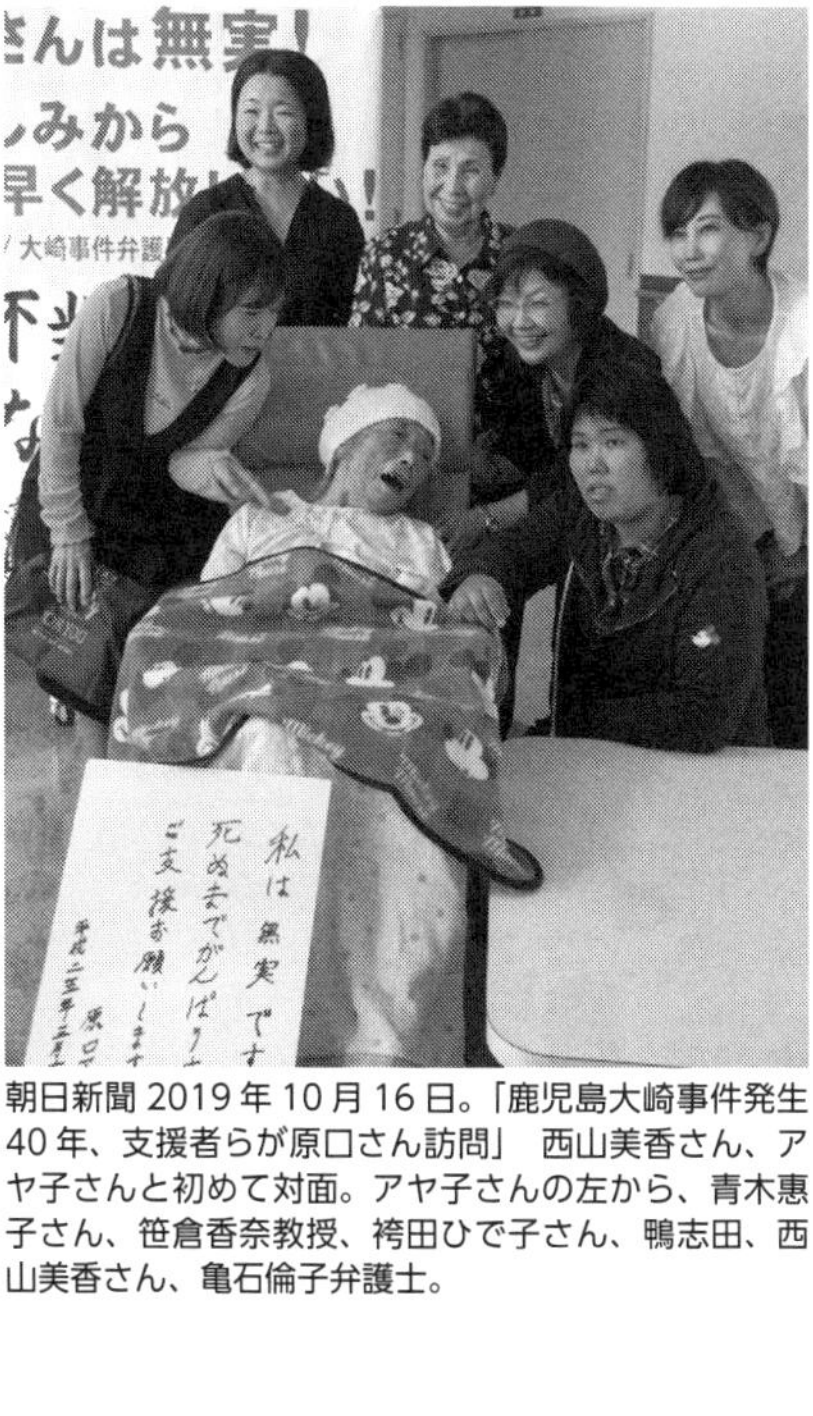

朝日新聞 2019年10月16日。「鹿児島大崎事件発生40年、支援者らが原口さん訪問」 西山美香さん、アヤ子さんと初めて対面。アヤ子さんの左から、青木惠子さん、笹倉香奈教授、袴田ひで子さん、鴨志田、西山美香さん、亀石倫子弁護士。

子はとても自然で、優しさに満ちあふれていた。

翌日の、

「大崎事件40年　日本の刑事司法はこのままでいいのか？～大崎事件最高裁決定の不正義を乗り越え、いざ反転攻勢へ～」

と題した集会では、笹倉教授が基調講演で、冤罪原因の究明が、検察庁内に検証システムを設置するなどの制度改革に繋がっているアメリカの例などを紹介し、青木さんと西山さんが女性冤罪被害者に対する過酷な取調べと、おやつ時間が短かすぎたため、かっぱえびせんを袋の上から叩きつぶして粉状にし、それを食べるというより飲まなければ作業に戻る時間に間に合わない、といった理不尽な刑務所生活の実情を、もの言えぬアヤ子さんになり代わるかのように赤裸々に語り、さらに亀石弁護士が女性の被告人が勾留施設内でブラジャーを着用できず、したがって公開の法廷でもノーブラで出廷しなければならないといった女性の尊厳に関わる問題が存在することなどを指摘し、刑事司法の問題点をジェンダーの観点からも浮き彫りにした。

「大崎事件 40 年…いざ反転攻勢へ」
集会チラシ

そして、アヤ子さんの娘で、第４次請求では両親のために再審請求人になる覚悟を決めた京子さんが、

「ここまで長引くとは考えてもいなかった。母も92歳になったが、皆さんに支えられて頑張っている。冤罪事件をなくすよう、司法を変えていってもらいたい」

と挨拶し、集会はフィナーレを迎えた。

集会の様子と前日のアヤ子さん激励の模様は地元局の夕方のニュースが揃って報じ、翌朝の南日本新聞には女性パネリストがずらりと並んだカラー写真つきの記事が一面に掲載された。また朝日新聞も「アヤ子さんを囲む女性たち」の写真入りの記事を掲載した。

自分の伝えたいことを相手に注目して

大崎事件再審

年内にも4次請求

弁護団、発生40年で集会

日本の刑事司法の在り方について考えた大崎事件40年の集会＝15日、鹿児島市

大崎町で1979年に男性の変死体が見つかった「大崎事件」は15日、発生から40年を迎えた。殺人罪などで服役後も裁判のやり直し（再審）を求めている原口アヤ子さん(92)の弁護団が鹿児島市で集会を開き、早くて年内、遅くても年度内に第4次再審請求を申し立てる意向を明らかにした。

弁護団報告によると、男性が自転車事故による出血性ショックと低体温症の影響で死亡した可能性などを指摘する方針。現在、専門家らが鑑定書を作成している。6月下旬に最高裁が第3次請求を棄却したことを受け、7月の弁護団会議で第4次請求に踏み切ることを決めていた。

弁護団の森雅美団長は「弁護団としてもここで終わらせるわけにはいかない。4回目の再審請求に向け、新たな一歩を踏み出す」と述べた。

刑事司法の在り方を考えたパネルディスカッションには、「東住吉事件」で2016年に再審無罪が確定した青木惠子さんら冤罪被害者、弁護士、学者など女性6人が登壇。甲南大の笹倉香奈教授は講演で、冤罪原因の究明から多くの制度改革につながっている米国の事例などを紹介した。

原口さんの長女は「ここまで長引くとは考えてもいなかった。母は92歳になったが、皆さんに支えられながら頑張っている。冤罪事件をなくすよう、司法を変えていってもらいたい」と訴えた。

弁護団と支援者らは14日、県内の医療機関を訪問し、入院中の原口さんを激励した。

南日本新聞 2019 年 10 月 16 日。「年内にも４次請求」

もらうために、どのような工夫が必要かについて考えることを、ともするとわれわれ弁護士は軽視しがちである。しかし、どんなに重要で価値ある情報でも、伝えたいことが相手に伝わらなければ意味がないのだ。記事に掲載されたカラー写真を見て、マスコミに対するインパクト、そしてそれを見る一般市民の注目度という意味で、この企画は大成功だったと思う。

後に、弁護団の佐藤博史弁護士は、

「鴨志田先生から全員が女性の登壇者と聞いて、大崎事件には男性の共犯者もいるのに、いかがなものかと思ったが、実際に集会を見て、素晴らしい効果を上げたと思った」

と私に打ち明けてくれた。

しかし、この集会での最大の収穫は、集会の終了後に突然もたらされた。

●帰り道での「告白」●

大盛況だった集会の熱い余韻が残るなか、会場の後片付けを済ませた弁護団メンバーと亀石倫子弁護士は、天文館（鹿児島市内随一の繁華街）のアーケード内を、資料の残部や横断幕を積み込んだ台車をガラガラと押しながら、私の事務所に向かって歩いていた。

事務所の手前10メートルほどのところにある乾物屋さんの前にさしかかったあたりで、亀石弁護士が突然、

「鴨志田先生！　私を大崎事件弁護団に入れて下さい」

と申し出たのである。

私は、長年ひそかに慕っていた片想いの相手から「告白」されたような気持ちになり、顔が緩むのを抑えられなかった。しかし、内心とは裏腹に「もちろん大歓迎だけど、一応弁護団メンバーに意見聞いてみますね」とその場はクールに対応した。

もちろん弁護団が反対するはずもなかった。

かくして、大崎事件弁護団に亀石倫子弁護士という「最強の新入り」が加わったのである。

実はこれには裏話がある。

私が8月に亀石弁護士に依頼したのは、「再審法改正に向けた活動への協力」だった。今後日弁連に設置されるであろう、再審法改正に向けた組織のメンバーになってもらうことを念頭に置いて

いた。

もちろん、彼女が大崎事件弁護団に入ってくれたらいいなぁ、と思っていたのは事実である。しかし、大崎事件弁護団は、彼女がこれまでの講演等で、「こんな弁護団はイヤだ！」と表明していたタイプの弁護団（人数が多いわりに実働が少ない、重鎮の弁護士の発言力が大きい、弁護団会議等の運営効率が悪い）に該当するタイプの弁護団であることを自覚しており、残念ながらとても弁護団に誘うことはできない、と考えていた。

一方、亀石弁護士は、8月の私の依頼を「大崎事件弁護団に加わってくれ」というメッセージだと思い込んでいたという。彼女の「告白」は勘違いのなせる技だったのである。

しかし、弁護団に加わった亀石弁護士は、私の杞憂を吹き飛ばす勢いで弁護団に馴染み、そして後述するように「大崎新時代」と呼べる弁護活動の新たな局面を切り開いてくれている。

またしても、人の縁《えにし》の不思議を思わずにはいられなかった。

6　台湾検察トップへのインタビュー

●2018年台湾IP大会での衝撃●

話は少し遡る。

2018年の8月末、私は生まれて初めて台湾に上陸した。国立台湾大学で開催された「台湾イノセンス・プロジェクト（台湾冤獄平反協会：台湾IP）」の年次大会に参加するためである。

イノセンス・プロジェクトとは、アメリカのイェシーバー大学のカードーゾロースクールで始まった、主にDNA鑑定によって冤罪被害者を救済する民間の非営利組織である。現在イノセンス・プロジェクトは世界中に広がりを見せており（世界各地で同様の活動を行う「イノセンス団体」がワールドワイドに繋がって「イノセンス・ネットワーク」を構築している）、その活動は各国の誤判冤罪救済への取組みや刑事司法制度改革にも大きな影響を与えている。

アジア各国にあるイノセンス団体のうち、最も活動が活発で成果を上げているのは台湾IPであり、その2018年の大会には日本の「えん罪救済センター」（IPJ）を含むアジア各国のイノセンス団体が参加していた。

私はIPJの一員として大会に事前申込みを行っていたのだが、大会直前になって急遽、大崎事件について30分ほどプレゼンテーションすることになった。ただ、あまりにも直前に決まったため、大会の公式プログラムへの掲載は間に合わなかった。

しかし、なぜかプログラムには私の名前が載っていた。

この大会のメインゲストの一人として基調講演を行ったのは、布川事件で再審無罪を勝ち取った櫻井さんだった。

櫻井昌司さんは、初日のプログラムの最後に、自ら作詞作曲した歌を披露することになっており、当初、台湾のピアニストが歌の伴奏をすることになっていたのだが、私が大会に参加することを知った櫻井さんから「それなら、毎年博多ライブのときに伴奏して慣れている鴨志田先生にやってほしい」とリクエストされた。

そのような次第で、公式プログラムでは「伴奏　鴨志田祐美」として大会にエントリーしていたのである。

話をもとに戻そう。この大会は2日間にわたり多くの講演、報告、パネルディスカッションなどが行われ、とても充実した内容だったが、何より度肝を抜かれたのは大会の冒頭の、「開会の挨拶」だった。

壇上に上がったのは、台湾検察のトップである江惠民検察総長（日本の「検事総長」にあたる）その人だったのである。

日本で冤罪救済活動を行っている民間の団体の大会に、検事総長はもとより現職の検事が参加することなど、まずありえないだろう。それゆえ、台湾ＩＰの大会に検察総長ご本人が登壇しているという事実を目の当たりにしただけでも驚きだったが、同時通訳されてヘッドホンに流れてきた開会の挨拶の内容に、私はさらに心を奪われた。

「私たちは冤罪を国家の問題として取り組まなければならない」

「検察官、裁判官には事件を通じ、冤罪が当事者にどれぐらいの傷を負わせたのかを心から知ってもらいたい」

検察のトップが冤罪を「わがこと」として正面から受け止め、冤罪被害者に寄り添うことの必要性を説き、台湾ＩＰとの関係を「対抗のかわりに、協力を」と位置づけた総長のメッセージは、言葉の通じない私にも温かな迫力をもって胸に響いた。

●このひとと話がしてみたい！●

当時、大崎事件は第３次再審請求で、地裁・高裁が再審開始決定を重ねたのに、（日本の）検察官は抗告をくり返し、特別抗告審が最高裁に係属中だった。

これまでに何度も書いてきたように、検察官は、再審請求の際にわれわれ弁護人が証拠開示を求めると、

「再審は通常の刑事裁判手続と異なり、職権主義（裁判所主導の手続）であり、検察官は当事者ではなく、職権を行使する裁判所に協力する立場である。だから弁護人が検察官に証拠開示を求めるのは筋違いというものである」

と言って拒絶することが多いのに、いざ裁判所が再審開始決定を出すと、態度を一変させ「有罪は勝ち、無罪は負け」という当事者根性をむき出しにして、何としても再審無罪を阻もうとする。

そのような検察官の姿勢に辟易していた私は、台湾と日本の検察官の、依って立つ価値観の差に、なおさら衝撃を受けたのだった。

私の住む鹿児島市から台北までは約１１４０㎞であり、これは鹿児島市から福島市までの距離よりも近い。遠い欧米ではなく「ご近所」である。しかも、台湾の刑事訴訟法は、第二次世界大戦

以前のわが国の旧刑事訴訟法の影響を受けて作られたものである。

「日本の法制度に倣って刑事司法制度を構築した台湾で、どうしてここまで改革が進み、検察官のスタンスにもこれほどの違いが生じたのか。江総長と直接会って、話をしてみたい」

このとき私は何の迷いもなくそう思った。しかし、日本の南の果ての鹿児島で細々と活動している一介の弁護士が、台湾検察のトップと話をする機会を得ることなど、夢のまた夢だろうと考えていた。

●夢の実現●

ところが1年後、奇跡が訪れた。

一橋大学特任講師（当時）で本書に何度も登場している李怡修さんと、台湾ＩＰの代表である羅士翔弁護士のご尽力によって、私は江惠民検事総長との面談を許されたのである。

私は面談前日に台湾入りし、台湾ＩＰの羅代表から台湾の再審や刑事司法の現状についてレクチャーを受けた後、２０１９年11月26日午前10時、羅代表と李さんに伴われて台湾最高検察署（日本の最高検察庁）に赴いた。

非公式の小規模な面談をイメージしていた私だったが、笑顔で出迎えてくださった江総長が待っていたのは、よく「○○首脳会談」の開催時に冒頭で撮影される、両首脳が並んで正面奥の大きな肘掛け椅子に座り、その両側に何人もの要人たちがずらりと鎮座しているという、あの構図そのままの大広間のような場所だった。そこで総長と私は、名刺と、お互いが準備してきたお土産を交換し、重厚な肘掛け椅子に総長と並んで座った状態で最高検察署の職員に記念撮影され、しばし談笑した後、続き間になっている会議室に案内され、しかるのちにインタビューが始まった。

●「人権の守護者」であるという矜持●

ここまででも、もうすでに何回驚いたか分からないぐらい驚きの連続だったが、さらなる驚きは、私が事前に提出していた質問事項について、詳細な回答案が綴られているとみられる分厚いファイルを手にした現役の検事が3名、江総長とともにインタビューに応じてくださったことである。

インタビューの内容については紙幅の関係で本書では割愛するが（「季刊刑事弁護」103号に、10頁にわたってほぼ全面収録されているので、ぜひお読みいただきたい）、江総長と同席した3名の検事たちから伝わってきたのは、

「司法官としての客観義務を負っている」

ということへの高いプライドと自負だった。この「客観義務」をわかりやすく説明すると、検察官は裁判官と同じ教育を受けた「司法官」であり、日本のように刑事裁判の「当事者」として有罪無罪にこだわる以上に、「人権の守護者」として客観的立場から真実を発見し、公益を実現することで国民の信頼を得ようとしているということである。

その背景に、第二次世界大戦前の日本の占領下、さらには戦後の独裁政権下で、長きにわたり権力者によって人権を蹂躙されてきた国民の、権力に対する強い不信感から、検察のあり方についても国民からの不断の監視に晒されているという、台湾独自の事情が存在するのは確かである。

ただ、そのような背景事情があるにせよ、検察官が冤罪の存在を正面から肯定し、冤罪だと考える事件であれば、たとえ死刑事件であっても検察官が自ら再審請求を行う、というスタンスには、やはり日本との圧倒的な彼我の差を感じずにはいられなかった。

江総長自身が、高検の検事長だった時代に、台湾で検察官として初めて死刑事件について自ら再審請求を行い（後に再審無罪が確定）、その功績が評価されて検察総長に推挙されたという事実にも驚嘆する。

話を聞けば聞くほど、私は心の中で、
「どうして台湾はここまでできるんだろう。どうして日本ではそれができないんだろう」
と同じフレーズをリフレインするほかなかった。

●フリートークで盛り上がる●

面談の前半では事前に私がお送りしていた質問事項に沿って回答していた江総長が、インタビュー開始から1時間ほど経ったところで、「もう少し自由な議論をしましょう」と、いわばフリートークをもちかけたことも驚きだった。

国会答弁もそうだが、わが国では、裁判所や検察庁との意見交換といっても、事前の質問に対して準備された紋切り型の回答しか得られないことが少なくない。

しかし、江総長の提案後、私のほうから、もともとの質問事項に挙げていなかったことをいくつもお尋ねしたところ、総長及び同席した検事たちは、皆その場で忌憚のない意見を述べ、むしろフリートークとなった後半のほうが、大いに話が盛り上がった。

さらに、江総長から私への「逆インタビュー」もあった。

「大崎事件について、よろしければ鴨志田先生の心境をお聞かせ願えませんか？」

と江総長から問われた私が、思わず小池決定の不正義をぶちまけると、江総長は、

「最高裁が若干保守的であるという状況は、台湾も似ており、もしかしたら世界的にそうかもしれませんね」

といたずらっぽく笑ってみせた。

ちなみに、このインタビューの内容は台湾法務部の機関誌「法務通訊」（主要購読者は法務官僚と検察官である）の２９８７号、２９８８号の2号にわたって連載され、このフリートーク部分も収録されている。

●鴨志田先生は一人ではない●

インタビューが終わり、会議室を辞する際、江総長は握手を交わしながら、

「鴨志田先生は一人ではない。同じ思いで頑張っている法律家も多いでしょう。是非これからも交流し合い、お互いに頑張りましょう」

と、私にエールを送ってくださった。

そして、冒頭で私が総長に手渡していた、インタビューの前日である2019年11月25日付朝日新聞朝刊「ひと」欄に掲載された私の記事（本書611頁参照）を差し出して、

「あなたはいずれ有名な人になるでしょうから、ぜひ私にサインを下さい」

と、再度いたずらっぽく笑ってみせた。

この先私が有名人になることはありえないし、あと何年、何十年この人生を生きるか分からないが、江総長と過ごした2時間は、人生を終える瞬間、「わが人生のハイライトシーン」の一つとして、鮮やかに私の脳裏に浮かぶことだろう。

●「油滴天目」に込められたメッセージ●

インタビューを終え、その日のうちに帰国した後、自宅で江総長から頂いたお土産を紐解くと、そこに収められていたのは、台北刑務所の受刑作業で作られている「油滴天目」（「天目釉」と呼ばれる釉《うわぐすり》をかけて焼かれた陶器）の器だった。

深い青みが美しい器には、罪を犯したひとには適切な処罰と社会復帰のための支援を行い、冤罪の疑いがあれば、司法官として自らの手で救済していく、それが台湾検察の矜持なのだ、という

メッセージが込められているように思えた。

「われわれが起訴する事件に冤罪などありえない」と、あくまで有罪を維持することが法的安定性に資するという姿勢を固持する日本の検察と、冤罪の存在を正面から認め、個人の責任に帰着させるのではなく、制度を改善することで次の過ちを防ごうとする台湾の検察。

どちらが真の「公益の代表者」として国民の信頼を得られるだろうか——。

私は深い青色をたたえた器の底を覗き込みながら、ひとり呟いた。

●台湾の改革をわが国の再審法改正の起爆剤に●

私が江恵民検察総長のもとを訪れた直後である2019年12月、台湾では再審に関する刑事訴訟法の改正案が立法院（日本の国会）で可決され、再審請求人による証拠情報獲得権、意

台湾検察総長・江恵民氏とのツーショット

右から順に、陳傳宗検察官兼書記官長、林俊言検察官、曾昭愷副司長、朱朝亮検察官、江恵民検察総長、鴨志田、李怡修さん、羅士翔弁護士

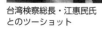

見陳述権、証拠調べ請求権等の明文化、さらには再審の審理手続を原則公開とすること等が盛り込まれた。

驚くべきことに、この改正案は、台湾総統府の「総統府司法国是会議（総統による司法改革推進会議）」の結論を受けて、行政院（日本の法務省）と司法院（日本の最高裁判所）との連名で、立法院（日本の国会）に提出されたものなのである。

もちろん、台湾と日本では、歴史的背景も政治的状況、統治機構や司法制度、そして法体系も日本と大きく異なる部分があり、単純な比較はできないことは留意すべきである。

しかし、そもそもアジアの隣国で、このような刑事司法改革のうねりが実現していることを、ほとんどの日本人は知らないだろう。

せっかく李さんや羅代表、そして江総長とのご縁をいただいたのだから、私には再審法改正の活動を進めるにあたり、この台湾の動きを積極的に紹介する「使命」があると思っている。

その手始めとして、村木厚子さんの郵政不正事件10周年を受け、検察の現状を批判的に分析した朝日新聞大阪本社の連載「検察　再生への道　証拠改ざん10年」の取材チームに台湾の検察の現状を紹介したところ、コロナ禍のもとでオンライン取材とはなったが、取材チームと江総長とのインタビューが実現し、その内容が２０２０年9月27日付朝刊に、連載の最終回として掲載された。

https://digital.asahi.com/articles/ASN9Y33LNN9CPTIL00J.html

私たちは、日本法をお手本として刑事司法制度を作った台湾から、すでに肩越しに追い抜かれているることを自覚しなければならないのだ。

7　２０１９年後半の講演ラッシュ

●負けても多数の「お座敷」がかかった２０１９年下半期●

２０１７年に第３次再審の鹿児島地裁（冨田コート）で再審開始決定が出てから、講演に招かれる機会が格段に増えた私だったが、最高裁で再審開始を取り消されたときには、敗北した事件の弁護人など、もう誰も講演に呼んでくれないだろうと思っていた。

ところが予想に反して、２０１９年の後半になっても、相変わらず講演ラッシュは続いた。

もちろん、小池決定が出される前にスケジュールされていたものが多かったが、小池決定後の「反転攻勢」をあえて演題にしてほしい、とオーダーされることもあった。

特に印象深かった講演をいくつか振り返ってみよう。

●生まれて初めての津軽海峡越え●

10月3日、4日に徳島で開催された日弁連人権擁護大会のあと、私は徳島からそのまま羽田経由で札幌に飛んだ。5日の札幌の予想最高気温は15度、徳島の最低気温と同じぐらいだった。新千歳空港に降りるなり、私は鹿児島からキャリーバッグに詰めて持ってきていたトレンチコートに袖を通した。

これまでの人生で足を踏み入れた国内最北端の場所は2018年の人権擁護大会で訪れた青森だったから、私はこのとき初めて津軽海峡を越えたのである。

新千歳空港から札幌市街に向う道中、どこまでも横長の風景が続く札幌の街並を車窓から眺め、北海道大学キャンパスの、日本離れした広大さに驚嘆したあと、「日本三大がっかり」などと酷評されているらしい札幌の時計台の斜め向かいにあるホテルに荷物を置いた私は、すぐに国民救援会主催の集会会場に向かった。

会場には「ビッグ対談」との文字とともに、櫻井昌司さんと私の写真が並べられた集会のチラシが貼ってあった。

櫻井さんは男性の身長としては小柄な150センチ台、私に至ってはその150センチすら切っている「ミニモニ級」であり、どう考えても「ビッグ」ではないよなぁ……。あ、でも二人とも声と態度は大きいから、まぁいいか、などと心のなかでセルフ突っ込みを入れながら会場に入ると、すでに櫻井さんは一足早く会場に到着していた。

二人とも、前日は徳島にいたのに、である。

集会のテーマは、

「えん罪に泣く人を救うために　市民は何をすべきか―再審の法整備に向けて―」

だった。櫻井さんは自らが発起人となった「冤罪犠牲者の会」の活動を、私は徳島の人権擁護大会シンポジウムの報告や、日弁連が「えん罪被害者を一刻も早く救済するために再審法の速やかな改正を求める決議」を採択したことなどを紹介しながら、二人のマシンガントークによる対談が終わると、客席から質問の手が上がった。

「では、私たち市民は、再審法改正のために、具体的に何をすればよいのでしょうか」

確かにこの集会のタイトルは「市民は何をすべきか」である。しかし、この質問に端的に答えるのは難しい。

2019年10月5日国民救援会札幌集会「ビッグ対談」チラシ。日本国民救援会北海道本部提供

支援というと、署名活動、寄付、ビラまき、街頭宣伝、などが頭に浮かぶが、おそらくこの質問をした方は、そういう行動とは別のことが訊きたいのだろう。

私はこのように答えてみた。

「今日のこの集会で私が話したことを、家に帰って夕食の団らんのひとときに家族に伝えて下さい。会社では同僚とお昼ご飯を食べながら話題にして下さい。そうやって、普段の生活の会話の中で冤罪や再審のことを話題にすると、テレビや新聞のニュースになったとき、『あ、あの話だ』とピンとくるでしょう。そのうちに、再審法を改正する、という候補者が現れ、その人に投票し、法律を作ることができるでしょう。まずは自分が知ること、次にそれを身近な人に伝えるところからではないでしょうか」

この集会には、私が小学校高学年から高校3年まで住んでいた鎌倉の狭いアパートに、よく遊びに来ていた母の従兄弟二人が参加していた。当時東京にいた母の従兄弟たちは、今は札幌に在住していて、この集会のことを知って駆けつけてくれたのだった。この二人に会うのは30年以上ぶりのことだった。再審弁護をやっているとさまざまな人との新しい出会いがあるが、旧知との久々の再会も、しみじみと嬉しいことだった。

●「早稲田スピリット」の意味●

10月26日、私は久しぶりに母校早稲田大学の本部キャンパスに足を踏み入れた。「浦島太郎」状態になるほど、キャンパス内には新しい建物が建ち並び、私が学生の頃の法学部のメイン校舎＝8号館は、かつての小汚い建物から、青空に向かって威風堂々とそびえ立つ地下2階地上12階建てのビルに変貌していた。しかし、大隈講堂、演劇博物館などの歴史的建造物はかつての面影をいまもそのまま伝えており、やはりここは懐かしい空間だった。

さて、母校を訪れたのは、早稲田大学の敷地内にあるリーガロイヤルホテルで、早稲田大学（法科大学院も含む）出身の裁判官、検事、弁護士で構成する「稲門法曹会」の総会と、それに合わせて行われるその年の司法試験合格者の祝賀会で記念講演を行うためだった。

この講演の依頼を受けたのは大崎事件の最高裁決定が出る前だったので、主催者側は、おそらく再審開始確定を見越して私を講演者に選定したのだと思われた（ちなみに、前年の記念講演を行ったのは、鎌田薫・前早稲田大学総長だった）。

しかし、第3次再審があのような結果に終わったあとで、私は、今年の司法試験に合格し、前途洋々の気持ちでいるであろう若い法曹の卵たちに何を話そうか、考えあぐねた。

結局、いつもの、

「大崎事件再審にみる、わが国の刑事司法の課題と展望」

というテーマで講演を行ったのだが、大崎事件の概要、最高裁決定の問題点、決定を受けたマスコミ・研究者・法曹界の反応、再審法改正の必要性という、これまであちこちでお話ししてきた内容の最後に、私は1枚のスライドをつけ加えた。

「『早稲田出身の法曹である』ということ」

とタイトルしたそのスライドにご登場いただいたのは、早稲田大学のOB（ただし中退）であり、リトアニア領事として、ポーランド難民となった6000人のユダヤ人に「命のビザ」を発給し、「日本のシンドラー」と称えられた杉原千畝のモニュメントだった。

このモニュメントは、2011年、千畝の没後25周年を記念して建てられたもので、早稲田キャンパスの11号館と14号館の間に、ひっそりと佇んでいる。

彼は、国の方針に逆らってでも、自らの信念を貫いたことで、戦後は外務省を追われ、職を転々としたという（講演直前の10月22日付の朝日新聞に、彼の履歴書が新たに発見され、外務省のリストラの対象となっていたことが明らかになっていた）。

そんな杉原千畝の碑に刻まれた

「外交官としてではなく人間として当然の正しい決断をした」

という言葉を引いて、私は、

「反骨精神とは、権力に抗うこと自体を目的とするものではない。裁判官、検察官、弁護士である前に、人間として正しいと信じる決断をしたら、それを貫くためには、権力に抗うことも厭わない。それが早稲田スピリットではないでしょうか」

と語りかけ、そして、

「私は、大崎事件が冤罪であることについて一点の曇り

「早稲田出身の法曹」であるということ
「学問の独立」は、「在野精神」「反骨の精神」と結び合います。
早稲田大学は、自主独立の精神を持つ近代的国民の養成を理想として、
権力や時勢に左右されない、科学的な教育・研究を行ってきました。
（早稲田大学 HP「早稲田大学教旨」より）
外交官としてではなく
人間として当然の
正しい決断をした
杉原千畝
裁判官・検察官・弁護士という立場の前に「人間として正しい決断」をすること
→ 権力に抗うことが目的なのではなく、「正しい決断」を貫くためには権力に抗うことも厭わない。
それが「早稲田スピリット」

2019年10月26日稲門法曹会総会講演スライド

もなく、これが自分の正義だと100パーセント確信しています。人は『大変な事件ですね』とか、『最高裁で負けて心配している』とか言うけど、こういう事件に出会えた私は本当に幸せだと思う。だから早稲田スピリットとともに、これからも闘い続けます」

と講演を締めくくった。

翌日、鹿児島に帰る飛行機の中で、パソコンを開き、機内Ｗｉ－Ｆｉに接続すると、私の講演を聴いたという、本年度の合格者からメールが届いていた。

「『正しい決断を貫くためには権力に抗うことも厭わない』というスピリットを持った法曹になろうと思いました。

昨日感じさせて頂けた気持ちの高ぶりを忘れず、早稲田出身の法曹としての誇りをもって活動しようと思います。

またどちらかでお会いさせて頂きたいです。

昨日は、本当にどうもありがとうございました。」

稲門法曹会には、各地方の支部のほかに「裁判官支部」「検察官支部」というのがあって、講演会には現役裁判官とそのＯＢ、現役検察官とそのＯＢも多数出席していた。

その中で、ある意味敵地に爆弾を落とすぐらいの覚悟で話をしたわけだが、これから法曹となっていく若き合格者のなかに、一人でも私の話に気持ちを高ぶらせてくれたひとがいてくれただけで、講演を引き受けて良かったと思った。

●男女共同参画と刑事弁護●

稲門法曹会での講演の４日後、私は中部国際空港（セントレア）から岐阜を目指していた。岐阜県瑞穂市の朝日大学で、「男女共同参画学」のゲスト講師として招かれ、

「司法の場における『男女共同参画』を考える」


と題して、実に４５０名の学生の前で講演を行った。

私が弁護士になった経緯、女性法曹をめぐる現状、男尊女卑の気風が強い鹿児島の地における「弁護士鴨志田」の活動の実態、司法の場に厳然と存在するジェンダー・バイアスなど、このテーマで学生さんたちにお伝えしたいことはたくさんあった。

そして、講演の締めくくりとして、大崎事件弁護団事務局長としての仕事を紹介しながら、刑事弁護人に「女子力」が必要なことを、倫理学者・川本隆史さんの「正義とケア」の概念を引用し、

ともすると法律家は「正義」という高邁な理想を追求するあまり、自分の足許に倒れて弱っている人に気づかずに、つま先で蹴ったりしていないか、と問題提起した。

そして刑事弁護のフィールドでも被疑者・被告人やその家族との、「ケアの視点」をもった関わりが重要であり、そこに女性の視点が活かせることを伝えたのだった。

●「刑事弁護深化コース」での「闘魂注入」●

11月1日は岐阜から直接京都に移動し、2度目となる京都弁護士会での研修講師を務めた。京都弁護士会が司法修習生を対象に行っている「刑事弁護深化コース」という修習プログラムの最終回として「刑事弁護と私」というテーマで講演した。

京都弁護士会と言えば、大崎第3次の即時抗告審決定直前に講演させていただいたご縁で、高裁の再審開始決定（根本決定）のときも、それが最高裁で取り消された小池決定のときも、いち早く会長声明を出してくれた、全国各地の弁護士会の中でもとりわけご恩のある単位会である。

その京都弁護士会の刑事弁護委員会のメンバーである遠山大輔弁護士から「司法修習生に闘魂を注入してほしい」とオーダーされ、「合点承知」とお引き受けしたところ、もともとは司法修習生向けの研修であるにもかかわらず、京都弁護士会の会員、すなわち弁護士向けの講演会という形にしていただき、修習生のみならず、弁護士も多数参加いただいた。

このときの様子を、私は翌日のFacebookにこのように投稿していた。

「2時間ノンストップという『しゃべり倒し』講義であったにもかかわらず、修習生のみなさんが最後まで熱心に私の話を聞いてくださり、講義後に積極的に質問してくれたのが嬉しかったです。

その修習生のみなさんと、京都弁護士会の精鋭の皆様方とともにもつ鍋を囲む懇親会も超絶楽しく、思わず京都弁護士会に登録替えしようか、という気持ちになるほどでした（笑）」

……当時は冗談で「（笑）」と書いた一文が、1年後に現実味を帯びてくることになるとは、私自身このときには想像もしていなかった。

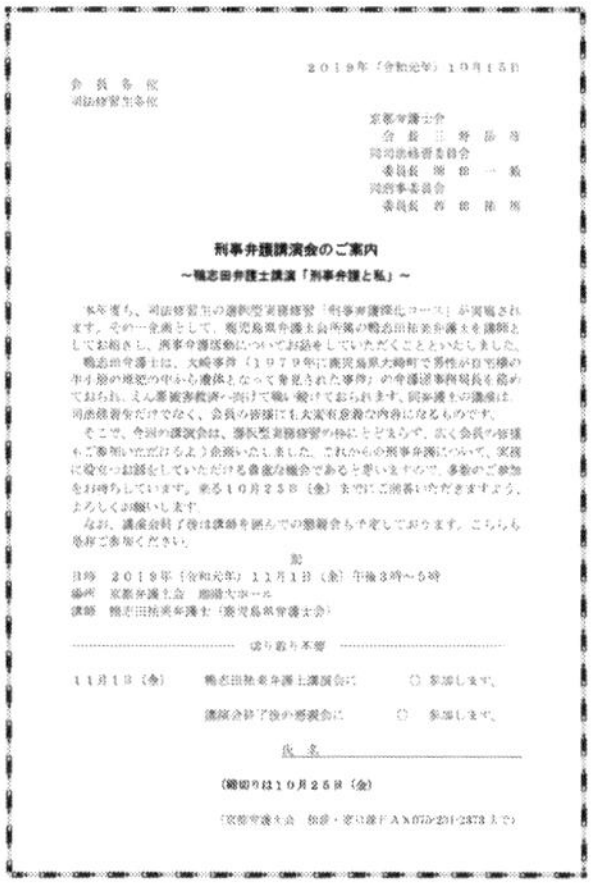
2019年（令和元年）10月15日

刑事弁護講演会のご案内

〜鴨志田弁護士講演「刑事弁護と私」〜

記

（締切りは10月25日（金））

2019年11月1日京都弁護士会「刑事弁護講演会チラシ

●東大駒場キャンパス「法と社会と人権」ゼミ●

台湾最高検の検察総長とのインタビューのため、台湾に1泊2日で電撃出張した直後である11月29日、私は東京大学駒場キャンパスに足を踏み入れようとしていた。

東大教養部「法と社会と人権」ゼミに招かれ、

「大崎事件にみるわが国の刑事司法の課題と展望」

というタイトルで講演するためである。

高校3年のときの成績が、学年540名中300番台だった私にとって、東大は雲の上というより銀河系の彼方のような存在だった。まさか40年後、ゲスト講師とはいえ、ここで学生さんたちにお話しさせていただく日がくるとは、本当に、人生何が起こるかわからないものである。

1年生対象の教養科目なので、将来は文学部、経済学部、理学部に進む――法律を専門的に研究したり法曹（法律実務家）を目指したりするわけではない――学生も多く受講していたが、全員が真剣に講義を聴いてくれた。講義後の質疑では、手を挙げてくれた人全員を当てられずに時間切れで打ち切らざるを得ないほどたくさんの学生さんが鋭い質問をしてくれて、講師冥利に尽きる時間だった。

私は、これから先の彼ら彼女らの人生のなかで、心のどこか片隅にでも、冤罪や再審の話が記憶に残ってくれたらいいなぁ、と思いつつ駒場キャンパスを後にした。
そうしたところ、後日届いた受講生からのレポート（感想・意見）に心が震えた。
以下にほんの一部を紹介する。

「非常に衝撃な講義でした。あまりに具体的で説得力のあるお話でしたので、考えが整理できないほど強烈なお話でした。自白しかない状況でこんなにもひどい起訴があるのか、と思いました。それなら自分が想像しているよりはるかに多い量の冤罪事件がありうるのかもしれないと思わされました。次に、鴨志田先生の情熱の量が半端ないものである、という様に感じました。弁護士の生き方についても考えさせられました」（文科Ⅰ類）

「なぜ、最高裁や検察がこのような判断を下してしまうのか。制度上に何らかの問題があるのかと疑問に思った。大崎事件は単に冤罪事件に留まらず、日本の司法制度を見直すきっかけになったと思う」（文科Ⅰ類）

「最高裁がブラックボックスになっていることが非常に問題だと感じた。弁護士は本当に情熱がないとできない仕事だなと思った。少し、感動した」（文科Ⅱ類）

「弁護団、支援者の方々、地裁や高裁の裁判官の方々の思いが強く表れていて、『アヤ子さんが生きている間に無罪判決を』とみんなで団結している様子が感動的だと感じました。一方で、そのような強い思いを14頁で棄却してしまう最高裁がとても冷たく感じました」（文科Ⅲ類）

「証拠の扱いについて、今後もっと論じられるべきだと考えました。再審請求審の証拠開示が行われないという暴挙は許し難いと感じたからです」（文科Ⅲ類）

「一つの事件について、これほど詳しく話を聞いたのは、実は初めてであったので、大変勉強になった。様々な事件について概要を聞いたり、制度について学ぶことはあるものの、事例を通して1つ1つの制度の使われ方を見ると、その制度の内容や課題点が見えてくるように感じた」（理科Ⅰ類）

「Aセメの講義のなかで一番面白い講義だった。特別抗告の制度は廃止すべきだと思う。一回有罪と自分たちが認めたものを覆されるのは、検察として不快に思うのは、心情的に理解はできる。だからこそ、抗告できるという選択肢を消すのが妥当だと感じた」（文科Ⅰ類）

「自らが推理小説の中に入ったような講義内容が前半部分、そしてそれを題材に、現在の刑事司法において問題とされている、再審請求をはじめとする諸々の事案について知ることができ、非常に有意義でした。検察と弁護側の証拠収集能力の格差を最大の問題と感じました。初めから、収集した証拠については全て公開するなど、抜本的な制度改革を行う必要があると思います」

（文科Ⅰ類）

彼ら彼女らは「東大生」である。将来の進路は大企業や官公庁、弁護士であれば東京の大手事務所、そして裁判官や検察官になるひともいるだろう。

それぞれの道に進んだ先で活躍する、そのときに、かつて冤罪や再審制度について、このような感想を持ったことのある自分を忘れないでほしい。そう切に願わずにはいられなかった。

8　2019年後半、鴨志田を支えてくれた「応援団」たち

2019年は、私の人生の中で、公私ともにもっとも過酷な1年となった。それでも何とか年を越せたのは、再審の闘いに敗れ去ってもなお、変わらずにアヤ子さんと私を応援してくれる「応

援団」の方々のおかげだった。

感謝の思いとともに、いくつかのエピソードを紹介したい。

●高校の恩師・本多先生●

小池決定を知らされてから4日目の6月30日の夜、高校2年、3年のときのクラス担任だった本多（現在は川内）和子先生からメールが届いた。

40年前に大崎事件が発生したとき、私は高校2年生だったので、本多先生はそのときの担任の先生だったことになる。


私の母校、神奈川県立湘南高校は、旧制中学時代は男子校だったこともあり、私たちが生徒のころはまだジェンダー・バイアスが大手をふってまかり通っていて、授業中に、

「湘南は女子を受け入れるようになってからレベルが落ちた」

と公言する男性教師がいるほどだった。

本多先生は、そのような湘南高校で学級担任となった初めての女性教師だった。今となっては、当時の彼女がどれほど苦労したかは想像に難くない。

本多先生は私たちの卒業後、北海道の男性との遠距離恋愛を実らせ、退職して結婚し、北の大地に移って行った。私が司法試験に合格した直後に、一度だけ同窓会でお目にかかったが、それから15年以上、年賀状のやりとりだけになっていた。

その本多先生からのメールには、次のように書かれていた。

「大崎事件のこと、ずっと気にしていました。貴女が頑張っていると知って以来、夫婦で注目していましたが……。

どんなに悔しく辛い思いをしていることかと、かける言葉も見つかりませんでした。最高裁での自白の信用性の判断には特にショックを受けました。

理不尽な事が多すぎます。

日本がどんどん恐ろしい国になっていきそうで怖いです。人権とか正義とか民度とか、あまりにもなさすぎて悲しくなります。

テレビや写真で見る貴女はとても美しい!!

目がキラキラしています!!

頑張ってる人の目だと思いました。
アヤ子さんは勿論ですが、これからも弱者の側にいて、その頼もしいパワーを発揮してくださ
い。
そして何よりも大切なことは、貴女がいつも健康で元気でいてくれることだと思っていますよ。
追伸　数日前の夫婦の会話
『鴨志田さんのベレー帽は、トレードマークか!?』
『うん、似合うでしょう』」

……これには参った。もはや涙腺ダム決壊状態である。
40年の時を経ても、恩師はやっぱり恩師だった。

●「ベレー帽」秘話●

ここで、本多先生からのメールに「トレードマーク」と書かれていたベレー帽のことについて一言しておく。

私がベレー帽を被るようになったのは、もう10年以上前からだと思うが、記者会見などのときに意識してベレー帽姿で臨むようになったのは比較的最近のことである（ちなみに、第2次再審のころは「カチューシャ」がトレードマークだったことは前述した）。

実は、私がベレー帽を被るようになった背景には切実な事情がある。

私は小学校高学年のころからちらほら若白髪が出始め、中学時代にはかなり目立つようになっていた。今はともかく、繊細な年頃の少女にとって、髪の毛の悩みは深刻だった。

さらに、父が亡くなった高校3年生のとき、そのショックからか、髪の毛の半分近くが一気に白髪になってしまったため、私は高校卒業と同時に白髪染めを始めたのだった。

長年にわたり白髪を染め続けたことで、もともと太いくせ毛で量も多かった髪が、次第に細く、弱く、薄くなってしまい、今や地肌が透けて見える状態になってしまった。

ベレー帽は私にとって、そのような髪の毛コンプレックスを解消するツールなのだ。

しかし、ベレー帽を被って記者会見に出る姿が報じられるようになって、周囲の人びとから「ベレー帽がよくお似合いで」とか「トレードマークですね」と言われるようになったため、調子に乗ってベレー帽姿で人前に出ることが多くなった、というわけである。

さて、小池決定後の記者会見で私が被っていたのは「再審開始が確定したときのために」と、すでに3月に購入していた赤いベレー帽だった。ところが、なかなか決定が出ないので、普段遣いするようになっていたところ、たまたまこの帽子を被って日弁連の部会に出席するために上京したその日に、小池決定が送達されてしまったのである。

すると、私が不在の事務所に、

「記者会見で赤い帽子を被っている非常識な弁護士の事務所はここか？　室内で帽子を被っていいのは皇族だけだ」

という匿名の電話がかかってきたらしい。電話に出た当事務所の事務長（夫）は

「そんなことのために電話してきたのか。失礼極まりない」

と言って即座に電話を切ったという。

ベレー帽は室内ＯＫというのはファッションの常識なのだが、小池決定の直後で心身共に叩きのめされている状態の私には、このような、ささいな中傷すら骨身に堪えた。

そうかと思うと、その数日後、やはり私が不在のときの事務所に、このような問い合わせの電話が入ったという。

「記者会見のときに弁護士さんが被っていた赤いベレー帽がとても素敵なので、私も買いたい

んですが、どこで売ってるんでしょうか」

このような問い合わせに疲れることもあるが、私の「ベレー帽ネタ」は、楽しいもののほうが格段に多い。

大分で行われた人権擁護大会プレシンポ（本書５４９頁参照）に向うべく九州新幹線に乗らなければならないのに、時間ぎりぎりまで仕事に追われ、身支度をする暇もなく事務所を出て鹿児島中央駅に急行した私が、トイレの鏡の前でおもむろに鞄からベレー帽を取り出して被り始めたところ、真横で化粧直しをしていた見知らぬ女性から、

「あ、もしかして鴨志田弁護士さんですか？　テレビ見てます。大変ですね。応援していきます！」

と声を掛けられた。

とてもありがたいのだが、「鴨志田弁護士」は「ベレー帽込み」でないと認識されないのだろうか、と内心苦笑してしまった。

しかし、その数週間後、事務所を出て裁判所に向かうべく、アーケード街を足早に歩いている

と、自分よりやや高齢と思われる女性二人連れに呼び止められた。

「大崎事件の弁護士さんでしょう。あら、今日はベレー帽被っていないわねぇ。どうしたの〜〜？」

……ついにベレー帽なしでも認識されるようになったようである。

また、弁護士協同組合という組織があり、そこに私たち弁護士が裁判所や検察庁にある記録の謄写（コピー）をお願いする「謄写人」と呼ばれる仕事をしている職員さんがいるのだが、あるベテランの謄写人さんが、事務所近くのドラッグストアで私の事務所の「スーパー事務職員」長谷川さんに遭遇した際、

「鴨志田先生、本当に大変でしたね……（深いため息）。でも（突然声のトーンが変わる）、先生のベレー帽、可愛いですよね〜。私テレビで全部チェックしているのよ〜〜。この前の赤いのも良かったけど、私はピンクのやつが一番似合うと思うの〜〜。次はどんな帽子か楽しみにしていますって先生にお伝え下さいね〜〜〜（ここまで息継ぎなし）」

とおっしゃったという（長谷川さんによる再現の音声を文字で伝えられないのが残念でならない）。

なんにせよ、市中の人びとが、「ベレー帽ネタ」を話題にしてくれることで、アヤ子さんや大崎事件のことが広く一般の市民たちに知られる一助になるのであれば、これから先もいくらでもベレー帽を被り続けようと思う。

●依頼者さんたち●

当然のことであるが、弁護士としての私の仕事は大崎事件だけではない。

数の上で一番多く受任している事件は、ダントツに離婚事件が多く、しかもその多くがＤＶ（配偶者による暴力）の被害を受けた妻側の代理人となっている離婚調停や離婚訴訟である。

ＤＶ被害という過酷な状況のなか、大変しんどい思いを抱えながら私の事務所に相談に訪れる依頼者さんたちなのだが、多くの依頼者さんたちが待ち時間に相談室の「壁新聞」（相談室の壁面に所狭しとばかりに貼ってある大崎事件関係の新聞記事）を読んで下さっているようで、相談の終わり際に、

「アヤ子さん、まだ再審無罪にならないんですか？　私も応援しています！」

と話題にしてくれるのがしみじみ嬉しく、ありがたい。

中には、私が相談室に入ったとき、相談室の椅子に座っているのではなく、「壁新聞」の前に立

ち尽くして涙を流している依頼者さんもいた。

ある日、午前午後ともにヘヴィな離婚調停の合間に、事務所近くのドトールコーヒーでランチ休憩していると、

「あの、鴨志田先生ですよね」

と声を掛けられた。最近、面識のない方から声を掛けられることが多くなったなぁ、と思いながら顔を上げたが、声の主はうっすらと見覚えのある女性だった。その女性は、

「私、10年以上前に先生にお世話になった者です。さっき先生のお姿を見つけて、胸がいっぱいになって、うまくしゃべれないので、今書きました。こんな紙ですみません」

と、ノートの頁を破って書いたとみられる手紙を差し出した。

「**大崎事件も無実を信じて応援しております**」

という手書きの文字に、私の方が胸がいっぱいになってしまった。

声をかけてくれた、そしてその場で手紙を書いてくれた感激もうまく伝えられないまま、お礼を言って彼女と別れた私は、午後の調停を終えて事務所に戻るなり、古い記録を調べた。

洪水のように彼女の事件の記憶が溢れてきた。

相手方が「刃物を持って裁判所に行く」と予告してきたため、裁判所に警察官を配備し、金属探知機を通させて厳重警戒される中で調停を進めたこと。

鹿児島市内にいては危ないから、ということで、小さいお子さんと二人、ある離島に住む親族のもとに逃がすことにして、当時勤務していた事務所から直接避難させたとき、緊迫する状況の中で、彼女が事務所の玄関で立ち止まって私のほうを振り返り、

「先生、パーマかけたんですね！　その髪型のほうが可愛いです」

と、一瞬にっこりしてから、走り去っていったこと。

あのあと、彼女はお子さんと穏やかな生活を送り、そのお子さんは高校2年生に成長していたのか。

小池決定以来、アヤ子さんを救えずにいる自己嫌悪から、私はこのまま弁護士をやっていてもよいのだろうか、という思いが頭をよぎることがしばしばあった。

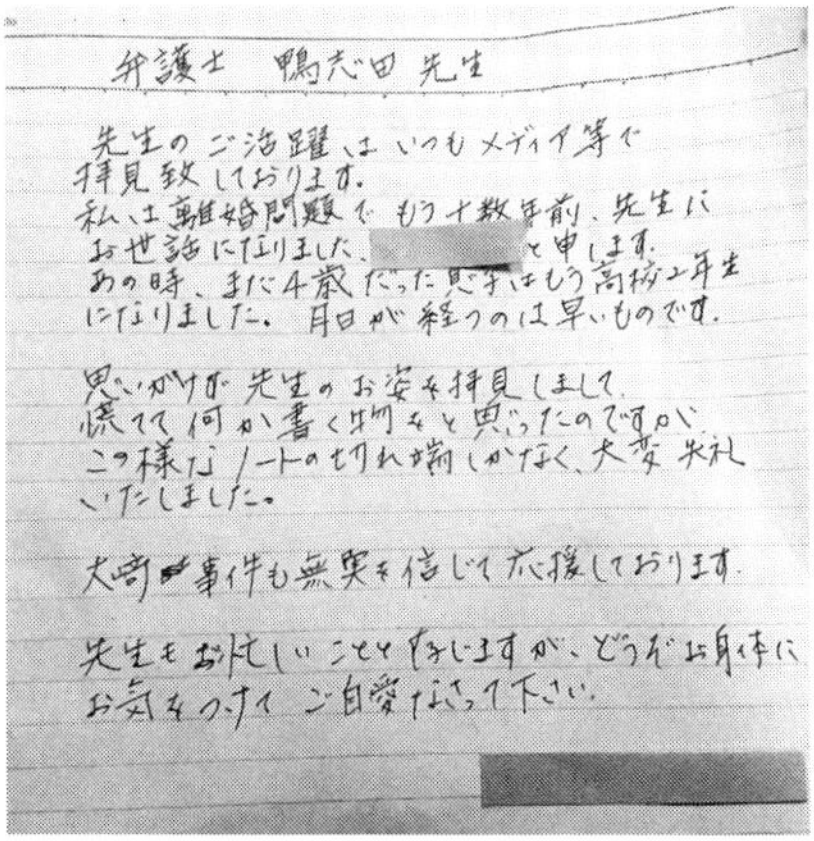
弁護士　鴨志田先生

先生のご活躍はいつもメディア等で
拝見致しております。
私は離婚問題でもう十数年前、先生に
お世話になりました、[redacted]と申します。
あの時、まだ4歳だった息子はもう高校2年生
になりました。月日が経つのは早いものです。

思いがけず先生のお姿を拝見しまして、
慌てて何か書く物をと思ったのですが、
この様なノートの切れ端しかなく、大変失礼
いたしました。

大崎事件も無実を信じて応援しております。

先生もお忙しいことと存じますが、どうぞお身体に
お気をつけてご自愛なさって下さい。

[redacted]

かつての依頼者さんからの手紙

でも、この手書きの手紙を読んだとき、私は「もう少し弁護士をやってもいいんだよ」という声を聴いたような気持ちになった。それが誰の声なのかは、よくわからなかった。

●ジャーナリストたち●

「応援団」のなかに、「記事を書くこと」で私を支えて下さる人たちがいる。

大崎事件のことを知り、これは何とかしなければ、という思いに突き動かされ、長きにわたる大崎事件の刻々と進む局面ごとに、途切れることなく報じてくれるジャーナリストたちだ。

小池決定で第3次再審が終結したことで、第4次の申立てまでの間は、記事にするネタも少なくなり、大崎事件に対する関心も薄れてしまうのではないかと懸念したが、それは杞憂だった。南日本新聞の山下翔吾記者は熊本で開催された人権擁護大会プレシンポ、徳島の人権擁護大会シンポジウム、熊本県玉名市のシュバイツァー寺で開催された九州再審弁護団連絡会など、精力的に出張取材を行い、これらを「再審のいま」と題する全7回の連載記事に結実させた。

共同通信鹿児島支局の久納宏之記者は、徳島の人権擁護大会シンポジウムを取材したほか、衆議院第一議員会館で行われた「再審法改正をめざす市民の会」の院内集会を取材するために上京し、「中央の動きが鈍いので来ちゃいました！」と笑っていた。

その久納記者が、南日本新聞に共同通信の記者が執筆するコラム欄「かごしま書きある記」に寄稿した、「大崎事件40年」と題するコラムには、10月4日に、アヤ子さんの病院を訪れた袴田ひで子さんに、顔をくしゃくしゃにして喜ぶアヤ子さんの姿に胸が熱くなったこと、山下記者の連載「再審のいま」を読んで「同じ取材者として刺激を受けた」という、率直な思いが綴られていた。

コラムの最後はこのように締めくくられていた。

「大崎事件弁護団の鴨志田祐美事務局長の『大崎事件が過去のものになった瞬間、アヤ子さんの命のともしびは消えてしまう。自分事として考え続けてほしい』という言葉が、胸に突き刺さっている。国の制度や法律のはざまでもがく人たちの苦悩を、伝え続けたい。」

２０１７年の鹿児島地裁での再審開始決定（冨田決定）を取材・報道したマスコミ各社の関係者たちは、地元紙、地元局の記者を除き、2年後の小池決定の時点ではほとんどが鹿児島から別の土地に転勤していたが、彼らはみな、鹿児島を離れるときは口々に、

「大崎事件と出会って、私の記者人生が変わりました」

と私に話してくれた。

去りゆく記者もいる。でも、久納記者のコラムは、またひとり、大崎事件を「わがこと」として考える記者が増えたことを、私に教えていた。

鹿児島を離れた記者の一人である、朝日新聞の野崎智也記者は、高裁で再審開始が維持された（根本決定）とき、夕刊に「はるまついぶき」にちなんだ記事を書いてくれたが、彼は常々、

「再審開始が確定したら、私が『ひと』欄に先生の記事を書くのが夢です」

と言っていた。しかし、最高裁の判断が出る前に、彼は転勤となってしまった。

その思いを引き継いでくれたのが後任の井東礁《しょう》記者である。

2019年3月、再審開始確定を見越して私の事務所に「ひと」欄掲載のための取材に訪れた井東記者は、事務所ピアノの前で、私の生い立ちや、大崎事件とかかわるようになった経緯などをインタビューしていった。最高裁で再審開始が確定した翌日の朝刊に掲載する予定だと言っていた。

しかし、最高裁は再審開始を取り消し、第3次再審を「強制終了」させてしまった。「ひと」欄の記事は掲載のタイミングを失い、お蔵入りとなった。……と私は思った。

しかし、井東記者は、弁護団が第4次再審の申立て時期について表明した記者会見のタイミングを捉えて、3月に行っていた、くだんのインタビューを、11月25日付の「ひと」欄に掲載してくれた。

おそらく、取材当時には再審開始確定を想定して書かれていたであろうラストの部分は、このように書き換えられていた。

「他殺性を否定する３度目の再審請求は地裁と高裁で認められたが６月、最高裁で覆された。精力的に動く姿から『シャーク』の異名をとる剛腕が泣いた。21日、４度目の請求を表明した。『理不尽に苦しむ人のかわりに声をあげる。何度でも』」

『シャーク』の異名」って、ボクサーかプロレスラーのリングネームみたい……と思われた読者諸氏も多いだろう。大いに誤解されそうなので、補足しておく。

これは、私が夫から「あなたはサメと同じだから。サメは浮き袋がないから、

ひと

「大崎事件」で４度目の再審請求に挑む弁護団事務局長

鴨志田《かもしだ》 祐美《ゆみ》さん(57)

ピアノにロックバンドの青春時代だった。音楽家の夢は高校3年の春、父が急逝してついえた。奨学金とアルバイトで早稲田大を卒業、鹿児島県の母の実家に3年間居候して司法試験を受けたが不合格。東京で就職、結婚した。

子育てのため再び戻り、資格学校で教えていたとき、夢を追う生徒を見て再挑戦を決めた。子を寝かしつけ、深夜2時まで勉強。40歳で司法試験に合格した。

修習先は1979年に鹿児島県大崎町で男性の遺体が見つかった「大崎事件」の弁護団長の事務所だった。男性の義姉で殺人罪などで約10年間服役した原口アヤ子さん(92)ら被告4人の調書を見て、無罪を確信した。

原口さんの元夫と親族2人には自身の弟と同じく知的障害があった。叱られてもうなずくだけの弟の姿が重なった。「迎合的な供述弱者の自白だけで有罪はありえない」。弁護団に加わった。

「アヤ子のうた」を作り、無罪を訴えることなく逝った元夫の心情をピアノで弾き語る。「ごめんな　うなずいて」「無実を　晴らすまでここに来ちゃいけない」

他殺性を否定する3度目の再審請求は地裁と高裁で認められたが6月、最高裁で覆された。精力的に動く姿から「シャーク」の異名をとる剛腕が泣いた。21日、4度目の請求を表明した。「理不尽に苦しむ人のかわりに声をあげる。何度でも」

文・写真　井東礁

朝日新聞 2019 年 11 月 25 日　「ひと」欄で紹介された

泳いでないと死んじゃうんだよね。それとおんなじで、あなたも何かやってないと死んでしまうんだよ」（本書15頁参照）と言われているというエピソードを、私がある人に紹介した際、それを聞いた相手が「じゃあ、先生は『シャーク鴨志田』ですね」と合点した、という話を井東記者に紹介したところ、「シャーク」だけが切り取られてしまったのであって、決して粗暴とか荒々しいとかいう意味ではないのだ。

それはともかく、一度はボツになった「ひと」欄の掲載を復活させてくれたことは、大崎第４次再審に向けた格好のアピールになった。その後、井東記者は、私が台湾の検察総長にインタビューした内容をもとに、政治でも司法でも、権力を行使する者に法の歯止めがかかっていない現状を憂う「権力がフリーハンド」という見出しのインタビュー記事を、２０２０年2月24日、朝日新聞の鹿児島版のほぼ全面を使って掲載してくれた。そのインタビュー記事の最後には、井東記者自身の雑感が書き綴られていた。

「鴨志田弁護士へのインタビューは2回目だった。

初回は昨年3月。大崎事件で、一審、二審に続き最高裁でも再審開始決定が出る。事件発生から40年。司法の重い扉がやっと開くと、私を含めおおかたが確信した。

だが、その3か月後、期待は裏切られた。

そして2度目が今回。1年前と大きく事情が変わった。再びゼロからはね返された厚い壁に立ち向かう決戦前夜のような立場。

だが、鴨志田弁護士は変わらず前を向いていた。再審を阻む刑訴法の改正を目指し、海外にまで目を向け足を運ぶ。ピンチでも情熱は失われるどころか、さらに熱くたぎっていた。

そしてカルロス・ゴーン被告の海外逃亡であり方が問われる日本の刑事司法を指し、こう言い切った。

『日本の刑事司法が世界から注目される今が、まさにチャンスだと思う』

冤罪から救済すると誓った不屈の精神。鴨志田弁護士を取材するたび、その強さを感じる。知れば知るほど、弁護士の魂に触れる気がする。」

●「燃える闘魂」●

鹿児島から遠く離れた大分から、私にエールを送ってくれたジャーナリストもいた。

大分でのプレシンポ前日の9月20日、私の「お姉ちゃんズ」（本書４２４頁参照）の、上のお姉ちゃんである大分在住のシャーリー仲村知子さんが、大分市内のイタリアンレストランで、私のために誕生祝いを兼ねた宴を開いてくれた。「下のお姉ちゃん」である後藤弘子先生も、わざわざこの宴のためだけに東京から飛んできてくれた。そしてこのとき、4月に東京本社から大分支局に転勤したばかりの毎日新聞の川名壮志さんと、久々に再会した。

川名さんは、記者としての初任地である毎日新聞佐世保支局で勤務していたときに、上司である佐世保支局長の長女（当時小学6年生）が同級生にカッターナイフで喉を切られて死亡するという衝撃的な事件に直面したことを契機として、この事件と被害者の家族を長きにわたり取材し、著書『謝るなら、いつでもおいで』（集英社、2014）、次いで『僕とぼく　妹の命が奪われた「あの日」から』（新潮社、2019）を世に問うた。

また、東京では司法担当記者として裁判や司法行政を取材した経験を活かし、独自の視点で最高裁を捉えた『密着　最高裁のしごと――野暮で真摯な事件簿』（岩波書店、2016）も刊行している。

私は、『謝るなら、いつでもおいで』が出版された数か月後に九州で起きたある重大少年事件で、弁護人・付添人（少年事件では、家裁に送致された後に少年のために活動する弁護士を「付添人」と呼ぶ）を務めていた樋口聡子弁護士（私の事務所の「初代修習生」である）が、事件発生直後の段階からメディアスクラムに巻き込まれて大変な状況になったとき、上記の佐世保の事件で被害者の父親（当時の毎日新聞佐世保支局長）の代理人を務めた八尋光秀弁護士の紹介で、川名さんにマスコミ対応について相談したことがあった。

川名さんとはその後も折に触れてお目にかかる機会があり、２０１７年に鹿児島で開催された日弁連の少年事件関係の集会で、「少年事件と報道」をテーマとする分科会にパネリストとして登壇いただいた。

ただ、大分に異動になったと聞き「頻繁に出張する東京とは異なり、大分だとなかなか会えないかも」と思った矢先の、思いがけない再会だった。

それから1週間後、川名さんから２０１９年９月25日付毎日新聞夕刊が届いた。毎日新聞の夕刊には50年以上続く、編集局の副部長クラスが交代で執筆している「憂楽帳」という、小さなコラム欄がある。そこに川名さんが、

「燃える闘魂」

というタイトルでコラムを書いていた。

その全文を、以下に紹介したい。

「出会いは２０１４年９月、東京都内の居酒屋だった。『燃える闘魂』はプロレスラーの代名詞

だが、私は小柄な彼女を思い起こす。

『もうね、12年闘ってるんです。何が何でも、女性の雪冤《せつえん》をしないと』。鹿児島から上京した鴨志田祐美弁護士（57）は、焼酎片手に言った。

彼女が取り組むのは1979年に起きた大崎事件の再審。義弟を殺したとして、殺人罪で服役した女性の裁判のやり直しだ。その夜、焼酎を何杯飲んだだろう。5時間ぶっ通しで、出所後も無実を主張する女性の名誉回復を訴えた。

それから5年、快進撃は続いた。地裁と高裁は裁判のやり直しを決定。1、2審のその判断を最高裁が覆した例はなく〝開かずの扉〟が開く確信を深めた。

しかし結果は逆だった。今年6月、最高裁は再審開始決定を取り消した。悲願の目前で敗れた彼女は、記者会見で泣いていた。骨身が砕けた姿に見えた。

5日前の夜、彼女と飲んだ。『女性にぬれぎぬを着せたまま終わるわけないでしょ。もう一度、再審をやります』。闘う魂に再び炎が上がっていた。」

紙面にはクリップで「毎日新聞社　大分支局　次長　川名壮志」の名刺がクリップで留めてあり、その名刺の裏に、

「鴨志田さま　コラムを書きました。私からのエールです」

という手書きのメモが添えてあった。

「シャーク」の次は「燃える闘魂」って、よっぽど私を格闘技に結びつけたいのかしら。それに、確かに近しい友人にはすでに私が「飲んだくれ」であることがバレているけど、これで毎日新聞の読者層にもあまねく「鴨志田は飲んだくれ」という情報が定着してしまうじゃないの。と、私は川名さんの手書きの文字に向かって小さく抗議してみた。でも、それ以上に、私の心は、この短いコラムから流れ込んでくる温かな優しさで充たされていた。

●西日本新聞　中島邦之編集委員●

そして、大崎事件第４次再審の申立てを前に、弁護団の強力な「応援団」となったのが、九州ブロック紙である西日本新聞の中島邦之編集委員だった。

彼は、50回を超える超大型連載「検証　飯塚事件」の取材班のキャップとして、飯塚事件の再審請求審での証拠開示の問題を深掘りするため、当時「再審における証拠開示に関する特別部会」の部会長を務めていた私に取材を申し込んできた。

福岡からわざわざ鹿児島の私の事務所に取材に訪れた中島編集委員に、再審における証拠開示の、信じがたいほど理不尽な実態（「再審格差」）を熱く語っているなかで、当然大崎事件についても言及したところ、中島編集委員は次第に「大崎事件の虜」になっていった。

西日本新聞は九州ブロック紙であり、福岡を中心に北部九州には広く頒布されている。

しかし、鹿児島からは数年前に撤退してしまい、私たちは紙面を手に入れることすらできなくなってしまった。

それでも、中島編集委員は、頻繁に鹿児島を訪れ、大崎町の現場にも何度も足を運び、弁護団さえ会うことがかなわなかった当時の目撃者の一人に単独インタビューを敢行するなど、驚くべきエネルギーを傾け、次々と大崎事件関連の記事やコラムをリリースした。

その中には、いち早く小池決定批判の論文を書いた門野博弁護士への単独インタビュー記事（8月11日付朝刊オピニオン欄に掲載）、

「近隣住民証言うのみ「誤り」　大崎事件再審取り消し　元東京高裁判事・門野博氏に聞く」

や、地裁・高裁の再審開始を取り消した第3次再審の特別抗告審を審理した最高裁第一小法廷の5人の裁判官のなかに、第2次再審の特別抗告審でも再審請求を棄却した当時の同小法廷のメンバーだった池上政幸裁判官が「残留」していたことの手続的問題を問う記事（9月2日付朝刊一面・社会面に掲載）、

「大崎事件2次・3次最高裁決定　再審棄却 同じ判事関与　識者『中立さ欠く』」

などを次々と発信してきた。

中島編集委員の手による大崎事件関連記事は、今後有料記事になるが西日本新聞の「大崎事件」まとめサイト

https://www.nishinippon.co.jp/theme/oosaki/

にひしめくように収録されている。

また、中島編集委員は、西日本新聞の論説委員、編集委員が持ち回りで担当するコラム「風向計」にも、私が第3次再審の特別抗告審が最高裁に係属しているとき、「ヒューマニズム」を信じて最高裁の担当調査官に信書を送ったエピソードを紹介した、

「最高裁調査官への信書　大崎事件」

や、2020年に入りコロナ禍の報道一色となるなかで他の重要テーマの報道が薄くなることに警鐘を鳴らした、

「コロナ禍と大崎事件」

など、大崎事件や再審制度をテーマとしたコラムを多数寄稿している。

そして圧巻は、2020年2月17日から、第4次再審請求の直前である3月27日まで、26回にわたって連載された「検証　大崎事件」である。

https://www.nishinippon.co.jp/theme/verification_oosaki/

「検証　飯塚事件」は取材班対応だったが、「検証　大崎事件」は中島編集委員が一人で書き切った渾身の連載記事だった。

彼は、「IT音痴」を自認し、ネットサーフィンやSNSで情報収集・発信を行う「イマドキのジャーナリスト」とは一線を画している。現場に足を運び、直接見聞し、人に会って話を聞くという、足で稼ぐ泥臭い取材を重ね、堅実で深みのある記事を書く。失礼を承知で言えば、無骨な野武士のイメージ。昔ながらの「ブンヤ魂」の権化のようなジャーナリストである。

その中島編集委員が「検証　大崎事件」の連載最終回に「記者ノート」として自らの連載についての「解題」を記している。

「最高裁決定に縛られるな」

と題されたその記事のラストで、中島編集委員は、

「30日に申し立てが予定される第４次請求を担う鹿児島地裁には、法と証拠と良心のみに従い、審理に当たってほしい。最高裁の権威に縛られることなく、真実を追求してもらいたい。」

と、これから第４次再審を審理する鹿児島地裁に向けてメッセージを発し、そして、

「今回、事務所の赤字もいとわず手弁当でアヤ子さんを支援する弁護士の存在を知った。一方で、私は当時の警察幹部や捜査員からは話を聞けておらず、この不公平は認めざるを得ない。大崎事件の審理は続く。話を聞く努力を続けたい。」

と締めくくっていた。

「事務所の赤字もいとわず手弁当でアヤ子さんを支援する弁護士」が誰であるかは、もはや言うまでもないだろう。このさりげない1行に、私は中島編集委員からの暗黙のメッセージを読み取った。

そして、中島編集委員は、「話を聞く努力を続けたい」との言葉どおり、連載終了後も、大崎事件をあらゆる角度から追い続けている。

●研究者からも……●

日本評論社から法律家向けに刊行されている「法律時報」という雑誌がある。創刊は1929年で、我が国でもっとも歴史のある代表的な法律雑誌のひとつである。

その「法律時報」では年末の12月号に「学界回顧」という特集が組まれ、その1年に発表された著書、論文のなかから注目すべきもの、学界で共有すべき価値が高いものが紹介されるのが恒例となっている。

激動の1年もあと1か月、という12月1日、事務所近くの書店で2019年12月号の「学界回顧」の「刑事訴訟法」の最後に掲げられた「15　再審」の項目を立ち読みした私は、思わずその場で涙してしまった（本屋で立ち読みしながら泣く、という姿は客観的にはかなり恥ずかしい）。

まず冒頭で、私が「季刊刑事弁護」99号に寄稿した論文「再審開始決定に対する検察官抗告の不正義」について「検察官の即時抗告、特別抗告の段階での活動を『公益の代表者』ならぬ『庁益の代表者』の姿であり、『再審妨害』に他ならないと痛烈に批判した上で、あらためて再審開始決定に対する検察官の抗告の廃止を説く」と紹介されていた。

そして、私の涙腺を崩壊させたのは、大崎事件第3次再審について26行も割いて言及し、小池決定を批判したうえで、このように締めくくられていたことだ。

「この事件の弁護団の一員である鴨志田祐美は、この項で最初に取り上げた論文の他、「講演／大崎事件から見える刑事司法の課題」（鹿児島大学法学論集52号）などで、この事件の問題点を明らかにしてきた。高齢で健康状態も危ぶまれる請求人の現状を考えるとき、改めて速やかな再審開始、再審無罪を求める弁護人たちの活動が報われることを期待したい」

「学界回顧」のなかで、このように個別事件の弁護団に対してエールをいただいたことが、いまだかつてあっただろうか。

この項を執筆したのは大阪大学の水谷規男教授である。もちろん面識もあり、お話をしたこともあるが、直接激励の言葉を聞いたことはなかった。

しかし、公刊物、しかも多くの実務家、研究者が毎年必ずチェックする「学界回顧」に刻まれたエールに、（直接事件に向き合って、依頼者を救うべく体を張った闘いを展開している実務家からすると）一見クールに見える研究者の、内なる熱い思いを垣間見たように思えて、なおさら魂を揺さぶられたのだった。

ひととの出会いを重ね、多くの心に触れ、共鳴する。それがいつしか私の支えになり、背中を押し、前を向かせてくれる。だから私は、闘いを続けていける。

9　2020年の幕開け～新型コロナの中での第4次再審請求～

●気持ちを新たに●

2020年の年明け、業界雑誌である「月刊弁護士ドットコム」新年号の表紙に、ワインレッドのワンピースに濃紺のベレー帽を被った私の写真が掲載されていた。

「フロントランナーの肖像」とタイトルされた8ページにわたる巻頭インタビューの冒頭の見開きや目次にもふんだんに私の写真が使われており、周辺の同業者からは、

「57歳のグラビアデビュー」

と散々冷やかされた。

しかし、もちろん写真を載せることが目的だったのではない。第4次再審をスタートさせる2020年の年頭に、新たな闘いに臨む再審弁護人の決意表明を掲載してもらうことで、冤罪や再審の問題にあまり関心を持っていない弁護士たちにも大崎事件のことを知ってほしい、との思いか

ら、巻頭インタビューの取材を引き受けたのだった。

取材を受けたのは前年の11月30日。東大駒場キャンパスで講演を行った（本書５９３頁）翌日、横浜に宿泊していたときだった。

私は生まれてから10歳までを横浜で、その後の10年を鎌倉で過ごしたことから、神奈川県が自分のふるさとだと思っている。東京出張の際も、時間に余裕があるときは横浜に宿を取るようにしている。そのようなわけで、このときはみなとみらいのランドマークタワー内の定宿でインタビューを受けることになったのだ。

インタビューの前に、プロのカメラマンである永峰拓也氏とともに建物の外に出て、みなとみらいの「汽車道」でくだんの写真を撮った。「汽車道」は、横浜の新港地区と桜木町駅とを結ぶ、かつての貨物線の廃線路を利用したプロムナードで、ランドマークタワー、クイーンズスクエア、インターコンチネンタルホテル、そして巨大観覧車「コスモクロック」といった、みなとみらいのシンボリックな建造物群を、それらが

57歳のグラビアデビュー。月刊弁護士ドットコム2020年新年号表紙画像。永峰拓也撮影

水面に映える姿や周囲の横浜の夜景とともに堪能できる絶好のロケーションである。

私はここを「一番好きな帰り道」と呼んでいる。

この日は、抜けるような青空に向かって高く聳えるみなとみらいの建造物群がひときわ美しく、その姿が水面にも誇らしげに映っていた。プロムナードをわたる風は冷たかったけれど、ひんやりと透き通る空気が肌に心地よかった。そこかしこに点在する、オレンジ系の、目に沁みるほど鮮やかに色づいた紅葉が、空の青と海の青に華やかなコントラストを添えていた。

私が神奈川県に住んでいた時代には、まだ「みなとみらい地区」は存在しなかったのだが、桜木町には小学生のころのピアノの発表会や、中学校の社会科見学などで頻繁に訪れていたためか、このあたりには「ふるさとの磁場」を感じるのである。そこで記念すべき巻頭インタビューの取材と写真撮影が行われたことには、やはり特別の感慨があった。

撮影が終わったのち、ホテル内のカフェで、私の来し方行く末を2時間にわたりインタビューした浅川淑子記者は、時折涙ぐみながら「アヤ子さんの40年にわたる苦闘」に心を寄せてくれた。


――今年はいいことがあるかもしれない。

年明け早々事務所に届いた掲載誌を眺めながら、私は恥ずかしいような嬉しいような面持ちでいた。

私がこの事務所——弁護士法人えがりて法律事務所——を開設して、ちょうど10年が経っていた。

●第４次再審請求の「戦略」●

私たちは小池決定の直後に開催した弁護団会議から、第４次再審の新証拠（再審請求を行うためには、刑事訴訟法４３５条６号にいう「無罪を言い渡すべき明らかな証拠」を「あらたに発見」することが必要である）を取り揃えるため、さまざまな専門家にあたって準備を進めていた。

私が本格的に大崎事件に関わるようになった第２次再審、第３次再審での主要な新証拠は、遺体発見当日に四郎の遺体を解剖した「城旧鑑定書」に添付されていた写真を手掛かりに四郎の死因を分析した「法医学鑑定」と、「共犯者」たちの自白や「目撃者」であるハナの供述を分析した供述心理鑑定の２本立てだった。

再審請求では、新証拠によって証明しようとする事実（立証命題）を同じくする旧証拠（確定判決の有罪認定を支えている証拠）の証明力を減殺し、新旧全証拠の総合評価によって有罪認定を動揺させることが必要なのだが、そもそも確定判決の有罪認定を支えている旧証拠が、死因に関する城旧鑑定と、あとは関係者の供述しかない大崎事件の場合、前者には医学的アプローチ、後者には心理学的アプローチで迫るしかない、と考えられていたからである。

そして、医学的アプローチについて、これまでの三次にわたる再審では、遺体の所見から死因やおおまかな死亡時期を推定する「法医学鑑定」を新証拠としてきた。

しかし、遺体の所見から遡って分析する法医学鑑定では、死因はともかく、死亡時期については幅のある時間帯でしか特定できない。第3次再審請求の新証拠である吉田鑑定について、小池決定が、四郎の死因は出血性ショックであるとしたことは「尊重すべき」とした一方で、「死亡時期を示すものではない」と批判したのはこのためである。

そこで、私たちは発想を変え、「死体」ではなく「死に瀕している患者」を日々診察、診断している救命救急医に、四郎の転落事故以降のプロセスと解剖写真を検討してもらおうと考えた。

●救命救急医・澤野誠教授の登場●

2019年11月、私たちは都内某所で、検討をお願いしていた埼玉医科大学総合医療センター高度救命救急センターのセンター長である澤野誠教授との初めての打合せに臨んだ。

澤野教授は四郎の遺体にみられる二つの所見に着目していた。

ひとつは、解剖写真の1枚に写っていた腸の所見である。澤野教授は救命救急医になる前は消化器の専門医であり、今までの法医学者が着目しなかった四郎の小腸の腸壁に広範な壊死（細胞が腐って壊れている状態）があるのを発見していた。腸壁の細胞が壊れるとそこから大出血を起こす。小腸は長いため、その出血はリットル単位になるというのだ。

もうひとつは、これは城哲男医師による最初の解剖から指摘されていた所見である、頚椎体前面（首の骨の前の部分）に見られる縦長の出血である。城教授は解剖時に、他に外傷がないため、この所見から「頚部圧迫による窒息死」を推定したのだが、後になって四郎が自転車で側溝に転落した事実を知り、頚椎体前面の出血は「頚部過伸展（首に無理な力が加わって後ろに反ること。むちうち状態がこれにあたる）が原因であり、事故死の可能性がある」と自らの鑑定を訂正し、それが第1次再審の新証拠になったという、いわくつきの所見である。吉田鑑定も、頚椎体前面の出血は過伸展によるものであり、絞殺の所見ではない、と断言していた。

しかし、これまで「絞殺ではない」ことの理由だった「頚椎体前面の出血」の所見について、救命救急でたくさんの症例をみてきた澤野医師は「この所見が見られる患者には、骨折を伴わない頚髄損傷を伴っている（非骨傷性頚髄損傷）ことが確実視される」という積極的な意味を見出したのである。このような出血のみられる患者は頚髄が損傷しており、運動障害や呼吸不全に陥るというのだ。

小腸の腸管の壊死による大量出血と、非骨傷性頚髄損傷、これが四郎の死因や死亡時期とどう結びついていくのだろうか。私たちは澤野教授に、年が明けた２０２０年2月11日、鹿児島県弁護士会館で、弁護団へのプレゼンテーションを行っていただくようお願いした。

●小池決定が突きつけた「二つの疑問」●

そもそも第3次再審の小池決定が、吉田鑑定の明白性を否定していた理由は大きく二つあった。ひとつは吉田鑑定では死因を「出血性ショック」とする一方で、その大出血箇所は骨盤骨折や大腿骨骨折と推定される、としていた。しかし、これは解剖写真には写っていない箇所なので、小池決定は、「(吉田鑑定は)出血箇所を明らかにしていない」と批判していた。

もう一つは、前述の「死亡時期」問題である。再審開始の結論を出した高裁の根本決定は、吉田鑑定によれば、四郎は色葉と高杉によって自宅に運ばれたときには、すでに死亡していたか瀕死の状態だった可能性があるとして、「(酔いつぶれてはいるが)生きている四郎を自宅玄関の土間に置いて帰った」という色葉と高杉の供述の信用性を否定した。そして、そうだとすると、「アヤ子が四郎方土間で(生きている)四郎を見て殺意を募らせた」ところから始まる確定判決の犯行ストーリーは成り立たなくなるとして再審開始を維持したのだった。

しかし、小池決定は、吉田鑑定は四郎の死亡時期を明確に示しておらず、根本決定は吉田鑑定を過大評価した、と批判したのである。

つまり、小池決定は、吉田鑑定が四郎の死因を出血性ショックだと鑑定したことは認めつつ、「その出血箇所が明らかでないこと」と「死亡時期が明らかでないこと」を理由に、吉田鑑定の明白性を否定したことになる。

●答えを出した澤野教授のプレゼンテーション●

2020年2月11日、鹿児島県弁護士会館で、弁護団を前に行われた澤野教授のプレゼンテーションは、文字どおり目からうろこが落ちるものだった。

まず、四郎は側溝に転落した時点で頚髄にダメージを受けたことにより（頚椎体前面の出血から判明した非骨傷性頚髄損傷）、道路に寝かされて2時間半以上動けない状態にあった（運動障害）。外気温が低下する中、上半身ずぶ濡れ、下半身裸の状態で、しかも酩酊していた四郎は低体温症などにより全身状態が悪化し、腸に血液が供給されなくなった（急性腸管虚血）ため、腸管壊死に至り腸壁に大出血を起こした（解剖写真に写っている所見）。

したがって、四郎の直接の死因は「急性腸管壊死」である。

そして、四郎がこのような重篤な状態にあることを知らず、酔っ払いと勘違いしていた色葉と高杉は、やや手荒な方法で四郎を軽トラックの荷台に「放り込むように」載せて自宅まで搬送したのであるが、すでに頚髄に損傷を負っている患者に対し、頚部の保護を行わずに動かすと、さらなる頚髄損傷により呼吸不全をきたし死に至る危険が非常に高い。つまり、四郎はトラックに搬入された際に致命的なダメージを受けており、自宅に到着する前に死に至っていた可能性が非常に高い。

澤野教授は、小池決定が吉田鑑定に突きつけた疑問である「出血箇所」と「死亡時期」に明確な答えを出してみせたのである。

四郎の隣人である色葉と高杉は、親切心で四郎を自宅まで送り届けた。そこには何の落ち度もない。しかし、救命救急の知識がない一般人が、重篤な頚髄損傷を負っている四郎を酔っ払いと勘違いして搬送したことこそが、大崎事件の悲劇だったのだ。

自宅に到着したとき、四郎が事切れていることに気づいた色葉と高杉が、「自分たちのせいで死なせてしまった」と思い込み、とっさに死体を堆肥の中に隠してしまうことを「全く想定できない」と誰が言えるだろうか。

私たちは、澤野教授のプレゼンによって「大崎史上最強の新証拠」を手にしたことを確信した。

●色葉と高杉の供述鑑定の意味●

自宅到着時にすでに四郎が死亡していたとなると、「(酔いつぶれているが）生きている四郎を自宅玄関の土間に置いて帰った」という色葉と高杉の供述は虚偽、ということになる。

したがって、第４次再審では、この色葉と高杉の供述の信用性が重要な要素になる。

弁護団は、根本決定が色葉と高杉の供述に踏み込んだ判断を行ったにもかかわらず、これを小池決定が否定したという経緯から、すでに前年10月の段階で、色葉と高杉の供述について、今までの大橋・高木両教授による供述心理鑑定と、供述に出てくる「言語」の数や繋がりの傾向をコンピュータで解析する「テキストマイニング」という手法で分析した稲葉光行教授による供述分析の、二つの鑑定を依頼済みだった。

両鑑定は、全く異なる鑑定手法によるものだったが、四郎を自宅に搬送した後における色葉と高杉の供述に問題が見られるという結論で一致していた。

澤野鑑定によって、四郎を自宅に搬送した時点からの色葉と高杉供述の信用性に疑問が生じることは必然であるから、すでに依頼していた供述分析関係の鑑定二つの結論が一致することは、とりもなおさず、新旧全証拠の総合評価によって、有罪判決が揺らいでいることを、よりいっそう明確にしているではないか。

――かくして、第４次再審の戦略が固まった。

●「Xデー」のリリース●

その日の弁護団会議終了後、同じ場所（鹿児島県弁護士会館）で行った記者会見で、私たちは、３月30日に第４次再審を申し立てることを公にした。このとき、まだ新証拠の内容については作成中のため伏せている段階で、澤野教授が記者会見開始のほんの少し前まで、同じこの場所でプレゼンを行っていたことも「ばっくれていた」私たちだったが、のちに、多くの記者さんたちから「あのときの先生方の表情の明るさは半端なかったですよね。きっと何かが起こってるな～、と思ったんですよ、僕たちも」と言われたほど、我々は澤野教授のプレゼンに、これから始まる第４次再審への明るい展望を見出していた。

●申立日の「理由」●

さて、第4次再審の申立日を「3月30日」とリリースした弁護団であったが、この日に決めたのには理由があった。

本当を言えば、私たちは、3月31日に第4次再審請求をスタートさせたいと考えていた。3月31日は、アヤ子さんと「共犯者」とされた3名に、鹿児島地裁が有罪判決を下したその日である。確定判決からちょうど40年の節目に、第4次のスタートを切ることで、無実のひとが冤罪を晴らすために、これほどまで長い年月がかかることを際立たせたいと思ったのだ。

しかし、3月31日は、大津地裁で再審公判が行われていた湖東記念病院事件で、西山美香さんに再審無罪の判決が言い渡されることになっていた。再審をめぐる大きなニュースが同じ日に重なると、報道が分散して扱いが小さくなってしまうおそれがあった。むしろ、30日に大崎第4次再審申立て、翌31日に湖東記念病院事件の再審無罪判決、と再審に関するニュースが2日連続で報じられるほうが、注目度も上がるだろうし、継続したニュース報道を期待できる。

そのような「深謀遠慮」によって第4次の申立日が決まったのだった。

●「1号」「2号」から「3号」へ●

申立日が決まるとすぐ、私は二人の女性に電話をかけた。

一人は、日本の女性で初めて、生きて再審無罪判決を受けた「第1号」の青木恵子さん（東住吉事件）である。当時はお父さんの介護をしながらの生活だったため、彼女が家を空けて遠方に行くのは簡単なことではなかったはずだ。しかし青木さんは常々「あたし、アヤ子さんのためならいつでも鹿児島に行くから、先生、声かけて下さいね」と言ってくれていた。

青木さんが初めて飛行機に乗ったのは、第3次再審で開始決定が出る前年の12月に鹿児島の集会で登壇してもらったときだった。再審開始決定のときも鹿児島地裁の玄関前でその瞬間に立ち会い、「あたしの再審開始決定のときは、獄中やったから、裁判所の前の雰囲気は分からへんかった。ああ、あたしのときも皆がこんなして喜んでくれはったんやなぁ、って思って感激した」と言っていた。案の定、青木さんは二つ返事で鹿児島に来てくれることになった。

もう一人は、湖東記念病院事件で再審無罪判決を受ける直前の西山美香さんである。翌日に自分の判決を控えている美香さんを鹿児島に呼ぶことにはためらいもあった。しかし、彼女は10月15日の大崎事件40年集会で初めて鹿児島を訪れたとき、鹿児島名物の「白熊」（フルーツがこてこてに盛られた練乳がけのかき氷）を食べたいと連呼していたのに、時間の関係で白熊を食べることができなかったのを悔やんでいた。今度こそ「白熊」を食べさせてあげるから、と言えば来てくれるだろうか（もちろん冗談である）。

30、31日と続く再審マターを、31日のヒロインである美香さんと一緒に盛り上げたい。「第1号」の青木さんと「第2号」になることが確実となった西山さんが、92歳のアヤ子さんを「第3号」とするために、勝利のバトンを繋いでほしい。私も美香ちゃんの判決を聞きに、大崎第４次の中立ての翌日は大津地裁に行くから、美香ちゃんも鹿児島地裁に来てほしい、とお願いした。西山さんは、「必ず鹿児島に行きます！」と即答し、そして「私も大津に行くから」という私の言葉にとても喜んでくれた。

中立報告集会の基調講演には、再審法改正のダイナミズムを意識して、元裁判官の水野智幸弁護士と、お隣韓国の再審に関する動き、特にかの国での検察改革の現状を語っていただくために、アメリカ、韓国の刑事司法に詳しい安部祥太・青山学院大学助教においでいただくことになった。

そのほか、大崎事件関係の集会には「常連」となっている布川事件の櫻井昌司さん、指宿信・成城大学教授、周防正行監督（指宿教授と周防監督には第3次中立てのときと同様、ミニ対談をお願いした）、そして朝日新聞東京本社編集委員の大久保真紀さんも駆けつけてくれることになった。

●コロナ禍に邪魔される●

ところが、である。

３月に入ったころから新型コロナウィルスの拡大が顕著になり始めた。

中立報告集会は日弁連の主催であり、すでに人権擁護委員会常任委員会では開催が満場一致で採択され、３月６日の正副会長会（株式会社の取締役会のようなもの）で審議されることになっていた。しかし、執行部（会長・事務総長・担当事務次長）が、正副会長会に上程する議案から、大崎事件第４次再審の中立報告集会を外したという連絡が事務局から届いた。このご時世に集会とは何事だ、ということらしい。

またしても日弁連執行部とのバトルか、と私は目の前が暗くなった。

92歳のアヤ子さんを命あるうちに冤罪から救出する最後の機会となるであろう第４次の申立てを広く世論にアピールする集会である。

国が自粛を要請しているのは「不要不急のイベント」である。大崎の報告集会は「必要至急」ではないか。

もし日弁連が承認しなければ、弁護団は自腹でもこの集会をやってやる、と私は眦《まなじり》を決した。

幸い、今回は私に強力な助っ人が現れてくれた。松本隆行・人権擁護委員長（当時）である。正副会長会に付議さえされれば、副会長に賛成票を投じてもらえるよう働きかければなんとかなるが、付議されなければどうしようもない。そこで委員長は正副会長会に付議させるための戦略を、水面下で私に授けてくれた。

結局、紆余曲折の末、申立報告集会は「無観客試合」ならぬ「無観客集会」での開催となり、マスコミ関係者だけが会場の客席で傍聴・取材可、ただし入り口で体温チェックと手指の消毒を行うことを条件とする、という形で、正副会長会の承認を得て、予定どおりの日時で開催することが決まった。

一般の観客を締め出すのは本当に心苦しかったが、集会の模様をＹｏｕＴｕｂｅで同時配信することにし、集会のチラシに刷り込んだＱＲコードから集会を実況中継しているＹｏｕＴｕｂｅチャンネルにアクセスできるようにした。

●「1号」「2号」、京子さんが鹿児島に到着、しかしアヤ子さんに会えず●

そして、集会前日、青木惠子さんと西山美香さんが一緒に鹿児島空港に到着した。

もともとの予定では、空港から私の車でアヤ子さんの入院先の病院に直行し、女性の再審無罪「第1号」と「第2号」が「第3号」になるアヤ子さんに「勝利のバトン」を渡す機会とするつもりだった。そのために、青木さんは、お揃いで色違い（青木さんは青、西山さんは黄色、アヤ子さんは赤）のテディベアのぬいぐるみを準備してきていた。

しかしちょうどその前日、鹿児島県内で新型コロナウィルス感染第1号患者が出てしまい、アヤ子さんの病院は完全面会謝絶となってしまった。

やむなく私は二人を車に乗せて鹿児島市内に戻り、西山さんの念願だった「白熊」を二人にご馳走したのだった。

アヤ子さんは、第４次再審請求の直前に、成年後見審判により成年後見が開始したため（アヤ子さんの自宅近くに在住する姪と、鹿児島の弁護士の二人が成年後見人に選任された）、いままで亡き父親のために再審請求人となっていた、アヤ子さんの娘の京子さんは、第４次再審請求から、母親のアヤ子さんの代わりにアヤ子さんのための再審請求人にもなった。しかし、その京子さんでさえ、このときはアヤ子さんと面会することができなかった。

青木惠子さん（左）、西山美香さんと「白熊」を食す

●申立て当日の「イラスト解説」●

新型コロナウイルスに引っかき回された第４次再審の申立準備だったが、いよいよ３月30日の申立て当日を迎えた。

６時に起床し、テレビのスイッチを入れると、ほどなくＮＨＫニュース「おはよう日本」の「イラスト解説　ここに注目」のコーナーで、

「４度目の再審請求『大崎事件』」

と題して、清永聡解説委員が見覚えのあるキャラクターのイラストの前で解説を始めた。

見覚えのあるキャラクター――ベレー帽を被った女性の弁護士――は、前回登場のとき（第３次再審特別抗告審で検察官が申立てから10か月も経った２０１９年１月に突然意見書を提出してきたとき）と同様、冒頭では怒りで頭から湯気を立てていたが、イラストで描かれた回り舞台（壁のヒビをガムテープで留めてあるところが妙にリアルである）が回転し、舞台が最高裁から鹿児島地裁に変わり、最高裁第一小法廷の小池裕裁判長そっくりのキャラが消えて、鹿児島地裁の岩田光生裁判長そっくりのキャラが登場すると、ベレー帽の女性弁護士の頭から湯気が消え、冷静な表情で第４次再審請求書を提出していた。弁護団の横にいるベッドに入ったアヤ子さんの掛け布団には「92歳」の文字が浮かび上がった。そしてそこに、

〝裁判所は速やかな判断を〟

という字幕がかぶせられた。

新たな闘いの始まりの朝、まるでこれから始まる映画の予告編のようなイラスト解説だった。清永解説委員の粋な計らいに、勇気を１００パーセントチャージされた私は、身支度を済ませると家を出て、事務所に向かった。

●第４次再審申立てと報告集会●

午前11時の申立てに向けて、10時45分ころ裁判所前に到着すると、冷たい雨がそぼ降るなか、コロナ自粛中とは思えないほどの大勢の人びとがすでに門前に詰めかけており、そこには「第1号」の青木惠子さん、「第2号」の西山美香さん、布川事件の櫻井昌司さんの姿もあった。

大勢の支援者、冤罪被害者、マスコミ関係者に見送られて裁判所に入った私たち弁護団は、申立書を刑事部の受付カウンターに提出した。申立書には、小池決定から9か月の間に怒濤のように噴出した、小池決定批判の声明、論文、マスコミ各社の報道（特に西日本新聞の「検証　大崎事件」全26回の連載）を「資料」として添付した。

申立書を提出した後、弁護団は裁判員裁判で使う控え室に移動した。

第３次再審のときと同様、私たちの事前の申入れを受けて岩田光生裁判長ら裁判体３名が弁護団との面談に応じてくれたのである。

そこでは今後の進行についてかなり具体的で突っ込んだ議論が交わされ、第１回進行協議期日の日程も連休明けの５月に入れることが決まった。コロナ禍で裁判所の期日が軒並み取消しや延期になり始めたなかで、アヤ子さんの年齢に配慮して迅速な審理を心がけようとする裁判所の姿勢がありがたかった。第３次の冨田コートが鹿児島地裁に「良き伝統」をもたらしたことを感じた。

最高裁が、「(再審開始を）取り消さなければ著しく正義に反する」と「裁判官全員の一致」で第３次再審を「強制終了」してから９か月。小池決定に盲従し、再審なんか二度と認めるか、という態度で応じられる懸念がないわけではなかったが、鹿児島地裁の３名の裁判官たちからは、そのような態度は微塵も窺えなかった。

「無観客集会」となった午後からの報告集会には、50名ほどのマスコミ関係者が詰めかけたため、「無観客」というイメージとはほど遠い活気が会場にみなぎっていた。

マスコミ関係者の関心を引いたのは、やはり安部先生の報告した「韓国における再審をめぐる動向」だった。

そして、私の心に残ったのは、「大崎史上最強の新証拠」である澤野鑑定について、弁護団が解説したのを受けた櫻井昌司さんの一言だった。

「真実は、色褪せない。必ず明らかになる」

●「大崎新時代」の幕開け～クラウドファンディング～●

第４次再審申立ての１週間前、私は周防監督、佐藤博史弁護士、そして「弁護団最強の新入り」亀石倫子弁護士とともに東京・霞が関の司法記者クラブにいた。

３月24日にスタートした大崎事件のクラウドファンディング、

「あたいはやっちょらん。大崎事件 第４次再審請求：糾せ日本の司法」

をマスコミリリースするためである。

アヤ子さんの命あるうちに再審無罪を勝ち取る。文字どおり瀬戸際の闘いになる第４次再審では、弁護団の立証活動としてやれることはすべてやりたい、という思いから、インターネットを通じて広く一般からの資金を募り、今まで「お金がないから」と諦めてきた大がかりな再現実験や、新たな技術を駆使した新証拠の制作を可能にするクラウドファンディング（ＣＦ）にチャレンジすることにしたのだ。

ＣＦのアイディアは亀石弁護士からもたらされた。彼女が手がけたタトゥー彫り師の医事法違反事件（最高裁で無罪判決が確定）の控訴審のときに、亀石弁護士自身がＣＦで弁護活動の資金を得た経験があった。

そして、このアイディアを、６年にわたり大崎事件の支援に心血を注いで下さっている周防正行監督に伝えたところ、周防監督自身がＣＦの「実施主体」となることを決意してくれた。

そしてここから、ＣＦの実行に向けた亀石弁護士の驚異的な活躍が始まった。運営する会社の選定、より多くの寄付を集めるためにＣＦのサイトにアップする広報ツールの制作、ＣＦの期間中に「息切れ」が生じないよう支援のムーブメントを盛り上げるためのオンライントーク企画など、運営会社とタイアップしながら短期間で次々にアイディアを出し、準備に奔走し、着々と実行に移す亀石弁護士の独壇場だった。

特に、彼女が弁護団に加入してすぐ、大崎事件の現場を訪れて自らスマホで撮影した動画に、ビデオ素材や音楽をかぶせて分かりやすく解説した動画ツール「６分でわかる『大崎事件』」の訴求力は群を抜いていた。これまでに大崎事件に関する動画で最も再生回数が多かったのは、小池決定後の記者会見の動画で、せいぜい１０００回を超える程度だったが、「６分でわかる『大崎事件』」は現在、再生回数が６万回を超えている（最終確認２０２０年12月31日）。

ＣＦ開始の記者会見では、ひな壇に周防監督、佐藤博史弁護士、私が座ったが、亀石弁護士はスニーカーを履いた足であちこちを軽やかに移動しながら、記者会見の様子を動画撮影していた。「弁護団広報班長」としての彼女の集中力は徹底していて、再審申立日当日も、効果的な広報ツールを作成するための撮影素材を撮影することに余念がなかった。弁護団が申立書を提出するために隊列を組んで裁判所に入ろうとしたとき、動きやすい服装にスニーカーという、いつもの姿できびきびと動いていた亀石弁護士は、佐藤博史弁護士から「その格好で裁判所に入るの？」と尋ねられて、「あ、私弁護団だった。今日はスーツ着ていなきゃいけなかったんだ」と気づいたという。

亀石弁護士の巻き起こした新たな風が、これまで大崎事件を知らなかった首都圏の若者たちにも波及し、ＣＦは開始11日目にして、当初の目標であった５００万円を突破した。

ＣＦが弁護団にもたらした効果は、お金だけではなかった。ＣＦのサイトには、寄付と同時に支援者の方々からのメッセージがアップされるようになっている。その一つひとつが本当に嬉しく、力づけられるものだった。裾野が広がったサポーターたちの温かい眼差しを感じることで、それまで孤独な闘いのなかにあった弁護団の魂が救われたのである。

この日の会見は、朝日新聞（これまでも再審の問題を積極的に報じてきた阿部峻介記者の記事がカラー写真とともに夕刊に掲載された）、東京新聞が記事にし、ＮＨＫ、テレビ東京のニュースでも報じられた。そして、会見前、司法記者クラブのある東京高裁のロビーで、かつて「最高裁の暴走」という小池決定批判の記事を2回連載で書いてくれた「週刊金曜日」の片岡記者とばったり会った。別の事件の取材に来ていた彼だったが、急遽私たちの記者会見に加わり、週刊金曜日の4月10日号（1276号）に記事を寄せた。そして片岡記者はさらに5月22日号（1281号）で、ＣＦの実施主体となった周防監督が、「なぜ大崎事件のためにクラウドファンディングの実行者になることを決意し、立ち上がったのか」という熱い思いを語る独占インタビュー記事、**「ボクが『大崎事件』を支援する理由」**を見開き記事でリリースしてくれた。

亀石弁護士の活躍による新たなうねりは、「大崎新時代」の到来を告げていた。

10　湖東記念病院事件再審無罪判決と私の「舞台裏」

●湖東記念病院事件再審無罪判決●

3月30日、大崎第4次再審の申立て、記者会見、報告集会を終えた私は、冨田決定、根本決定の際にも生出演したKTS（鹿児島テレビ）の手配したタクシーでテレビ局に急行し、夕方のニュースに生出演したあと、再びタクシーで鹿児島中央駅に向かい、最終の新幹線で大阪を目指した。翌日に大津地裁で判決が言い渡される湖東記念病院事件再審無罪判決に立ち会うためだった。その夜は大阪で1泊し、翌31日朝、午前10時からの判決言渡しに間に合うよう、亀石倫子弁護士とともに大阪から大津に移動した。

私はかなり以前から、この判決を大々的に報じようと準備を進めていた京都新聞の事前取材を受けており、判決翌日の紙面にも、判決内容を受けたコメントを寄せることになっていたため、マスコミ関係者枠で傍聴席に入れるだろうと踏んでいた。無罪判決という結論は最初から分かっているが、その内容が、冤罪の真相にどこまで踏み込むか、そしてその判決の言渡しを聞く西山美香さんがどのような表情になるか、西山さんや弁護団と同じ空間で「再審無罪判決」を感じたかった。

ところが、コロナ禍で傍聴席に入れる人数が極端に制限された結果、マスコミ各社への傍聴席割り当ては1社につき2席限定となり、残ったわずかな傍聴席を、一般の傍聴希望者と、1社につき2席の割り当てでは満足できないマスコミ各社との間で争奪するという状況になってしまった。抽選の倍率は20倍を超えていた。

そして、町内会の福引きにさえ当たったことのない、くじ運絶無の私は、あえなく抽選で敗れ去ったのだった（自分の番号の1番違いが当たっていたのが余計に悔しかった）。

一方、この過酷な傍聴席争奪戦のなかで、布川事件の櫻井昌司さんが抽選に当たっていたのには驚嘆した。さすがに「持っている」としか言いようがない。

それでも、裁判所の門前で、多くの支援者たちと待っている間、マスコミ関係者が時折傍聴席を出て知らせてきたり、弁護団からこっそりショートメールで送られてきたりする判決内容の断片的情報に、私は、「これはすごい判決になる」との予感で胸を膨らませていた。

●感動と興奮の門前集会●

判決の言渡しは、当初の予定より大幅に時間を要し、満面の笑みをたたえた弁護団と、うれし涙で目を真っ赤にした西山美香さんが裁判所の門前に現れたのは、お昼を大きく回ってからだった。待ちかねた支援者、マスコミ関係者たちが群衆となって膨れ上がった裁判所門前で報告集会が始まった。井戸謙一弁護団長の第一声は、

「素晴らしい内容の無罪判決でした！」

だった。井戸弁護士は、激情型の私とは異なり、性格は温厚そのもの。そして元裁判官らしく常に冷静で、日頃はそれほど感情を表に出すタイプではない。しかし、判決直後の井戸弁護士は、判決内容に感動し、感激した、その高ぶる気持ちをストレートに表現していた。

「判決は、美香さんが犯人であるかどうかを検討するまでもなく、この事件については事件性が証明されていないとしました。

自白については、そもそも内容が信用できない、それ以前に任意性がないということで、自白は最終的に証拠から排除するという決定をしました。不当な取調べを続けたということも明白に認定しました。

『この事件は刑事司法に携わる者が汲み取るべき教訓が沢山ある。日本の刑事司法は、この事

件をきっかけにして変わらなければならない』と裁判長自身が最後、美香さんに声をかけながら涙ぐんでおられたという、そういう場面もありました。それだけ裁判所のこの事件に対する強い思いを感じることができたと思います」

続いて、女性で生きて再審無罪判決を勝ち取った「第1号」の青木恵子さんが、真っ白なスーツ姿で西山さんに歩み寄り、花束を渡して「おめでとう！」と祝福した。

実は美香さんも、濃いグレーの上着を着ていたが、その上着の下は真っ白なブラウススーツに身を包んでいた。

この「真っ白」な服の持つ意味については、後ほど種明かしをしたい。

報告集会ではもともと支援者、冤罪被害者をはじめとする多くの関係者が西山さんに祝福の言葉を贈ることになっていた。しかし、判決言渡しが長引いたため、ほどなく記者会見の時間が始まってしまう、ということで、実際に祝福の挨拶をさせてもらえたのは、青木さんと、そして私だけだった。

青木さんに続いて美香さんとハグを交わし、美香さんの横で祝福の挨拶を始めた私は、詰めかけた大勢の参加者、マスコミ関係者の前で感極まって号泣してしまった。

私が公の場で言葉を発することができないほど号泣したのは、2017年6月に大崎事件第3次請求審の冨田コートで再審開始決定がされたとき以来、人生で2度目だった。ようやく何とか言葉が出るようになったとき、私はこのように発言していた。

「大崎事件と湖東事件は、『事件』なんかないのに、供述弱者とされるハンデを抱えたひとから自白を搾り取って、事件に仕立て上げて、そしていい加減な法医学鑑定で、それを補強して事件をでっち上げて有罪にした、共通の事件です。そういう意味で、今日の判決は、大崎事件にとっても、それから同じ供述弱者の自白がある日野町事件にとっても、本当に大きな福音になると思います。そういうことを、ぜひ皆さんで分かち合って、伝えていただきたいと思います」

大津地裁前に集う歓喜の輪の、道路を隔てた向かい側には、一本の満開の桜が、こぼれるような微笑みをこちらに向けていた。

●熱気にむせかえる記者会見と「桜のモチーフ」の意味●

門前集会が終わり、大津地裁前の群衆は、西山美香さんと弁護団による記者会見が行われる滋賀弁護士会館に向かって移動を開始した。

私が弁護士会館の大会議室に到着したときには、すでに詰めかけたマスコミ関係者が所狭しと会見場に陣取り、私は最後列の、テレビカメラの三脚の脚と脚の間に挟まれるような場所に、ようやく着席することができた。


会見ではまず弁護団から勝利宣言と判決内容の詳細な報告があり、美香さんと両親からも喜びと感謝の声を聞くことができた。

判決に関するマスコミ各社からの質問が一段落したころ、西山さんの桜色のネイルに込めた意味について女性の記者が理由を尋ねた。

西山さんの答えは、門前集会で決壊した後やっと修復した私の涙腺ダムを再び崩壊させるものだった。


「私は桜が満開の中、無罪の判決をもらいました。桜の花びらが全国に散り、各地で冤罪に苦しむ人に希望を与えられるようにとの思いを込めました」

西山さんはこの日、ネイルだけでなく、ネックレス、ピアス、髪留めゴムに至るまで、すべて桜のモチーフで統一していたことには気づいていた。しかし、彼女がそんな思いを胸に秘めていたたとは……。

そして、西山さんはこのように続けた。

「青木さんが第1号、私が第2号って、鴨志田先生が名前をつけてくれはったから、これからは第3号の原口アヤ子さんを救出するために活動します」

すでに京都新聞、中日新聞は、鹿児島に記者を派遣して、前日の大崎事件第4次再審の申立てを報じるとともに、「勝利のバトン　渡したい」（中日新聞）、「西山さん『勝利のバトンを』」（京都新聞）という見出しで、鹿児島地裁の門前や申立て後の報告集会でアヤ子さんにエールを送る西山さんの写真入り記事を掲載していたから、西山さんの言葉の意味は、多くのマスコミ関係者にピンときたはずだ。判決後の記者会見でも西山さんが「1号、2号のバト

中日新聞 2020 年 3 月 31 日。「勝利のバトン　渡したい」

京都新聞 2020 年 3 月 31 日。「西山さん『勝利のバトンを』」

ンを3号へ」とアヤ子さんの名前を出してアピールしてくれたことは本当に嬉しく、ありがたかった。

●自白の「任意性」と「信用性」●

記者会見終了後、滋賀弁護士会館から京都新聞の堀内陽平記者に連れられて京都新聞滋賀本社に入った私は、そこで今回の再審無罪判決のもつ意味について、2時間がっつり解説した。

強調したのは、この判決が西山さんの自白の信用性のみならず、任意性を否定して証拠から排除したことの重要性である。

刑事裁判では「私がやりました」と犯行を自認する「自白」は「証拠の女王」などと言われ、国家は犯罪者と目する者を処罰するために、拷問を行ってでも自白を獲得しようとするという暗黒の歴史があった。

そこで、日本国憲法38条では「強制、拷問若しくは脅迫による自白又は不当に長く抑留若しくは拘禁された後の自白は、これを証拠とすることができない。」として、強制、拷問、脅迫などにより強制された自白、すなわち任意に（自発的に）されたものでない自白はそもそも刑事裁判の証拠としてはいけない、と定めている。これが自白の「任意性」の問題である。

この任意性が認められて初めて、自白を裁判の証拠として使うことができるわけだが、その内容がウソだった場合には、「その自白は信用できない」と判断されることになる。これは自白の「信用性」の有無の問題である。

実際の裁判での「任意性」のハードルは高く、自白の任意性が否定されるのは、明らかな暴行・脅迫、極めて長時間にわたる連続した取調べが行われた場合や、あからさまな誘導、偽計（だますこと）などがあった場合に限定されていた。

西山さんの「自分を取り調べた警察官に恋愛感情をもち、歓心を買うために虚偽自白した」という事情は、一見「自らすすんで自白した」とも取れる。

しかし、この判決は、これまでは自白の信用性判断のときにかろうじて配慮されることもあった「供述者側の事情」、すなわち、西山さんがさまざまな障がいを抱えた「供述弱者」であったこと、また西山さんのパーソナリティや感情を認識しつつ、これを自白獲得に「利用」した捜査側の事情や、西山さんを自らの独占的影響下に置いた取調べ担当刑事と西山さんとの「人的関係」を考慮して、西山さんの自白の任意性を否定し、証拠から排除したのである。

しかも、判決では任意性の有無を判断するにあたり、緻密な基準を打ち立てていた。この基準が再審も含めた今後の刑事裁判で「供述弱者」の自白の任意性を判断する際の「先例」となれば、供述弱者を冤罪の縁から救済する道を照らす一筋の光明となるだろう。

私が2時間語り倒した内容を、堀内記者は「識者コメント」としてうまくまとめてくれた。翌日の京都新聞第7面には、すでに事前取材していた周防監督のコメントと私のコメントが並んで掲載されていた。

県警捜査の不当性 断罪

冤罪 判決で見えた背景

冤罪の問題点がどう解明されたか

「証拠隠し」批判　誤審理由言及なく

再審判決 識者の見方

裁判所は自白偏重から脱するべき

映画監督　周防　正行氏

自白の任意性 判断の指標示した

弁護士　鴨志田　祐美氏

裁判長説諭 にじんだ自省

捜査と裁判　「疑わしきは—」原則忠実に

西山さんへ　自分自身を大切に生きて

判決要旨

京都新聞 2020 年 4 月 1 日。湖東記念病院事件。「識者のコメント」周防監督と鴨志田

●「真っ白な無罪判決」の意味●

「任意性」が否定されること。それは、「冤罪被害者の魂の救済」なのである。

私はそのことを、「第1号」の青木惠子さんに教えられた。

かつて、足利事件の再審公判では、判決後に裁判官3人が立ち上がって菅家さんに謝罪したことが話題となった。

しかし、形式的には謝った3人の裁判官は、その無罪判決において、菅家さんの自白の「信用性」は完全否定したが（DNA再鑑定によって真犯人ではないことが確実となったわけであるから当然である）、「任意性」は（起訴後の検察官調書1通を除き）すべて認めていた。

このことは、

「菅家さんは、自らすすんでウソの自白をした」

と判断されたということを意味する。

当時、私は、

「冤罪被害者は取調官との特殊な関係の中で追い詰められてやむなく虚偽自白に至ってしまうのに、その苦悩を無視していて、冤罪被害者に失礼だ」

と憤ったのだった（このことは私が手がけた初の共編著本『転落自白』（本書43頁）でも触れている）。

私は青木恵子さんが、自らの再審無罪判決を、

「真っ白な無罪判決をいただきました」

とコメントするのを何度か聞いたことがあった。

この「真っ白な」の意味を、大崎第４次再審申立ての前日に鹿児島入りした青木さんは、「白熊」を食べながら私に話してくれた。

「『被告人は無罪』、という主文を聞いても、あたしは何も感じなかった。結論は分かっていたから。でも、途中で弁護人の先生が耳元で、《自白が証拠排除されましたよ！　任意性が否定されましたよ！》と囁いたときに、気持ちがふわっと軽くなってじわじわと感動が押し寄せてきたんです。あたしの自白はあたしのせいではない、やっと本物の無罪になった、と思った」

と。

青木さんが湖東記念病院事件の再審無罪判決の際に真っ白なスーツを着てきた意味はここにあった。

そして、青木さんとおそろいの白い服を着て、再審無罪のバトンをもらった西山さんにも、

「真っ白な無罪判決」がもたらされたのだった。

●壊れたこころとからだ●

長い一日が終わり、私は京都に宿をとり、疲れた身体をベッドに横たえた。そのときである。

悲しみとやるせなさ、怒りと淋しさ、そして無力感と絶望感がないまぜになったような、深い闇の塊に飲み込まれ、自分のこころがぺちゃんこに押しつぶされるのを感じた。

私は暗闇のなかで身もだえしながら、自分の内臓すべてを吐き出すような嗚咽を続けていた。

京都の夜の「変調」。それは急にもたらされたものではなかった。

小池決定以降、公私にわたって、折り重なる荒波のように繰り返し私の身に降りかかってきた出来事に、ついにこころとからだが壊れた瞬間だった。

●母の転倒事故●

小池決定から1か月も経たない2019年7月16日の夜、私と夫が仕事で不在にしている間、ゴミを出そうと自宅から外出した母が路上で転倒し、通りがかりの方々に救出され救急搬送されるという事態が発生した。搬送先の病院のER（救命救急室）に駆けつけると、母は右大腿骨転子部骨折、全治3か月という重傷で、すぐに緊急手術が必要という状態だった。

1991年に鹿児島に転居して以来、母と同居し、息子が1歳のときに私が仕事に出るようになってからは、家事、そして息子の育児もその多くを母に頼ってきた。それが私のなかでいつしか「当たり前のこと」となってしまっていた。80歳を超えた母の心身に衰えが目立つようになっても、相変わらず家のことは母に任せきりで、大崎事件のために奔走し、数日にわたって家を空けることも多く、鹿児島の事務所にいるときでも帰宅は23時過ぎという毎日だった。私は3時間に及ぶ母の緊急手術に立会いながら、ここ最近は認知機能にもやや不安が生じていた母への配慮が足りず、ひとり自宅に置き去りにしていたことへの自責の念にかられていた。

結局、母は骨が脆くなっていたため、最初の手術で入れたボルトが固定できず、再手術で人工骨を入れることになり、自力歩行まで回復することはできなかった。また、入院期間が長引いたことで認知症が進み、自宅には戻れず老健施設のお世話になることになった。9月に息子の結婚式を控え、孫の晴れ姿を見ることを何よりも楽しみにしていた母の気持ちを思うと、胸が締め付けられる思いだった。

●夫の大腸癌発症●

9月15日にとり行われた息子の結婚式と披露宴は、笑いと涙と感動に包まれた素晴らしい時間だった。

しかし、息子の結婚式の10日後、PET検診を受けた夫に、ステージ4の大腸癌が見つかった。すでに肺、膀胱、リンパにも転移している疑いがあるとの診断結果だった。

夫は私が独立して今の事務所を設立することを決めたときに、それまで勤めていた会社を退職して、事務所の立ち上げから力になってくれた。事務所の物件探しから賃貸借契約、什器備品の手配、オフィス家具の選定、購入、弁護士法人の設立登記、銀行口座の開設……こういった準備はすべて夫が整えた。事務所開設後は事務長として、事務所の経理一切を仕切ってきた。また企業会計に明るいことから、破産管財事件や会社訴訟で絶大な戦力となってくれていた。そして、おびただしい数の講演で私が使用しているパワーポイントは、すべて夫が前職（テレビ番組制作会社）での経験を活かして作ってくれたものである。

すでに２０１９年の春ごろから体調不良が窺え「激痩せ」していた夫に、私も含めた周囲は何度も受診を勧めた。しかし、困難な破産管財事件を同時に2件抱えていたことと、そしておそらくは「息子の結婚式までは頑張る」という思いがあったのだろう。夫は頑なに受診を拒んでいた。そして息子の結婚式が終わるやいなや、我慢の限界に達し自ら病院に駆け込んだのだ。

事務所の経理をみている夫は、私が大崎事件や再審法改正にのめり込めばのめり込むほど事務所経営が苦しくなる現実を直視し、顧問税理士とともに苦言を呈することもあったが、それでも私の活動の意味を理解し、尊重してくれていた。

そんな夫が、小池決定が出た後の騒乱状態からようやく事務所に戻った私に、

「もう、ここらが潮時だよ。次の再審は諦めたほうがいい」

と言ったのである。すでにアヤ子さんと面会し「すぐに次の再審を申し立てるから１００歳まで生きてほしい」と涙ながらに懇願してきた直後だった私は、夫の言葉に不快感を露わにし、聞く耳を持たなかった。

でも、今にして思えば、夫は自分の病気を察知し、事務所の行く末を心から案じていたに違いない。

夫の開腹手術は10月29日に行われた。母の再手術が10月17日だったから、2週間足らずの間に、家族二人の手術を、別々の病院で立ち会ったことになる。2019年の10月と言えば、3日、4日が徳島で人権擁護大会、5日に札幌で講演、11日に東大駒場キャンパスで講演、15日に鹿児島で大崎事件40周年集会、24日に那覇で九弁連大会、26日に早稲田大学稲門法曹会総会・合格者祝賀会で記念講演、そして夫の手術の翌日である30日には岐阜の朝日大学で講演、というスケジュールだった。

そのほとんどが数か月以上前に決まっていた予定であり、リスケジュールやキャンセルは、自分の立ち位置や先方への迷惑を考えると、とても無理だった。そこで、これらのスケジュールの合間を縫うように母と夫のそれぞれの入院先の病院に通い、手術のスケジュールを調整したのだが、夫の手術に立ち会うために福島から来てくれた夫の兄夫婦の目には、私はあまりにも夫に寄り添えていない妻として映ったに違いない。

一方で、夫の手術に立ち会うため、終日病院に缶詰になっている間にも、緊急案件の電話が事務所から入り、やむなく病院の待合室に依頼者を呼んで打合せを行う私の姿を目の当たりにした夫の兄は、これでは夫婦共倒れになりかねない、と心配し、手術後まもなく、大崎第4次申立てまで多忙を極めるであろう2020年の3月まで、福島の実家で夫を療養させることを提案してくれた。

私は申し訳ない気持ちでいっぱいだったが、もはや現状では、このありがたい提案を受けて、夫を福島に送り出すしかなかった。

義兄夫婦は、2019年の5月に義母が旅立つまで、義母の世話をしてきた。その義母も夫と同じ大腸癌だったため、看病には慣れていると言ってくれた。さらに自らが乳癌で闘病した経験をもつ義姉は、大腸癌の手術後の患者のための料理レシピ本を買い求め、夫のための献立を勉強してくれていた。

2週間に1度の抗がん剤治療のため、夫が福島で入院する病院は、義兄からの情報を参考にして、いわき市にある癌治療の拠点病院を選定し、夫が手術を受けた鹿児島の病院からの医療情報も事前に提供して受け入れ体制を整えてもらうことができた。実家から車で片道1時間以上かかるその病院には、義兄が毎回車で送迎してくれた。

私が再審法改正に向けた活動のため、頻繁に上京できたのも、台湾の最高検に赴き検察総長にインタビューできたのも、夫の親族の献身的な協力あればこそだった。

しかし、夫が最も辛い状況にあるとき、自分がそこに寄り添えずにいる、という罪悪感は、いつ何時も私の心の底に、鉛のように沈んでいた。

●6LDKの孤独●

かくして私は、結婚25年目にして、自宅に一人で暮らすことになった。母、私たち夫婦、息子とその家族の3世代で住むことを見越して12年前に購入した6LDKのわが家。かつては多くのお客様をお招きして2階のバルコニーでバーベキューパーティをやったり、家族でホームシアターを楽しんだりした日々もあった。だが、今や「おひとりさま」となった私には、無駄に広い空間が余計に堪えた。私はこの状況を「6LDKの孤独」と名付けていた。

●えがりての挫折●

私生活はこのようにボロボロだったが、「公」の部分では、第4次再審の申立てに向けて邁進する毎日が続いていた。しかしここでも、厳しい現実が私を待ち受けていた。

第3次再審の申立て直前にも、激しい議論で弁護団のメーリングリストが炎上状態になったことは前述したが（本書135頁）、第4次再審申立て前も、その戦略をめぐってメーリングリスト上で激しい議論が展開され、次第に法的な議論を超えた個人攻撃のレベルに到達して、事態は弁護団分裂の危機といえるほど深刻な状況になっていた。今回ばかりは私も収束できないかもしれない、と私は毎日パソコンのメールボックスを開くことに恐怖を感じていた。幸い、それまではなかなか弁護団メーリングリスト上で意見表明を行わなかった弁護団の若手弁護士も声をあげ、最後は弁護団長の森雅美弁護士が事態を収集するに至ったが、私はこのときのストレスから、頭痛、顔面から右腕にかけての痙攣、動悸、震え、めまいといった身体症状が出ていた。頭痛と肩こりで右腕が上がらなくなり、車の運転もままならない状況となったため、脳神経外科で首の後ろにブロック注射を打ってもらったりもしたが、当然のことながら根本的な治癒には至らなかった。

ようやく第４次再審の準備がすべて整った、申立て前日の3月29日、この日に鹿児島入りした青木恵子さん、西山美香さん、指宿信教授、基調講演の安部祥太助教を歓待するための弁護団の懇親会に事務所から出かけようとする、まさにそのとき、いつものように申立準備の事務作業をてきぱきとこなしてくれていた「スーパー事務職員」の長谷川さんが、

「先生、お話があります。この事務所を辞めさせて下さい」

と切り出した。驚愕し、その言葉を飲み込めずにいる私に、長谷川さんは、

「もう、私ではこの事務所で力になれることはないと感じました。なので辞めさせて下さい」

と言葉を継いだ。

懇親会の開始時刻が迫っていたため、私は頭が真っ白になった状態のまま事務所を出て、懇親

会の会場に急いだ。しかし、何を食べて何を話したか、ほとんど記憶にない。それほどショッキングな「宣言」だった。

懇親会がお開きとなり、帰り道を歩きながら、次第に冷静になった私は、このタイミングで退職を申し出るということは、彼女はよほどの覚悟を決めている、ということだと理解した。そして、「これは『晴天の霹靂』ではない」ということにも気づいた。

長谷川さんは、私が司法修習生として弁護修習でお世話になった、第1次再審当時の大崎事件弁護団長だった亀田徳一郎弁護士の事務所に事務職員として勤務していた。まだ弁護士にもなっていない、ヒヨコ以前の修習生だった私のどこを見込んでくれたのか、私自身にはよくわからないのだが、彼女は、

「先生が弁護士となって独立したら、必ず私を事務職員として雇って下さい。何年でも待ちますから」

と言ってくれた。そして、亀田事務所から私が将来設立する法律事務所に直接移籍するのでは角が立つだろうと考えた長谷川さんは、ほどなく亀田事務所を退職し、土地家屋調査士の事務所、次いでテープ起こし専門の会社等で勤務し、登記実務や録音反訳といった法律事務に必要なスキルを磨

いていた。

そして、私が弁護士登録から5年あまりが経過した2010年の1月に「弁護士法人えがりて法律事務所」を設立したとき、長谷川さんは約束どおり私の事務所に来てくれた。

亀田事務所時代から大崎事件を知り、自死する直前の太郎さんの背中を見送った経験をもつ(本書222頁)長谷川さんは、大崎事件に関する膨大な事務処理を、いつも驚くほどの正確さとスピードでこなしてくれた。中立て前の修羅場の際は、弁護団からもたくさんの応援をもらっていたが、その作業は彼女の指示抜きでは成り立たず、私が「チーム長谷川」と呼んでいたほどである。

それだけではない。第2次再審請求審で、大分刑務所から一郎さんと二郎さんの受刑記録の表紙が開示された際、二郎さんの受刑記録の表紙に付けられていた「AMx級」の「Mx」とは、刑務所の分類等級のうち、知的障害者を示すものだということを突き止め、彼らが「供述弱者」であることの客観的裏付けであることを「発見」したのは、ほかならぬ長谷川さんだった。

まさに「えがりて号」の出航からの10年間、苦楽をともにしてきた「戦友」である。

しかし、夫が大腸癌を発症して長期休職となった後、相変わらずどころかさらに頻度を増した県外出張で私が事務所を留守がちにしているなかで、通常業務が滞留し、事務所への電話にもたった一人で応対することを余儀なくされた長谷川さんは、どれほど辛く、どれほど孤独であったか、想像に難くない。彼女をそのような状況に置き続け、その窮状を察知することのできなかった私は、完全に経営者失格だった。

大崎事件に没頭し、アヤ子さんに再審無罪をもたらすこと、再審法制を変えることに全身全霊を賭けて取り組むあまり、家族や事務職員の窮状をかえりみず、犠牲にしてきた代償が、ここにきて一気に噴出したのだ。

それでも、結果が出せていれば、まだよかった。

湖東記念病院事件の再審無罪判決に立ち会い、晴れて無罪となった西山美香さんに心から祝福する気持ちがあったことは紛れもない真実である。しかし一方で、ここまで何もかも犠牲にして、自分のすべてを賭けて大崎事件に取り組んできたにもかかわらず、同じ時期に最高裁に特別抗告審が係属していた3事件のうち、松橋事件と湖東記念病院事件は、再審無罪の「ゴール」にたどり着いているのに、私は92歳のアヤ子さんを、また新たな闘いの「スタートライン」に立たせているという現実に、私の理性は深層崩壊していた。

3月30日の大崎第4次再審申立てと、翌31日の湖東記念病院事件再審無罪判決を、連続する日程にしたのは、ほかならぬ私自身である。その戦略は、コロナ禍のもとでもマスコミが継続的に再審の問題を報じ続けている現状からみても、間違いなく正しかったといえるだろう。

しかし、「スタート」と「ゴール」という、あまりにも差の大きすぎるコントラストと厳しすぎる現実となって、私の心に跳ね返ってきたのである。

●ある決断●

大津から鹿児島に帰って1週間後、私は懇意にしている精神科医に、自分の心身の状態を伝えるメールを送った。精神科医からはすぐに、

「凄まじい状況ですね。精神面が不安定にならない方がおかしいです。よく頑張ってらっしゃいますね。お時間のある時にお電話ください。」

と返信があった。受診した結果、私は「ストレス障害（抑うつ状態）」で4週間の休養加療が必要と診断され、抗うつ薬を処方された。

主治医の助言に従い、4月中旬から3週間、事務所を閉めた。幸い、新型コロナウィルス対策、と言えば誰も不思議に思わない状況であったし、すぐにゴールデンウィークに突入したことも幸運だった。

狂乱の日々から離れ、仕事のペースを落とし、改めて現状を分析すると、小池決定、再審法改正関連の出張ラッシュ、夫の発病が重なり、2019年度の事務所の収支は大幅な赤字となっていた。

夫は、福島の義兄夫婦の献身的なケアのお陰で、福島に送り出したときからは想像もできないほど元気になって4月のはじめに鹿児島に帰ってきた。しかし、2週間に1度の抗がん剤治療は継続しなければならず、ストマ（人工肛門）になったことで長時間の勤務には耐えられないことから、事務所への完全復帰はどうみても無理だった。

長谷川さんと夫という、優秀すぎる二人の穴埋めとなる事務職員を、一から養成することは、労力の点からも経営的にみても不可能である。

私は、設立10年という節目に、今年いっぱいで事務所を廃止するという決断をした。

11　それでも闘い続ける。アヤ子さんと笑うために

●周防監督と映画制作スタッフ、大崎町に現る！●

2020年10月10日。鹿児島県曽於郡大崎町には抜けるような青空が拡がっていた。

10月も半ばに差し掛かろうかというのに、真夏を思わせるほど強烈な日差しと蝉の声が、私たちの頭上にシャワーのように降り注いでいた。

どこまでも続くのどかな田園風景を縫うようにくねくねと走る細い農道と、農道に沿って流れる用水路。その農道の途中で、町内では日常目にすることのない光景が繰り広げられていた。

「よぉーい、スタート！」

周防正行監督の張りのある声が、静かな農村に響いた。

２０１４年に大崎事件と出会ってから、６年にわたりアヤ子さんと弁護団を支援して下さっている周防さんとは、もう数え切れないほどさまざまな場所でご一緒させていただいているが、初めて聞く「映画監督　周防正行」の声は、いままで知っていた周防さんの声とは全然違っていた。

この大崎の地で、周防監督の「本業」での勇姿を見る日が来るなんて……。

私は、自分の心のうちにむくむくと湧き上がる「ミーハー根性」を抑えるのに苦労していた。

●クラウドファンディングが叶えたビジュアル新証拠の制作●

「大崎弁護団史上最強の新入り」亀石倫子弁護士のアイディアを受け、周防監督が実行者として立ち上がって下さった「大崎事件クラウドファンディング」は、コロナ禍で国内外の経済が大打撃を受けているさなかであるにもかかわらず、開始からわずか11日で当初の目標額だった500万円を突破した後、6月16日の最終日までに806名の方々から合計1241万円を超える支援をいただいた。

弁護団はこの資金を活用して、これまでにない、二つの「ビジュアル新証拠」の制作に着手した。

一つは、現在は建物が取り壊され荒れ地となっている土地に、かつてアヤ子さんと一郎、二郎とハナ、そして四郎の家が寄せ集まるように建っていた事件当時の状況を、事件記録に綴られていた写真や図面に加え、当時の航空写真なども手掛かりにして3DCG（三次元コンピュータグラフィックス）で再現し、それを「舞台」として、例えば色葉と高杉のそれぞれの供述に基づいた再現画像を作成し、2人の供述の食違いを視覚的にアピールするというものである。

この新証拠制作では、亀石弁護士が業者の選定、業者との打合せ、弁護団との連絡調整等を一手に担ってくれた。

そしてもう一つが、側溝に転落し、何者かに道路に引き上げられた後、およそ2時間半もの間、道路に倒れていた四郎を、色葉と高杉が「救助」し、軽トラックの荷台に載せて四郎の自宅まで搬送するシーンを、実写で再現した映像の制作である。

この場面は、澤野鑑定で、側溝に転落した際、「非骨傷性頚髄損傷」を負っていた四郎が、全身状態の悪化による急性腸管壊死に陥る重篤な状態になっていたのに、いつものとおり「酔っ払って道路に寝そべっている」と勘違いした色葉と高杉が、（救命救急の常識として、このような傷病者については決して頚部を動かしてはならないのに、それを知らなかったがために）四郎の頚椎を保護せずに軽トラックの荷台に載せ込んだことで、四郎の頚椎に致命的なダメージが加わり、死期を早めたとされるところである。

この、いわば第４次再審の死命を制する場面を再現するために、周防監督が証拠を丁寧に読み込んでシナリオを書き、『それでもボクはやってない』以降、すべての周防作品に助監督や脚本家として参加してきた片島章三監督、小川真司撮影監督、周防作品の制作会社である「アルタミラピクチャーズ」の社長でもある桝井省三エグゼクティブプロデューサー、同社に所属する選りすぐりのスタッフたち、そして色葉・高杉・四郎のそれぞれを演じるプロのスタントマンとともに、41年前に四郎が倒れていたその場所から軽トラックで搬送し、四郎方跡地に入るまでを撮影することになったのである。

そして、「大崎史上最強の新証拠」である医学鑑定を行った澤野誠教授本人が、撮影に立ち会い、医学的見地から映像にコメントを入れるという、画期的なビジュアル新証拠企画が実現することになった。

●裁判所が動いた！●

第4次再審申立て後、鹿児島地裁ではすでに2度の進行協議期日が重ねられていた。

8月7日に行われた第2回進行協議期日において、裁判所は、

「次回進行協議は10月12日、大崎町で開催し、弁護人の行う現場再現を見学する」

ことを決定した。

10月12日——41年前、四郎が側溝に転落し、色葉と高杉に搬送された、まさにその日である。非公開の進行協議期日とはいえ、裁判所が公式に大崎事件の現場を訪れるのは、第1次再審請求審以来、実に24年ぶりのことだった。

これを受けて、周防監督・アルタミラピクチャーズのスタッフと弁護団との間で対応を検討し

た結果、10月10日、11日の2日間で現場再現映像を撮影し、12日は、裁判官、検察官の前で、前日までに撮影したとおりのやり方で再現を行うという段取りが決まった。

●現場再現映像の撮影現場●

ところが、10月10日が目前となったころから、台風14号が九州に接近するとのニュースが流れ始め、東京から鹿児島に向かう航空便に欠航が生じる可能性があったため、周防監督とスタッフたちは予定より1日早く、陸路7時間かけて鹿児島に入った。埼玉医科大学高度救命救急センター長として、新型コロナ対応で多忙を極めている澤野教授も、もともとの予定の前日に最終の新幹線で博多入りし、翌朝6時台に博多を出発する新幹線で鹿児島に来てくださった。

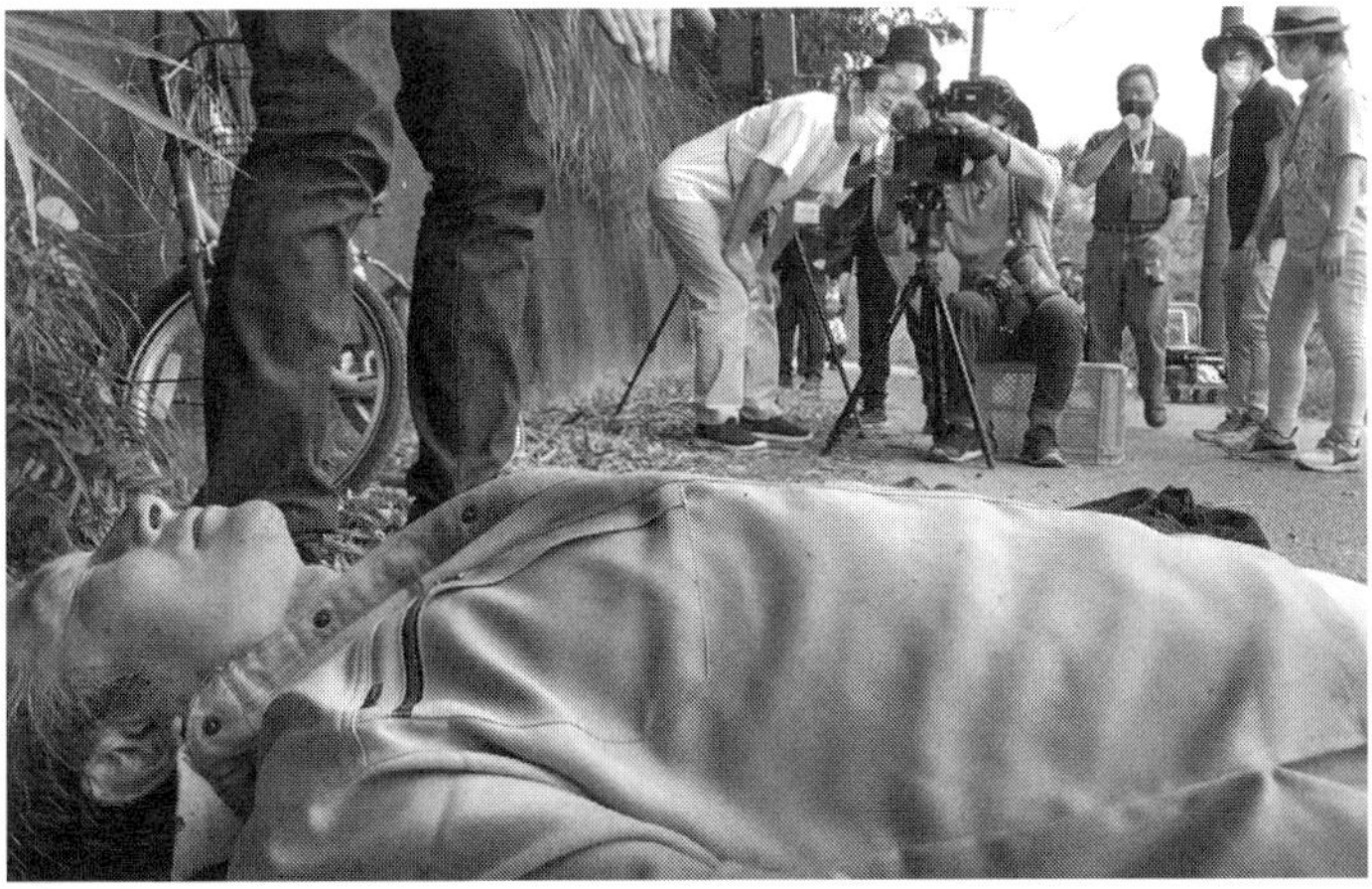

現場再現風景

いざ当日を迎えると、台風接近のニュースは誤報だったのではないかと思えるほどの好天に恵まれ、10日のリハーサル、11日の撮影本番と順調に進み、滞りなく撮影予定を消化していった。

プロのスタントマンたちが、不自然さもわざとらしさもなく、事件当時の搬送状況を証拠に基づき正確に再現し、それを目の当たりにした澤野教授は、四郎の死に至る機序がいっそうクリアになったと興奮気味に話していた。

12日には、現地を訪れた裁判官3名と検察官1名の前で現場再現が行われた。裁判官たちは、道路に倒れていた四郎が色葉と高杉によって起こされ、軽トラックまで運ばれていく際の頸部の様子、そして四郎が軽トラックの荷台に載せられたときの頸部の状況を視覚的に確認し、澤野教授の説明に大きく頷くなど、熱心に現場再現を見学していた。

周防監督いわく「文字の病に犯されている」法曹三者（裁判の記録に綴られている文字情報だけで、立体的な空間も含めすべて理解したつもりになりがちな司法関係者のことを、皮肉たっぷりにこう表現している）にとって、文字で書かれた供述が、生身の人間によってリアルに再現されたインパクトは想像を超えるものだった。

●亡き父へのオマージュ●

周防監督の「よぉーい、スタート!」の声でカチンコが鳴り、辺り一面にピリッと緊張した空気が流れる。スタントマンたちが演技を始めると、1979年にタイムスリップした私の目の前に、本物の色葉、高杉、四郎がいるような錯覚にとらわれた。

そして、「はいカット!」の声とともに張り詰めていた空気が緩み、1979年から一気に2020年に時が早送りされ、皆、次のシーン撮影の準備にとりかかっていく。

……これが映画の撮影現場というも

裁判官 現場立ち会い

大崎事件再審請求　当時の状況再現

大崎町で1979年に男性の変死体が見つかった「大崎事件」を巡り、殺人と死体遺棄の罪で服役後に裁判のやり直しを求めている原口アヤ子さん(93)の第４次再審請求は12日、現場で非公開の進行協議があった。事件の発生時期に合わせて弁護団が実施した「当時の現場」の再現に、裁判官や検察官が立ち会った。裁判官が現場を訪れるのは、第１次請求の96年以来24年ぶり。

供述調書などを基に９～11日に再現した「事件当時の現場」を撮影する動画の一部　＝大崎町（大崎事件弁護団提供）

確定判決などによると、男性は自宅から１キロ余り離れた場所で、酒に酔って道路脇の溝に倒れているのを発見され、近隣住民２人が軽トラック荷台に乗せて連れ帰った。その後、義姉（当時）の原口さんが元夫ら３人と共謀、男性の首をタオルで絞めて殺害し、牛小屋の堆肥の中に埋めたと認定している。

弁護団は３月に申し立てた第４次請求で、救命救急医の鑑定書を新証拠として提出。男性の死因を「非閉塞性腸管虚血（ＮＯＭＩ）による急性腸管壊死《えし》」と指摘し、２人が男性を荷台に放り込むなどしたため転落事故による頸髄損傷が悪化、呼吸停止となった可能性が高いとした。「殺害」は存在しないと主張している。

弁護団によると、12日の協議では、倒れている被害者役を荷台に乗せ、自宅に運び込むまでの一連の流れを再現。鑑定した埼玉医科大高度救命救急センター長の澤野誠医師が裁判官らに説明した。

協議後の会見で澤野医師は「救急隊のような装備がない人が救助した場合、どのような方法を取っても首にさらなる損傷が加わることが分かった」。弁護団の森雅美団長は「調[illegible]を再現する過程を、裁判官に直接見てもらったことは大変意義深い」と話した。

映画監督の周防正行さんが供述調書などを基にシナリオをつくり、９～11日に現場を再現。現場再現の映像は11月末をめどに証拠として鹿児島地裁に提出する。弁護団は立体映像での再現にも取り組んでおり、これらの証拠制作にはクラウドファンディングで集めた資金を活用している。

（山下翔吾、下野敏幸）

南日本新聞 2020 年 10 月 13 日。裁判官現場立ち会いのなのか。

私の脳裏には、映画配給会社に勤めながら、映画のシナリオライターになることを夢見て、しかし道半ばでこの世を去った父親の姿が蘇っていた。

父も私も、芸術家になる夢は潰えた。でも私は弁護士になって、自分の事件の弁護活動の一つとして、日本を代表する映画監督のひとりである周防正行監督の撮影現場に立ち会っている。ここに来るまでにたどった数奇な運命が、機織りの縦糸と横糸のように絡み合って、いまの私を織り上げていることを、亡き父に伝えたかった。

●ヒューマニズムを取り戻す●

この実写再現映像の制作は、これまで大崎事件のことを知らなかったスタントマンたちも含め、誰

現場再現全員集合写真

もが、アヤ子さんが生きているうちに何とか再審無罪を勝ち取りたい、そのために、よりよい証拠を、一歩でも勝利に近づく成果を、という思いに突き動かされた人々の、立場を超えた協力によって実現したのだった。

私の元二代目修習生だった「嵐ちゃん」こと河合郁弁護士は、アルタミラピクチャーズとの連絡調整、資金の移動、事前に何度も開催したＺＯＯＭ弁護団会議のホストなど、多数の業務をこなしてくれた。

３月に退職を表明した「スーパー事務職員」長谷川さんは、「これが最後のご奉公」と志願して、10日、11日の２日間、亀石弁護士、河合弁護士とともに「体育会系部活の大型マネージャー（三人の平均身長は１７０センチである）」のような立ち位置で、弁当の手配や飲料等の買い出しといった雑務を、相変わらずてきぱきと処理していた。

鹿児島の弁護団メンバーは、再現の正確性を担保するための証拠の精査、当時の軽トラックの仕様の調査、そして当日の車出しなどに奔走した。

第1次再審の準備段階から、四半世紀以上大崎事件の弁護人を務めてきた福岡の八尋光秀弁護士は、24年前に行われた検証の経験者として、当時の状況との異同や、すでに取り壊されてなくなっている被害者やアヤ子さんたちの家がどのような位置関係にあったかなどについて、「手元資料」を作成、配布したうえで、裁判官に丁寧に説明していた。

長年にわたりアヤ子さんを支援してくれている地元の支援者さんたちは、現場再現に先立ち、アルタミラピクチャーズのスタッフに依頼された物品の調達に協力し、夥しい数のヤブ蚊に刺されながらも3日がかりで現地の草払い、台風による倒木の撤去作業を行ってくれた。また、撮影の3日間は、交代で封鎖した道路の両端に立って、自動車を迂回路に誘導する交通整理を、長時間にわたり行ってくれていた。

スタントマンの3人、とくに被害者の四郎役を演じたヴェロ武田さんは、側溝に転落したあと道路に引き上げられていた被害者の状況を再現するため、身体はずぶ濡れにされ、顔には泥を塗られ、リハーサルから本番までの間、いったい何回トラックに放り込まれて痛い思いをしたかわからない。

それでも彼は、周囲が労いの声をかけると、

「大丈夫です」

とにっこり笑っていた。

澤野教授は、３日間にわたり現場再現に立ち会っているとき、われわれ弁護団と同じ宿で地元の焼酎を飲みながら、「飲んだくれ」だった大崎事件の被害者・四郎さんについてこう語っていた。

「四郎さんって、一族に必ず一人はいる『ダメ人間』なんですよね。周りの人は『しょうがないなぁ、また酔い潰れて道路に寝ちゃって』なんて、いまいましそうに舌打ちしながら言うけど、どこか憎めないと思っている。そういう愛すべき酔っ払いを、『誰かに殺された人』なんかにしたら、四郎さん、あの世で浮かばれないですよ」

「科学たるものの中立性、清廉性」に極めて厳格な医師であると同時に、この「ダメ人間」への共感と慈愛に満ちた眼差しが、澤野教授のお人柄を物語って余りあると、私はしみじみ感じ入った。

さらに、この歴史的展開を直接報じたい、と熱望していたマスコミ各社に対し、私は、

「裁判官たちは、マスコミのカメラを見つけたら車の中に逃げ込むと言っている。そうなればせっかくの現場立会いのチャンスが台無しになってしまうかもしれない。それはアヤ子さんの救済を阻害することにもなりかねない」

と言って、取材を控えていただきたいとお願いしていたところ、どの社も約束を守って、現場再現が終わるまでそっとしておいてくれた。

マスコミの「大崎愛」は変わっていなかった。

小池決定のあまりに横暴な「強制終了」ぶりに、もはや司法の世界にヒューマニズムは通用しないと絶望した私だったが、この現場再現映像の制作に立ち会った経験は、

「最後の最後は、ヒューマニズム」

であると、再び私に信じさせてくれた。

●アヤ子さんの再審無罪と再審法改正を「車の両輪に」●

２０２０年は新型コロナウィルスに翻弄され、再審法改正をめぐる運動にもブレーキがかかる

ことが懸念された。

しかし、「再審法改正をめざす市民の会」は、企画されていた大規模な市民向け集会や、国会議員会館での院内集会が中止を余儀なくされるなか、オンラインの「ＷＥＢセミナー」を定期的にアップロードし、市民への継続的な啓蒙と広報に力を入れている。

私が部会長を務める日弁連「再審法改正に関する特別部会」も、そのほとんどがＺＯＯＭ会議での開催となってしまったが、部会を3つの班に分け、各班長のもとで取組みが進められている。

改正案作成班は、東住吉事件の弁護人を努めていた森下弘班長のリーダーシップのもと、あらたな再審法改正案の完成を目指している。

国会対策班の班長は、大分のプレシンポジウム後の懇親会で固い握手を交わした徳田靖之弁護士である。ハンセン病国賠訴訟後の速やかな立法を実現した経験とノウハウを、再審法改正部会でも発揮していただきたい、という私の懇願を受けて、部会入りを快諾して下さった。今後は、各政党のキーパーソンとなる議員とのパイプ作り、党内勉強会の開催、院内集会を経て、超党派の議員連盟の設立を目指している。

広報班の班長は、「大崎新時代」の立役者となった亀石倫子弁護士にお願いした。大崎事件のクラウドファンディングを成功させた手腕を、再審法改正に向けたムーブメントでも存分に発揮してくれるだろう。

私は、アヤ子さんの命あるうちに再審無罪を勝ち取るためには、現在第4次再審を審理している鹿児島地裁が再審開始決定を出す前に、再審開始決定に対する検察官の抗告を法律で禁止するしかない、と本気で考えている。

えがりて法律事務所を閉じた後、私は、アヤ子さんの再審無罪と再審法改正を「車の両輪」として活動するため、東京と鹿児島の中間地点となる京都で、弁護士としての再スタートを切る決断をした。

58歳での再スタートである。もちろんリスクも不安もある。

それでも、闘い続ける。アヤ子さんと笑うために。

エピローグ

——「アヤ子のうた」

2015年の夏、恒例の「博多ライブ」に向けて、私は夜な夜な事務所のピアノの前に座り、アヤ子さんのために歌を書いていた。

「アヤ子のうた」と題するその曲は、しかしアヤ子さん自身の気持ちを歌った歌ではない。アヤ子さんの共犯者とされた当時の夫で、今は故人となった一郎さんは、いま、天国からアヤ子さんを見て何を思うのだろう、と想像して作った歌である。

折しも第3次再審申立て直前の怒濤の日々のさなかでもあり（本書135頁参照）、35年ぶりの作詞作曲はなかなかの難産だったが、「アヤ子のうた」は第3次再審申立ての10日後に行われたライブ当日にぎりぎり間に合うタイミングで完成した。

練習不十分、パフォーマンスは最悪だったが、このときが「アヤ子のうた」の初演となった。

3年後の2018年6月3日、アヤ子さんの91歳の誕生日（6月15日）を祝うため、弁護団と支援者さんたちがアヤ子さんの入院先に集まったとき、支援者さんが病院の談話室に電子ピアノを用意してくれた。

そこで私は、初めてアヤ子さん本人の前で「アヤ子のうた」を歌った。

歌い終わったとき、東京から取材に来ていた朝日新聞編集委員の大久保真紀さんが、私にこう言った。

「私、記者失格です」

……え、どうして？　と私が尋ねるより前に、大久保さんは、

「ジャーナリストは、取材の対象に感情移入してはダメなんです。でも、『アヤ子のうた』を聞いているアヤ子さんを見ていて、思わず泣いてしまいました」

とおっしゃったのである。

その4日後、大久保さんは朝日新聞デジタルの2018年6月7日付「論座」に、「39年間無実を訴える原口アヤ子さん、91歳に」というタイトルで心に沁みるコラムを書いて下さった。

「アヤ子のうた」のライナーノーツ（曲紹介）として、これ以上の文章は存在しないので、大久保さんのこのコラムを、本書の「エンディングテーマ」としたい。

6月3日、鹿児島県には夏を間近に感じさせる青い空が広がっていました。午後1時すぎ、県内のある病院で、「大崎事件」弁護団で事務局長を務める鴨志田祐美弁護士（55）の歌声が響きました。鴨志田弁護士の目の前には、15日に91歳になる原口アヤ子さんが車いすに座っています。原口さんは、1979年に鹿児島県の大崎町で男性（当時42）の遺体が見つかった「大崎事件」で、殺人と死体遺棄罪に問われ、懲役10年が確定、服役したものの、一貫して無罪を訴え続けています。

捜査段階から一度も自白していない原口さんですが、共犯とされた原口さんの夫、夫のすぐ下の弟、その弟の長男の3人が、厳しい取り調べの中で犯行を「自白」し、原口さんは有罪とされました。遺体で見つかった男性は夫の3番目の弟でした。

原口さんの夫は交通事故の後遺症で知的能力が低く、自白したほかの2人には知的障害がありました。夫は懲役8年、義弟は懲役7年、おいは懲役1年の判決を受け、3人とも控訴せずに、そのまま一審判決を受け入れました。

最高裁まで闘った原口さんは、懲役10年の刑を勤め上げて出所した後に夫に会いに行きました。

すると、夫は「警察に『アヤ子がやったと言え』と言われて、そう言った」と謝りました。原口さんは「ならば、一緒に再審を請求しよう」と持ちかけますが、夫は「俺もやっていないが、もう裁判はいい。忘れたい」と言いました。そのため、原口さんは夫と離婚します。

義弟は1987年に自殺、元夫は93年に病死。おいも、服役したことを苦にノイローゼになり、2001年に首をつって自殺しました。

原口さんの夫や兄弟たちはお酒が大好きでした。事件があったとされる日は、親類の結婚式で、遺体で見つかった義弟を除いてみなで参列しています。結婚式を欠席した義弟も酒を飲んで、酔っ払っていたことがわかっています。

そんな家族の中で、しっかり者だった原口さん。元夫が天国からいまの原口さんをどう見ているのだろうか。そんな想像を膨らませて、鴨志田弁護士が作詞作曲をした「アヤ子のうた」を、鴨志田弁護士自身が歌いました。3年前に作った作品ですが、原口さんの前で披露するのは初めてだそうです。

鴨志田弁護士はキーボードを弾きながら、情感を込めて歌いました。

♪おれたち　三兄弟　酒が好き
飲むほどに　愉快
歌って　踊って　千鳥足
あとは　夢の中

おれの　うっかた[※1]　名前はアヤ子　※1「妻」のこと
しっかり者の嫁
いつも　がられて[※2]（ちょっと）こわいけど　※2「叱られて」
仲良く　暮らしてる

今日は　めでたい　結婚式
みんなで　おめかし
飲んで　騒いで　よか晩な[※3]　※3「いい晩だな」
あとは　夢の中

目覚めたら　末の弟がいなくなってた
みんなで　さがしたけど　姿は見えず
三日後に　見つかった　変わり果てた　すがた
警察は　俺に言う「お前らが　犯人」

おれたち　三兄弟　酒が好き
飲めば　ケンカも　する
だけど　殺しなんて　こわいこと
できるはずも　ない

ごめんな　アヤ子　うなずいて　しまった
お前もアヤ子もやっただろうと　繰り返し言われて
ごめんな　アヤ子　裁判はもう　イヤだ
お前の闘い　一緒には　やれない

おれたち　三兄弟　酒が好き

今は　天国で　飲んでる
だけど　アヤ子　お前はまだ
ここに来ちゃいけない

無実を　きっと　晴らすまで
ここに来ちゃいけない　♪

自らはすでに言葉をほとんど発せなくなった原口さんですが、「お前はまだここに来ちゃいけない　無実をきっと晴らすまで　ここに来ちゃいけない」のくだりでは、自らの力で体を起こし、何かを言いたげに口を大きく開きました。目には涙が光っているように見えました。

「アヤ子さんは元気でにこやか、表情も豊かだが、言いたいことが言えずにもどかしいという感じが伝わってきた。歌の内容はわかってくれたと思う。アヤ子さんたちは、事件に巻き込まれなければ壊れなくていい家庭だったと思う」と鴨志田弁護士は言います。

原口さんは95年に再審を請求。２００２年に鹿児島地裁は再審開始決定を出しますが、検察が即時抗告。その結果、福岡高裁宮崎支部で決定が取り消され、最高裁で確定します。

昨年6月末には、第3次再審請求審で再び鹿児島地裁が再審開始を決定しましたが、またしても検察が即時抗告。さらに、今年3月には福岡高裁宮崎支部も地裁判断を支持して、再審開始を認めましたが、検察は改めて特別抗告し、いまは最高裁で審理中です。

開かずの扉と言われる再審開始決定がすでに3度も下されています。しかし、検察側の抗告にあって、原口さんはいまもまだ闘い続けています。

弁護団は原口さんの衰えを心配し、今年4月、最高裁に対して、一刻も早く特別抗告棄却の決定を下すよう申し入れています。

原口さんは弁護団が「鉄の女」と評するほど、心身ともに強い女性でした。以前は、服役中に亡くなった母親が出所後に一緒に住もうと用意してくれていた小さな一軒家で一人暮らしをしていましたが、年齢には勝てず、2014年6月には高齢者施設へ、そして、昨年11月には病院に移っています。そして、今月15日には91歳になります。

原口さんが39年間待ち望む「無実」は、再審開始決定後、再審が行われ、その中で「無罪」と言い渡されなくては実現しません。「アヤ子さんが元気なうちに再審無罪を確定させるためには、無駄に費やしている時間はない。一刻も早く最高裁は検察の特別抗告を棄却する決定を出してほしい」。鴨志田弁護士の言葉は、弁護団、支援者たちの共通の思いです。

そして、それは、原口さんがだれよりも強く、実現を求める悲願です。

♪おれたち　三兄弟　酒が好き
今は　天国で　飲んでる
だけど　アヤ子　お前はまだ
ここに来ちゃいけない
無実を　きっと　晴らすまで
ここに来ちゃいけない　♪

鴨志田弁護士の歌声は、原口さんの心に、誕生会に集まった弁護士や支援者たちの心に響きました。

「今度は『無罪』っていうニュースを持ってくるからね」

鴨志田弁護士が話しかけると、原口さんは鴨志田弁護士の目をじっと見つめ、体を揺らしました。

最高裁は、どんな答えを出すのでしょうか。

私が、アヤ子さんの前で「アヤ子のうた」を歌った1年後、再審開始を最高裁に取り消されるとは、おそらく大久保真紀さんも予想だにしていなかっただろう。

第3次再審のスタートに合わせて作ったこの歌を、第4次再審を闘っている現在《いま》も、私は歌い続けている。アヤ子さんが無実の罪を晴らすまで、一郎さんのいる天国に行ってしまわないように。

なお、次の頁の最後に印刷されたQRコードを読みとり、YouTubeにアクセスすると、私の演奏する「アヤ子のうた」を聴くことができる。このYouTubeにアップされた音源と画像は、周防正行監督と、周防監督の全作品で映画音楽を手がけ、『Shall We ダンス?』、『舞妓はレディ』

で日本アカデミー賞最優秀音楽賞を受賞した周防義和さんの全面的バックアップのもとで、制作したものである。

音源のスタジオ収録本番は２０２０年12月24日に行われた。高校3年生のとき、父の死によって音楽への道を断念した私に、神様が40年の歳月を経て贈ってくれた「とびきりのクリスマス・プレゼント」だった。

著作一覧(2021年3月現在)

―――――【論文】―――――

- 大崎事件弁護団、この1年――再審開始取消決定から再起と挑戦〔自由と正義56巻12号 通巻602号〕
- 合理的疑いは消えたのか?―第7次・異議審決定を批判し、特別抗告審の展望を拓く―第28回全国再審弁護団会議報告〔再審通信95号〕
- 大崎事件:つづら折りの事件史あるいは奮闘記〔法セミ2012年3月号通巻686号〕
- 証拠開示は再審の扉を軽くしたのか?〔季刊刑事弁護80号〕
- 〔ロー・ジャーナル〕大崎事件第2次再審請求から見た刑事司法の課題:『再審事件2011』その後の展開〔法セミ2014年12月号通巻719号〕
- 「この弁護士に聞く(13)岩田務 科学の客観性を担保するのは、第三者による再試験なのです」〔季刊刑事弁護82号〕
- 再審弁護と日本国憲法〔鹿児島大学法学論集49巻2号〕
- 平山=鴨志田 大崎事件から見える刑事司法の問題点〔白鴎法学23巻2号〕
- 大崎事件第3次再審請求審の総括〔季刊刑事弁護90号〕
- 森=鴨志田=泉「大崎事件 第3次再審請求審の審理を振り返る」〔再審通信113号〕
- 大崎事件第3次再審請求:2度目の再審開始決定に寄せて〔再審通信114号〕
- 木谷=鴨志田「この弁護士に聞く(23)木谷明 弁護人として『無罪』を見抜く」〔季刊刑事弁護92号〕
- 大崎事件第3次再審請求:2度目の再審開始決定と即時抗告審の攻防〔季刊刑事弁護92号〕
- 岐路に立つ裁判官(7)大崎事件第三次再審請求 再審開始決定〔判例時報2343号〕
- 大崎事件から見える刑事司法の課題〔鹿児島大学法学論集52巻1号〕
- 鴨志田=安部「講演録 大崎事件にみる日本の刑事司法と再審の問題点」〔青山ローフォーラム6巻2号〕
- 河合=鴨志田「この弁護士に聞く(27)鴨志田祐美 再審は、無辜の救済のための片面的な制度である」〔季刊刑事弁護96号〕
- 再審開始決定に対する検察官抗告の不正義:特別抗告3事件にみる検察官の「再審妨害」〔季刊刑事弁護99号〕
- 「大崎事件・最高裁決定を批判する」『冤罪白書』編集委員会 編『冤罪白書2019』(燦燈出版、2019)
- 笹倉=鴨志田=大橋=浜田=水野「供述心理分析の再検討」〔法と心理19巻1号〕
- 大崎事件最高裁決定:小池決定に正義はあるか[2019.6.25]〔判例時報2422号〕
- 大崎事件最高裁決定の存在意義:小池決定を再審法改正への原動力に〔季論21、47号〕
- 著しく正義に反する小池決定 :弁護団からの報告〔季刊刑事弁護102号〕
- 再審事件の現状から再審法制の改正へ:実務家・研究者は何をすべきか〔刑法雑誌59巻1号〕
- 江恵民=李怡修=鴨志田ほか「インタビュー 検察官はどのように冤罪に向き合うのか:台湾の検察総長・江恵民氏に聴く」〔季刊刑事弁護103号〕
- 解題・検察トップと冤罪について語り合う喜び〔季刊刑事弁護103号〕
- 「再審法改正をめぐる動き」「大崎事件第四次再審請求~闘いは新たな地平へ~」『冤罪白書』編集委員会 編『冤罪白書2020』(燦燈出版、2020)

―――――【共著】―――――

- 「大崎事件」「証拠開示」九州再審弁護団連絡会出版委員会 編『緊急提言! 刑事再審法改正と国会の責任』(日本評論社、2012)
- 内田=八尋=鴨志田『転落自白:「日本型えん罪」は、なぜうまれるのか』(日本評論社、2017)
- 「大崎事件」「白鳥決定40周年」記念出版編集委員会 編『再審に新しい風を! 冤罪救済への道』(日本評論社、2016)
- 「被疑者弁護から少年審判後に至るまでの連携と協働」岡田行雄 編著『非行少年のためにつながろう!:少年事件における連携を考える』(現代人文社、2017)
- 「再審制度の抱える諸問題」指宿=木谷=後藤ほか編『シリーズ刑事司法を考える[第5巻]』(岩波書店、2017)
- 「少年事件における多職種連携の意義」阿部恭子 編著『少年事件加害者家族支援の理論と実践:家族の回復と少年の更生に向けて』(現代人文社、2020)

【著者プロフィール】

鴨志田祐美（かもしだ・ゆみ）

1962年鹿児島市で生まれる。幼少期の10年を神奈川県横浜市、その後の10年を同鎌倉市で過ごす。

1985年早稲田大学法学部卒。その後会社員、結婚、出産、予備校講師を経て2002年、40歳で司法試験合格。2004年鹿児島県弁護士会登録。2010年弁護士法人えがりて法律事務所を設立。

鹿児島ではいわゆる「マチ弁」（町医者的弁護士）として、民事事件、家事事件（離婚・相続等）、破産事件、刑事事件、少年事件など、さまざまな案件を手がける。特にDVや子どもの虐待が絡む事件、セクハラや性被害を受けた女性の代理人など、困難なケースも多数扱う。

その一方で、大崎事件再審弁護団事務局長、日本弁護士連合会「再審法改正に関する特別部会」部会長として、大崎事件の冤罪被害者・原口アヤ子さんの再審無罪獲得と、真の冤罪救済に向けた再審法改正の実現を「車の両輪」と捉え、自らのライフワークと位置づける。

この2つの目標を同時に達成するために、2021年4月より活動の拠点を京都に移すことを決意。

座右の銘は“Be yourself, no matter what they say.”（イギリスのアーティスト・Stingの曲“Englishman in New York”の歌詞の一節）。

大崎事件《おおさきじけん》と私《わたし》～アヤ子《あやこ》と祐美《ゆみ》の40年《ねん》

2021年3月18日　初版第1刷発行

著　者　鴨志田　祐美
発行者　井　田　　隆

発行所　LABO
〒100-0013 東京都千代田区霞が関 1-1-3　弁護士会館地下 1 階
電話　03-5157-5227　Fax　03-5512-1085

発　売　株式会社大学図書
〒101-0062　東京都千代田区神田駿河台 3-7
電話　03-3295-6861　Fax　03-3219-5158

編集担当　渡邊　豊

印刷所／日本ハイコム株式会社
装幀／やぶはな あきお　本文組版／デザインオフィス あるる館

ISBN978-4-904497-41-8 C2032